Anonymous

Urkundenbuch des in der Grafschaft Wernigerode belegenen Klosters Ilsenberg

Erste Hälfte: die Urkunden v. J. 1003-1460

Anonymous

Urkundenbuch des in der Grafschaft Wernigerode belegenen Klosters Ilsenberg
Erste Hälfte: die Urkunden v. J. 1003-1460

ISBN/EAN: 9783743630031

Hergestellt in Europa, USA, Kanada, Australien, Japan

Cover: Foto ©ninafisch / pixelio.de

Weitere Bücher finden Sie auf **www.hansebooks.com**

Urkundenbuch

des

in der Grafschaft Wernigerode belegenen

KLOSTERS ILSENBURG.

Erste Hälfte. Die Urkunden v. J. 1003—1460.

Bearbeitet

im Auftrage Sr. Erlaucht des regierenden Grafen

Otto zu Stolberg-Wernigerode

von

Dr. ED. JACOBS,
Gräflichem Archivar und Bibliothekar.

Mit fünf in Lichtsteindruck facsimilirten Urkundenanlagen.

HALLE,
Verlag der Buchhandlung des Waisenhauses.
1875.

Vorwort.

Nur ein paar kurze Bemerkungen mögen diese erste Hälfte des Ilsenburger Urkundenbuchs begleiten, da zu einem Mehreren bei der Herausgabe der zweiten geeignetere Gelegenheit sein dürfte. Diese wird den Urkundenschatz vom Jahre 1461 an bis zum Aufhören des Klosterwesens, dann sonstiges Urkundenthum: Auszüge aus den Klosterregistern, über Einkünfte und Klosterwirthschaft, Ackerbeschreibungen und das Verzeichniss der Klosterpersonen bringen. Auch die Siegeltafeln werden diesem zweiten Bande beigegeben werden und wohl auch eine Beschreibung derselben, sowie eine geschichtliche Einleitung. Endlich aber soll derselbe das Register über das ganze Urkundenbuch enthalten.

Obwohl ich bestrebt war, den in mehreren Zeitabschnitten sehr verkürzten Urkundenschatz durch eifriges Suchen und Nachfragen möglichst zu ergänzen, so hatte dieses Bemühen doch nur theilweise den gewünschten Erfolg. Sollte irgend ein Benutzer dieses ersten Bandes in der Lage sein, mir irgend eine verborgene oder unbekannt gebliebene Urkunde des Klosters nachzuweisen, so würde ich diese mit dem angelegentlichsten Dank im zweiten Bande nachtragen. Dasselbe gilt von freundlichen Nachweisen von Versehen und Irrthümern, deren Berichtigung ich mir werde angelegen sein lassen. Da dies bei dem Drübecker Urkundenbuche, dem durchgängig eine wohlwollende und ermuthigende Aufnahme zu Theil wurde, bereits mehrfach geschehen ist, so erlaube ich mir zu bemerken, dass ich solche Berichtigungen bald an geeigneter Stelle zusammenzustellen und zu veröffentlichen gedenke und zwar in Begleitung einiger nachträglich aufgetauchter Urkunden, die zumeist der fortschreitenden Ordnung und Eröffnung von Archiven zu verdanken sind.

Wernigerode, den 14. August 1875.

Ed. Jacobs.

Allstedt, 1003, April 15., Ind. 1 anno regni 1. 1.

König Heinrich giebt das, was an der Burg Ilsenburg mit Zubehör im Hardegau in der Grafschaft Graf Richperts der Krone gehört, der Halberstädter Kirche.

C. In nomine sanctae et indiuiduae trinitatis. ||
Heinricus diuina fauente clementia rex. Si rationabiles fidelium petitiones, quas nobis ad incrementum diuini seruitii ingerunt, ad effectum perducimus, aeternae retributionis in caelo meritum et praesentis obsequii in saeculo lucrum nobis inde comparari liquido confidimus. Proinde notum sit omnibus fidelibus nostris, praesentibus scilicet et futuris, qualiter nos per interuentum familiarium nostrorum, Berenhardi uidelicet ducis, Heinrici quoque comitis et Burchardi comitis palatini, pie petitioni uenerabilis uiri Arnolfi Haluerstatensis aecclesiae episcopi assensum praebentes, ad altare sancti Stephani protomartyris partem quandam de praedio nostri iuris per hoc regale praeceptum stabili perenniter dono tradidimus; id est, quicquid in ciuitate Elisenaburg, quae sita est in pago Hardegouue et in comitatu Richperti, nostro tempore regali pertinuit potestati intra muros uel extra cum omnibus appendiciis, possessionibus et utilitatibus eidem praedio iuste et legaliter pertinentibus, mobilibus et immobilibus, seruis et ancillis, areis, aedificiis, terris cultis et incultis, pratis, pascuis siue compascuis, silvis, aquis aquarumue decursibus, molendinis piscationibus, uiis et inuiis, exitibus et reditibus, quęsitis et inquirendis ac ceteris, quę quolibet modo rite uocari aut inueniri possunt, utilitatibus et pertinentiis, eo tenore, quatinus praefatus episcopus Arnoldus (!) suique in perpetuum successores liberam deinceps inde habeant potestatem quicquid sibi in usus suos et praedictę aecclesiae libeat faciendi, omnium personarum contradictione remota. Et ut haec nostrae traditionis auctoritas stabilis et inconuulsa permaneat, hanc nostri praecepti paginam inde conscriptam manu propria roborantes sigilli nostri inpressione insigniri iussimus.

Signum domni Heinrici *(Monogramm)* regis inuictissimi. Egilbertus cancellarius uice UUilligisi archicapellani recognoui. *(Siegel.)*

Data XVII kalendas Mai, anno dominice incarnationis M°III°, indictione I, anno uero domni Heinrici regis I. Actum Altstedi.

Urschrift mit wohl erhaltenem rundem Wuchssiegel von ungefähr 7 Neusoll Durchmesser im Königlichen Haupt-Staats-Archiv zu Berlin s. r. K. 380. n. 10. Umschrift des Siegels: HEINRICH(VS) DI GRATIA REX + *Ausser der ersten ist auch die vorletzte Zeile in der verlängerten Minuskel geschrieben.*

Eine Abschrift im Ilsenb. Copialb. Bl. 27 mit der Notiz: nota. huius copie verum originale habetur apud maiorem ecclesiam S. Steffani in Halberstud, eine andere Abschr. den 15. Jahrh. B. 85. 2, eine dritte aus demselben Jahrh. auf einem halben Bogen Papier mit der Unterschrift: Auschultatu est presens copia per me Gerardum Ghesmelde, clericum Mindensis diocesis, publicum sacra imperiali auctoritate notarium, et concordat cum suo vero originali de verbo ad verbum. Quod attestor hac manu mea propria. Auf der Rückseite hat die Hand des Abschreibers bemerkt: Literam, cuius hec est copia, magnis instantiis summisque laboribus legendam et excopiandam obtinui a decano et preposito maioris ecclesie Halberstudensis 1493. Caue ne omnibus legenda prebeatur. Die Transsumirung K. Adolfs v. 9. Jan. 1295 folgt weiter unten.
 Gedruckt: Leuckfeld, Antt. Poell. S. 219 Note k. — Beschreib. d. gold. Aue S. 246. — Antt. Halberst. S. 667; Muder, Antt. Brunsv. S. 207; Leibniz, Ann. imp. 3, 835; Lünig, Reichs-Arch. Spicil. Ecclesiast. III Anh. S. 20; v. Ludewig, Rell. Mss. 7. 460. Vgl. Pertz, Archiv 11, 462: Ext. in chartulario Halberst. fol. 5 mit XII Kal. Maii (20. April).

Halberstadt, 1018, April 6., Indict. 1.   2.

Arnulfs, Bischofs zu Halberstadt, Stiftungsurkunde für das auf der von Otto III. dem Stift geschenkten Burg Ilsenburg errichtete Benediktiner-Kloster S. Peters.

  Notum sit omnibus tam praesentibus quam futuris Christi fidelibus, qualiter Hilisinneburgense[1] cenobium primitus sit inceptum et perfectum, quaue deuotione in timore et amore Christi consecratum, monachorumque habitationi in perpetuum fuerit traditum. Ego denique Arnvlfus Halberstatensis episcopus, aecclesiae meae[2] utilitati semper prouidere studens, castrum, quod Hilisinneburch[3] dicitur, cum omnibus circumquaque positis tercio Ottone imperatore tradente deo sanctoque eius primo martyri Stephano acquisiui, quod et pro animae meae, predecessorum successorumque meorum remedio diuino famulatui dicaui. Nam memorato principe defuncto habitatoribusque loci eiusdem eliminatis monachos, quos his temporibus secundum ordinem Vvldensem religiosiores inueni, ibidem collocaui. Dehinc uero aecclesiam uenerabiliter constructam in honore omnipotentis dei sanctique Petri, apostolorum principis, dedicaui eamque diuersis praediis et decimationibus subter notatis ad subsidia Christo illic famulantium pro tempore et facultate dotaui. Igitur in ipso eodem loco dedi 1 mansum cum omnibus sibi adiacentibus, quae nostri iuris noscuntur, hoc est terris cultis et incultis, agris, pratis, pascuis, campis, siluis, aquis aquarumque decursibus, riuis, piscationibus, molis, molendinis, uiis et inuiis, exitibus et reditibus, quesitis et inquirendis, atque cum omni utilitate, quae ullo modo inde prouenire poterit. Dedi etiam in Bernerdiggerode[4] vIIII mansos cum silua adiacente decimamque eiusdem uille, in Sutherrode[5] II mansos, in Scaun[6] vII mansos et dimidium cum decimatione eiusdem uille, in Biresleuo[7] xI mansos cum decimatione eiusdem ulle, in Lieren[8] 1 mansum, in Thiederziggerode[9] vII mansos decimamque eiusdem loci, in Aldeurode[10] vIII mansos, in Culisberi[11] dimidium mansum, in Geuenesleuo[12] dimidium mansum, in Beddigge[13] x mansos, in Isiggerode[14] III mansos, in Warmeresthorpe[15] VI mansos, in Thiedestorpe[16] II mansos. Has quoque decimationes dedi: in Dudiggerode[17], in Winederode,[18] in Brodesende[19], in Lntheriggerode[20], in Boniggerode[21], in Emmenrode[22], in Geschenrode[23], in Eziggerode[24], in Bacchenrode[25], in Beneziggerode[26], in Waliggerode[27]. Ne autem aliquid a futuris praesulibus uel clericis seu personis secularibus super id, quod ordinatum est, ordinetur, ut uidelicet eiectis monachis clerici, quod absit, intromittantur, seu rebus a nobis sibi concessis spolientur, municipatum loco illi prouidentes, hęc a nobis statuta anctoritate beati Petri, apostolorum principis, et beati Stephani prothomartyris sub perpetuo anathematis uinculo obligamus.

(Siegel.)

Data VIII idvs Aprilis, anno dominice incarnationis M°X°VIII°, indictione prima. Actvm Halberstede in dei nomine feliciter. Amen.

Urschrift mit zerbrochenem Siegel im Gräfl. H-A. Die photolithographische Nachbildung derselben s. in der ersten Anlage. Abschrift aus der 1. Hälfte des 12. Jahrh. auf den im Privatbesitz befindlichen, von Dr. Könnecke in Marburg mir mitgetheilten Schlussblättern eines ungefähr gleichzeitigen Codex der Ilsenburger Klosterbibliothek, die Sermonen d. h. Augustin enthaltend. — Ilsenb. Copialbuch Bl. 6,

Gedruckt: Leuckfeld, Antt. Poelden. (1707) 221; Antiq. Halberst. 1, 676. Leibniz, s. rer. Brunsv. III. (1711) S. 690; Lünig, Spicil. ecclea. III. Anh. S. 20 f.; und nach dem Ilsenburger Copialb. bei v. Heinemann, Cod. dipl. Anhalt. I. no. 101 p. 79.

1) Die Abschr. aus dem 12. Jahrh. Hilsineburgense. — 2) Ebds. ecclesię meę. In dieser Weise ist überall ae in ę umgesetzt. — 3) Ebds. Hilsinebwrch. — 4) Wüst, westl. von Veckenstedt in der Grafschaft Wernigerode. — 5) Dorf Suderode westl. v. Osterwiek, Kr. Halberstadt. — 6) In den Bestätigungsurkunden Suthaconim. von den 3 bis 4 benachbarten Orten dieses Namens ein untergegangener in der Flur d. Dorfs Wasserleben bei der Schäferei des Gräfl. Amts. — 7) Kirch- u. Pfarrdorf Berssel, Kr. Halberstadt. — 8) =Hausleer, eingegangenes Dorf in der Flur von Wasserleben. — 9) Rode oder Rode beim Neuen Thurm, wüst zwischen Wern. u. Schmatzfeld. — 10) Dorf Altenrode in der Grafsch. Wernigerode. — 11) Unbekannt. Vielleicht Colbeck bei Danstedt. — 12) Gevensleben am Bruch, Herz. Braunschw. Pfarrdorf im Kreisamt Schöningen. — 13) Unbekannt. Vielleicht Pfarrdorf Beddingen bei Wolfenbüttel. — 14) Nicht das noch bestehende bei Hornburg, sondern wüst an der Markung sw. Goslar und Harsburg. — 15) Unbekannt. — 16) Desgl. — 17) Vielleicht das wüste Duringerode im Hildesh. Amt Wiedelah. — 18) Wohl = Wenderode im Amt Vienenburg. — 19) Wüst sw. Abbenrode u. Stötterlingenburg. — 20) Jedenfalls ein wüster Ort sw. Harz, Ecker und Stimmeke. Vgl. N. Mitth. 2, 804. — 21) Wüst am linken Ufer d. Ecker sw. Hasselbeck u. Sellerbach nahe dem Wolsberg. — 22) Unbekannt. — 23) Wohl wüst im Harsburgischen u. Hildesheimischen zu suchen. — 24) In der päpstl. Bestätigung 1148 Feardiggerode, wüster Ort. — 25) Baekenrode, wüst um westl. Ufer der Ilse bei Ilsenburg. — 26) Betringerode, wüst, etwas nördlicher a. d. Ilse gelegen. — 27) Wollingerode, eingegangenes Dorf unmittelbar bei Ilsenburg am westl. Ufer der Ilse.

Erlangen, 1063, Aug. 20., Ind. 1, ord. a. 9, regni 6. 3.

König Heinrich IV. giebt die Villa Aderstedt im Schwabengau in der Grafschaft Graf Adelberts mit ihren Zubehörungen der S. Stephans-Kirche in Halberstadt. (Vgl. Nr. 6.)

In nomine sancte et indiuidue trinitatis. Heinricus diuina fauente clementia rex. Quicquid ad vtilitatem sanctarum dei ecclesiarum sacerdotes Christi venerando eorumque petitionibus assensum praebendo conferimus, tam nobis quam parentibus nostris viuis siue defunctis profuturum esse sine dubio credimus. Quapropter notum esse volumus omnibus Christi nostrique fidelibus tam futuris quam praesentibus, qualiter nos ob interuentum ac petitionem fidelium nostrorum Annonis Coloniensis archiepiscopi, Adalberti Hammaburgensis archiepiscopi, nec non ob iuge ac deuotam seruitium dilecti nostri Burchardi Halberstatensis episcopi predium quoddam, videlicet villam Aderstede[1] dictam in pago Sueuio nuncupato, in comitatu vero Adalberti comitis sitam, cum omnibus appenditiis suis, hoc est vtriusque sexus mancipiis, terris cultis et incultis, areis, aedificiis, agris, pratis, pascuis, campis, siluis, venationibus, aquis aquarumque decursibus, riuis, piscationibus, molis, molendinis, theloneis, viis et inuiis, exitibus et redditibus, quaesitis et inquirendis cum omni vtilitate, que vllo modo inde prouenire potest, ad sanctam Halberstatensem ecclesiam in honorem sancti Stephani prothomartiris consecratam in perpetuum dedimus atque tradidimus, ea scilicet ratione, ut praedictus episcopus Burchardus suique successores de praefato praedio liberam dehinc potestatem habeant tenendi, dandi, commutandi, precariandi vel quicquid eis pro vsu sue ecclesie placuerit inde faciendi. Et ut haec nostra regalis traditio stabilis et inconuulsa omni maneat[2] aeuo, hanc cartam inde conscriptam manu propria corroborantes sigilli impressione iussimus insigniri.

Signum domni Heinrici regis quarti *(Monogramm)*.

Fridericus cancellarius vice Siffridi archicancellarii recognoscit.[3]

Data XIII kalendas Septembris, anno dominice incarnationis M°lxIII°, indictione prima, anno autem ordinationis domni Heinrici quarti regis IX,[4] regni vero VI.[5] Actum Erlanen in dei nomine feliciter. Amen.

Abschrift im Herz. Anhalt. Ges.-Archiv zu Zerbst nach einer notariellen Abschr. Heinr. Wilmerinks, presb. Hild. dioc., in Archivo Romanae curiae descripta. — Ilsenb. Copialbuch Bl. 6[b]*.*

Gedruckt nach einer älteren Copie auf Papier im Gesammtarchiv zu Dessau (J. Zerbst)v. Heinemann, C. D. Anhalt I, p. 113 nr. 140. Ausserdem v. Heinemann, Albrecht der Bär 442 u. 443. Vgl. Stumpf, regg. nr. 26, 29.

1) *v. Heinem. Aderstet, — Pfarrdorf Aderstedt an der Saale im Anhaltischen Amt Plötzkau.* — 2) *v. H. nach der Dessauer Copie permaneat.* — 3) *Von Signum an nach der Dessauer Copie.* — 4) *Statt* x°. — 5) *Statt* vii°.

Goslar, 1068, August 5, Ind. 6, ord. 16, regni 11. 4.

König Heinrich IV. giebt auf Bitten des Bischofs Burchard zu Halberstadt an dessen Bruder Lantfrid 44 Hufen, welche vordem Graf Liuthar, dann Bischof Burchard als Lehn besessen haben, gelegen in der Grafschaft Graf Siegfrieds im Nordthüringau in beiden Bregenstedt, Lamseli, Stempeli, Nagorit und eine Slavische Villa jenseits der Ohre in der Grafsch. Markgraf Udo's, als Eigenthum.

C. in nomino sanctae et indiuiduae trinitatis. Heinricus diuina fauente clementia rex. ||

Fidelium nostrorum curam gerere iustisque eorum peticionibus misericorditer annuere apud deum et homines gloriam et honorem promereri certissime credimus. Vnde omnibus Christi nostrique fidelibus tam futuris quam presentibus notum osse uolumus, qualiter fidelis noster Bvrchardvs, Haluerstedensis aecclesiae episcopus, nostram clementiam adiit iugisque sui ac deuotissimi seruicii in fratre suo Lantfrido misericorditer recordari postulauit. Cuius honestae peticioni clementer consentire decernentes pro remedio animae nostrae et ob dilectissimae contectalis nostrae regnique consortis uidelicet Berhtę reginae beatitudinem atque per interuentum fidelium nostrorum scilicet Wecelini Magadaburgensis archiepiscopi, Epponis Nigenbvrgensis episcopi, Werinharii Mesburgensis (!) episcopi, Eberhardi comitis coeterorumque familiarium nostrorum quadraginta quatuor mausos, quos primum Livtharivs comes, postea predictus Bvrchardvs episcopus a nobis beneficio habuerunt, in comitatu.Sigifridi comitis in pago Northvringa in uillis Bredanstidi[1] et in alio Bredanstidi[2] Lamsoli[3] Stimpeli[4] Nagorit[5] et ultra Ara[6] slauonica uilla in potestate Vdonis marchionis sitos cum omnibus suis appendiciis, id est utriusque sexus mancipiis, terris cultis et incultis, aedificiis, areis, agris, pratis, pascuis, exitibus et reditibus, aquis aquarumque decursibus, piscationibus, molis, molendinis, silnis, forestis, uenationibus, uineis, uinetis, quesitis et inquirendis et cum omnibus utilitatibus, que ullo modo inde prouenire poterunt, Lautfrido, supra memorati fidelis nostri, Burchardi episcopi, fratri, in proprium dedimus perpetuoque iure possidendos reliquimus, ea scilicet ratione, ut idem Landfridvs suique posteri liberam inde habeant facultatem tenendi, tradendi, commutandi, precariandi uel quicquid sibi inde placuerit faciendi. Et ut haec nostra regalis traditio stabilis et inconuulsa omni permaneat aeuo, hanc cartam inde scribi mannuque nostra corroboratam sigilli nostri impressione iussimus insigniri.

Pibo cancellarius uice Sigifridi archicancellarii recognoui. *(Monogramm.)*

Signum domni Heinrici regis quarti.[7] *(Siegel.)*

Data est nonas Avgvsti, anno dominicę incarnationis m°lxviii*,
indictione vi, anno ordinationis domni Heinrici xvi, regni uero xi.
Actum Goslæri feliciter. Amen.

*Urschrift auf Pergament mit Siegel im Gräfl. H.-Archiv zu Wernigerode.
Umschrift des Siegels:* † HEINRICVS DI GRA REX. *Der König auf dem Thronsessel in der Rechten die Lanze mit dem Vogel darauf, in der Linken die Kugel. — Eigennamen und Datum sind durch Uncialschrift hervorgehoben.*
Copialbuch Bl. 32.
*Gedruckt Stumpf, Reichskanzler III nr. 314 S. 445. Nach Engelbrecht,
vgl. Ann. Poeld. append. S. 223, heisst es, Bischof Burchard habe „statim III
Non. Maii anno MLXIV in Quedlinborch" diese kaiserliche Schenkung dem
Kl. Ilsenburg übereignet. Da nun diese Datirung ausser dem Jahr mit der von
Nr. 6 v. J. 1086 stimmt, so haben wir wohl nur an eine Ungenauigkeit und
Verwechselung des Chronisten zu denken.*

1) *Pfarrdorf Bregenstedt im Kr. Neuhaldensl., zur Altmark gehörig. —*
2) *Klein Bregenstedt, wüst auf derselben Flur. —* 3) *Jetzt Rittergut Lemsell bei
Neuhaldensl., Kr. Gardelegen. —* 4) u. 5) *Unbekannte Wüstungen. —* 6) *Die
Ohre. —* 7) *Diese und die beiden vorhergehenden Zeilen verlängerte Minuskel.*

Quedlinburg, 1085, April 23., ind. 8. 5.

*Bischof Burchard II. zu Halberstadt besetzt das verwilderte
Kloster Ilsenburg mit Benediktiner Mönchen von der Clugny'-
schen Congregation, bestätigt die Immunitäten, Freiheit der
Abtswahl u. s. w.*

Notum sit omnibus tam presentis quam futuri temporis fidelibus,
quod ego secundus B — — — — — — — — — — —
ciusdem Halberstatensis ęcclesię monasterium, quod sacra religione
penitus destitutum ceterisque — — — — — — — — —
nasticam iuxta beati Benedicti regulam et ordinem Cluniacensem
adnitente nepote meo eiusd — — — — — — — — — —
me meę predecessorum successorumque meorum remedio ad subsidia
seruorum dei ibidem Christo famulantium d — — — — — —
facultate augmentare curaui. Prouid — lo — — — immunitatem,
quatinus inibi conuersantes in dei serui[tio]. — — — — — —
Statuimus itaque, ne a futuris presulibus, siue quibuslibet clericis uel
uiris secularibus aliqua preiudicia siue — — — — — —
quandoque proferant, nisi fortuitu hospitalitatis gratia exigente, quantum
ipsi spontaneo obsequio offer (?) — — — — — — — —
extraneus uiolenta temeritate ingeratur, sed quem sibi concors fratrum
societas siue de eodem siue — — — — — — — —
cense uel Fructuariense seu Gorziense disposito elegerit sine dolo uel
uenalitate ordinetur — — — — — — — — — — —
seu disponendis rebus monasterii se intermisceat, sed tantummodo
electam personam congrua consecratione — — — — — —
Hoc autem statutum a nobis auctoritate beati Petri, apostolorum
principis, et beati Stephani pro — — — — — — — —

episcopo sacrosanctę Romanę et apostolicę ecclesię ac domni Gregorii septimi pape legato inconcussum — — — — — — — — nouitate mutandum sub anathemate obligamus.

(Siegel.)

Data viiii kalendas Maii, anno incarnationis dominicę m°lxxxv°, indictione viii. Actum Quitelineburch in dei nomine feliciter. Amen.

Urschrift auf Pergament, woron ein etwa 16 Cm. breites Stück bis auf den untersten Theil fehlt, und die auch sonst stark angemodert ist; im Gräfl. H.-Arch. zu Wernigerode. Das aufgedrückte Siegel ist noch gut erhalten. Ungedruckt.

Quedlinburg, 1086, Mai 5., Indict. 9.   6.

Burchards II., Bischofs von Halberstadt, Begabung des von ihm wiederhergestellten Peter- und Paul-Klosters Ilsenburg mit dem Hof Aderstedt, vielen zerstreuten Hufen in Aschersleben, Mehringen, Swyteresdorf, Domenesleben, Badersleben, Schöppenstedt, Pesekendorf, Anesleben, Ratmersleben, Ingeleben, Abbenrode, Bexem, Anderbeck, und den Zehnten zu Ingeleben, Ballersleben, Rohrsheim, Drübeck, Altenrode, Darlingerode, Gunderaderode, Ezzerdingerode und Uhrsleben.

Notum sit omnibus tam presentis quam futuri temporis fidelibus, quod ego secundus Burchardus Halberstadensis ecclesie episcopus Ilsynoburgense[1] cenobium, quod omni religione destitutum inueni, in honore apostolorum Petri et Pauli reparauerim et in monastica religione in perpetuum consecrauerim. Hunc igitur locum pro anime mei (!), predecessorum successorumque meorum remedio prediis, decimacionibus aliisque redditibus augmentare curaui. Dedi enim Aderstede curtim cum omnibus appendiciis suis, cuius eciam priuilegium a domino Heynrico quarto rege acquisitum ipsi loco contuli. Dedi insuper in Asscheresleuo[2] xii mansos, in Meryuge[3] x mansos, in Swyterestorpe[4] v mansos, in Domenesleuo[5] i mansum, in Badesleuo[6] v mausos, in Scyppenstide[7] viii mansos, in Bysickenthorpe[8] ii mansos, iu Auesleuo[9] iiii mansos, in Ratmeresleuo[10] v mausos, in Ingeleuo[11] ix mansos cum decimacione eiusdem ville, in Abbeurothe[12] xv mansos et diuidium, in Bettenesbeym[13] iii mansos, in Anderbiche[14] i mansum. Decimaciones vero subternotaui: in Balleresleuo[15], in Roresbeym[16], in Drubiche[17], in Aldenrode[18], in Turwardiggerode[19], iu Gunderaderode[20], in Ezzerdigerode[21], in Vresleuo[22]. Et ut hec bona ipsi ecclesie omni permaneant euo, hanc cartam inde conscriptam bannoque firmatam proprio sigillo iussimus insigniri.

Data iii nonas Maii, anno dominice incarnacionis m°lxxxvi°, indictione viii. Actum Qwytelinggeburch in dei nomine feliciter. Amen.

Copialbuch Bl. 6ᵇ.

Die in der Urkunde genannten Orte hat der Abschreiber an den Rand gesetzt und für folgende gehalten: Scyppenstede Scheppenstedt; Auenleuo Alsleue; Bettenesheym Bexem; Turwardiggerode Deruelingerode; Gunderaderode Gunderode. Gedruckt v. Heinemann, Cod. dipl. Anh. I nr. 154 p. 123 f. Vgl. Transsumpt v. 30. Juni 1364. Die Abschr. des 16. Jahrh. von dem Hildesh. Presbyter Heinr. Vilmarink enthält nur den Aderstedt betr. Auszug. Im Gesammt-Archiv zu Zerbst Aderstedensia I, 1.

1) Abschr. in Zerbst: Hülsinburg. — 2) Die Stadt Aschersleben. — 3) Das Anhaltische Pfarrdorf Mehringen an der Wipper. — 4) Wüst, oder vielleicht Schwittersdorf im Mansfelder Seekreise. — 5) Viell. Domersleben, Kr. Wanzleben. — 6) Pfarrdorf Badersleben, Kr. Oschersleben. — 7) Die Braunschweig. Stadt Scheppenstedt. — 8) Pfarrdorf Pesekendorf, Kr. Wanzleben. — 9) Unbekannt, vielleicht soll auch Anesleue gelesen werden. — 10) Desgl. — 11) Pfarrdorf Ingeleben im Braunschw. Kreisamt Schöningen. — 12) Abbenrode im Braunschw. Kreisgericht Riddagshausen. — 13) Bexem, Theil des Dorfes Deersheim, Kr. Halberstadt. — 14) Pfarrdorf Anderbeck, Kr. Oschersleben. — 15) Wüst bei Ditfurt, Kr. Aschersleben. — 16) Pfarrd. Rohrsheim, Kr. Halberstadt. — 17 u. 18) Pfarrdörfer Drübeck und Altenrode, Grafsch. Wernigerode. — 19) Dorf Darlingerode, Tochterkirche von Drübeck. — 20) Dieser Ort, dessen Namen Delius Bunderoderode, v. Heinemann a. a. O. S. 124 Sunderaderode (bezw. Sunderode) las, ist der vom Vornamen Gunderad gebildeter Name einer unbekannten Wüstung. — 21) Vgl. Stift.-Urkunde v. 1018. — 22) Eingegangener Ort in der Gegend südl. vom Huy, wo sich ein Gräfl. Regensteinscher Dingstuhl befand.

Goslar, 1087, Juli 25., indict. 10. 7.

Burchard II., Bischof von Halberstadt, bestätigt nochmals dem wiederhergestellten, von ihm zum Theil neuaufgebauten Kloster Ilsenburg die demselben ertheilten Güter, Rechte und Immunitäten, giebt demselben die freie Wahl eines Schutz-Vogts und bestimmt dessen Rechte.

In nomine sancte et indiuidue trinitatis. Burchardus secundus diuina fauente clemencia Halberstadensis ecclesie episcopus. Notum cunctis Christi fidelibus esse cupimus, quia Ilsyneburgense cenobium, quod pie memorie predecessor meus Arnolphus episcopus, eliminatis de ipso castro terreno regi militantibus, monachorum habitacioni in perpetuum delegauerat et consecrauerat, prediis diuersis et decimacionibus dotauerat, post obitum eius violenta temeritate eorum, qui dicebantur aduocati et subaduocati, monastica religione ceterisque bonis pene omnimodis est destitutum. Quod eciam post aliquantos annos ego Burchardus secundus, einsdem sancte Halberstadensis ecclesie delegatus episcopus, pro anime mee, predecessorum successorumque meorum remedio in religionem monasticam iuxta beati Benedicti regulam, secundum ordinem dumtaxat Cluniacensem, vel Fructuariensem seu Gorziensem, annitente nepote meo Herrando abbate, cupiens reformare ad subsidia seruorum dei ibidem Christo famulancium prediis, decimacionibus aliisque redditibus pro tempore et facultate mea augmentare curaui, loco immunitatem prouidi, liberam abbatis electionem fratribus in perpetuum confirmaui, in parrochiali ecclesia Aderstede sen eciam in omnibus parrochialibus ecclesiis sub iure proprietateque monasterii constrictis per presbiteros monachos divina populis officia celebrari iuxta decreta apostolica Leonis, Gregorii, Agapiti, Bonifacii constitui, in ipso cenobio ecclesiam nouam et ampliorem de meis sumptibus edificans anno domini lxxxvii° nonas Junii dedicaui. Ipso quoque anno, ne quid ad quietem vtilitatemque cenobii pertinens deesset, adiudicantibus ymmo eciam rogantibus multis nobilibus et mediocribus, liberam aduocati electionem per signum annuli nostri regali auctoritate pontificalique largicione abbati omnibusque successoribus eius perpetualiter contradidi, subaduocatos vero et eorum exactores omnimodis in virtute spiritus sancti eternaliter abanathematizaui, prescripsi et constitui ius et legem beneficii, vltra quod qui fuerit electus aduocatus nichil sibi vmquam arripere uel vsurpare presumat, cui de concesso uel instituto nichil abbas subtrahat aut imminuat. Erit vero huiusmodi lex et ius beneficii ter in anno, feria scilicet secunda post misericordia domini, feria secunda post festum sancti Martini et feria secunda post octauam epyphanie. Vbicumque abbas constituerit, aduocatus placitet, presente tamen abbate seu legato ipsius. Pro harum omnium placitacionum ministerio duo tantum talenta in anno recipiat, nec amplius quicquam. Denuarios vero ipsos abbas procurabit, ab vnoquoque videlicet manso sex denarios exigens. Si quid superfuerit duobus talentis, in vsus ecclesie rediget aut, si voluerit, remittat. Ne, si aduocatus aut eius exactores requirant, forsitan plura quam necesse sit, extorqueant, nunquam intra septa principalis loci placitet nisi inuitatus ab abbate, ipso tamen cum sibi fidelibus presente. Hospicia in territoriis nulla omnino nec pensiones nec munera exigat, ne, ut dicitur, in alienam messem mittat falcem suam. De omnibus que sibi vadiata fuerint, duas partes abbatis potestati[1] resignabit, terciam suis suorumque vsibus licenter reseruabit. Nichil ab hominibus ecclesie preter voluntatem abbatis exigat. In empcionibus, vendicionibus, redempcionibus agrorum, siluarum seu quarumlibet ecclesiasticarum possessionum nichil muneris uel a vendentibus uel ab ementibus requirat, quod est genus pessime symonie speciesque violentissime rapine, dum aliquis alienum detrimentum sui lucri facere nitetur emolumentum, nisi forte aliquis tantum solidum de marca sibi gratis impartiri velit. Hoc ergo ius aduocati, hanc legem beneficii, hanc libertatem eligendi aduocatum adiudicantibus rogantibusque multis Christi fidelibus a nobis constituta, banno presencium episcoporum corroborata, priuilegio nostro sigilloque confirmata, auctoritate domini nostri Jhesu Christi, beatorum apostolorum Petri et Pauli, beati Stephani prothomartiris, domini[2] pape Gregorii septimi omniumque catholicorum per vniuersum mundum episcoporum inconcussa esse sanximus, nullaque improbitate euertenda, nulla nouitate immutanda sub perpetui vinculo anathematis in virtute spiritus sancti obligamus, ne vmquam aliquid a futuris presulibus uel clericis seu aliquibus secularibus personis super id, quod a nobis ordinatum est, absque consensu abbatis omniumque fratrum aliter ordinetur. In hac constitucione nobiscum aderant:

episcopi Wicelinus Mogonciensis, Hardwinus Magadeburgonsis, Hardwigus Fardunensis, Eppo Nuenburgensis, Wernherus Mersoburgensis, Edho filius Ottonis ducis, Yso comes de Acheym, Wernerus de Velthem, filius[3] fratris mei Adelgoti, Siffridus comes de Wallebike, Thiedericus[4] comes de Ammenesleue; canonici de sancto Stephano Rychardus scolasticus et Sigebardus, de sancta Maria Ghebebardus canonicus; ministeriales sancti Stephani Thudo vicedominus, filius eius Eggilmarus, Esicus, Wulferus, Sicco, Hawolfus et alii quam plures.

Datum viii° kalendas Augusti, anno dominice incarnacionis m°lxxxvii°, indictione x°. Actum Goslarie in doi nomine feliciter. Amen.

Copialbuch Bl. 28 und noch eine einzelne Abschrift, letztere aber verstümmelt und falsch.
Gedruckt v. Heinemann, Cod. diplom. Anh. I, 155 p. 124 f. Vgl. v. Ledebur, Allg. Archiv V, 35.

1) *v. Heinemann a. a. O. 125 löst ptdti in pietati auf.* — 2) *dñi.* — 3) *v. Heinemann S. 125 et filius, aber der Zug, der sonst als Abkürzung für et gilt, ist von dem Schreiber des Copialb. unmittelbar mit f verbunden und ein dazu gehöriger Schnörkel.* — 4) *Nicht Theodericus.*

Ilsenburg, 1096, Juni 5., Ind. 4. 8.

Herrand, Bischof von Halberstadt, giebt dem Kloster Ilsenburg die Zehnten zu Danstedt und Südlochten, wovon erstere ein Ministerialis Lüder, letztere dessen Bruder Iso als Lehn besessen haben; von denen ersterer noch 1 Mansus und einen Weingarten in Espenstedt, letzterer aber einen Mansus zu Danstedt gegeben.

Notum sit omnibus tam presentibus quam futuris Christi ecclesię filiis, qualiter ego Herrandus, dudum Hilsinoburgensis cenobii abbas, postmodum uero dei ordinatione ac domni Vrbani papę consecratione Halberstadensi ecclesię delegatus episcopus, idem cenobium duabus decimationibus pro animę meę remedio, ac quorundam fidelium nostrorum rogatu adauxerim. Petitione etenim Lvideri, cuiusdam ecclesię Halberstadensis ministerialis, decimationem in Dannenstede[1], Isonis quoque eiusdem Lvideri germani rogatu decimationem in Suth Lochtenheim[2], quas primo pater eorum nomine Etilo[3], postmodum uero predicti fratres germani a predecossoribus meis, scilicet Bvrchardo primo ac secundo Bvrchardo, beneficio optinuerant, contradidi Ipse uero Lviderus mausum unum uincumque unam in Espenstede[4] sitam, Iso autem mansum unum in Danstade pro remedio animę suę ipsi loco contulerunt. Hęc ego Herrandus dei gratia episcopus auctoritate sancti Petri, apostolorum principis, et beati Stephani prothomartyris presente Gerardo preposito maioris ecclesię, Vdone marchione, Lvdvwico comite, aduocatoque eorum Luidolfo, ne a quoquam auferantur, sub perpetuo anathemate corroborans, hanc cartam inde conscriptam proprio sigillo iussi signari. *(Siegel.)*

Data nonas Iunii, anno dominice incarnationis m°xc°vr°, indictione III. Actum Hilsineburg in dei nomine feliciter. Amen.

Urschrift auf starkem Pergament mit gut erhaltenem aufgedrückten Siegel im Gräfl. II.-Arch. zu Wern. Photolithogr. Nachbildung der ersten acht Zeilen s. auf der 2. Anlage. Ungedruckt.
1) *Pfarrdorf Dunstedt, Kr. Halberstadt.* — 2) *Pfarrdorf Lochten im Amt Vieneburg.* — 3) *Vielleicht ist Ecilo zu lesen; jedenfalls ist an dem zweiten Buchstaben gebessert.* — 4) *Wohl das heutige Pfarrdorf Aspenstedt im Kr. Halberstadt.*

Wanlefsrode, 1110, Mai 2., Iudict. 4. 9.

Nachricht von der Stiftung der Stephans-Propstei zu Wanlefsrode im Schimmelwald unter Kaiser Heinrich II., ihre Unterwerfung unter das Kloster Ilsenburg und fernere Begabung. Bestätigt vom Bischof Reinhard zu Halberstadt.

Notum sit tam nostre quam future Christi ecclesie fidelibus, qualiter iste locus Wanlibesroth[1] dictus primum inceptus atque constructus sit, vel a quibus postea augmentatus, et quibus religiosis presulibus consecratus monachorum habitacioni in perpetuum fuerit traditus. Igitur beate memorie Wanlefus heremita monachus et presbiter huius celle fundator atque constructor extitit, eamque exstirpatis siluis primus incoluit. Hic mundum relinquens cum perfecte ewangelico precepto et tramiti regulari secundum instituta patrum inhereret, et multos ad sanctitatis religionem conuerteret, adeo a nobilibus viris et feminis frequentabatur, ut eius noticia etiam ad Henricum secundum imperatorem perueniret, et ipse eum modo per se, modo per legatos suos sepius visitaret. Cumque predictus imperator ob sanctitatis eius meritum diligere nimium ac frequentare eum cepisset, desiderium illius intelligens, iussit ecclesiam in honore prothomartiris Stephani in hac cella construi, constructamque a venerabili Halberstadensis ecclesie episcopo Arnulfo, ad cuius dyocesim pertinuit, ymmo adhuc pertinet, dedicari tradens eam ac subdens iure perpetuo regimini Ilsynneburgensis patris cenobii, ita dumtaxat, quatenus de eodem cenobio monachi eam semper possideant et hic regulariter viuant. Episcopus autem Arnulfus, tantam imperatoris deuocionem videns, dedit ad hunc locum cum omnibus vtilitatibus suis viculum adiacentem et in Thimingeroth[2] vnam decimacionem. Postea vero abbas Herrandus, in ecclesia Halberstadensi episcopus ordinatus, ob sustentacionem pauperum quatuor decimacionibus adauxit eciam locum in villulis scilicet Dudingeroth[3], Buuingeroth[4], Liuttringeroth[5], Geschengeroth[6]. Ceterum in secunda huius ecclesie renouacione uel dedicacione dominus abbas Martinus obtulit super altare tres mansos in Singeroth[7] sitos. Pro silua vero huius loci, que pro decem talentis vendita est, dedit idem abbas cum consensu fratrum suorum pro ea vnam decimacionem in villa que dicitur Winetheroth[8]. Ipse autem in vsus suos ac fratrum illam pecuniam sumpsit, ac predium quoddam in vico, qui Groninge⁹ dictus est, inde emit. Deinde alius atque alius, prout cuique diuina clemencia inspirauit, pro remedio anime sue ecclesiam hanc ditauit. Palatinus nimirum comes Fredericus et ipse ob deuocionem monachorum hic habitancium, hic circa ecclesiam de predio suo contulit vnum mansum. Monachus eciam quidam, huius celle inhabitator, cognomento Götlonius, de fidelium oblacionibus in villa Alfwerdiggeroth¹⁰ emens quandam possessionem hic sanctis dei obtulit ob anime sue salutem. Denique dux Liutherius, rogatu cuiusdam fidelis sui, nomine Ricberti, ex beneficio, quod de Halberstadensi ecclesia habuit, Reynhardo episcopo reddens vnam decimacionem in supradicta villula Alfwerdiggeroth et Pueinneroth¹¹, eo scilicet pacto, quatenus hic deo seruientibus illam donaret, donauit. Porro Ricbertus monachus huc missus, auxilio fidelium Christi vno manso et tribus iugeribus, et area vna, et vno molendino, que omnia sita sunt in villa que dicitur Kulingeroth¹², hunc locum augmentauit, et in villa que dicitur Dudyngeroth manso vno et decem iugeribus insuper secus cellam quodam nouali, nec non libris, sacris indumentis, campanis, edificiis, prout potuit, ampliauit. Ne autem aliquid a successoribus meis uel ab aliqua iudiciaria persona, aliter, quam hic dispositum est, disponatur vel eiectis monachis aliquis clericus, quod absit, introducatur, ego Reynhardus Halberstadensis ecclesie episcopus loco isto municipatum preuidens, ecclesiam in eo senio fere consumptam renouare feci, ac denuo illam consecraui et banno meo illam corroborans, hanc cartam inde conscribi conscriptamque sigilli mei impressione iussi insigniri.

Data vii ydus Maii, anno dominice incarnacionis m°c°x°, indictione iiii. Actum Wallefesroth in dei nomine feliciter. Amen.

Copialbuch Bl. 34 mit der Ueberschrift: Cella quondam monasterium cum suis pertinenciis Wanlebesroth dicta.
Gedr. Delius, Harzburg Urkk. Beill. S. 3—5.

1) *Wüstung beim Zellholz im Schimmelwald zwischen Ilsenburg und Harzburg.* — 2) *Unbekannte Wüstung.* — 3—7) *Unbekannte Wüstungen.* — 8) *Schon in der Urk. v. 1018.* — 9) *Stadt Gröningen, Kr. Oschersleben.* — 10 u. 11) *Unbekannte Wüstungen.* — 12) *Untergegangener Ort bei Abbenrode.*

Halberstadt, 1114, Mai 4., Indict. 7. 10.

Reinhard, Bischof von Halberstadt, bekundet unter umständlicher Erzählung der besonderen Veranlassung, die Erwerbung von 25 Hufen zu Wenderode, Lochtum, Sargstedt und Orden von Friedrich, des Pfalzgrafen Friedrich Sohn, für das Kloster Ilsenburg.

In nomine sanctae et indiuiduae trinitatis Reinhardus diuina fauente clementia Haluerstedensis aecclesiae episcopus. ||

Notum sit omnibus tam futuris quam presentibus ęcclesię fidelibus, qualiter Fridericvs, comitis palatini Friderici filius, in ęcclesia

Halberstatensi predia sua in primis domno ac uenerabili Reinhardo episcopo, deinde in cenobiis monachorum ac monialium uendiderit, et qualiter illud ab eodem episcopo non solum banno suo, uerum etiam secularibus legibus, ut in ęternum inconuulsum maneat, firmiter stabilitum sit. Hic igitur Fridericus regis Heinrici offensam incurrens, cum captus et in custodia eius esset positus, nullatenus inde liberari potuit, donec quingenta talenta se ei daturum fore promisit. Cumque isto modo eius de custodia liberatus fuisset, necessitate cogente, compulsus est predia sua uendere et quę promiserat regi persoluere. Hunc itaque cum predictus Reinhardus antistes pro reddenda pecunia sollicitum esse et distractiones prediorum suorum fieri cognouisset, eius sollicitudini conpassus ac spiritu sancto premonitus, ęcclesias suas ex oblationibus fidelium de prediis illis emere commonuit, quatenus et eis uictus et uestitus absque necessitate prouideretur et ille a debito regis citius absolueretur. Qua sane tam deuota domni episcopi ammonitione nos Hilsineburgenses moniti, de eodem Friderico uiginti quinque mansos in comitatu Liutheri centum tribus marcis comparauimus in uillulis quas subter notauimus. In Wenederoth[1] octo mansos, singuli soluentes octo solidos, cum mancipiis utriusque sexus, siluis, pratis pascuis et cum ceteris appendiciis, in Lochtenheim[2] tres mansos, similiter soluentes octo solidos, in Siricstedi[3] decem mansos, singuli soluentes decem solidos, cum mancipiis utriusque sexus, in Hordon[4] quattuor mansos, singuli soluentes decem solidos. Porro postquam totum quod factum fuit ęcclesiis corroborari debuit, idem Fridericus in ęcclesiam Halberstatensem cum contectali sua Agna et filiis suis aliisque multis ante principale altare beati Stephani prothomartiris ueniens ibidem astante nostro presule Reinhardo et religiosis abbatibus Martino et Alfero cum multa frequentia cleri et populi et cum Beringero, maioris ęcclesię aduocato, et Wulone, nostro aduocato, et conprouincialibus innumeris eadem iuxta ritum et leges patrię, sicut debuit, sub testibus firmauit. Preterea etiam, quasi illa omnia ad confirmationem nondum sufficerent, ad altare accessit et cum consensu heredum suorum ibidem astantium eadem predia super illud delegauit eo scilicet pacto, ut si ipse uel aliquis ex heredibus suis hoc statutum posthac infringere maluerit, domno episcopo uel eius successore (!) mille marcas puri argenti dare debuerit ita dumtaxat, quatinus episcopus sibi centum retineat, et in monasterio monialium quod Stuterlingeburch[5] dicitur centum tribuat, et nostrę ęcclesię Hilsineburgensi quadringentas ac Hugesburgensi[6] similiter quadringentas conferat. Quod factum domnus episcopus, audientibus cunctis qui tunc aderant, banno suo firmauit et illum, qui hoc deinceps scindere presumeret, sub anathematis uinculo dampnauit. Et ut posteris nostris omnis ignorantię nebula tollatur, hanc cartam scribi et sigilli sui inpressione iussit assignari.

Ego autem Reinhardus Halberstatensis dei gracia episcopus omnes, in quorum manus hęc carta uel ad quorum noticiam hoc factum quoquomodo peruenerit, obnixe obtestor in domno episcopos, abbates, reges uel principes seu cuiuscumque professionis fideles, ut mecum perpendatis, quo studio caritatis uel circa Fridericum uel propter utilitatem fratrum hęc omnia a nobis pie statuta et iuste sint sanccita. Vnde omnium caritatem iterum iterumque obsecramus iu domno, ut pietatis zelo, quo a nobis hoc gestum audistis, uos eodem ne a quouis ui uel fraude infringatur, obsistere curetis, scientes in retributione iustorum dei omnipotentis graciam et peccatorum ob hoc posse promereri ueniam.

(Siegel.)

Data IIII nonas Maii, anno incarnationis dominice M°CXIIII°, indictione VII. Actvm Halbersteti in dei nomine feliciter. Amen.

Urschrift auf starkem Pergament mit gut erhaltenem aufgedrückten Bischofssiegel im Königl. Staats-Arch. zu Magdeb., Ilsenb. 1ª.
Ab extra von einer Hand des 12. Jahrh.: De bonis quę fuerunt palatini comitis.
Wenig spätere Abschrift auf Pergament in Cod. Za 10 der Gräfl. Bibl. zu Wernigerode. Auch finden sich Abschrr. im Cop. CIII Bl. 312, CVIII Bl. 18 im Königl. Staats-Arch. zu Magdeburg.
Gedr. Semler, Hallische Beiträge zur Beförderung theol. Gelehrsamk. Bd. I S. 155. Zeitschr. des Harz-Ver. I S. 16 f.
1) *Wenderode im Amt Vienenburg.* — 2) *Lochtum, Tochterkirche von Vienenburg im Hildesheimischen* — 3) *Pfarrdorf Sargstedt am Huy, Kr. Halberstadt.* — 4) *Wüstung Gr. Orden oder Oehringen bei Quedlinburg.* — 5) *Cistercienser-Jungfrauenkloster Stötterlingenburg westl. von Osterwiek.* — 6) *Benedictiner-Kloster Huisburg nnwestl. v. Halberstadt.*

Halberstadt, 1114, Mai 4., Indict. 7. 11.

Reinhards, Bischofs von Halberstadt, Urkunde über die Aufbringung des Lösegeldes von 500 Pfund Silber für den von König Heinrich V. gefangenen Pfalzgrafen Friedrich.

Halberstadt 4. Mai 1114.

Darin ist auch berichtet: De Hilisinneburgensi ęcclesia centum et tres marcę collatę sunt.

Die Urk., deren wesentlicher Inhalt auch in der vorhergehenden von gleichem Datum enthalten ist, befindet sich in der Urschr. im Königl. Staats-Arch. zu Magdeburg und ist mehrfach gedruckt: Heydenreich, Entwurf einer Historie der Pfalzgrafen von Sachsen S. 101 ff. Leuckfeld, Antiqq. Halberst. S. 702 ff. Lünig, Spicil. Ecclesiast. III. Anh. S. 26 f.

Halberstadt, 1119, April 7., Indict. 12. 12.

Reinhard, Bischof von Halberstadt, giebt dem Kloster Ilsenburg die Novalzehnt n an allen Orten, wo sie Zehnten haben, und den Zehnten über des Klosters Neuland zu Hedersleben.

Notvm sit omnibus tam futuris quam presentibvs Christi fidelibus, qualiter ego Reinhardus, Halberstadensis ęcclesię dei gratia episcopus, Hilsineburgensi ęcclesie in utilitatem fratrum ibidem degentium pro remedio animę meę predecessorumque nostrorum dedi decimationes noualium presentium et futurorum in omnibus locis in quibus habeut decimationes. Preterea et decimationem super propria eorum noualia in Hadesleuo¹. Qua propter, ut hęc traditio rata et firma perpetualiter permaneat, consensu presentium sinodali hanno et nostro sigillo firmamus.

Data VII idus Aprilis, anno dominicę incarnationis M°C°XVIII°, indictione XII. Actvm Halbersteti in dei nomine feliciter. Amen.

(Siegel.)

Urschrift auf Pergament sehr bruchig und zerrissen mit aufgedrücktem Siegel, photolithographisch nachgebildet in der 3. Anlage. Ungedruckt.

1) *Pfarrdorf Hedersleben an der Selke, Kr. Aschersleben.*

Ilsenburg, 1128, April 7, Ind. 6. 13.

Otto, Bischof von Halberstadt, giebt dem Kloster Ilsenburg für die von einem gewissen Bern demselben bei seiner Aufnahme in dasselbe überlassenen, aber nachher bei seinem Austritt dem Hochstift Halberstadt gegebenen Besitzungen in Godenhusen und Alerstedt, nachdem Bern der Apostasie und des Raubes schuldig erkannt, tauschweise Güter in Pabstdorf, Wockenstedt und Nordrode.

In nomine sanctę et iudiuiduę trinitatis. Ego Otto dei gratia Halberstadensis ecclesię episcopus. ||

Si religiosis uiris reuerentiam digne exhibendo eorumque precibus effectum benigne tribuendo aliquid utilitatis sanctę ecclesię contulerimus, illud profecto tam nobis quam posteris nostris ad promerendam salutem, tam uiuis quam defunctis, profuturum in domino confidimus. Notum itaque esse uolumus omnibus dei nostrique fidelibus presentibus et futuris, quia uir quidam nomine Bern tam nobilitate quam facultatibus preditus, Ilsineburgense cenobium conuersionis gratia expetens et ad commanendum susceptus, omnes possessiones suas in Godenhusen¹ et in Alerstade² sitas deo et sanctis eius super altare, heredibus suis annitentibus, obptulit (!); quas tamen postmodum apostatando auferens, ęcclesię Halberstadensi antecessoris nostri pię memorię R. adhortationibus inflexus contulit; a quo etiam decimationem unam et de maiori ęcclesia prebendam pro recompensatione recepit. Quo connito (!) dominus Martinus, eiusdem cenobii uenerabilis abbas, tum in conuentu principum tum in conciliis episcoporum causam hanc uentilando et iusticiam flagitando haut segniter negocium exequebatur; sed idem predecessor noster, morte preuentus, causam indeterminatam reliquit. Post cuius excessum, cum inportunis querelis eiusdem abbatis antedictas possessiones repetentis nos quoque sepenumero molestaremur, tandem in ceua domini Halberstad predictum Bern apostasię et rapinę accusatum atque conuictum sinodali iudicio ei restitui cum ablatis prediis decreuimus, ipsa uero predia data possessione quadam in Papestorp³ et Wokkenstade⁴ et Northrode⁵ viii talenta annuatim persoluente ab eo redemimus ipsamque ex auctoritate dei et sancti Petri, apostolorum principis, sanctique Stephani prothomartyris Ilsineburgensi cenobio sub anathematis interminatione confirmauimus, ea dumtaxat conditione, ut, si a nobis tradita ab aliquo repeti contingat, fratres supradicti cenobii alia tantundem pendentia inter paludem et siluam quę dicitur Harth et fluuios Bōdam ot Ovakara recipiant. Vt ergo hec nostra constitutio patens inconuulsa et stabilis perpetuo habeatur, has litteras testimoniales prefato abbati et fratribus eius dedimus, ipsasque sigilli nostri impressione corroborauimus et probabilium personarum, quarum testimonio et assensu predicta constitutio facta est, nomina subsequenter annotauimus: Alferus abbas Huysburgensis, Elferus maior prepositus, Wernherus prepositus de Bosseneleue, Martinus custos, Hugo, Erpo decanus, Tancmarus de Eilstide, Poppo comes, Adelbertus comes, Geuehardus de Lochtenhem, Guncelinus de Horneburch, Beringarius aduocatus, Engelmarus uicedominus, Nothungus de Gaterslove, Volcvvardus et Tiedericus.

Acta sunt hec anno domini m°c°xx°vi - -, indictione vi°, regnante Lothario, anno regni eius I(II)I°,⁶ pontificatus domini Honorii anno vi°.

(Siegel.)

Data Ilsineburch vii° idus Aprilis, anno septimo episcopatus eiusdem domni Ottonis feliciter.

Urschrift auf Pergament, an mehreren Stellen sehr zerfressen, im Gräfl. H.-Arch. B. 3. 7. 7. Das Siegel zwar noch ziemlich vollständig, aber zerbrochen. Theilweise gedruckt in der Zeitschr. des Harz-Ver. 5 S. 424. Die Lesung der Jahrzahlen, die jetzt unvollständig geworden sind, ergänzt u. bestätigt sich durch das Copialbuch und aus den übrigen chronologischen Daten. Die 6. Indiction fällt auf 1128, Lothar, 1125 erwählt, war 1128 im vierten Jahre seiner Regierung, Honorius 1124 freilich erst im fünften, aber dann ist doch kein früheres Datum der Urkunde möglich, das 7. Jahr Ottos ebenso, weist aber auf die Erwählung 1122 zurück, nicht 1123, wie Chron. Halberst. hat; eine so lange Vakanz ist auch nicht wahrscheinlich. Annalista Saxo hat auch unter 1123 den Tod Meinhards und die Wahl seines Nachfolgers eingereiht. 1133 (Nr. 15) rechnet Otto das 11. Jahr seines Bisthums.

1) *Wüstung zwischen Derenburg und Silstedt.* — 2) *Unbekannte Wüstung.* — 3) *Pabstdorf, Pfarrdorf im Herz. Braunschw., Kreisamt Scheppenstedt.* — 4) *Wüstung Wockenstedt zw. Pabstdorf und Anderbeck im j. Kr. Oscherleben.* — 5) *Wüst bei Osterwiek.* — 6) *Nach der Abschrift im Copialbuch Bl. 24ᵇ quarto.*

1131, Febr. 1., Indict. 9. 14.

Heinrichs, Abts zu Ilsenburg, Versicherung der Belehnung für einen Reinward und dessen Söhne über ein Gut zu Thiderzingerode, zu dessen Ankauf vom Markgrafen Albrecht (zu Brandenburg) derselbe Geld vorgeschossen.

Heinricvs dei gratia Hilsinebvrgensivm abbas, notum esse uolumus omnibus tam futuris quam presentibus ęcclesię nostrę fidelibus, qualiter marchio Adelbertus, comitis Ottonis filius, antecessorem nostrum, uidelicet bentę memorię Martinum, adiens predium quoddam[1] in Thiederzingerode uenale optulit. Quod cum ex consilio fratrum emi decreuisset, non erat in promptu, unde id perficere potuisset. Misit igitur ad Reinuuardum, qui hoc idem predium tunc beneficio habebat, suadens, ut aut ipse emeret, aut sibi argentum mutuo daret. Reinuuardus uero rem ad amicos suos retulit. Placuit ergo utrisque partibus, ut abbas cum marchione conueniret, quatinus supradictum predium ęcclesię uenderet, Reinuuardus uero abbati XXV talenta marchioni persoluenda ea ratione daret, quatinus ipse ac filii eius per successiones suas ipsum predium a succedentibus sibi abbatibus in beneficium recipiant, ita tamen, ut ius aduocatus in eo non habeat, sed nec ipsi pro hoc ab aliquo abbatum quasi iure seruire cogantur. Quod si forte hereditario filiorum successio deficiat, ecclesia bona sua possideat.[2] Igitur hoc modo conuentione facta pactoque firmato, abbas argentum marchioni, quoadusque Reinuuardus se ad hoc expediret, persoluit, quod tamen ipse postmodum abbati et ęcclesię de suo restituit. Interea, cum hęc agerentur, uenerabilis abbas M. uiam ingressus est uniuerse carnis, fratresque nostri mihi Heinrico, licet indigno, onus ab eo relictum imposuerunt. Reinuuardus autem, non minus pro filiis quam pro se sollicitus ac adiit suppliciter postulans, ut beneficia a predecessore nostro sibi collata a nobis etiam reciperet sibique dicto et scripto firmarentur. Cuius peticioni cum consensu fratrum annuentes hanc cartam inde conscripsimus sigilliqe nostri inpressione signatam ac roboratam ipsi et filiis eius tradidimus, quatinus ea, quę hic a nobis sunt statuta, a successoribus nostris permaneant inconuulsa.

Data kalendas Februarii, anno incarnationis dominicę m°c°xxxi°, indictione VIIII.

Nach der gleichzeitigen Abschrift in dem Bibelcodex Za 10 der gräfl. Bibliothek. Gedruckt J. S. Semler, Hallische Sammlung zur Beförderung theol. Gelehrsamk. 1. Stück 158 f. v. Heinemann, Cod. dipl. Anhalt. I. 205 S. 161.

1) *Eine andere Hand hat über diese Worte geschrieben: ·I· VI mansos. Die Abschr. posideat.*

1131, Juni 6. 15.

Otto, Bischof von Halberstadt, giebt der neuen Hospitalkirche Unser Lieben Frauen zu Ilsenburg die Seelsorge der Fremden und Bewohner der Häuser vor dem Kloster.

In nomine sancte et indiuidue trinitatis. Otto dei gratia Halberstadensis episcopus. ||

Vtilitati et quieti deo pie famulantium nos sollerter inuigilare et rationis consideratio admonet, et ipsa nichilominus officii nostri necessitas urget. Vnde nouerit uniuersitas tam presentis quam futuri temporis fidelium, quia petente dilecto filio nostro Heinrico Hilseneburgensi abbate, hospitalem inibi ęcclesiam in honore sanctę dei genitricis consecrauimus, cui etiam curam peregrinorum et omnium in suburbio eiusdem loci degentium, cimiterio in eorum sepulturam dedicato, quę prius infra ambitum ipsius cenobii agebatur, banni nostri interpositione confirmauimus, assensu uidelicet atque rogatu fratrum, uarias incommoditates ex occasione curę sustinentium, ad hoc prouocati. Ne quis sane huic nostrę confirmationi temerario ausu refragari presumat, hanc cartam inde annotari ratum duximus, quam etiam sigilli nostri impressione insigniendam censuimus.

Actum anno dominice incarnationis m°c°xxxi°, indictione vIIII°, vIII° idus Junii, feliciter.

Urschrift auf Pergament, Siegel nicht mehr vorhanden, im Gr. II.- A. zu Wern. Ungedruckt.

Pisa, 1136, Januar 2., indict. 14, pont. a. 6. 16.

Papst Innocenz II. bestätigt dem Abt Lambrecht von Ilsenburg auf dessen Gesuch alle Besitzungen des Klosters, insbesondere die Schenkungen Bischof Arnolds (!) von Halberstadt, des Stifters des Klosters, und Bischof Burchards, unter namentlicher Aufführung der einzelnen Stücke.

Innocentius episcopus, seruus seruorum dei, dilecto filio Lamberto[1], Hilsineburgensi[2] abbati, eiusque successoribus regulariter substituendis in perpetuum. ||

Ad hoc uniuersalis ęcclesię cura nobis a prouisore omnium bonorum deo commissa est, ut religiosas diligamus personas, et beneplacentem deo religionem studeamus modis omnibus propagare. Nec enim deo gratus aliquando famulatus inpenditur, nisi ex caritatis radice procedens, a puritate religionis fuerit conseruatus. Eapropter, dilecte in domino fili Lamberte[1] abbas, postulationes tuas clementer admittimus, et Hillisineburgense monasterium, cui deo auctore preesse dinosceris, apostolicę sedis priuilegio communimus°, statuentes, ut quecunque bona, quascunque possessiones in presentiarum idem monasterium iuste et canonice possidet, aut in futurum concessione pontificum, largitione regum uel principum, oblatione fidelium seu aliis iustis modis prestante domino poterit adipisci, firma tibi tuisque successoribus et illibata permaneant. In quibus hec propriis nominibus exprimenda subiunximus: ex dono uidelicet Arnoldi bone recordationis Halberstadensis[3] episcopi, uestri monasterii fundatoris, in Bernerdiggerode[4] vIIII mansos cum silua adiacente et decimatione eiusdem uillę, in Sutherrode II^{o*} mansos, in Suthscauno vII mansos et dimidium cum decimatione ipsius uillę, in Biresleuo xI^{cim} mansos cum decimatione ipsius uillę, in Lieren mansum unum, in Thiederziggerode vII mansos et decima[5] eiusdem loci, in Aldenrode vIII mansos, in Culesberi[6] dimidium mansum[7], in Geuenesloue[8] dimidium mansum, in Beddigge x mansos, in Isiggerode III mansos, in Warmerestorphe[9] vI mansos, in Tiedestorphe[10] II mansos, decimationes quoque in Dudiggerode, in Winetherode, in Brodessende, in Lutheriggerode[11], in Bouiggerode, in Emmenrode, in

Geschenrode, in Ecarziggerode[12], in Backenrode, in Benziggerode[13], in Waliggerode; preterea predia, que Burchardus episcopus bone memorie beatis apostolis Petro et Paulo in Hilsineburg noscitur contulisse, in Aderstede[14] scilicet curtim cum omnibus appendiciis suis, in Aschersloue[15] XII^{cim} mansos, in Merigge X mansos, in Suitherstorpe[16] V mansos, in Domenesleue[17] I mansum, in Badesleue[18] mansos V, in Schipenstede[19] VIII mansos, in Bisichenthorpe[20] II^{os} mansos, in Anesleue[21] IIII^{or} mansos, in Ratmersleue[22] V mansos, in Iggeleue[23] mansos VIII° cum decimatione eiusdem uille, in Abbeurode^b XV mansos et dimidium, in Bechtenesheim[24] III^{os} mansos, in Anderbike mansum I; decimationes quoque in Balersleue[25], in Roresheim, in Thrubiche[26], in Aldenrode, in Thurwardiggerode, in Gundradorode[27], in Ezerdiggerode, in Vresleue[28]; insuper autem decimationem in Dannenstede et in Suthlochtenheim a Bernhardo[29] quondam Halberstadensi[3] episcopo, qui et Stephanus dictus est, monasterio uestro concessas; decimationes etiam de noualibus in omnibus locis, in quibus decimas habere uidemini, quas felicis memorie Reinhardus episcopus uestro monasterio contulit[30]. Prohibemus autem et omnimodis[31] interdicimus, ut neque tibi neque tuis successoribus fas sit bona seu possessiones predicti monasterii distrahendi aut sine communi assensu et uoluntate capituli quolibet modo alienandi. Ut autem uos, fratres nostri, diuinis famulatibus liberius ualeatis insistere, immunitatem a supradicto fratre nostro Burchardo episcopo monasterio uestro rationabili deuotione concessam uobis nichilominus confirmamus, ut uidelicet neque ab Halberstadensibus[3] episcopis neque a quibuslibet clericis uel uiris secularibus aliqua preiudicia siue grauamina seu exactiones aliquas aliquando perferatis, nisi forte quantum uobis spontanea uoluntate ipsis largiri placuerit, hospitalitatis gratia exigente[32]. Obeunte uero te nunc eiusdem loci abbate, uel tuorum quolibet successorum, nullus illi qualibet subreptionis astutia seu uiolentia preponatur, nisi quem fratres communi assensu uel fratrum pars consilii sanioris secundum deum et beati Benedicti regulam prouiderint eligendum. Electus autem iuxta Cluniacensium uel Fructuariensium seu Gorziensium ordinem sine prauitate et exactione aliqua consecretur. Interim autem in describendis, prouidendis seu disponendis rebus monasterii episcopus nullatenus se immisceat, sed tantummodo electam personam congrua benedictionis reuerentia regiminis cura inuestiat. Nullus ergo hominum idem cenobium audeat temere perturbare vel eius possessioues auferre, uel ablatas retinere, minuere, seu quibuslibet molestiis fatigare, sed omnia integra conseruentur, eorum pro quorum sustentatione et gubernatione concessa sunt usibus profutura,[33] salua nimirum ecclesie Halberstadensis[3] debita reuerentia. Si qua igitur in posterum ecclesiastica secularisue persona hanc nostre constitutionis paginam sciens contra eam temere uenire temptauerit, secundo tercione commonita, si non reatum suum congrua satisfactione correxerit, potestatis honorisque sui dignitate careat reamque se diuino iudicio[34] de perpetrata iniquitate cognoscat et a sacratissimo corpore et sanguine dei ac redemptoris nostri Jhesu

Christi aliena fiat atque in extremo examine districte ultioni subiaceat. Cunctis autem eidem loco, que sua sunt, seruantibus sit pax domini nostri Jhesu Christi, quatenus et hic fructum bone actionis percipiant et apud districtum iudicem premia eterne pacis inueniant. Amen.

SCS | SCS
Petrvs | Pavlvs
Inno | centivs
pp. | II^s.

Um diesen innere Kreuz in zwei concentrischen Kreisen die Umschrift: adiuua nos deus salutaris noster.

† Ego Innocentius catholice ecclesie episcopus ss.
† Ego Guilielmus Prenestinus episcopus ss.
† Ego Gregorius diaconus cardinalis sanctorum Sergii et Bachi ss.
† Ego Lvcas presbiter cardinalis tituli sanctorum Johannis et Pauli ss.
† Ego Gvido cardinalis diaconus sancti Adriani ss.
† Ego Grisogonus diaconus cardinalis s. Marie in porticu ss.

(*Monogramm:* bene valete.)

Data Pisis per manum Aimerici sancte Romane ecclesie diaconi cardinalis et cancellarii, IIII^{to} nonas Januarii, indictione XIIII^a, incarnationis domini anno m°c°xxx°vi°, pontificatus domini Innocentii pape II anno vi°.

*Zwischen 1194—1196 bei Magdeburg bestätigte Originalcopie auf starkem Pergament im Königl. Staats-Archiv zu Magdeburg unter Ilsenburg 2. Ueber das Alter dieses guten und besonders an einer Stelle und wegen der richtigeren geograph. Namen wichtigen Transsumpts, welches Wiggert (Neue Mitth. 11 S. 292) erst in der Mitte des 13. Jahrh. geschrieben und gegen Ende des 13. oder Anfang des 14. Jahrh. bestätigt glaubte, s. weiter unten Nr. 40 u. 41. Abschr. d. 15. Jh. im Ilsenb. Copialb. Bl. 4. — *) Bis hier auch in fast gleichzeit. Abschr. im Bibelcodex Za 10 der gräfl. Bibl. zu Wern. — b) Die Vorlage: Albenrode.*

Nach der jetzt verschollenen, früher im Besitz des Bibliothekars Prof. Lindner in Dessau befindlichen Urschrift ist die Urk. sorgfältig mitgetheilt von Wiggert, Neue Mitth. 11 S. 296—300 und wieder abgedruckt bei v. Heinemann, cod. dipl. Anh. I Nr. 227 S. 174—175. Vgl. Jaffé, regg. pont. I Nr. 5532.

Nach Wiggerts Druck sind die Varianten der ursprünglichen, zumeist auf die fremde Herkunft und etwas höheres Alter deutenden Varianten der Originalausfertigung folgende: 1) Lanberto, Lanberte. — 2) Hilisinneburgensi. — 3) Albestatensis, Albestatensi, Albestatensibus. — 4) Beruerd., wohl nur verschrieben st. Bernerd. — 5) decimas. — 6) Culinberi. — 7) noch d. Zusatz: et decimas eiusdem loci. — 8) Geuenesleuo. — 9) Warmeresthorpe. — 10) Thiedesthorpe. — 11) Luutheriggerode. — 12) Ecarcinggerode. — 13) Benesiggerode. — 14) Aderstade. — 15) Achersleuo. — 16) Suuitherethorpe. — 17) Domenesleuo. — 18) Badesleuo. — 19) Scipenstide. — 20) Binkenthorp. — 21) Anesleuo. — 22) Rutmeresleuo. — 23) Iggeleuo. — 24) Bethcenesheim. — 25) Baleresleuo. — 26) Thrubiki. — 27) Gunderaderode. — 28) Vresleuo. — 29) Herrando. — 30) N. Mitth. a. a. O. noch der Zusatz: Predia quoque in Papentorpe et in Wochkenstide octo talentorum censum persoluentia, que per Ottonem episcopum pro Godenhusen et Alerstide uestro sunt collata monasterio. — 31) omnibus modis. — 32) Offenbar als Druckfehler in den N. Mitth. erigente. — 33) Statt Nullus — profutura, was sowohl die Abschr. im Ilsenb. Copialbuch als die alte Bestätigung des Kardinallegaten hat, giebt das durch Wiggert abgedruckte Original: Presertim laudabilis honestatis et bone conuersationis tue meritum attendentes ad honorem dei et ecclesie tue tibi tuisque successoribus usum pontificalium uestium apostolica auctoritate concedimus, ita ut ad diuini cultus reuerentiam in omni ecclesia per nostre dispensationis confirmationem in uicem episcopi tui tibi liceat pontificaliter succedere. — 34) a. a. O. noch: existere.

1140, Januar 1., Indict. 3. 17.

Rudolf, Bischof von Halberstadt, giebt der zum Kloster Ilsenburg gehörigen Kirche S. Burchards zu Wollingerode die Parochialrechte über alle daselbst auf S. Peters Grunde wohnenden Leute und bestätigt die Schenkung des Pfalzgrafen Friedrich über sein Drittel dieses Dorfes an das gedachte Kloster.

C. In nomine sancte et indiuidue trinitatis Rodulfus diuina fauente clementia sancte Halberstadensis ecclesie antistes. ||

Pastoralis officii necessitate astringimur subditorum utilitati pia sollicitudine animum intendere et precipue deo sub regulari professione militantium paci ac quieti paterna diligentia prospicere. Nouerit itaque uniuersitas tam presentis quam futuri temporis fidelium, quia ecclesię sancti Burchardi in Waliggerod sitę Hilsineburgensi cenobio attinenti curam omnium ibidem in fundo beati Petri degentium, cimiterio in sepulturam eorum dedicato, perpetuo iure concessimus, eique ius baptizandi, infirmos uisitandi, mortuos sepeliendi annitente idque promouente Arneboldo, uenerabili preposito in Stuterliggeburch, ad cuius archidiaconatum ipsa uilla spectare conprobatur, plenarie confirmamus. Tribus siquidem fratribus uillam hereditario iure obtinentibus, cum tercius ex ipsis, uidelicet Fridericus palatinus, quicquid in ea iuris habebat, cum prefata ęcclesia et utriusque sexus mancipiis deo et sanctis eius in Hilsineburch pro remedio animę suę obtulisset ac frequenter inibi infirmos absque uiatico, infantes absque baptismatis gratia ex hac luce subtrahi contingeret, eo quod ęcclesia sancti Viti ibidem sita sustentationi sacerdotis nequaquam sufficeret, nos ratione consulta et religiosarum personarum in id ipsum concordante sententia nostrę prouisionis hominibus uidelicet in fundo beati Petri degentibus suprascripto modo prouidendum censuimus. In abbatis sane relinquimus arbitrio ac discretione, quem de suis sacerdotem ipsi potissimum preficiat ęcclesię. Ut ergo hec concessionis nostrę institutio stabilis perpetuo et inconuulsa permaneat, hanc paginam inde conscriptam et hanno auctoritatis nostrę confirmatam sigilli nostri inpressione insigniri decreuimus.

Actum anno dominicę incarnationis millesimo c°xl°, indictione III, kalendis Januarii, in dei nomine feliciter.

Urschrift auf starkem Pergament mit ziemlich gut erhaltenem bischöflichen Siegel im Königl. Staats-Archiv zu Magdeburg s. r. Ilsenburg Nr. 2°. Durch den Hildesheimer Kleriker Heinrich Spange vidimirte noturielle Abschrift unter anderen abschriftlichen Wollingeröder Urkunden im Gräfl. H.-Arch. zu Wernigerode. Ungedruckt.

Halberstadt, 1141, December 5. 18.

Rudolf, Bischof von Halberstadt, bestätigt einen zwischen dem Stift S. Johannis zu Halberstadt und dem Kloster Ilsenburg getroffenen Tausch, durch welchen ersteres dem letzteren 9½ Hufen im Dorfe Lieren, letzteres aber dem Stift ebensoviel Hufen mit Zubehör in dem Dorfe Bodesargstedt anwies.

In nomine sancte et indiuidue trinitatis ego Rodulffus antistes Halberstadensis. Nostri iuris et officii est, vtilitati ecclesiarum omnimodis consulere et consulentibus libenter et efficaciter assentiri. Prebentes igitur assensum religiosorum virorum peticionibus, notificamus omnibus Christi fidelibus concambia, que facta sunt de quibusdam possessionibus inter fratres ecclesie sancti Johannis, que sita est in ciuitate nostra, et Hiliseneburgenses fratres, amborum consensu interueniente. Canonici namque monachis mansos nouem et dimidium in villa que Lierê dicitur, et monachi canonicis totidem cum eorum pertinenciis Bothserchstide cambiendo consignauerunt, alteri alterorum vtilitati uicaria karitate consulentes. Intererant huic negocio uiri admodum fideles et religiosi, videlicet de domo sancti Stephani Martinus prepositus, Erpo decanus, Conradus camerarius, Baldewinus et Marckquardus subdiaconi et ipsi ad quos eciam summa negocii pertinebat: Thidericus prepositus sancti Johannis cum fratribus, Sigebodo abbas Hiliseneburgensis cum fratribus suis et aduocato ecclesie sue Althelberto[1] comite de Wirnegeroth, dominus Poppo de Blanckenborch cum militibus suis Bernhardo de Widesloue, Esico de Rothestorp, Voltrammo de Lire, ministeriales viri sancti Steffani Othelricus de Velthem et frater suus Geuehardus, Willerus prefectus et frater eius Geuehardus, Guncelinus[2], Thiegenardus, Liudericus et filius eius, Burchardus de Horneburch, alii quoque, quorum nomina breuitatis gracia omisimus. Que itaque deo auctore a tam fidelibus et tam religiosis personis gesta sunt, pro concessa nobis diuinitus potestate, ut rata et inconuulsa permaneant decernimus, et in virtute sancti spiritus banno firmamus et sigilli nostri impressione signamus.

Data in Halberstad nonas Decembris in plena sinodo, annuente clero et populo, anno dominice incarnacionis M°C°XL°° primo, ordinacionis autem mee VI°°.

Aus copiar. monast. s. Johannis extra muros Halberstad. in der Universitätsbibl. zu Jena Bl. 133ᵇ.
Gedruckt Zeitschr. des Harz-Ver. 1. S. 260 f.
1) *Aethelberto?* — 2) *so ist jedenfalls st. Guncesinus zu lesen.*

Rheims, 1148, März 23., Ind. 11, pont. 4. 19.

Papst Eugen III. bestätigt die Privilegien seines Vorgängers Innocenz II. für das Kloster Ilsenburg und dessen Besitzungen und ertheilt das Recht, den Adel im Kloster zu begraben.

Eugenius episcopus, seruus seruorum dei, dilecto filio Sigebodoni Ilsineburgensi abbati eiusque successoribus regulariter substituendis in perpetuum. ||

Quia sollicitudini apostolicę competit religionem deo placentem modis omnibus propagare et defensare, propterea, dilectissime in domino fili Sigebodo Ilsineburgensis abbas, tuas tuorumque fratrum peticiones humillimas clementer admittimus et secundum tenorem priuilegii, quod predecessor noster felicis memorię Innocentius papa secundus uestro cęnobio contulit, quęcumque uobis auctoritate apostolica statuens confirmauit, nos quoque eadem auctoritate statuentes confirmamus, quę prohibuit, prohibemus, quę concessit, nos quoque firma uobis et illibata manere sub perpetui anathematis interminatione decernimus: ex donatione uidelicet Arnoldi epischopi, qui cęnobii uestri deuotissimus extitit fundator, decimationes in Bernerdiggerode, in Suthscauno, in Biresloue, in Thiederziggerode, in Culisbere, in Winetherode, in Brodesende, in Luttheriggerode, in Bouiggerode, in Emmenrode, in Geschenrode, in Eggerziggerode, in Backenrode, in Benezigerode, in Waliggerode; ex donatione uero Burchardi secundi, deo dilecti epischopi, decimationes in Iggenloue, in Balereslone, in Koresheim, in Thrubike, in Aldenrode, in Thurwardiggerode, in Gunderaderode, in Ezerdiggerode, in Vresloue; ex donatione uero Herrandi epischopi, qui et Stephanus dictus est, decimationes in Dannenstide et in Suthlochtenheim, sed et omnes mansos in prefato priuilegio predecessoris nostri seriatim descriptos; ex donatione uero Reinhardi epischopi decimationes de noualibus in omnibus locis, in quibus decimas habere uidemini; predia quoque in Papesthorpe et in Wochkenstide, octo talentorum censum annuatim persoluentia, quę per Ottonem epischopum pro Godenhusen et Alerstide uestro sunt collata et confirmata monasterio. Hęc ergo, et omnia, quę nunc in presentiarum tuo uel tuorum predecessorum studio conquisita canonice possidetis, sed et quęcumque in posterum iustis dumtaxat modis potueritis obtinere in utriusque sexus maucipiis, tenire cultis et incultis, areis, edifitiis, agris, pratis, paschuis, campis, siluis, uenationibus, aquis aquarumque decursibus, riuis, piscationibus, molis, molendinis, theloneis, uiis et inuiis, exitibus et reditibus, mansis et decimis, quęsitis et acquirendis, more predecessorum nostrorum sub interminatione anathematis et ęternę dampnationis uobis confirmantes auctoritate nichilominus apostolica prohibemus, ut nullus de prediis, quę a uobis in usus uestros excoluntur, decimas uel aliquas pensiones exigat, et ut nullus aduocatus preter ius et beneficium antiquitus institutum aliquid sibi arripere uel usurpare presumat. Subaduocatos uero et eorum exactores omnimodis ab ęcclesię uestrę infestationibus per epischopos remoueri et coherceri in uirtute spiritus sancti precipimus. Sin autem aliquis contra hanc nostram preceptionem uel prohibitionem de cętero aliquid attemptare presumpserit, ut apostolici decreti uiolator, nisi ammonitus resipuerit, christianorum careat sepultura. Concedimus quoque et confirmamus in uestro monasterio liberam fieri nobilium sepulturam, et ut in Aderstade, immo in omnibus parrochialibus capellis sub iure proprietateque uestri monasterii constitutis secundum decreta apostolica Leonis, Gregorii, Agapiti, Bonifacii per abbates loci uestri monachi presbiteri constituantur diuina officia populis celebraturi, salua nimirum debita Halberstadensis ęcclesię reucrentia. Ne ergo ulla deinceps ęcclesiastica secularisue persona monasterium uestrum cum omnibus rebus suis et personis sub apostolicę tutela clementię constitutum quolibet modo quidquam eorum, quę in predecessorum nostrorum seu per nos tradito priuilegio pretaxata sunt, violando temere perturbare presumat, sub perpetui anathematis et ęternę dampnationis interminatione auctoritate apostolica prohibemus. Cunctis autem uos fouentibus et defendentibus sit pax in die domini nostri Jhesu Christi. Amen.

† Ego Eugenius III""", catholice ęcclesię episcopus ss.

SCS | SCS
Petrus | Paulus

Euge | nius
pp. | III'

Zwischen zwei concentrischen Kreisen hat der orbis pontificalis die Umschrift: saluos nos fac domine deus noster.

† Ego Thiedwinus episcopus cardinalis tituli s. Rufinę ss.
† Ego Bernhardus presbiter cardinalis tituli s. Clementis ss.
† Ego Jacinctus cardinalis tituli s. Adriani ss.
† Ego Octauianus cardinalis tituli s. Cecilię virg. ss.
† Ego Hubaldus cardinalis episcopus Ferentinus ss.

(*Monogramm:* bene valete.)

Presentibus et annitentibus episcopis Johanne Ostiensi, Widone Prenestino, Samsone Remensi, Giselbertho Pictauiensi, Adelberone Treuirensi, Hartberto Utrensi, Bernhardo abbate Clarenallis.

Data Remis per manum Rolandi cancellarii, x° kalendas Aprilis, anno domini m°c°xlviii°, indictione xi, pontificatus uero domni Eugenii papę tercii anno quarto. Feliciter.

Gedruckt nach dem im Besitz der deutschen Gesellschaft zu Leipzig befindlichen Originale: Neue Mittheilungen des Thür.- Sächs. Vereins (von Wiggert) II S. 300—302 und gleichzeitig (ebenfalls nach der Urschrift) Wedekind, Noten III, 297—301. Vgl. den Abdruck bei v. Heinemann, cod. Anh. I S. 256—258 Nr. 339. Jaffé, regg. pontif. I S. 950 Nr. 311 setzt die Urk. unter die literae spuriae. Abschriftlich findet sie sich im Ilsenb. Copialbuch Bl. 3ᵇ.

Wörbzig, 1156, December 28. 20.

Graf Albrecht von Aschersleben (Albrecht der Bär) bezeugt im Landgericht zu Wörbzig und als Schirmvogt des Klosters Ilsenburg, dass er von den Gebrüdern von Krosigk fünf Hufen und einen Wald am östl. Ufer der Saale erkauft habe.

In nomine sancte et indiuidue trinitatis Adelbertus diuina fauente clementia comes Asschersloucusis. Fidelium dei sollicite curam agentes, eorum iustis peticionibus annuentes corumque pro posse nostro defensionibus insistentes, remuneracionem super hiis eterne beatitudinis a deo promereri contidimus. Nouerit igitur fidelium Christi tam presencium quam futurorum industria, quoniam ego Albertus, Ilsyneburgensis cenobii aduocatus, rogatu Sigebodonis, ciusdem loci abbatis, in placito meo Wurbizke v mansos et siluam vnam in orientali rypa Sale sitam a domino Alberto et fratre suo Tiederico de Crozuch, astipulantibus schulteto Ottone et Reynhardo precone, xlix marcis comparauerim, testamentoque facto sigilli mei impressione corroborauerim, vt, si ipsi uel aliquis heredum suorum postmodum hanc ompcionem iniuste cassare voluerint, imperiali iudicio subiaceant. Huius rei testes sunt, quorum nomina subternotauimus: schultetus Otto, Reynhardus preco, Bedericus, Bartoldus de Schipeze, Maroldus frater eius, sculteti fratres Conradus et Gero, Arnoldus de Groben, Fredericus et Godescalcus de Turowe, Rodolphus de Tribuli, de Tsurtewits Bartolt, Christianus et frater eius Erich de Hunoldestorp, Eswardus de Musizin, Rybrecht de Isdrin, Gheuelhardus de Corubize, Gero de Clepize, Tiederich de Eylbrechtistorp, Marquart et Bruno de Siberuistorp, Eyco et Arnolt de Rypechowe, Luczo et frater eius Tiederich de Anclenburch, Erwin de Biendorp, Gero de Tamoritse et filii eius, Tiedericus, Bernhardus de Wolue et frater eius Gero, Adelgoz de Wurbizke, Huswart de Cothene, Vdalrich de Edelcristorp.

Acta sunt hec temporibus filii mei Adelberti, cui eundem comitatum commisi, et tempore Bernhardi filii mei, cui eiusdem potestatis aduocacia tradita est. Data Wurbizke v° kalendas Januarii, anno dominice incarnacionis m°c°lvi°, indictione III, anno v° regni Frederici, imperii vero secundo, episcopatus vero domini Wichmanni Magdeburgensis archiepiscopi II°.

Copialbuch Blatt 10. Gedruckt v. Heinemann, C. D. Anh. I, 425 S. 312. wo auch bemerkt ist, dass die Indiction V statt IIII heissen müsse. Das Jahr steht durch die angegebene Regierungszeit Kaiser Friedrichs und Erzb. Wichmanns von Magdeburg fest. Die Jahrzahl ist in der Abschr. verschrieben als: m°ccvi°.

Werben, 1157, October 3. 21.

Markgraf Albrecht zu Brandenburg befreit, gegen Aufnahme in die Brüderschaft, die Besitzungen des Klosters Ilsenburg zu Polkrits in der Mark von allen Diensten.

In nomine sancte et indiuidue trinitatis ego Adelbertus dei gracia marchio in Brandenborch vniuersalis ecclesie fidelibus in perpetuum. Nouerit fidelium vniuersitas tam presencium quam futurorum, quod nos diuine remuneracionis intuitu simul et peticione Sighebodonis venerabilis abbatis in Ilsyneborch omninmque fratrum eiusdem cenobii bona eorum in Pulcriz[1], culta et postmodum colenda, ab omni seruicio, quo nobis seruire tenebantur, perpetualiter absoluimus, sub eo videlicet vicissitudinis respectu, vt ipsi plenum nobis sue fraternitatis consorcium fideliter persoluant et in hiis, que sunt ad deum, nobis et posteris nostris affectuosa sedulitate pro posse et viribus assistant. Vt autem hec nostra donacio rata et inconuulsa futuris postmodum temporibus permaneat, sigilli nostri impressione eam roborauimus et dominum Halberstadensem episcopum Odelricum, cuius potestati subiacet, banno suo confirmare rogauimus, adhibitis ydoneis testibus, quorum nomina subter annotata sunt: Walo episcopus in Hauelberghe, Wernerus comes de Osterborch, Hermannus de Luckowe, Fredericus de Bomgarden, Adelbertus de Swartenholte et alii quam plures.

Data anno dominice incarnacionis m°c°lvii°, indictione v°. Actum Wirbene v nonas Octobris, presente filio nostro Ottone et paruitatis donationi feliciter consenciente. In nomine domini. Amen.

Copialbuch Bl. 24. Gedruckt v. Heinemann, C. D. Anh. I, Nr. 436 S. 319 f. Die Indiction ist die VI.

1) *Pfarrdorf Polkrits, Kr. Osterburg.*

1157 (October 3.—Ende d. J.), indict. 5. 22.

Ulrich, Bischof zu Halberstadt, giebt auf Bitte des bisherigen Lehnbesitzers Graf Werner von Osterburg, den Zehnten zu Polkrits dem Kloster Ilsenburg.

In nomine sancte et indiuiduo trinitatis ego Odelricus dei gracia sancte Halberstadensis ecclesie episcopus notum facio omnibus hoc scriptum lecturis et audituris, quod decimacionem ville, que dicitur Pulcriz, in Marka sitam contradidi ecclesie beatorum apostolorum Petri et Pauli in Ilsyneborch, petente et manumittente Adelberto marchione et Wernero comite, qui ea inbeneficiatus erat. Hec ut inconuulsa permaneant, auctoritate beatorum Petri et Pauli et nostri sigilli impressione confirmamus, vt non partem habeat cum ecclesia in celo et in terra, qui hoc attemerauerit (!). Huius rei testes fuerunt: canonici maioris domus Erpo decanus, Odelricus prepositus, Fredericus de Swannebeke, Hermannus de Tanchermunde;

laicorum vero prefatus Wernerus comes, Adelbertus comes de Werningberode, Conradus de Gardenleghe, Heremannus de Liuchkowe, Gbeuebardus de Arneburch, Willerus prefectus, Tiedericus de Hackenstide. Gesta sunt hec anno dominice incarnacionis m°c°lvii°, indictione v°.
*Copialbuch Bl. 24ᵇ. Gedruckt v. Heinemann, C. D. Anh. I Nr. 437 S. 320.
Die Indiction wird auch VI heissen müssen.*

Pavia, 1160, Februar 20., Ind. 3, pont. 4. 23.

Papst Victor IV. bestätigt die Privilegien, die Innocentius II. dem Kloster Ilsenburg ertheilt hat.

Uictor episcopus, seruus seruorum dei, dilecto filio Scigebottoni Ilsineburgensi abbati eiusque successoribus regulariter substituendis in perpetuum. ||

Ad hoc uniuersalis ecclesie cura nobis a prouisore omnium bonorum deo commissa est, ut religiosas diligamus personas et bene placentem deo religionem studeamus modis omnibus propagare. Nec enim deo gratus aliquando famulatus inpenditur, nisi ex caritatis radice procedens a puritate religionis fuerit conseruatus. Eapropter, dilecte in domino fili Scigebotte abbas, postulationes tuas clementer admittimus, et Ilsineburgense monasterium, cui deo auctore preesse dinosceris, iuxta priuilegium predecessoris nostri bone memorie pape Innocentis secundi priuilegio communimus, statuentes ut quecunque bona, quascunque possessiones in presentiarum idem monasterium iuste et canonice possidet, aut in futurum concessione pontificum, largitione regum uel principum, oblatione fidelium, seu aliis iustis modis prestante domino poterit adipisci, firma tibi tuisque successoribus et illibata permaneant. Videlicet quecumque Arnoldus bone recordationis Alberstadensis episcopus, uestri monasterii fundator, ibi donauit; item quecunque Burchardus episcopus bone memorie beatis apostolis Petro et Paulo in Ilsineburg noscitur contulisse, vel Herrandus, quondam Alberstadensis episcopus, qui et Stephanus dictus est, aut Rainardus uel Otto episcopi contulerunt. Addimus etiam et perpetua stabilitate confirmamus predia in Papestorpe, que supradictus Otto episcopus permutando cum uestro cenobio in uicem prediorum, que sita sunt in Goddeshusen et Aleratede dedisse cognoscitur uestro monasterio; item predia in Wokende[1] et Nortrode octo talenta persoluentia uestro cenobio una cum prediis de Papestorpe, et ne ab Alberstadensi episcopo uel aliis aliquo grauamine inquietemini, omnimodis prohibemus. Decimationes etiam de noualibus in omnibus locis in quibus decimas habere uidemini, qua (!) felicis memorie Rainbardus episcopus uestro monasterio contulit, apostolica auctoritate firmamus. Concedimus etiam tibi et successoribus tuis libere sepulturas nobilium uel aliorum, qui petierint, sine omni Alberstadensium contradictione. Prohibemus autem et omnimodis interdicimus, ut neque tibi neque tuis successoribus fas sit bona seu possessiones predicti monasterii distrahendi aut sine communi assensu et uoluntate capituli quolibet modo alienandi. Vt autem uos, fratres nostri, diuinis famulatibus liberius ualeatis insistere, immunitatem a supradicto fratre nostro Burchardo episcopo monasterio uestro rationabili deuotione concessam uobis nichilominus confirmamus, ut uidelicet neque ab Alberstadensibus episcopis, neque a quibuslibet clericis uel uiris secularibus aliqua preiudicia siue grauamina seu exactiones aliquas aliquando perferatis, nisi forte quantum uobis spontanea uoluntate ipsis largiri placuerit, hospitalitatis gratia exigente. Obeunte uero te nunc eiusdem loci abbate uel tuorum quomodolibet modo successorum, nullus ibi qualibet subreptionis astutia, seu uiolentia preponatur, nisi quem fratres communi assensu uel fratrum pars consilii sanioris secundum domini et beati Benedicti regulam prouiderint eligendum. Electus autem iuxta Cluniacensium uel Fructuariensium, seu Gorthiensium ordinem sine prauitate et exactione aliqua consecretur. Interim autem in describendis, prouidendis seu disponendis[2] rebus monasterii episcopus nullatenus se inmisceat, set tantummodo electam personam congrua benedictionis reuerentia regiminis cura inuestiat. Nullus ergo hominum idem cenobium audeat temere perturbare uel eius possessiones auferre, uel ablatas retinere, minuere, seu quibuslibet molestiis fatigare, set omnia integra conseruentur, eorum pro quorum substentatione et gubernatione concessa sunt, usibus profutura, salua nimirum ecclesie Alberstadensis debita reuerentia. Si qua igitur inposterum ecclesiastica secularisue persona hanc nostre constitutionis paginam sciens, contra eam temere uenire temptauerit[3], secundo tertioue commonita, si non reatum suum congrua satisfactione correxerit, potestatis honorisque sui dignitate careat [ne?]que se iudicio diuino exist[ere?] de perpetrata iniquitate cognoscat, et a sacratissimo corpore et sanguine dei ac redemptoris nostri Jhesu Christi aliena fiat, atque in extremo examine districte ultioni subiaceat. [Omnibus autem eidem loco que][4] s[u]a sunt seruantibus sit pax domini nostri Jhesu Christi, quatinus et hic fructum bone actionis percipiant, [et] apud districtum iudicem premia eterne pacis inueniant. Amen.

SCS Petrus	SCS Paulus
Vic papa	tor .IIII

Ego Victor catholice ecclesie episcopus.

Um den orbis pontificalis die Umschrift: tu es gloria mea. tu es susceptor meus. tu exaltans capud meum domine.

Rechts (vom Beschauer) von dem mit Einschluss des Devisenringes 5½ Cm. im Durchmesser haltenden Kreise der Name des (Gegen-)Papstes von der Hand des Schreibers der Urkunde, dann die Namen der Cardinäle mit ihren eigenthümlichen Handschrr. und zwar links vom orbis pont.:

✠ Ego Johannes presbiter cardinalis tituli sanctorum Siluestri et
Martini ss.
† Ego Guido Cremensis, presbiter cardinalis tituli Calixti ss.
  Rechts dacon, unter dem Namen des Papstes:
† Ego Ymarus Tusculanus episcopus ss.
† Ego Hubaldus Ferentinus episcopus ss.
  Rechts von dem Namen des Papstes und der Letzteren:
† Ego Beradus diaconus cardinalis sancti Sergi ss.
† Ego Lando diaconus cardinalis sancti Angeli ss.
† Ego Johannes diaconus cardinalis sanctę Marie in Aquiro (!) ss.
  (*Monogramm* bene valete.)

Data Papie per manum Gerardi subdiaconi sancte Romene (!) ecclesie, xi kalendas Martis, indictione VIII, anno incarnationis domini millesimo c°lx°, pontificatus domini Victoris III pape anno I.

Rechts unten steht nochmals: Ego Johannes diaconus cardinalis sancte Marie in Aquiro (!) ss.

Urschrift auf festem weissen schöngeglätteten Pergament an einigen Bruchstellen, besonders unten, zerfressen und zerrieben im Gr. II.-Arch. zu Wernigerode. Die Linien sind eingerissen.

Die an rothseidener Schnur hangende Bleibulle hat auf dem Avers in einem Perlenkreise die Inschrift VIC TOR | . PP . IIII . *Der Revers zeigt die durch halbe Perlenringe getrennten Köpfe der Apostel Paulus (mit Spitzbart und kahler Stirn) und Petrus (mit kurzem Bart) mit den Ueberschriften:* SPA . SPE. *Zwischen dem Perlenbogen ein Kreuz auf kurzem Stabe. — Ungedruckt.*

1) *Gemeint ist* Wockenstedt. — 2) *Das Original:* disponenskis. — 3) *Or.:* teptauerit. — 4) *Das Eingeklammerte ist Conjectur.*

1160, Indict. 8.   24.

Sigebodo, Abt zu Ilsenburg, exkommunizirt diejenigen, welche von den durch ihn zum Stift gebrachten Kirchen-Kleinodien und Geräthschaften etwas veräussern werden.

In nomine sanctę et indiuiduę trinitatis Sigebodo dei gratia Ilsineburgensis abbas. ||

Quia plures in gregem domini mercennarios consurgere uidemus, qui domum domini non edificare, sed quod alius edificauerit destruere magis elaborant, idcirco murum quam firmissimum pro domo Israel ponere cautum iudicauimus. Decorem igitur domus domini, quam dei ordinatione regendam suscepimus, primo quidem ualde tenuem, postmodum uero collatione fidelium in campanis, crucibus, sanctorum capsis, corona super corpus domini satis operose facta, uariasque supellectile nostris temporibus nobiliter ampliatam, ne uiolenter aut fraudulenter deo ac sanctis eius abstrahatur, prospectum habere curauimus. Rogatu denique et consilio totius congregationis octaua dominicę resurrectionis in audientia plebis, quę numerosa confluxerat, omnia, quę fideles Christi nostro contulerunt monasterio, banno communiuimus, ut siquis ea quouis ingenio nisus fuerit abalienare, perpetuę subiaceat excommunicationi; cuius portio sit in ęternis tormentis cum traditore Juda, cum angelo apostata. Vt autem nota sint hec posteris, cartam hanc inde conscribi nostrique sigilli fecimus impressione muniri. Aderant tunc temporis uenerabiles uiri Azzo Pozovviensis abbas, Conradus abbas de Riddageshusen, Godefridus prepositus sancti Wicberti in Quidelingeburch, qui suo banno nostrum ordinatum sunt subsecuti.

Actum anno dominice incarnationis m˙c˙lx°, indictione VIII°, Uictore papa, Gerone episcopo Halberstadensi.

(*Aufgedr. Siegel.*)

Urschrift auf Pergament, auf dem leeren Raume neben dem Siegel ein wenig angefressen, dieses gut erhalten. Vgl. die photolithographische Anlage Nr. 4, das Siegel ausserdem auch Taf. I Nr. 1. Ungedruckt.

1163, April 2. 25.

Gero, Bischof von Halberstadt, bestimmt, dass die Seelsorge der zu gering dotirten Kapelle S. Viti zu Wollingerode der S. Burchardi-Kirche daselbst, Stötterlingenburger Archidiakonats, einverleibt und durch einen vom Abt zu Ilsenburg bestellten Geistlichen versehen werde.

C. in nomine sancte et indiuidue trinitatis Gero diuina fauente clementia sancte Halberstadensis ecclesie humilis episcopus. ||

Sollicitudinis nostrę ratio nos admonet, ut in commune uniuersorum utilitati prouidere studeamus, et maxime eorum, qui diuini numinis cultum religiose tuentur, paci ac quieti consulere contendamus. Vnde notum esse uolumus tam presentibus quam futuris, qualiter nos consideratis uariis incommoditatibus, quas dilecti fratres nostri de Ilsineburc in villa Walingerod sustinebant, oportunitati ipsorum libenter indulgentes, simul etiam attendentes, quod capella beati Viti propter penuriam rerum suarum sacerdotem sustinere nequiret, curam prefatę villę ecclesię beati Burchardi, que ibidem sita est, omnino contulimus ac perpetuo iure concessimus, ex assensu et uoluntate ac rogatu Erneboldi, uenerabilis prepositi de Stuterlingeburc, ad cuius archidiaconatum predicta villa pertinere dinoscitur, ea ratione firmiter obseruata, ut quemcunque dominus abbas Ilsineburgensis eidem curę preficere uoluerit, prefato archidiacono et eius successoribus in his que ad curam spectant, debitam persoluat obedientiam. Statuimus igitur et banno auctoritatis nostrę confirmamus, ne quisquam hanc nostram concessionem ullatenus immutare, diminuere aut ullomodo conuellere presumat. Quod si quis contra hanc nostrę institutionis paginam uenire temerauerit, nouerit se iudicio patris et filii ct spiritus sancti sententia excommunicationis innodatum.

Actum anno dominicę incarnationis millesimo c°lxiii°, indictione xi, nii nonas Aprilis, feliciter.
Urschrift auf starkem Pergament im Königl. Staats-Archiv zu Magdeburg s.r. Ilsenburg Nr. 4. Das an Pergamentstreifen befestigt gewesene Siegel ist nicht mehr vorhanden. Ungedruckt.

Goslar, 1172, März 22., Indict. 5. 26.

Adelhog, Bischof von Hildesheim, bekundet, dass ein Streit zwischen seinen Ministerialen Karl und Gerhard und dem Kloster Ilsenburg wegen zweier Hufen zu Zilly durch die Zahlung von vier Mark seitens des letzteren geschlichtet worden sei.

In nomine sancte et indiuidue trinitatis Adelhogus dei gratia Hildensemensis episcopus in perpetvvm.

Offitii nostri debito monemur atque conpellimur, ut quę coram auctoritatis nostrę mediocritate uel de iuris uigore, uel de amica conuentione, legitima intercedente transactione, sopita sunt siue decisa, suis terminis concludantur, nostraque opera contra tergiuersantium calumpnias, quantum in nobis est, communiantur. Inde est, quod uniuersis Christi fidelibus notum esse uolumus, quod duo ministeriales nostri, Karolus videlicet et Gerardus, ex successione materna venerabilem virum Thietherum, Ilsineburgensis monasterii abbatem, petitione hereditatis conuenerunt super duobus mansis in Xillingho[1], abbate et fratribus eiusdem monasterii prescriptionem temporis in sui defensionem allegantibus, illis e conuerso de temporis interruptione excipientibus. Tandem post multas hinc inde altercationes ex utriusque partis beneplacito his transactione sopita est, ita uidelicet, quod prememoratus abbas prescriptis ministerialibus nostris iiii°' marcas puri argenti appendit, et illi omni peticioni, quam aduersus abbatem et monasterium habebant, in manu nostra renuntiauerunt. Ne igitur uel ipsi uel aliqui eorum successores legitimam illam transactionem ullo unquam tempore quocumque ingenio ualeant refricare, presentem inde cartam conscribi et dignitatis nostre sigillo iussimus insigniri. Testibus: Wikinno de Sualenberc, comite Tiderico de Insula, Gnargo, Egelmaro, Conrado de Occherseim, Simone de Ueteri uilla et aliis quam multis.

Actum anno domini m°c°lxxii°, indictione v, consecrationis domini A. Hildensemensis episcopi anno i°, in dei nomine feliciter. Amen. Datum Goslarie, xi kalendas Aprilis per manum Gocelini notarii, ecclesie sancti Mauritii diaconi.

Urschrift auf Pergament, deren Siegel nicht mehr vorhanden ist, unter Ilsenburg 5 im Königl. Staats-Archiv zu Magdeburg. Auch im Ilsenb. Copialb. Bl. 36. Ungedruckt.

1) *In der Abschrift Cillinge.*

Rom, Lateran, 1179, Februar 18. 27.

Papst Alexander III. nimmt die Propstei Wanlefsrode in seinen Schutz.

Allexander episcopus, seruus seruorum dei, dilectis filiis preposito et monachis de Walleuesroth salutem et apostolicam benedictionem. Viros religiosos et diuino cultui arcius mancipatos ex suscepte dispensacionis officio oculo nos commouerunt clemenciori respicere, et ne indebitis agitentur molestiis, apostolice tuitionis clippeo confouere. Eapropter, dilecti in domino filii, vestris iustis postulacionibus grato concurrentes assensu ecclesiam vestram cum omnibus, que in presenciarum legittime possidet, aut iustis modis adipisci poterit in futurum, sub beati Petri et nostra protectione suscipimus et presentis scripti patrocinio communimus, statuentes, ne quis vobis eiectis, quamdiu ibidem duo ad minus fueritis, alios clericos ausu temeritatis substituat, aut vos uel eandem ecclesiam indebite molestare presumat, dummodo capellanum proprium habeatis, qui populo, si habetis, diuina debent officia celebrare. Nulli ergo omnino hominum liceat, hanc paginam nostre protectionis uel institucionis infringere, vel ei ausu temerario contraire. Si quis autem hoc attemptare presumpserit, indignacionem omnipotentis dei et beatorum Petri et Pauli, apostolorum eius, se nouerit incursurum.

Datum Laterani XII kalendas Marcii.

Copialbuch Bl. 2. Ungedruckt.
Der Abschreiber hat die Ueberschrift gemacht: Copia priuilegii monasterii et prepositure quondam in Cellis in siluestu dicto de Schymmelwolt.
Ueber das Alter dieser Urkunde siehe die folgende, mit welcher sie vermuthlich in ein Jahr fällt.

Rom, Lateran, 1179, Februar 20. 28.

Papst Alexander III. nimmt das Kloster Ilsenburg in seinen Schutz und bestätigt dessen Güter und Rechte.

Allexander episcopus, seruus seruorum dei, dilectis filiis T. abbati et fratribus Ilsyneburgensis monasterii salutem et apostolicam benedictionem. Suscepti regiminis cura nos ammonet et inducit, ut de statu ecclesiarum paternam sollicitudinem gerere debeamus, et ne in possessionibus et bonis suis prauorum molestiis perturbentur, apostolicum eis presidium exhibere. Eapropter, dilecti in domino, vestris iustis postulacionibus clementius annuentes, prefatum monasterium, in quo diuinis estis obsequiis mancipati, sub beati Petri et nostra protectione suscipimus et presentis scripti patrocinio communimus, in primis siquidem statuentes, vt ordo monasticus, qui secundum domini et beati Benedicti regulam in eodem monasterio noscitur institutus, perpetuis ibidem temporibus inuiolabiliter obseruetur. Preterea possessiones et bona, que de donatione O., quondam Halberstadensis episcopi, in loco qui dicitur Papestorp iuste et pacifice possidetis, vobis et per vos eidem monasterio auctoritate apostolica confirmamus. Prohibemus insuper, ne quis episcopus uel abbas, uel alia quecumque persona thezaurum uel ornamenta ipsius monasterii sine communi fratrum aut maioris et sanioris partis consensu alienare presumat. Sepulturam quoque illius loci liberam esse decernimus, vt eorum deuocioni et extreme voluntati, qui se illic sepeliri deliberauerint, nisi forte excommunicati vel interdicti sint, nullus obsistat, salua tamen iusticia illarum ecclesiarum, a quibus mortuorum corpora assumuntur. Decernimus ergo, ut nulli omnino hominum liceat hanc paginam nostre protectionis et confirmacionis infringere vel ei ausu temerario contraire. Si quis autem hoc attemptare presumpserit, indignacionem omnipotentis dei et beatorum Petri et Pauli, apostolorum eius, se nouerit incursurum.

Datum Laterani x kalendas Marcii.

Copialbuch Bl. 2. -- Ungedruckt.

Alexander III. regierte von 1159 bis 1181 und Abt Theoderich von Ende 1176 oder Anf. 1177 bis 1192. Darnach fiele diese Bulle also in die Jahre 1177 bis 1181. Da aber innerhalb dieser Zeit P. Alexander III. nur 1179 im Lateran urkundete (vgl. Jaffé, regg. I S. 782ff.), so wird die Zeit der Ausstellung dadurch näher bestimmt.

(1170, November 18. bis 1180, April 13.) 29.

Bernhard, Graf von Aschersleben, bezeugt, dass der Edle Baderich dem Kloster Ilsenburg eine Mühlstelle am südlichen Ufer der Wipper bei Zernitz entzogen und später wiedergegeben habe.

In nomine sancte et indiuidue trinitatis Berenhardus dei gracia comes Asscherlouensis (!) omnibus Christi fidelibus. Quoniam quarundam ecclesiarum cause et actiones plereque nostro patrocinio diuina disposicione credite sunt, ideo diligenciori et magis circumspecta nos decet inuigilare sollicitudine, quatinus ea, qua nobis in ecclesiasticis negociis patrocinium commissum est, amministracione fideliter expleamus. Vnde notum facimus vniuersitati et Christo Jhesu et nobis fidelium, qualiter dominus Badericus, vir illustris, aquilonare litus in flumine Wyppera iuxta villam Zernekuze[1] in quantum sui erat inris, occupans adeo, ut molendinum fratrum de Ilseneburch, quod in eiusdem aque opposito litore stabat, per ipsius aque refluxionem immergeret, molendinum in eo construxit et fratribus predictis omnino dum de eorum molendino prouentum quadam violenta potestate intercepit. Postea prefatus Badericus penitencia ductus, quin et prece assidua predictorum fratrum et aliquo mediante seruicio eorum commonitus, pro remedio anime sue et coniugis sue nec non et liberorum suorum litus aque predicte fratrum predictorum vtilitati libera et voluntaria contradicione omni permisit eatenus, ut ecclesia in Ilsyneburch litus predictum sine omni retractione in sua quiete perpetuo ad omne opus molendini possideat.

Copialbuch Bl. 34. Die Zeit, in welche die Urk. fällt, wird bestimmt durch die Belehnung des Grafen Bernhard mit dem Herzogthum Sachsen am 13. April 1180 und das am 18. November 1170 erfolgte Ableben seines Vaters, Markgr. Albrecht. Gedruckt v. Heinemann, cod. dipl. Anh. I Nr. 580 S. 429.

1) *Zernequitz oder Zernitz, wüstes Dorf an der Wipper unfern der Saale, ½ St. von Bernburg. Noch jetzt Zörnitzer Mühle.*

1186. 30.

Bericht über einen im Kloster Ilsenburg geschehenen Tausch zwischen diesem und dem Kloster Stederburg, durch welchen Letzteres an Ilsenburg 4 Hufen und Mühle nebst Zubehör und Hörigen in Badersleben abtritt, während das Kloster Ilsenburg dem Kl. Stederburg seine Güter zu Munder überlässt. Dieser Tausch wird nachher auf einer Synode in Steinfeld (an der Oker) von den Bischöfen Dietrich v. Halberstadt und Adelhog v. Hildesheim bestätigt.

De concambio quod domnus Gerhardus prepositus fecit cum abbate de Hilseneborch.

Acta sunt haec anno domini 1186 hiis testibus, Bernone maiore decano, Eilberto canonico, Lothewico cappellano, Adolfo de Scowenburch, Ludolfo minore de Waldenberch, Arnoldo de Dorstat. Supra meminimus quatuor mansorum et unius molendini, quae omnia cum mancipiis et aliis utilitatibus Bertoldus de Scartvelde, licet diversis temporibus, pro duabus filiabus suis ecclesiae nostrae contulerat. Intendentes autem ea in viciniori et commodiori loco transponere, invenimus quaedam praedia ecclesiae Ilsineburgensis in Mandere, quae longo ante neglecta tempore, nullis iam usibus eidem ecclesiae apta erant. Commodo igitur nostro prospicientes coepimus id agere, ut in concambium praediorum nostrorum in Badeslove ea reciperemus. Sed erant plura quam nostra numero et inferiora utilitate, quia nostra bene culta et aedificiis optime instaurata in bonos usus nostros expedita erant. Verbo itaque habito de hoc, ita statutum est, ut Ilsineburgensis ecclesia nostra praedia cum mancipiis et aedificiis tempore frugum cum omnibus adhaerentibus utilitatibus et censum eiusdem anni reciperet, ut praesens utilitas nostrorum praediorum illis que plura erant responderet. Factum est autem hoc concambium definitive et legitime in conventu Ilseneburgensi a domno Thiderico eiusdem loci felice abbate et Gerhardo praeposito Stedereburgense, astantibus et compromittentibus universis ecclesiae iam dictae fratribus, et attestante praepositi Gerhardi familia, ratum et stabile fore firmatum est. Deinde non multo tempore post habitum est celebre placitum a domno Thiderico Halberstadense episcopo et domno Adelhogo Hildensemensi episcopo in loco qui Stenvelde dicitur, in quo ex utraque parte nobilibus et ministerialibus praesentibus iam dictus abbas Ilseneburgensis et praepositus de Stedereburch coram praedictis episcopis, ad quos ius fundatoris utriusque ecclesiae pertinuit, id concambium stabiliri elaboraverunt. Praedia itaque nostra in Badesleve domnus Halberstadensis de manu domni Hildensemensis accepit, et e contrario domnus Hildensemensis a domno Halberstadensi praedia in Mandere suscepit et uterque ea quae acceperat suae donavit ecclesiae. Idem concambium postea inconvulsum fore banno firmatum est, ut eo notior huius rei fiat memoria.

Gedr. Annales Stederburgenses bei Pertz, Scriptores XVI p. 216 — 217.

Nendorf, 1188 (Januar — September), Ind. 6. 31.

Otto II., Markgraf von Brandenburg, überlässt dem Kloster Ilsenburg von seinen Gerechtsamen an dem Dorfe Polkritz das sogenannte Marktrecht.

In nomine sancte et indiuidue trinitatis ego Otto secundus, dei gracia marchio in Brandeuborch. Que bene et racionabiliter ad honorem dei nec non eius genitricis, sanctorum quoque apostolorum Petri et Pauli in Ilsyneborch, nec non ad vtilitatem fratrum in eodem cenobio deo militancium contulimus, ut rata et inconuulsa permaneant, auctoritate nostra confirmamus. Considerantes ergo, ex elemosinarum largitate salutem animarum plerumque consistere, deo partem de hiis offerre decreuimus, de que munificencia ipsius accepimus indigni, ad constituendam apud eosdem fratres nostri et parentum nostrorum in perpetuum memoriam. Tocius igitur ville iusticiam in Pulcritz, que marrecht vulgo nuncupatur et ad nostram pertinet iurisdictionem, prememoratis fratribus iugiter relaxamus. Que ut in posterum nullus nostrorum heredum aut succedencium marchionum valeat immutare, munimine presentis pagine confirmamus, sigilli quoque nostri impressione corroboramus. Et quia abundans cautela non nocet, istorum presenciam trahimus in testimonium: Geronis do Wuluę et fratris sui Bernhardi, Conradi de Burch, Hereymanni(!) scriptoris, Conradi camerarii, Theoderici dapiferi, Rudolphi pincerne, et aliorum, quos superfluum est enumerare.

Acta sunt hec anno dominice incarnacionis m°c°lxxxviii°, indictione vi*, in Nendorb.

Copialbuch Bl. 21. Die sechste Indiction reicht bis September. Gedruckt: v. Heinemann, cod. dipl. Anh. I Nr. 658 S. 483.

1188 (Januar bis September), ind. 6, ordin. 5.   32.

Dietrich, Bischof zu Halberstadt, giebt dem Kloster Ilsenburg die Vogtei über vier dem Ludolf von Esebeck, einem Ministerialen des Herzogs Heinrich, abgekaufte Hufen und drei Hörige in Schwanebeck.

In nomine sancte et individve trinitatis Teodericus dei gratia Halberstadensis episcopus.

Mundane uarietatis cursus ambiguus in sui (!) permutacione nichil habet cercius, quam quod ecclesiam dei crebris terret insultationibus et eam a statu quietis molitur deicere. Nequid igitur aduersitatis fidelibus nostris pariat dies futura, quantum in nobis est, longe eis prospicere necessarium iudicamus. Ideoque tam presentis quam futuri temporis fidelibus innotescere uolumus, quod ecclesia Ilseneburgensis quatuor mansos cum tribus mancipiis in uilla Suanebike[1] a Livdolfo de Asbike sibi comparauit, quos ipse coram domino suo duce Heinrico, cuius ministerialis erat, legitima heredum suorum compromissione cum omni iure proprietatis abbati prefate ecclesie Tiderico resignauit, iure aduocacie specialiter expresso. Nos itaque intelligentes, quomodo ius aduocacie sub nomine protectionis plerumque solet exorbitare, donauimus ipsum prememorate ecclesie, hac ratione, ut, si in predictis mansis negocium emergat, quod terminare dominus abbas non sufficiat nec debeat, assumat in eo casu aduocatum quem uoluerit usque ad cause decisionem. Haius donacionis simul et emptionis horum mansorum testes sunt: comes Heinricus de Sledem (!) et frater eius Burchardus Halberstadensis canonicus, Gerardus prepositus de Stederburch, Guncelinus de Crozuc, Liudolfus de Stocheim; ministeriales uero ecclesie Halberstadensis Widego dapifer, Thegenhardus pincerna, Tidericus camerarius.

Factum est hoc anno dominice incarnationis m°c°lxxxviii°, indictione vi, presidente sancte Romane ecclesie papa Clemente, regnante Friderico gloriosissimo Romanorum imperatore, anno ordinationis nostre v. Ne quis ergo inposterum Ilseneburgensem ecclesiam in aliquo huius possessionis iure inquietare audeat, hanc paginam testimonialem sigilli nostri impressione signauimus et in uirtute spiritus sancti banno nostro corroborauimvs.

Urschrift auf Pergament, an einigen Stellen bruchig, im Gräfl. H.-Archiv. Das Siegel hängt zwar noch an einer rothseidenen Litze, ist aber gänzlich verwischt. — Ungedruckt.

1) *Stadt Schwanebeck, Kr. Oschersleben.*

Braunschweig, 1188 (Jan. bis Sept.), Indict. 6.   33.

Herzog Heinrichs (des Löwen) Urkunde über den von seinem Ministerialen Ludolf von Escbeck dem Kloster Ilsenburg, mit seiner Bewilligung, für 40 Mark Silber geschehenen Verkauf der Güter in Schwanebeck.

In nomine sancte et indiuidue trinitatis Heinricus dux. Notum esse cupimus tam futuris quam presentibus, qualiter dilectus nobis et familiaris abbas Ilsineburgensis, Tidericus nomine, a quodam ministeriali nostro Ludolfo de Asbike quattuor mansos in uilla quo Svvanebike dicitur cum tribus mancipiis, duobus uidelicet maribus et una femina, et cum omni utilitate eorundem mansorum quadraginta marcis argenti ad usus sue ecclesie legittima emptione conparauit. Predictus nanque (!) Ludolfus in presentia nostra, permissione nichilominus nostra et noluntate et conpromissione legittimorum heredum suorum, uidelicet fratrum suorum, Willelmi et Frederici de Volkmerrothe, Balduuini de Asbike, prefatam emptionem iam dicto abbati recognouit et in presentia reliqniarum beati Petri apostoli eiusdem ecclesie in Ilsineburg perpetuo inre addixit. Quomodo igitur presentis temporis generatio maligna est atque peruersa, commoditati simul et utilitati ecclesie beati Potri, et specialiter abbatis et congregationis nobis semper denote sollicite prospitientes, presentem paginam cum adnotatione testium conscribi iussimus, eamque contra omnem malignantium insultum sigilli nostri inpressione muniri fecimus.

Acta sunt hec anno domini m°c°lxxx°viii° in ciuitate nostra Brunesuuic in nostra, ut diximus, presentia. His testibus: Thiderico abbate, qui suscepit nomine ecclesie, Bertoldo de Carsbike, qui suscepit nomine aduocati, Anselmo maiore preposito in Halberstad, Hartmanno s. Egidii abbate, Frederico sacerdote Ilsenebnrgensi et magistro Gerardo Ilsineburgensi subdiacono, Heinrico subdiacono Ilsineburgensi, Bertrammo s. Egidii diacono, Johanne canonico s. Blasii, Luthardo et Ludolfo de Berge, Ludolfo adnocato, Jordane dapifero, Rothero de Veltheim et duobus filiis suis Ludolfo et Bertrammo, Ludolfo de Atlenesheim, Indolfo de Werle, Widikino de Helegentorp, Bertoldo de Bodenroth, Willelmo marscalco. Indictione sexta.

Urschrift auf Pergament, an einigen Stellen verletzt. Das wohlerhaltene Siegel hängt an einer ruthbaumwullenen Schnur, ist jedoch undeutlich, von festem, gelbem Wachs. — Ungedruckt.

(1180—1190.) **34.**

Anselm, Dompropst zu Halberstadt, bestätigt den Verkauf von drei Hufen, acht Morgen, einer Wiese und zwei Höfen seitens der edeln Frau Elisabeth v. Badersleben und ihrer drei Söhne, Ministerialen der Halberstädter Kirche, für 44 Mark an das Kloster Ilsenburg.

In nomine sanctę et indiuiduę trinitatis ego Anselmus maioris ęcclesię prepositus in Halberstad. Notum sit uniuersitati fidelium, quia nobilis quedam matrona cum tribus filiis suis Kristiano, Friderico et Cunemanno, Elisabet nomine de Badesloue, tres mansos et VIII^{to} iugera et pratum et duas curtes ęcclesię Hilsineburgensi pro xl^o III^{or} marcis uendidit, quę ęcclesia, ne hoc factum in irritum reuocari posset, quia predictę matronę filii nostri erant ministeriales, nostro se consilio et consensu muniuit. Ne igitur dicta ęcclesia super hoc facto in posterum aliqua sustineat grauamina, auctoritate diuina interdicimus et confirmationis kartam sigilli nostri inpressione roboramus. Sub testimonio nostrorum nobilium: Liudolfi aduocati, Friderici de Quenstede, Heinrici de Eilenstede, Danielis de Aspenstede, Geuehardi de Holtemne, Tiederici de Sumerigge. Amen.

Urschrift, deren Siegel abgefallen, während der Pergamentstreifen, an dem es hing, noch vorhanden ist, unter Ilsenb. 1^b im Königl. Staats-Archiv zu Magdeburg. — Ungedruckt.
Nach dem Aussteller und den Zeugen (vgl. die Halberstädter Urkunden Zeitschr. d. Harz-Ver. I, 273—279) fällt die Urk. zwischen 1180 und 1190. Vgl. unten Nr. 42.

1191 (Jan.—Sept.), Ind. 9. **35.**

Dietrich, Bischof zu Halberstadt, giebt die von dem Kloster Ilsenburg dem Besitzer abgekaufte und ihm dadurch frei gewordene Vogtei über 12 Hufen zu Vallersleben und Erxleben dem gedachten Kloster, mit dem Beding, dass die von der Vogtei jährlich fallenden 12 Schillinge der Küsterei zu Gute kommen sollen, verbietet die Weggabe derselben zu Lehn und bestätigt die vom Abt der Küsterei geschehene Ueberlassung von zwei Hufen zu Aderstedt.

In nomine sancte et indiuidue trinitatis Teodericus dei gratia Halberstadensis episcopus. ||

Iustum esse arbitramur, ut ecclesiis a deo nobis commissis, quantum scimus et possumus, ubique prouideamus. Inde est, quod notum esse uolumus tam presentis quam futuri temporis fidelibus, quod Ilseneburgensis ecclesia duodecim mansos, quos habet in duabus uillis Valersleue[1] et Herrekesleue[2], a ivre aduocati exemit, Conrado, custode illius ecclesie, multum ad hoc subseruiente. Sic igitur aduocaciam illum nobis uacantem Ilseneburgensi ecclesie contulimus, ita, ut in remissionem peccatorum nostrorum duodecim solidi, qui annuatim de mansis illis ex iure aduocacie prouenire habent, cedant in usum custodie, hac eciam condicione adiecta, ut nunquam ullam personam aliquis abbatum aduocacia illa inbeneficiare presumat; et hoc in uirtute spiritus sancti sub anathemate inhibuimus. Sit autem abbatibus licitum, eam alicui idonee persone . . . . [prou]idendam[3], sed nunquam in beneficio, ut, dum uoluerint eam alteri absque contradictione ualeant [committere . . Teo]dericus[3] quoque abbas prefate ecclesie duos mansos in Aderstide, qui ad usus suos deseruire habebant, reliquit custodie, prefato [custo]de[3] promouente. Custos quoque in aliis quibusdam redditibus, uelut sua nouit ecclesia, custodiam illam promouit, quos eciam sub auctoritate presentis scripti comprehensos esse uolumus. Hvius rei testes sunt: maioris ecclesie canonici, videlicet Gardolfus decanus, Wernerus prepositus, Conradus camerarius, Conradus prepositus, Olricus scolasticus, Geroldus archidiaconus, Volradus quoque abbas de Hildesleue, Hermannus prepositus de Hamersleue, Jordanis prepositus de Scheninge; liberi vero Arnoldus de Schermbike, Tidericus et Liudolfus et Fridericus et Albertus de Svanebike, Fridericus de Winnigstide; ministeriales vero Heinricus de Eilenstide, Fridericus de Brandesleve, Fridericus de Badesleve, Wichardus de Aspenstide cum aliis multis.

Factum est hoc anno domini m°c°lxxxxi°, indictione viiii, presidente sancte Romane ecclesie papa Celestino tercio, regnante Heinrico Romanorum imperatore, anno ordinationis nostre viiii. Vt autem ea, que supraposita sunt, rata et inconuulsa permaneant, banno nostro confirmauimus et hanc pagiuam testimonialem sigilli nostri impressione signauimus.

Urschrift auf Pergament, sehr zerrieben und vermodert und ihres Siegels, von dem nur der Pergamentstreifen erhalten ist, beraubt, im Gräfl. II.-Arch. zu Wern., Ind. VIIII bis September. Gedruckt v. Heinemann, cod. dipl. Anh. I Nr. 677. S. 495 f.
1) *Wüst bei Aschersleben.* — 2) *Wüst Erxleben bei Aschersleben in der Richtung auf Ermsleben.* — 3) *Das Eingeklammerte war mit geringer Nachhülfe der Conjectur noch zu lesen.*

1191 (Jan.—Sept.), ind. 9.   36.

Dietrich, Bischof von Halberstadt, bestimmt, dass der Ministeriale des Ilsenburger Klosters, Thegenhard, ein elf Schilling zinsendes Neuland, das er dem Kloster gegenüber als Lehn in Anspruch nahm, nur als Zinsgut haben darf.

In nomine saucte et indiuiduę trinitatis Teodericus dei gratia Halberstadensis episcopus. Notum sit tam presentis quam futuri temporis fidelibus, quod quidam Thegenhardus, Ilseneburgonsis ecclesię ministerialis, cum eadem ecclesia de quodam nouali undecim solidos soluente annuatim habuit controuersiam, dicens, se illud tenere in feodo ab ecclesia, ecclesia uero negauit. Nos autem partes nostras interponentes consentientibus partibus statuimus, ut idem Thegenhardus nouale illud censuali iure teneat, et post eum legitimi heredes eius. Ipse autem iuri suo, quod in illo nouali habere uidebatur, renunciauit sub predicta conditione. Insuper ipsum ivs censuale amittet, si deinceps ipse uel aliquis heredum suorum contra hanc ordinationem uenire noluerit, uel si in die sancti Galli censum non soluerit, nisi de gratia dilationem obtineat.

Factum autem hoc anno domini m°c°lxxxxi°, indictione viiii. Vt autem hoc factum ratum et inconuulsum ab utrisque partibus conseruetur, banno nostro confirmauimus et hanc cartulam sigilli nostri impressione signauimus.

Urschrift, deren an Pergamentstreifen befestigtes Siegel abgefallen ist, im Königl. Staats-Archiv zu Magdeburg s. r. Ilsenburg 6. — Ungedruckt.

1192 (Januar), Ind. 10. 37.

Dietrich, Bischof von Halberstadt, bekundet die von dem Vorsteher Siegfried von Aderstedt mit der Bedingung geschehene Schenkung einer Hufe zu Bullenstedt und eines Neulandes zu Stribenitz an das Krankenhaus zu Ilsenburg, dass die Ueberschüsse zur Reparatur der Marienkapelle verwandt werden sollen.

In nomine sancte et indiuidue trinitatis Theodericus dei gracia Halberstadensis episcopus. Officii nostri debitum exigit, ut ecclesiis nobis commissis, quantum possumus, prouidere studeamus, maxime autem illis, quas pro speciali deuocione specialiter amplectimur[1]. Quia igitur Ilsyneburgensem ecclesiam quodam familiari dilectionis vinculo manu tenere consueuimus, auctoritatis nostre fauorem non solum presentibus illius ecclesie fratribus, verum posteritati eorum eciam proficere volumus. Notum itaque esse volumus tam presentis quam futuri[2] temporis Christi fidelibus, quod Siffridus prepositus de Aderstede mansum vnum in Bollenstede[3] xii maldratas et xxx gallinas annuatim soluentem a duobus ministerialibus Ilsyneburgensis ecclesie Olrico et Rodolpho, qui eum ab eadem ecclesia in beneficio tenebant, decem marcis redemit. Insuper idem S. de oblacione fidelium labore suo cooperante nouale quoddam in Stribenize[4] xx solidos Magdeburgensis monete soluens conquisiuit. Et quia domus infirmorum in Ilsyneborch ante hec tempora nullam specialem habuit consolacionem, predictus Siffridus tam prefatum mansum quam nouale inspiracione diuina ad refectionem infirmorum de consensu abbatis Theoderici obtulit hoc modo, vt quitquid infirmis singulis annis superesse possit, ad reparacionem capelle beate Marie reseruetur. Huius oblacionis coram nobis facte et confirmate testes sunt: Gardolfus maioris ecclesie decanus, Geroldus et Burchardus canonici, Hunoldus prepositus de Thrubike, canonici sancti Pauli Olricus notarius et Albertus; liberi vero Siffridus burchgrauius et comes Otto de Valkensteyn; ministeriales autem Johannes de Lapide, Thegenhardus pincerna, Widego dapifer, Tidericus camerarius et alii quam plures.

Factum est hoc anno domini m°c°xcii°, indictione x, presidente sancte Romane ecclesie papa Celestino iii°, regnante Henrico Romanorum imperatore, anno ordinacionis nostre nono. Vt autem hec donacio rata et inconuulsa permaneat in predicta institutione, banno nostro confirmauimus et hanc paginam testimonialem sigilli nostri impressione signauimus.

Copialbuch Bl. 32b. Gedruckt: v. Heinemann, cod. dipl. Anh I Nr. 678 S. 196. Da nach Engelbr. (Leuckf. Polde 228) Abt Dietrich 31/1. 1192 starb, so müsste die Urk. im Januar ausgestellt sein. Wenigstens ist in unserer Urk. bei der Erwähnung des Abts Dietrich nicht angedeutet, dass er verstorben war.
1) Copialb. amplectumur. — 2) Ms. presentibus quam futuris. — 3) Wüstes Dorf Bullenstedt unfern Bernburg an der Saale. — 4) Ende d. 15. Jahrh. wüstes Dorf Strens a. d. Wipper unfern der Einmündung in die Saale.

1194, März 21., Ind. 12. 38.

Gardolf, Bischof von Halberstadt, bestätigt dem Kloster Ilsenburg die vom Bischof Reinhard erhaltene Schenkung des Neubruchszehnten.

Ju nomine sancte et indiuidue trinitatis. ||

Gardolfus dei gratia Halberstadensis ecclesie episcopus. Sicut iniunctum nobis a deo sacri pontificatus officium nos monet et hortatur, uestigiis nostrorum antecessorum salubribus inherere, et rationabilibus factis eorum nostre auctoritatis robur apponere non hesitamus. Considerantes itaque deuotionem, quam bone recordationis noster predecessor Reinhardus, quondam Halberstadensis ecclesie episcopus, habuit circa monasterium sancti Petri in Ylseneburc, priuilegium, quod eidem cenobio indulsit, innouamus et pro anime nostre et omnium nostrorum predecessorum remedio ad usus fratrum in loco memorato domino famulantium conferimus eis omnes decimaciones noualium tam futurorum quam presentium, prouenientes in omnibus locis, in quibus ipsi habent decimationes, uidelicet Lochtenheim, Sudschowen[1], Bersale, Rorsheim, Euisheim[2], Ingeleive, Drvbeke, Aldenrod, Dorwardingerod, Danninstede, Balhersleven. Vt autem hec donatio rata permaneat et inconuulsa, nos eam auctoritate dei omnipotentis et nostra et banno sinodali confirmamus et presentis scripti priuilegio communimus. Testes huius rei sunt: Bertoldus abbas prescripti monasterii, Fredericus de Kirhberc, canonicus sancti Sthephani in Halberstad, Conradus et Livdolfus canonici ecclesie sancte Marie, Aluericus camerarius, Fredericus dapifer, Livdegerus marscalcus, Benedictus, Heinricus, Albertus, Widego, Dragebodo milites.

Acta sunt hec anno ab incarnatione domini m°c⁻⁻°xc⁻⁻°iiii¹°, indictione xii⁻⁻°, xii⁻⁻° kalendas Aprilis, domino Celestino papa iii° Romane sedi sancte presidente, domino uero Heinrico sexto imperatore sacrum Romanum imperium gubernante, ordinationis nostre anno primo.

Urschrift auf Pergament an einigen Stellen sehr vermodert; das Siegel an einer roth baumwollenen Litze nur noch halb erhalten, im Gruft. II.-Archiv. — Ungedruckt.

1) *Hier ist also das seit 1018 genannte Scaun näher bestimmt.* — 2) *Pfarrdorf Evessen im Herz. Br. Kreisamt Scheppenstedt.*

1194, December 10. 39.

Gardolf, Bischof von Halberstadt, bestätigt die Schenkung des Vorstehers Siegfried an das Spital zu Ilsenburg (vgl. Nr. 37), wozu noch ein Weingarten in Tichendorf kommt, wofür aber auch 3 Fertonen, behufs einer Messe zu seinem Andenken, abgehen; sowie die Schenkung einer Hufe zu Heudeber und 1 Mühle in Dardesheim von dem Propst Liudolf.

In nomine sancte et indiuidue trinitatis Gardolfus dei gratia Halberstadensis episcopus imperpetuum. Cum precedencium patrum iusta et racionabilia facta a posteritate secura modis omnibus amplectenda sint et confouenda, pastoralem decet sollicitudinem illis ordinacionibus, que commodum et profectum ecclesiarum contineut, affectum beningnum impendere et sue apponere robur firmitatis. Auctenticis itaque scriptis bone memorie domini Theoderici antecessoris nostri, quondam Halberstadensis ecclesie episcopi, diligencius inspectis et commendabilibus beningnitatibus, quibus in Ilsyneburgense habundauit monasterium, attencius consideratis, ad supplicem interuentum discreti et honesti viri Siffridi prepositi in Aderstede, eundem locum cum omnibus personis et pertinenciis suis sub beati Stephani et nostram protectionem suscipimus, et in presentis scripti priuilegio bona conscripta banno episcopali ei stabilimus, unum scilicet mansum in Bollenstidde xii maldratas et xxx° gallinas soluentem annuatim, quem prefatus Siffridus a duobus ministerialibus Ilsyneburgensis ecclesie Vlrico et Rodolpho, qui eum tenebant in beneficio, x marcis redemit; partem quoque vinee in Techemendorp¹, quam ante sua tempora prorsus incultam ipse de concessione abbatis sui primus excoluit et palmites in ea educauit; preterea eciam nouale quoddam in Strebenze xx solidos Magdeburgensis monete et xx gallinas soluens, quod ipse tam de proprio labore, quam eciam oblacione fidelium conquisiuit. Predictus itaque Sifridus, superni regni accensus desiderio, redditus de supradictis bonis prouenientes in pios vsus conuerti desiderans, cum multa deuocione instituit, vt singulis annis ipso viuente in memoriam omnium parentum suorum, omnium quoque fidelium defunctorum in conuentu Ilsyneburgensi vi° ydus Decembris missa animarum decantetur et eo die vniuerso conuentui de tribus fertonibus seruiatur. Cum vero ipsum decedere contigerit, idem seruicium in diem obitus sui transferatur; reliquam vero partem diuina inspiracione domui infirmorum ante hoc tempora nullam consolacionem habenti de consensu Theoderici bone memorie tunc abbatis, ad refectionem infirmorum assignauit. Mansum eciam vnum in Hadebere² et molendinum in Derdessem³, que Liudolphus prepositus de Ilsyneburg ad vsum eiusdem domus conquisiuit, cum omnibus bonis ac possessionibus, que eadem domus nunc habet vel imposterum deo propicio iuste poterit adipisci, auctoritate omnipotentis dei et nostra ei confirmamus, hoc interposito, ut quitquid infirmis singulis annis superesse possit, ad reparacionem capelle sancte Marie reseruetur. Si qua ergo persona ecclesiastica uel secularis, humilis uel alta, hanc nostram ordinacionem infringere temere presumpserit, nisi secundo aut tercio commonita resipuerit et satisfecerit, anathema sit, et in extremo iudicio districte subiaceat vlcioni. Testes huius rei sunt: Conradus Halberstadensis ecclesie maior prepositus, Wernerus decanus, Conradus camerarius, Romarus archidiaconus Balsamie, Fredericus vicedominus, Geroldus cellerarius, Liudolphus archidiaconus in Luckenem, Burchardus in Isleue⁴, Conradus et Liudolfus canonici sancte Marie in Halberstadt; nobiles Albertus comes in Werningberode, Liudolfus aduocatus, Wernerus de Suscliz, Gardolfus de Hatmersleue; ministeriales Cesarius scultetus, Fredericus dapifer, Aluericus camerarius, Bernhardus pincerna, Ludegerus marscalcus et alii quam plures.

Acta sunt hec anno incarnacionis m°c°xc°iiii°, quarto ydus Decembris, domino Celestino beatissimo papa iii° Romanam sedem tenente, domino Hiurico gloriosissimo Romanorum imperatore vi° sacrum gubernante imperium, anno vero ordinacionis nostre primo.

Copialbuch Bl. 8ᵇ. Gedruckt: v. Heinemann, cod. dipl. Anh. I Nr. 658 S. 505 f.; die Zeugen: Zeitschr. d. Harzvereins 5, 429.

1) *Tichendorf, wüst im Anhaltischen bei Aderstedt an der Saale.* — 2) *Pfarrdorf Heudeber, Kr. Halberstadt.* — 3) *Stadt Dardesheim, Kr. Halberstadt.* — 4) *Die Abschr.: Isleue.*

Bei Magdeburg, 20. Januar (1194—1196). 40.

Johannes, päpstlicher Legat, bestätigt dem Kloster Ilsenburg den Begnadigungs- und Confirmationsbrief Papst Innocenz II., d. d. Pisa, 2. Januar 1136.

Johannes, sola miseratione diuina tituli sancti Stephani in Celio monte presbiter cardinalis, apostolice sedis legatus, dilectis fratribus .. abbati et monachis de Hisinbrû in uero salutari salutem. Iustis petentium desideriis facilem debemus prebere assensum. Ea propter, dilectissimi in domino fratres, auctoritate legationis qua fungimur possessiones superius memoratas, sicut eas iuste et pacifice possidetis, uobis uestrisque successoribus confirmamus nec non et sub protectionem nostram personas uestras recipimus. Nulli ergo omnino hominum liceat hanc confirmationis et protectionis paginam infringere, uel ei ausu temerario contrahire. Si quis autem hoc attentare presumserit, indignationem omnipotentis dei et apostolorum eius Petri et Pauli, domini pape et nostram se nouerit incursurum.

Data apud Madeburg tercio decimo kalendas Februarii.

Eigenhändig geschriebene Confirmation auf dem Transsumpt der päpstl. Bulle v. 2. Jan. 1136 (vgl. oben Nr. 16), mit fragmentar. spitzovulem Siegel des Legaten in weissem Wachs, eine stehende Bischufsfigur zeigend mit unleserlicher Unschrift; im Königl. Staats-Archiv zu Magdeburg s. r. Ilsenburg Nr. 2. Ueber die Datirung vgl. die nächste Urk. Der Ort der Ausstellung ist wohl jedenfalls Kloster Berge bei Magdeburg. Gedruckt Neue Mittheil. II S. 300.

Bosau, Jan. 31., o. J. (1194—1196). 41.

Johannes, päpstlicher Legat, bestätigt dem Kloster Ilsenburg die Unveräusserlichkeit seiner Besitzungen und ordnet und verstattet verschiedene Feiern im Kloster, das Singen bestimmter Hymnen, das Tragen seidener cappae bei den Feiern S. Benedicts und des Papsts Gregor.

Johannes [sola miseratione?] diuina tituli sancti Stephani in Celio monte presbiter cardinalis, apostolice sedis legatus, dilectis in Christo fratribus abbati et vniuerso capitulo ecclesie Ilseneburgensis salutem in domino. Iustis petentium desideriis facilem debemus prebere assensum, et ea effectu prosequente complere, que ad felicem ecclesiarum dei statum noscuntur pertinere. Eapropter, dilecti in Christo fratres, uestris iustis petitionibus assensum prebentes statuimus atque confirmamus et sub uinculo anathematis inhibemus auctoritate domini pape et legationis qua fungimur, ut nullus abbatum nullusque monachorum uel quilibet alius audeat ornamenta seu possessiones agrorum predicte ecclesie usibus deputata alienare uel in alium quoquomodo transferre; preterea quicquid in posterum iuste et canonice uestra ecclesia acquisierit, uel aliquis custodie uestre siue per donationem siue mortis causa uel alio iusto titulo deo inspirante contulerit, id quiete et pacifice possideat. Item concedimus uobis atque statuimus, ut festum sancti Benedicti et beati Gregorii pape liceat uobis in sericis cappis celebrare, idem de festo cathedre sancti Petri statuimus, ut hiis festiuitatibus et cantare gloria in excelsis deo et credo in unum deum, sicut sancta Romana ecclesia utitur. Ad hec errorem(!) translationis beatissimi patris nostri Benedicti omnino ...... ius id (!) commemorationem celebri(!) concedimus. Si quis autem contra hanc nostram indulgentiam [seu concessio?]nem aliquo modo uenire temptauerit uel ei ausu temerario contraire presumpserit, honore sue dignitatis careat et indignationem dei omnipotentis, beatorum apostolorum eius Petri et Pauli, domini pape et nostram se nouerit incursurum. Testes: episcopus Ber[toldus] Nuenburgensis, abbas Ber[toldus] Ilsineburgensis, abbas Al[bertus] Bozoensis, Philippus magister infirmorum, G. archidiaconus, Er. Magadeburgensis canonicus, Johannes Goslariensis canonicus, Olricus Halberstadensis canonicus et alii quam plures.

Actum Bozowie pridie kalendas Februarii feliciter. Amen.

Urschrift an der rechten Seite durch den Einfluss der Feuchtigkeit ziemlich stark angemodert, im Königl. Staats-Archiv zu Magdeburg s. r. Ilsenburg Nr. 3. Das an starker Hanfschnur befestigt gewesene Siegel ist nicht mehr vorhanden. — Ungedruckt.

Berthold II., Bisch. v. Naumburg nach 4/4. 1186 bis mindestens 1219 (Lepsius, Gesch. d. B. N. 58—63); Berthold, Abt zu Ilsenburg zw. 1193—1196 gegen Ende; Johannes, presb. card. tit. S. Steph. in Celio monte ist Zeuge in päpstl. Bullen v. 8. Juni 1193 bis 27. Juli 1197 (Jaffé, regg. pontt. p. 886). Die Urk. fällt daher zw. 1194 u. 1196.

1195. 42.

Gardolf, Bischof von Halberstadt, bestätigt den Ankauf von 3 Hufen und 8 Morgen, einer Wiese, zwei Höfen für 44 Mark von den Ministerialen von Badersleben für das Kl. Ilsenburg, die Schenkung einer Krambude in Goslar und zweier Hufen in Thidersingerode durch den Mönch Dietrich von Schladen, behufs einer Feier, und ¹/₂ Hufe in Pabstdorf (Vgl. Urk. Nr. 39).

In nomine sancte et indiuidue trinitatis || Gardolfus dei gratia Halberstadensis ecclesie episcopus in perpetuum. Pontificalem decet sollicitudinem non solum per se aliquod pium opus et deo acceptum instituere, verum etiam, ubi illud ex deuotione alterius procedere conspexerit, ipsa id confouere et roborare modis omnibus tenetur intuitu iusticie et pietatis. Intellecto ergo ex scriptis autenticis, monasterium sanctorum apostolorum Petri et Pauli in Ylseneburc a quadam bone opinionis matrona Elizabet nomine et filiis suis Frederico, Cristiano, Conemanno in Badesleuo de assensu Anselmi, Halberstadensis ecclesie quondam maioris prepositi, cuius ministeriales erant, tres mansos et VIII iugera ac pratum cum duabus curtibus pro xlIIII" marcis racionabiliter comparasse nostra auctoritate, eadem bona cum omnibus subsequentibus eidem monasterio curauimus huius autentice pagine testimonio confirmare. Annectimus etiam tabernam institoriam in Goslaria et duos mansos in Thiderxingerod, que uidelicet bona Theodericus de Sladem prefati monasterii cenobita comparauit et beatis apostolis contradidit, consolaciones ab ipso institutas ratas semper et inconuulsas uolentes haberi. De censu itaque eorundem bonorum fratribus prefati cenobii in vigilia sancti Benedicti, institutoris vite et regule illorum, de dimidia marca seruiatur; de reliqua dimidia marca in nocte sancti Gregorii fiat similiter; in vigilia sancti Johannis baptiste ferto ad seruicium apponatur; in octana sancti Andree de duobus fertonibus et dimidio de bonis in Hadebere fratribus seruiatur, et idem seruicium post memorandi semper Theoderici obitum in anniuersarii sui transferetur diem. Dimidium quoque mansum in Papestorhp (!) huic eidem confirmacioni interponimus, et hanc ordinacionem atque bona supra memorata Ylsineburgensi monasterio auctoritate omnipotentis dei et sanctorum apostolorum atque nostra banno episcopali confirmamus. Huius rei testes sunt: Bertoldus abbas eiusdem loci, Berengerus subdiaconus, Burchardus archidiaconus, canonici sancti Stephani, Conradus quoque et Albero canonici sancte Marie, Albertus comes de Veltheim ministeriales quoque Thidericus Brumes, Ludolfus de Horthorp, Widego, Dragebodo.

Acta sunt hec anno incarnationis domini m°c°xc°v°, domino Celestino papa III° Romanam sedem tenente, domino H. VI^{to} Romanorum imperatore sacrvm gubernante imperium, anno pontificatus nostri primo. Amen.

Urschrift auf Pergament, an mehreren Stellen zerfressen, im Gr. H.-Arch. Das Siegel ist nicht mehr vorhanden. Copialbuch Bl. 37^b. — Ungedruckt. Vgl. oben Nr. 34.

1196, (Januar—September), Ind. 14. 43.

Herzog Heinrich, Pfalzgraf bei Rhein, bestätigt den von Gertrud von Volkmarode und ihren Söhnen, seinen Ministerialen, geschehenen Verkauf einer Hufe von ihrem Gut zu Berssel an das Kloster Ilsenburg.

In nomine sancte et indiuidue trinitatis Henricus dei gracia dux et palatinus comes Rheni omnibus fidelibus salutem in domino. ||

Notum esse uolumus tam presentis quam futuri temporis fidelibus, quod nobilis matrona Gertrudis de Uolcmarode et filii sui Fridericus marscalcus, Liudolphus et Anno, sancti Blasii in Bruneswic canonici. et Baldewinus, ministeriales nostri, cum consensu heredum suorum mansum unum de predio suo in Borsle situm Ylseneburgensi ecclesie cum omni integritate uendiderunt, fide data in manus nostras, ne quis eorum inposterum contra hanc uenditionem uenire presumat. Huius rei testes sunt: Walterus Lutrensis abbas, Hartmannus abbas sancti Egidii in Bruneswic, Gerhardus prepositus de Stederebnrch, Folbertus prepositus sancti Cyriaci in Bruneswic, Baldewinus decanus, prepositus Danid, Conradus de Ganderseim, Fridericus de Ueltheim, Heinricus de Blankenburch, magister Alexander sancti Blasii in Bruneswic canonici; laici quoque Jordanis dapifer, Jusarius pincerna, et alii quam plures fideles, tam clerici quam laici.

Factum est hoc anno domini m°c°lxxxxvi°, indictione XIII°, presidente sancte Romane ecclesie papa Celestino, regnante Heinrico,

Romanorum imperatore. Vt autem hec venditio rata et inconuulsa permaneat, hanc paginam testimonialem sigilli nostri impressione signauimus.

Urschrift auf Pergament s. r. Ilsenburg G^a im Königl. Staats-Archiv zu Magdeburg. Das auf dem Rücken der Urk. durch Pergamentstreifen befestigte Reitersiegel Herzog Heinrichs ist etwas beschädigt. Vgl. auch Copialbuch Bl. 30^b. — Ungedruckt.

1197, (Januar—September), Ind. 15.   44.

Bischof Gardolfs Bestätigung des von Abt Hermann geschehenen Ankaufs einer Mühle und ½ Hufe von dem Ministerialen Heinrich von Liere; der Auflassung einer lehnbaren Hufe in ...., von deren Einkünften gewisse Feiertage begangen werden sollen.

In nomine sancte et indiuidue trinitatis Gardolfus dei gratia Halberstadensis episcopus in perpetuum. ||

Pii pastoris exigit officium, ut subiectarum sibi attentius utilitati prospiciat ouium, quas etiam taliter sne auctoritatis corroboret auxilio, ut malorum undecumque ingruentium resistere possint periculo. Hinc est, quod tam presentibus quam posteris cognoscere damus fidelibus, quod dominus Hermannus, Ilseneburgensis abbas, molandinum(!) unum et dimidium mansum, quo utraqne annuatim soluunt v fertones, a quodam ecclesie nostre ministeriali Heinrico de Liere legitimis heredibus suis, Conemanno et Jordane, fratribus ipsius, consensum snum adhibentibus, comparanit. Predictus preterea abbas .....[1] ecclesie sne ministeriali .... de Stremmendorp[2] tantum .... m suarum dedit, quod mansum unum dimidiam marcam soluentem, quem iure beneficii multo tempore possederat, in manum [nostram][3] resignauit et usibus fratrum inibi omnipotenti deo deseruientium eundum mansum taliter absolutum deputauit. Idem uero abbas, ut uir prouidus et per omnia fratrum sibi subiectorum prof[ectui] intendens, ut conquisita eorum cederent usui, nobis presentibns et confirmantibus statuit, ut festum beati Ambrosii celebrantes eodem die de dimidia marca consolationem percipiant, dum modo vi denarii ad faciendam candelam inpendantur, vi denarii in usus pauperum distribuantur, in festo beate Katarine fiat similiter. Ceterum predictus abbas constituit, ut eo obeunte in anniuersario obitus sni die de reliquis tribus fertonibus fratribus karitas amministretur. Ne ergo snccessorum eius quisquam huic dispositioni nostra auctoritate facte[4], auctoritate omnipotentis dei et apostolorum Petri et Pauli sanctique Stephani et nostra sub perpetne excommunicationis innodatione inhibemus, et presentem paginam inde conscriptam sygilli nostri inpressione roboramus. Huius rei testes sunt: Conradus maior prepositus, Wernerus decanus, Conradus camerarius, Fridericus uicedominus, Vlricus scolasticus, Geroldus cellerarius; laici: Liudolfus

aduocatus, Wernerus de Suseliz, Otto de Haitbeke, Cesarius prefectus, Geuehardus prefectus, Johannes de Gatersleue, Heinricus de Eilinstide Fridericus et Ludegerus fratres de Nienhagen, Aluericus camerarius.
Acta sunt hec anno incarnationis domini m°c°xc°vii°, indictione xv°, presidente Romane sedi Celestino papa iii°, regnante gloriosissimo Romanorum imperatore Heinrico, anno ordinationis nostre iiii°.

Urschrift auf Pergament, in der oberen Hälfte vermodert und des Siegels beraubt, im Gr. H.-Arch. zu Wern. — Ungedruckt.
1) *Es scheint eidem gestanden zu haben.* — 2) *Wohl wüst Strummendorf bei Aschersleben.* — 3) *Conjectur.* — 4) *Hier ist etwa zu ergänzen temere contraire prenumat.*

(1195 bis Ende 1197). 45.

Papst Cölestin III. bestätigt die Privilegien seines Vorgängers Innocenz II. (Nr. 16) für das Kloster Ilsenburg, mit Hinzufügung anderer.

Celestinus episcopus, seruus seruorum dei, dilectis filiis Hermanno abbati Ilsineburgensis monasterii eiusque fratribus tam presentibus quam futuris regularem vitam professis in perpetuum. Quociens a nobis petitur, quod religioni et honestati conuenire dinoscitur, animo nos decet libenti concedere et iusta petencium desideriis apostolicum patrocinium impertiri. Eapropter, dilecti in domino filii, vestris iustis peticionibus clementer annuimus et prefatum monasterium vestrum, in quo diuino mancipati estis obsequio, ad exemplar felicis recordacionis Innocencii pape, predecessoris nostri, sub beati Petri et nostra protectione suscipimus et presentis scripti priuilegio communimus, in primis siquidem statuentes, vt ordo monasticus, qui secundum domini et beati Benedicti regulam in cenobio vestro institutus esse dinoscitur, perpetuis ibidem temporibus inuiolabiliter obseruetur. Preterea quascumque possessiones, quecumque bona idem monasterium vestrum in presenciarum iuste et canonice possidet aut in futurum concessione pontificum, largicione regum uel principum, oblacione fidelium seu aliis iustis modis prestante domino poterit adipisci, firma vobis vestrisque successoribus et illibata permaneant, in quibus hec propriis duximus exprimenda vocabulis: locum ipsum, in quo prefatum monasterium situm est, cum omnibus pertinenciis suis ex dono bone memorie Arnoldi Halberstadensis episcopi, vestri monasterii fundatoris, ix mansos in Berdingerode cum silua adiacente et decimacione eiusdem ville, in Suderode ii mansos, in Sutschauwen vii mansos et dimidium cum decimacione eiusdem ville, in Berzel xi mansos cum decimacione eiusdem ville, in Leren vnum mansum, in Thederzingerode septem mansos et decimas eiusdem loci, in Aldenrode viii mansos, in Culisberi dimidium mansum et decimas eiusdem loci, in Gheuensleue dimidium mansum, in Beddinge x mansos, in Isingerode iii mansos', in Warmerstorpe sex mansos, in Thiedestorpe ii mansos; decimaciones quoque in Dudyngerode, in Wenderode, in Brodesende, in Lutheringerode, in Bouingerode, in Emmenrode, in Ghescbenrode, in Ecarzingerode, in Backenrode, in Benezingerode, in Wallingerode, et predia, que beate memorie Burchardus secundus episcopus Halberstadensis monasterio vestro diuino pietatis obtentu contulit, videlicet in Aderstede curtem cum omnibus appendiciis suis, in Asscbersloue XII mansos, in Meringe X mansos, in Swytheretborpe quinque mansos, in Domensleue vnum mansum, in Badesleue quiuque mansos, in Schepenstede VIII mansos, in Bysenkethorpe II mansos, in Aüesleue IIII mansos, in Ratmeresleue quinque mansos, in Ingeleue VIII mansos cum decima eiusdem ville, in Abbenrode quindecim mansos et dimidium, in Bexem III mansos, in Anderbeke I mansum; decimaciones quoque in Ballersleue, in Rorssem, in Drubeke, in Aldenrode, in Deruelingerode, in Gunderaderode, in Ezerdingerode, in Vrsleue; insuper decimaciones in Taustede, in Sutlochten ab Herrando quondam Halberstadensi episcopo, qui et Stepbanus dictus est, monasterio vestro concessas; decimaciones eciam de noualibus in omnibus locis, in quibus decimas habere videmini, quas bone memorie Reynhardus Aluerstadensis episcopus vestro monasterio contulit; predia quoque in Papstorpe et in Wockenstede octo talentorum censum persoluentia, que per Ottonem episcopum quondam Alverstadensem pro Godenhusen et Alerstede vestro sunt collata monasterio; predia quoque in Swannebeke cum aliis prediis, que tu, fili abbas, ipsi monasterio racionabiliter acquisisti, et predia Pulcritz, que specialiter sunt fratribus assignata ad prebendam eorum, predia, que Ludolphus et Siffridus specialiter vestro monasterio contulerunt ad opus infirmarie specialiter; insuper predia, que Tbeodericus de Sladen ad sustentacionem monachorum contulit cum omnibus aliis, que in presenciarum racionabiliter possidetis et in futurum iustis modis poteritis adipisci, auctoritate vobis apostolica confirmamus et presenti priuilegio communimus. Sane auctoritate apostolica inhibemus, ne quis de noualibus vestris, que propriis manibus et sumptibus colitis, siue de nutrimentis animalium vestrorum a vobis decimas exigere uel extorquere presumat. Liceat quoque vobis, clericos uel laycos liberos et absolutos e seculo fugientes ad conuersionem recipere et eos sine contradictione aliqua retinere. Prohibemus insuper, ut ulli fratrum vestrorum post factam in eodem loco professionem fas sit absque abbatis sui licencia de eodem loco discedere; discedentem vero absque communium litterarum caucione nullus audeat retinere. Crisma vero, oleum sanctum, consecraciones altarium seu basilicarum vestrarum, ordinaciones monachorum seu clericorum vestrorum, qui ad sacros ordines fuerint promouendi, seu alia ecclesiastica sacramenta por dyocesanum vobis episcopum, si quidem catholicus fuerit et graciam et communionem apostolice sedis habuerit, gratis ac sine exactione seu prauitate aliqua precipimus exbiberi. Prohibemus preterea, ne tu, fili abbas, uel aliquis successorum tuorum possessiones seu aliqua alia bona ipsius monasterii seu ornamenta, que tam custodie quam monasterio sunt specialiter deputata, distrahere, quomodolibet alienare sine fratrum consilio et assensu presumas. Cum autem generale interdictum terre fuerit, liceat vobis clausis ianuis, exclusis excommunicatis et interdictis, non· pulsatis campanis, suppressa voce diuina officia celebrare. Sepulturam preterea eiusdem loci liberam esse decernimus et eorum deuocioni et extreme voluntati, qui se illic sepeliri deliberauerint, nisi forte excommunicati uel interdicti sint, nullus obsistat, salua tamen iusticia illarum ecclesiarum, a quibus mortuorum corpora assumuntur. Obeunte vero te, nunc eiusdem loci abbate, uel tuorum quolibet successorum, nullus ibi qualibet surrepcionis astucia seu violencia preponatur, nisi quem fratres communi consensu uel fratrum maior pars consilii sanioris secundum deum et beati Benedicti regulam prouiderint eligendum; a quo cum electus fuerit et benedictionis munus per dyocesanum episcopum fuerit consecutus, nullus pro benedictione sua seu pro locacione ipsius in sede palefridum aut capam sericam vel aliquid aliud obtentu alicuius praue consuetudinis requirere aut extorquere presumat. Decernimus ergo, ut nulli omnino hominum liceat, prefatum monasterium vestrum temere perturbare aut eius possessiones auferre uel ablatas retinere, minuere seu quibuslibet vexacionibus fatigare, sed omnia integra conseruentur eorum, pro quorum gubernacione ac sustentacione concessa sunt, vsibus omnimodis profutura, salua sedis apostolice auctoritate et dyocesani episcopi canonica iusticia. Si qua igitur in futurum ecclesiastica secularisue persona hanc nostre constitucionis paginam sciens contra eam temere venire temptauerit, secundo terciove commonita, nisi reatum suum congrua satisfactione correxerit, potestatis honorisque sui careat dignitate reamque se diuino iudicio existere de perpetrata iniquitate cognoscat et a sanctissimo corpore ac sanguine dei et domini redemptoris nostri Jhesu Christi aliena fiat atque in extremo examine diuine vlcioni subiaceat. Cunctis autem eidem loco sua iura seruantibus sit pax domini nostri Jhesu Christi, quatenus et hic fructum bone actionis percipiant et apud districtum iudicem premia eterne pacis inueniant. Amen.

Datum ...

Copialbuch Bl. 2ᵇ — 3ᵃ.

Coelestin III. regierte von 1191 bis 8/1 1198, Dietrichs von Schladen Schenkung, welche hier als die letzte genannt wird, geschah 1195 (Nr. 42), Abt Hermann erhielt frühestens 1195 die Abtswürde, also fällt die Urkunde zwischen 1195 — Ende 1197.

Gedruckt: v. Heinemann cod. dipl. Anh. I. S. 536—538 Nr. 724.

1) *Am Rande: in Isingerode permutati sunt pro I manso et II curiis in Hadeber.*

1199 (Jan. bis Sept.) indict. 2.   46.

Gardolf, Bischof von Halberstadt, giebt dem Kl. Ilsenburg die Zehnten von zwei Klosterholzungen zu Berdingerode und Wenden, und bestimmt, dass von dem heimfallenden Lehn die Vogteien nicht wieder vergeben werden sollen.

In nomine sancte et indiuidue trinitatis Gardolfus dei gratia opiscopus || omnibus Christi fidelibus ad quos hoc scriptum deuenerit in perpetuum. Honorabilium uirorum antecessorum uostrorum episcoporum, quorum sedulitas in ecclesia beati Petri in Ilsiniburch floruisse perpenditur, salubriter uestigiis eorum inherentes, ut in statu bono proficiendo¹ iugiter coalescat, sollertem operam libenter dabimus. Eapropter notum esse uolumus tam presentis quam futuri temporis fidelibus, quod tum pro deuotione fratrum in Ilsineburch deo militantium tum pro peticione dilecti nostri eiusdem loci abbatis Heremanni bone deuocionis memorie obtentu decimam quarumdam siluarum eidem ecclesie pertinentium in territoriis quarumdam uillarum, que Berdingeroth et Weueden nuncupantur, sitę pro remedio animę nostrę eidem contulimus ecclesie. Pia quoque deuocione hec ei supererogauimus, ut quecumque beneficia feodalia predicte uacauerint ecclesię, ut aduocatios eorum ecclesia possideat, similiter concedimus. Vt autem iuposterum nullius improbitas hanc nostram donationem irritare aut temerario ausu calumpniari attemptet, huic pagine inde conscripte inpressionem nostri sigilli annecti fecimus et banno uostro synodali collata confirmauimus. Huius rei testes sunt: Theodoricus de Hesuem, Aluericus camerarius, Daniel de Aspenstide, Richardus, Conemannus, Conradus de Aldenroth, Albertus de Sieuerthusen, Florinus, Tidericus de Suannebeke, Bernardus Rust, et alii quam plures.

Acta sunt hec anno domiuice incarnationis M°C°lxxxx° nono, indictione II, presidente sancte Romane ecclesie papa Innocentio, anno ordinationis uostre qvinto, in nomine domini. Amen.

Urschrift mit Siegelfragment s. r. Ilsenburg Nr. 7 im Königl. Staats-Archiv zu Magdeburg.
Copialbuch Bl. 31. — Ungedruckt. Wegen ind. II fällt die Urkunde vor September.

1) *Im Original proficien-ciendo.*

1204. 47.

Albrecht, Graf von Arneburg, befreit gegen Mittheilung der guten Werke des Klosters Güter in Polkritz, nach dem Beispiele seines Grossvaters Markgraf Adelbert, von allen ihm zustehenden Gerechtsamen.

In nomine saucte et indiuidue trinitatis ego Adelbertus, dei gracia comes in Arueborch, vniuersis ecclesie fidelibus in perpetuum. Nouerit vniuersitas fidelium, tam preseucium quam futurorum, quod consideratis et discussis motibus temporalibus nichil perpetuum, nichil salutiferum, sed² perituri seculi lene et miserabile inuenimus blandimentum. Vnde stabilitatis alicuius solliciti edificare fundamentum desiderauimus participes fieri diuini obsequii et oraciouum fratrum in Ilsyneborch³. Et quemadmodum auus uoster Adelbertus pie memorie marchio in Brandenborch bona eorum in Pulcriz³ ab omni iure, quo ei tenebantur, plenissime absoluit, ita et nos ad exemplum ipsius ab omni iure, si quod erat, quo⁴ nobis teueri videbantur, bona eorundem fratrum in Polcriz⁵ plene et a qualibet prorsus absoluimus exactione, nullum penitus bedelli et officiales nostri rogandi, precipiendi siue sollicitandi ex parte nostra habeant auctoritatem; nulla nobis ibi sint hospicia, nulla prorsus seruicia, sed bona predictorum fratrum siue culta siue inculta siue postmodum colenda vsibus eorum seruiant penitus profutura. Vt autem hec nostra donacio rata et inconcussa⁶ futuris postmodum permaneat temporibus, sigilli nostri impressione robarauimus, adhibitis ydoneis testibus, quorum nomina subter annotata sunt: Rodegerus de Piulinge⁷, Gerardus de Beliz, Theodericus dapifer, Heydenricus et Adelbertus de Bortfelde⁸, Alardus de Arnhem⁹, Heynricus de Wosterbecsen¹⁰, Johannes de Clisenslage¹¹, Hermannus de Rorebeke, Wolradus et Theodericus de Eckstede, et alii quam plures.

Anno dominice incarnacionis m°cc°iiii°, conscripta a Godefrido curie nostre capellano.

Copialbuch Bl. 24.

Gedruckt: Beckmann Beschreibung der Kurmark Brandenburg nach einer Abschr. in der Kirchenregistratur zu Polkritz V, 1, VIII. Sp. 54 f.; Riedel cod. dipl. Br. II, 1, 2; v. Heinemann cod. dipl. Anh. I, S. 533 f. Nr. 747.

1) *Beckmann a. a. O. sit statt sed.* — 2) *Beckmann Ilseneburg.* — 3) *Beckmann Polkritz.* — 4) *Hier hat das Ilsenb. Copialb. qd.* — 5) *Beckmann Polkritz.* — 6) *Statt rata et inconcussa (Beckmann) hat das Ilsenb. Copialb. nur et inconussa.* — 7) *Bei B. Virlinge, Riedel Wirlinge.* — 8) *Ilsenb. Copialb. Bontfelde.* — 9) *B. Harrhem, R. Harrhem.* — 10) *a. a. OO. Wontbusch, v. Heinemann (wohl Druckfehler): Wosterheesen.* — 11) *B. u. R. Gisenschlage.*

Ferentino 1206 Juni 22, pont. a. 9. 48.

Papst Innocenz III. bestätigt die von weiland Abt Dietrich zu Ilsenburg geschehene Ueberlassung einer Hufe zu Sabrau an die Kirche zu Zernitz und die dagegen vom Erzbischof von Magdeburg erhaltenen Rechte.

Innocentius || episcopus, seruus seruorum dei, dilectis filiis.. abbati et conuentui Ilsenburgensi salutem et apostolicam benedictionem. Solet annuere sedes apostolica piis uotis et honestis petentium precibus fauorem beniuolum impertiri. Cum igitur T. quondam predecessor tuus, fili abbas, ecclesie Csierunnecc¹ unum mansum, quem habebat in villa de Sobrouwe², de quo eadem ecclesia octo solidos annuatim percipit, pietatis intuitu duxerit concedendum, et propter hoc bone memorie Wichmannus Magdeburgensis archiepiscopus ecclesie uestre honores quosdam et iura ad ipsum spectantia per publicum concesserit instrumentum, nos concessionem illam, sicut est racionabiliter facta et in autentico exinde confecto prospicitur contineri, ratam habentes et firmam auctoritate uobis apostolica confirmamus et presentis scripti patrocinio communimus. Nulli ergo omnino hominum liceat hanc paginam nostre confirmationis infringere, uel ei ausu temerario contraire. Si quis autem hoc attemptare presumpserit, indignationem omnipotentis dei et beato-

rum Petri et Pauli, apostolorum eius, se nouerit incursurum.
Datum Ferentini x kalendas Julii, pontificatus nostri anno nono.

Urschrift mit Bleibulle an roth- und gelbseidener Schnur im Königl. Staats-Archiv zu Magdeburg n. r. Ilsenburg 8°. Auf der Bulle heisst der Papst: INNOCENTIVS. PP. III. Die Urkunde den seit 21. Febr. 1198 regierenden Papsten ist also aus dem Jahre 1206 N. Copialb. Bl. 6.
Nach der Abschrift gedruckt: v. Heinemann cod. dipl. Anh. 1, S. 560 Nr. 735.

1) *Das Copialb. hat auch Csternecc. — Wüst Zernitz oder Zörnitz bei Aderstedt a. d. Saale   2) Copialbuch Zebroice. — Wüstung Sabrau oder Zabrau in der Nähe der vorhergehenden.*

1208.   49.

Konrad, Bischof von Halberstadt, bestätigt ebenfalls die von dem vormaligen Abt Sieyfried von Wimmelburg, als Vorsteher zu Aderstedt, gemachten Schenkungen. (Nr. 37, 39.)

In nomine sancte et indiuidue trinitatis Conradus diuina prouidencia sancte Halberstadensis ecclesie episcopus imperpetuum. Vigor iuris et ordo exigit racionis, vt, que ad honorem dei et ecclesiarum commodum salubriter celebrari conspicimus, nos ea nostro patrocinio foueamus et contra varios futurorum incursus auctoritatis nostre robore firmiter muniamus. Dilectus itaque in Christo filius, vir vtique prouidus et honestus, Siffridus, quondam Wymedeburgensis abbas, cum prepositus fuisset in Aderstede, benedictionis memoriam sibi volens in perpetuum comparare, matri sue, Ilsyneburgensi ecclesie, bona subscripta industria et labore suo feliciter conquisita pro anime sue remedio erogauit: mansum vnum in Bollenstede situm, duos modios Magdeburgenses et xx gallinas annua pensione persoluentem, a duobus ministerialibus Ilsyneburgensis ecclesie, Vlrico videlicet et Rodolpho, qui eum in beneficio tenuerunt, x marcis redemit. Partem quoque vince in Techemendorpe ante tempora sua prorsus inculta de conniuencia sui abbatis primus excoluit et fructiferam fecit; quondam eciam Ilsyneburgensis ecclesie ministerialem Bertrammum nomine de Osuordesleue prece et precio ad hoc induxit, quod ipse vineam quandam in villa Thekemendorp [1] sitam, quam de manu abbatis iure tenuit pheodali, abbati legittime resignauit, et abbas dicti Siffridi reliquit arbitrio, ut ad salutem anime sue de ipsa, secundum quod deus sibi ostenderet, ordinaret; unde ut [2] in dedicacione capelle beate Marie fratres consolacionem aliquam consequantur, dimidietatem vinee supradicte iam dicte capelle feliciter etc. Reliqua ut in precedenti priuilegio mutato stilo et nomine episcopi [3].

Datum anno verbi incarnati m°cc°viii°.

Copialbuch Bl. 8ᵇ.
Gedruckt: v. Heinemann cod. dipl. Anh. 1, S. 571 Nr. 770.

1) *Thekemdorp.* — 2) *Im Copialb. et.* — 3) *Urk. B. Gardolfs v. 10. Dec. 1194, oben Nr. 39*

Lüneburg 1208, Indict. 10 (11). 50.

Das (Michaelis-) Kloster in Lüneburg verkauft 13½ Hufen in Mulmke mit den dazu gehörigen Litonen dem Kloster Ilsenburg zu der Küsterei für 120 Mark.

In nomine sancte et indiuidue trinitatis || Burchardus dei gratia abbas in Luneburc eiusdemque loci conuentus uniuersis Christi fidelibus orationes. Prouidentia ueterum consulit, ut contractus quoslibet rationabiles et honestos, qui posterorum modernorumque testimonio indigere noscuntur, ne deductu temporis a memoria mortalium elabantur, scriptis et memorie committantur. Nouerint igitur uniuersi Christi fideles tam presentis temporis quam futuri, quod nos ex consensu mutuo et conniuentia principum utrimque dominantium pariter accedente, XIII mansos et dimidium in Mulbeke cum litonibus pertinentibus ad eosdem monasterio beati Petri in Ylseneburc pro c. xx marcis examinati argenti uendidimus, quam venditionem Albero monachus, qui et custos Yleseneburgensis monasterii, feliciter procurauit et bona iam dicta offitio custodie perpetualiter deputauit. Nos uero de predicta pecunia predia quedam comparauimus, que monasterio nostro et nobis magis credimus profutura. Huius rei testes sunt: dominus Wilhelmus de Luneburc, Albertus abbas sancti Egidii in Brunswic, Albertus dapifer, Heinricus puer, Olricus Uultur, Gregorius capellanus, Liuderus camerarius, et alii quam plures. Acta sunt hec in Luneburc, anno dominice incarnationis M°CC°VIII°, indictione X [1], presidente sancte Romane ecclesie papa Innocentio, regnante serenissimo Ottone quarto Romanorum rege et semper augusto. Vt autem suprascripta emptio Ylseneburgensi monasterio inconuulsa permaneat, presentem paginam sigillorum nostrorum appensione munitam eidem monasterio in testimonium erogamus.

Urschrift mit fragmentarischen und beschädigten Siegeln an Pergamentstreifen im Königl. Staats-Archiv zu Magdeburg s. r. Ilsenburg 9.
Copialbuch Bl. 19ᵇ. — Ungedruckt.

1) *Statt XI.*

1208, Ind. 10 (11). 51.

(Herzog) Wilhelm von Lüneburg bestätigt den Verkauf von 13½ Hufen zu Mulmke vom Kloster St. Michaelis in Lüneburg an das Kloster Ilsenburg (Nr. 50).

Willehelmus de Luneburch omnibus qui hoc scriptum inspexerint obsequium. Ad redintegrationem memorie utilis inoleuit consuetudo, ut id confirmetur in scripto, quod publicus cuiuslibet ecclesie stabiliuit consensus. Inde est, quod noticie presentium et posterorum transmittimus, quod ecclesia Ilseneburgensis bona, que ecclesia beati Michahelis in Luneburch in uilla Mulbike dinoscitur habuisse, a domino

Burchardo prefate ecclesie abbate, communi fratrum suorum et nostra et heredum nostrorum accedente promissione comparauit. Huius rei testes sunt: Albertus dapifer, Vlricus Uultur, Heinricus puer, Luderus camerarius, Heinricus¹ de Grabowe, Ludolfus de Sautmarke, Ludolfus de Bamerstide, et alii quam plures, ministeriales nostri.

Factum est hoc anno domini millesimo ducentesimo octauo, indictione decima². Ne autem tempore defluente tam rationabilis emptio aliqua fraude ualeat calumpniari, ad petitionem utriusque ecclesie hanc paginam inde conscriptam sigillo nostro iussimus insigniri.

Urschrift s. r. Ilsenburg 10 im Königl. Staats-Archiv zu Magdeburg. Das Siegel an pergamentenen Streifen ist abgefallen.
Copialbuch III. 19. — Ungedruckt.

1) *Hdschr. Heinricus.* — 2) *Statt undecima.*

1211, Ind. 13. 52.

Friedrich II., Bischof zu Halberstadt, bestätigt den Ankauf von 13½ Hufen zu Mulmke vom Kloster Lüneburg (vgl. Nr. 50) und die Erwerbung anderer Güter zu Aderstedt, Heudeber, Zilly, Thiderzingerode und Goslar zu der Küsterei zu Ilsenburg.

In nomine sancte et indiuidue trinitatis Fridericus, dei gratia sancte Halberstadensis ecclesie episcopus, omnibus hanc paginam inspecturis. ||

Quia sepe contractus quamuis rationabiles et honestos maligni presumptione et affici conspicimus et turbari, nos malignancium uersuciis obuiare uolentes, ea, que ad sustentationem et commodum ecclesiarum nobis specialiter attinentium in nostra presencia celebrantur, ne imposterum diductu temporis a memoria mortalium elabantur, et ope testium et uinaci littera duximus perhennare. Eapropter nouerint vniuersi Christi fideles tam presentis temporis quam futuri, quod, (cum) ecclesia in Luneburch XIII mansos in villa Mulbike habuisset et oosdem propter loci distanciam in bona magis commoda commutare disponeret, dilecti in Christo filii Liudolfus abbas Ilseneburgensis vna cum suis fratribus bona predicta estimatione congrua, centum vigiuti marcis uidelicet, compararunt; ecclesia uero Luneburgensis acceptam pecuniam in usus deputans sauiores bona exinde XII marcas annuatim soluencia conquisiuit. Hanc autem emptionem bonorum, uidelicet in Mulbike, aduocatus dicti loci, dominus Willehelmus de Luneburch, habens ratam, scripto suo ipsam ad ueritatis euidenciam stabiliuit. Iusuper abbas Luneburgensis venditionem eandem in die sancti Luce in sinado(!) nostra generali Halberstad multis astantibus recognouit. Quia uero supradicta bona, in Mulbike uidelicet, maxime per dilectum filium Alberonem custodem sunt de custodia comparata, cum omni vtilitate custodie deputauit. Alios quoque redditus, quos idem A. et Conradus, suus predecessor, custodie compararuit, ad petitionem iamdicti A. huic pagine precepimus annotari. Sunt autem hii: in Aderstide duo mansi duas maldratas tritici, quatuor siliginis, quatuor ordei et quatuor modios paruos, octo modios auene, duos porcos, duas oues cum agnis, sex solidos XVI gallinas, duo ouorum sexagenaria persoluentes; item pro aratione in curia IIII^{or} solidos, quinque iugera trans aquam V. solidos soluencia, mansus et dimidius in Hadebere, dimidiam marcam et IX solidos soluens; Skillinge duo solidi et dimidia marca capelle sancte Marie; Thiderskingerot ferto vnus et decima quarti dimidii mansi; Goslarie ortus, soluens dimidiam marcam et dimidium fertonem; Mulbike XIII mansi, ex quibus unus soluit V maldratas tritici et V mixti frumenti, et X sexagena auene; alii XII soluunt VI marcas IIII^{or} solidis minus, de quibus conuentui X solidi persoluentur, Bernhardo de Aldenrot tres fertones et duos, obeunte illo tres fertones uacabunt, duo uero eius uxori dabuntur, post obitum eius uacabunt. Item inibi dimidius mansus, quem habet in pheodo Anno iunior a domino abbate hoc modo, ut si absque legitimo herede decesserit, uacet custodi; Vniskingerot tres fertones et dimidius et dimidietas silue. Super iam dictis redditibus abbas nullam prorsus [1] potestatem habebit vendendi, concedendi uel ab ecclesia alienandi, nisi per custodis assensum, in cuius semper ordinatione consistent. Insuper abbas de antiqua institutione annuatim V talenta et V solidos custodi persoluet. Premisse autem emptionis testes sunt: maioris ecclesie nostre canonici Wernerus maior prepositus, Burchardus decanus, Otto de Tobin, Anno cellorarius, Almarus sancti Pauli prepositus, Conradus sancte Marie prepositus et totum maioris ecclesie nostre capitulum; Ropertus de Huisburc, Heinricus de Conradesburc, Cesarius de Hildessleue abbates; laici nobiles Wernerus de Anuorde, Heinricus comes de Regenstien, Sifridus comes de Blankenburc; ministeriales Geuehardus de Aluensleue, Hugoldus de Quenstide, Heinricus de Eillenstide, et alii quam plures. Et ne emptionem premissam aliquis presumat infringere et super ea ecclesiam Ilseneburgensem [2] molestare, banno nostro sinodali districtius inhibemus.

Acta sunt hec anno domini m°cc°xi°, indictione XIII°, presidente sancte Romane ecclesie papa Innocentio, huius nominis tercio. Datum per manum Tiderici notarii nostri, anno consecrationis nostre primo.

Urschrift auf Pergument, im obern Theile vermodert; das Siegel an einer roth- und gelbseidenen Litze ist nur noch zur obern Hälfte vorhanden. Auf dem Rücken der Urkunde steht von der Hand des Schreibers: Domino Alberoni custodi in Ilseneburch.

Copialbuch Bl. 18^b. Die Indiction weist zunächst auf das Jahr 1210.

Gedruckt: v. Heinemann cod. dipl. Anh. I, S. 580 f. Nr. 784.

1) *In der Urschr.: prossus.* — 2) *Das n des abgekürzten Namens ist im Original verschrieben.*

1211, Indict. 13. 53.

Friedrich II., Bischof zu Halberstadt, bestätigt ebenfalls die von dem vormaligen Abt Siegfried zu Wimmelburg, als Vorsteher zu Aderstedt, gemachten Schenkungen (Nr. 37. 39. 49).

In nomine sancte et indiuidue trinitatis Fredericus, dei gracia Halberstadensis ecclesie episcopus, in perpetuum. Pontificalis officii nostri debitum exigit, vt ea, que ad laudem et gloriam nominis Jhesu Christi per fideles quoslibet ordinari conspicimus, nostro patrocinio foueamus et contra varios futurorum incursus auctoritatis nostre robore firmiter muniamus. Dilectus itaque in Christo filius Siffridus, quondam Wymedeburgensis abbas, vir vtique prouidus et honestus, cum prepositus fuisset in Aderstede, benedictionis memoriam sibi volens in perpetuum comparare, matri sue, Ilsyneburgensi ecclesie, bona subscripta labore suo sagaciter conquisita pro anime sue remedio erogauit: mansum vnum in Bullenstede situm, duos modios Magdeburgenses et xx gallinas annua pensione soluentem, a duobus ministerialibus Ilsyneburgensis ecclesie, Odalrico videlicet et Rodolfo, qui eum in beneficio tenuerunt, x marcis redemit; partem quoque vinee in Tekenindorp¹ ante tempora sua prorsus incultam², de consensu Theoderici tunc abbatis primus excoluit et fructiferam fecit; quendam eciam ministerialem Ilsyneburgensis ecclesie Bertrammum nomine de Osuerdesleue prece et precio ad hoc induxit, quod ipse vineam quandam in Tekenindorp sitam similiter, quam de manu abbatis iure tenuit pheodali, abbati resignauit, et abbas dicti Siffridi reliquit arbitrio, ut ad salutem anime sue de ipsa, quod sibi deus ostenderet, ordinaret. Vnde, ut in dedicacione capelle beate virginis in Ilsyneborch fratres consolacionem aliquam consequantur, duas tinas vini eis de predicta vinea assignauit. Verum, quia supradictus Bertrammus de vinea memorata duas similiter tinas vini ecclesie in Osferdesleue ad sacrificium annuatim soluere tenebatur, ne ecclesia illa tali beneficio priuaretur, instituit, ut predicte tine de vinea iam dicta memorate ecclesie perpetualiter persoluantur; quitquit vero hiis solutis de vinea superesse potuerit, infirmis in infirmaria decumbentibus deputauit. Item Siffridus nouale quoddam in Stribenize, quod xx solidos Magdeburgensis monete et gallinas soluit totidem annuatim, a Liudolfo, quodam Ilsyneburgensis ecclesie litone, qui hoc tenebat septem talentis et tribus Magdeburgensibus choris siliginis, redemit, Theoderici abbatis consensu et arbitrio accedente. Redditus igitur de hiis bonis in pios vsus conuertens cum multa deuocione instituit, ut singulis annis ipso viuente in memoriam parentum suorum omniumque fidelium defunctorum in conuentu Ilsyneburgensi sexto ydus Decembris missa animarum solempniter decantetur et eo die vniuerso conuentui de tribus fertonibus seruiatur. Cum vero ipsum vocante domino decedere contigerit, ipsum seruicium in diem sui obitus transferatur. Item, ut fratres in minucione sua quamcumque consolacionem aut augmentum percipiant, de bonis predictis xxx solidos assignauit eisdem, et de parte residua capellam beate Virginis, cum necesse habuerit, instituit reparari. Quitquit vero hiis superesse potuerit, infirmis in infirmaria decumbentibus assignauit; et si quid eis superesse potuerit, de consilio prioris et maiorum ad vsus omnium fratrum cedat. Cum autem dispensator fidelis suo operi sit preficiendus, volumus, ut predictus frater Siffridus bona predicta et ordinacionem eorum, dum vixerit³ et frater Lsyneburgensis ecclesie fuerit, sine quolibet habeat impedimento in sua procuracione; et qui hec bona tenent tamen ad ipsum habeant respectum et cuilibet successori suo, cui hec bona commissa fuerint, ab abbate ordinandi, locandi et procurandi eandem tribuimus potestatem. Verum sicut venerabiles antecessores nostri, dominus Theodericus et dominus Gardolfus episcopi, reuerendus quoque dominus et antecessor noster Conradus episcopus, bona predicta suo banno communierunt, nos eorum vestigiis inherentes hec eadem bona cum vinea nunc adiuncta sub nostram protectionem accipimus, et nostro synodali banno ea pariter confirmantes ordinacionem de eis factam, ut dictum est, nostre in auctoritatis robore communimus. Huius rei testes sunt: Wernerus maioris ecclesie nostre prepositus, Meynardus de Kranicuelt, Almarus sancti Pauli prepositus; Ropertus de Huysborch, Marsilius de Wimedeborch abbates; Alfstenus de Stuterlinghborch, Liuderus de Drubike prepositi; laici Daniel de Horneborch, Tidericus marschalcus noster, et alii quam plures.

Acta sunt hec anno dominice incarnacionis m°cc°xi°, indictione xiii. Vt igitur, que premissa sunt, iugiter maneant inconuulsa, hanc paginam inde conscriptam sigilli nostri impressione fecimus insigniri, sub intimacione anathematis districtius inhibentes, ne quis contra eam quacumque presumpcione temeraria venire presumat.

Datum per manum Tiderici nostri notarii, anno consecracionis nostre primo.

Copialbuch Bl. 32ᵇ. Die Indiction weist auf das Jahr 1210.
Gedruckt: v. Heinemann cod. dipl. Anh. I, S. 582 Nr. 785.

1) *Der Abschreiber bemerkt: forte iam Tichendorp.* — 2) *Hdschr. inculta.* — 3) *Es war verschrieben: quo diu vixerit. Das quo ist nicht mit durchstrichen.*

1212, Indict. 14. 54.

Friedrich II., Bischof zu Halberstadt, giebt die von dem Edlen Herrn Hermann von Harbke für 20 Mark, vom Kloster gezahlt, ihm aufgelassene Vogtei über die Ilsenburgischen Dörfer Hillerikesdorp, Stempel, Lemsel, Neukesdorf, zwei Bregenstedt, Rottmersleben dem Kloster Ilsenburg; bestätigt auch zugleich die Erwerbung von 30 Schillingen zu Bregenstedt, 1 Hufe zu Aderstedt und 3 zu Osfordesleben dem Kloster.

In nomine sancte et indiuidue trinitatis Fridericus dei gratia Halberstadensis ecclesie episcopus imperpetuum. ||

Cum omnium ecclesiarum sub nostra iurisdictione degencium curam gerere teneamur, eis tamen specialius nostrum dnximus patrocinium impendendum, quarum circa nos sentimus deuotionem et obsequia uberius pullulare. Eapropter notum esse uolumus vniuersis Christi fidelibus tam presentibus quam futuris, quod cum fidelis noster vir nobilis dominus Hermannus de Hartbike advocaciam harum villarum pertinencium ecclesie in Ilseneburch: Hillerikestorp [1], Stemple, Lemsele, Neukestorp,[2] Bredenstide, item Bredenstide [4], Retmersleue [5] de manu nostra iure pheodali teneret, Liudolfus pie memorie predicte ecclesie abbas, Hermannum memoratum ad hoc induxit dutis sibi xx marcis, quod nobis aduocaciam resignauit eandem, et nos scientes, quod advocati magis ecclesias disturbare quam patrocinari consueuerint, ipsam aduocaciam ecclesie in Ilseneburch contulimus absolutam, sub interminatione anathematis districtius inhibentes, ne qnis predicte ecclesie in ea molestus existat. Huius rei testes sunt: Wernerus maioris ecclesie nostre prepositus totumque eiusdem ecclesie nostre capitulum; Ropertus de Huisburch, Heinricus de Conradesbnrch, Cesarius de Hildesloue, Fridericus de Eylwardestorp abbates; Eustachius de Hademersleue, Alftenus de Stuterlingeburch, Tidericus de sancto Johanne prepositi; laici vero nobiles Tidericus de Hesnem, Conradus comes de Valkenstein, Hugoldus de Scerenbike; ministeriales Johannes de Gatersleue, Anno de Eillinstede, Tidericus marscalcus noster, et alii quam plures.

Acta sunt hec anno dominice incarnationis m°cc°xii°, indictione xiiii°. Datum per manum Tiderici notarii nostri, anno consecrationis nostre iii°.

Item idem abbas ad consolationem fratrum xxx solidos in Bredenstide, mansum i in Aderstide, tres in Osfordesleue feliciter erogauit, que nos sub nostram protectionem suscipimus et banno nostro episcopali predicte ecclesie communimus.

Urschrift auf Pergament, an einigen Stellen vermodert. Das wenig beschädigte kreisrunde Siegel Bischof Friedrichs hängt an einer roth- und gelbseidenen Schnur. Die Indiction weist auf das Jahr 1211.

Gedruckt: v. Heinemann cod. dipl. Anh. I, S. 586 Nr. 789.

1) *In der Hdschr. iurisditione.* — 2) *Wohl das wüste Hillerdestorp, Hilgesdorf südwestl. Flechtingen in der Altmark.* — 3) *Unbek. Wüstung.* — 4) *Das noch bestehende Pfarrdorf Gr. Bregenstedt und Klein Br.* — 5) *Gr. Rottmersleben, Diöcese Erxleben.*

Viterbo 1214, Juli 9, pont. anno 17. 55.

Papst Innocenz III. bestätigt die von dem Custos A. und seinem Vorfahr O. zu der Küsterei gebrachten Güter in Aderstedt, Heudeber, Uniscinerode, Thiderzinerode, Mulmke und Zilly.

Innocencius episcopus, seruus seruorum dei, dilecto filio et custodi monasterii Ilseneburgensis salutem et apostolicam benedictionem. Cum a nobis petitur, quod iustum est et honestum, tam vigor equitatis quam ordo exigit racionis, ut id per sollicitudinem officii nostri ad debitum perducamus [1] effectum. Eapropter, dilecto in domino fili, tuis iustis precibus inclinati possessiones a te ac bono memorie O. predecessore tuo in Aderstede [2], Hadebere, Vnisciggerot, Thidersciggeroth, Mulbeke et Scilligge ad opus custodie monasterii vestri emptas eidem custodie, sicut eas iuste possidet ac quiete, auctoritate apostolica confirmamus et presentis scripti patrocinio communimus, districtius inhibentes, ne quis possessiones ipsas alienare, seu custodie memorate auferre sine apostolice sedis licencia et auctoritate presumat. Nulli ergo omnino hominum etc.

Datum Viterbii vii ydus Julii, pontificatus nostri anno xvii°.

Copialbuch Ill. 5. Ueber das Datum vergl. die folgende Urkunde. Gedruckt: v. Heinemann cod. dipl. Anh. II. S. 12 Nr. 13.
1) *Die Abkürzung der Abschr. wäre eigentlich als perducamur aufzulösen.*
— 2) *Aderstedt im Bruch, Kr. Oschersleben.*

Viterbo, 1214, Juli 12, pont. anno 17. 56.

Papst Innocenz III. bevollmächtigt den Abt zu Konradsburg und die Pröpste zu S. Marien und Paul zu Halberstadt als Schiedsrichter zwischen dem Custos A(lbero) des Klosters Ilsenburg und dem Ritter O. von Mulmke wegen mehrerer von Letzterem an sich gerissener Aecker.

Innocentius episcopus, seruus seruorum dei, dilectis filiis .. abbati de Conradesburc, Alberstadensis diocesis, et .. sancte Marie et .. sancti Pauli prepositis Halberstadensibus salutem et apostolicam benedictionem. A. custos monasterii in Ilsineburch uobis conquerendo monstrauit, quod A. miles de Mulbeke, Halberstadensis diocesis, quosdam mansos et census spectantes ad ipsum contra iustitiam detinet et reddere contradicit. Ideoque discretioni uestre per apostolica scripta mandamus, quatinus partibus conuocatis audiatis causam et quod iustum fuerit appellatione postposita statuatis, facientes quod statueritis per censuram ecclesiasticam firmiter obseruari. Testes autem qui fuerint nominati, si se gratia, odio uel timore subtraxerint, per censuram eandem appellatione cessante cogatis ueritati testimonium perhibere. Quod si non omnes hiis exequendis potueritis interesse, duo nestrum ea nichilominus exequantur. Tu denique, fili abbas, super te ipso et credito tibi grege taliter uigilare procures extirpando uitia et plantando uirtutes, ut in nouissimo districti examinis die coram tremendo iudice, qui reddet unicuique secundum opera sua, dignam possis reddere rationem.

Datum Viterbii iiii idus Julii, pontificatus nostri anno septimo decimo.

Urschrift mit Bleibulle an hanfener Schnur s. r. Ilsenburg 11 im Königl. Staats-Archiv zu Magdeburg.
Das Ilsenburger Copialbuch hat unmittelbar hinter der vorstehenden Urk. Bl. 5 über diese päpstl. Urk. folgende Notis: Innocencii pape tercii conquestus

contra A. militem de Mulleke super quibusdam mansis et censua contra iusticiam detentis. Datum Viterbii IIII ydus Julii, pontificatus nostri anno XVII°.
— Ungedruckt.

Halberstadt, 1216, consecr. anno 5. 57.

Friedrich II., Bischof von Halberstadt, giebt dem Kloster Ilsenburg den Zehnten über das Neuland des Gutes Bovingerode.

In nomine sancte et indiuidue trinitatis Fridericus, dei gratia Halberstadensis episcopus, imperpetuum. ||
Iustum est et omni prorsus [1] consentaneum racioni, ut eorum petitionibus promptiorem prebeamus assensum, quorum deuotionis affectum circa nos sentimus uberius pullulare. Eapropter notum esse uolumus vniuersis Christi fidelibus, tam presentis temporis quam futuri, nos ad instanciam dilecti filii Heinrici camerarii de Ilseneburch decimam noualium pertinencium ad allodium in Bouingerot eorum uidelicet noualium, si qua fuerint de nouo colenda, filie nostre speciali Ilseneburgensi ecclesie, de fratrum nostrorum consensu unanimi contulisse, et hanc donationem per presentem paginam recognoscentes ecclesie memorate sub interminatione anathematis districtius inhibemus, ne quis eam quacumque presumptione temeraria disturbare presumat. Huius rei testes sunt: Conradus sancte Marie (prepositus), Johannes sancte Marie canonicus, Heinricus sancti Pauli canonicus, Sifridus comes de Blankenburch, (Conradus) comes de Regenstien, Tidericus de Tribaz, Wernerus de Suseliz, Hugoldus de Scerenbike, (Daniel) de Aspenstide, Heinricus de Ceringe, et alii quam plures.

Acta sunt hec anno domini m°cc°xvi°, indictione quarta.
Datum Halberstat per manum Tiderici notarii nostri, consecrationis nostre anno qvinto.

Urschrift auf Pergament in der Mitte ganz zerfressen. Das Siegel hängt an einer roth- und gelbseidenen Schnur, es fehlt aber die Umschrift fast ganz.
Copialbuch Bl. 31. — Ungedruckt. Im 15. Jahrh. hielt man Bouingerode für Bonkenrode.

1) In der Hdschr. prossus.

(1211—1220.) 58.

Urkunde, wie der Ritter C. in Zilly die vom Kl. Ilsenburg lehnsweise besessene 1/½ Hufe zu Tiderzingerode demselben zu einer an seinem Sterbetage zu gebenden Collation abgetreten hat.

Noverint omnes tam presentis quam futuri temporis in Christum credentes, quod dominus C. miles in Cillinge siluulam et quatuor mansos ab ecclesia Ylsynoburgensi iure possedit feodali. Qui ob spem eternorum temporalia volens impendere, ex permissione felicis memorie abbatum nostrorum videlicet Tiderici, Hermanni, Ludolfi, mansum et dimidium in Tidersingerode ob memoriam sui agendam ad vsus fratrum nostrorum deo seruiencium integraliter assignauit, quatenus ipso adhuc viuente in die sancti Georgii karitas ex eisdem redditibus conuentui impendatur, eo vero carnis vniuerse viam ingresso in anniuersario eiusdem ex' redditibus expeditis seruicium dominis ordinetur. Ne[1] igitur hec ordinacio racionabiliter facta obliuione deleatur, aut ab aliquo prauorum postmodum possit irritari, presens cedula patronorum nostrorum est sigillo confirmata.

Copialbuch Bl. 37. — Ungedruckt.

1212 ist Ludolf abbas als pie memorie erwähnt, 1211 lebte er noch. 1219 Ind. VII ist Henr. de Hilseneburg (Lentz, Holberst. Stiftshist. 321), 1220 Ind. VII anno pont. X (Bischof Friedr. v. Halberst.) ist Johannes abbas de Ilseneburch. Neue Mittheil. 4, 1, 18.

1) *Die Hdschr. hat nec.*

Rom, Lateran, 1223, Jan. 20, pont. anno 7. 59.

Papst Honorius (III.) beauftragt, nachdem der gleichfalls mit dieser Angelegenheit betraut gewesene Bischof (Siegfried II.) von Brandenburg gestorben, den Abt (Siegfried) und Prior (Alverich) zu Pegau und den Dompropst zu Brandenburg, die Angelegenheit der dem kirchlichen Gebot widerstrebenden und excommunicirten Conventualen zu Ilsenburg zu untersuchen und nach Befinden mit Vollziehung der Excommunication, auch mit Hülfe des weltlichen Armes, vorzugehen.

Honorius episcopus, servus servorum dei, dilectis filiis abbati et priori Pigaviensi, Mersenburgensis dioecesis, et praeposito Brandenburgensi salutem et apostolicam benedictionem. Dilectus filius Rochmannus, monachus monasterii de Ilseneburg, Halverstadensis dioecesis, in nostra proposuit praesentia constitutus, quod venerabilis frater noster Albertus Magdeburgensis archiepiscopus, dum in partibus illis legationis officio fungeretur, Sifridum tunc monasterii praedicti abbatem a regimine illius canonice removerit, exigentibus culpis suis et Hartwicum monachum eidem monasterio praefecerit in abbatem, monachis eiusdem loci pro eo, quod dicto Hartwico exhibere obedientiam ac reverentiam debitam renuebant, excommunicationis vinculo innodatis. Eisdem pertinaciter in sua contumacia perdurantibus, de speciali apostolicae sedis mandato lata fuit degradationis sententia in eosdem, exceptis quibusdam valetudinariis et pueris, circa quos fuit huiusmodi sententia temperata. Verum iidem monachi tam degradationis quam excommunicationis sententiam contemnentes, unum ex se in abbatem eligere praesumpserunt, cum quo ipsum monasterium obtinentes celebrare divina officia non verentur. Unde nos bonae memoriae Brandenburgensi episcopo[1] ac vobis, filii abbas et praeposite, dedimus in mandatis, ut ab ipso monasterio eiiceretis huiusmodi praesumptores, et tam diu degradatos et excommunicatos pulsatis campanis et candelis accensis muntiaretis eosdem et nunciari faceretis in partibus convicinis, donec dimisso monasterio saepe dicto cum litteris vestris rei seriem continentibus ad apostolicam sedem accederent misericordiam petituri, adiecto, ut ad eiiciendum eos, si opus esset, assumeretis auxilium brachii secularis, et praefatum Rochmannum ab ipsorum molestiis defendentes faceretis eidem de bonis monasterii ipsius congrue provideri. Ac demum vobis praefatis monachis et fautoribus eorum plus debito deferentibus, et praetextu quarundam exemptionum malitiose obiectarum ab eis differentibus procedere in negotio memorato, vobis in virtute obedientiae districte praecipiendo mandamus, ut, si vera essent, quae de ipsorum monachorum degradatione ac contumacia sunt expressa, vos non admissis eorum exceptionibus non tardaretis procedere in negotio saepe dicto. Nuper autem praefatus Rochmannus proposuit coram nobis, quod ipso episcopo viam universae carnis ingresso et successore eius extra provinciam commorante vos in ipso negotio procedere non valetis, pro eo, quod fuit in litteris nostris expressum, quod, si non possetis omnes exsecutioni negotii interesse, dictus episcopus cum altero vestrum procederet in eodem. Quare iam dictus Rochmannus nobis humiliter supplicavit, ut super hoc providere ei misericorditer dignaremur. Nos igitur te, fili prior, praefato episcopo in exsecutione iam dicti negotii subrogantes per apostolica vobis scripta in virtute obedientie districte praecipiendo mandamus, quatenus humano amore ac mundano timore postpositis in negotio ipso iuxta litterarum tenorem praefato episcopo ac vobis, filii abbas et praeposite, ultimo directarum sublato appellationis obstaculo procedere non tardetis, pro certo scientes, quod, si praedictus monachus pro defectu vestro ad nos amplius fuerit laborare compulsus, poteritis merito formidare, ne vos similis laboris angustias oporteat experiri, nullis litteris obstantibus si quae apparuerint a sede apostolica impetratae, quae de ipsorum culpa et poena plenam et expressam non faciant mentionem. Quod si non omnes his exsequendis potueritis interesse, duo vestrum ea nihilominus exsequantur.

Datum Laterani XIII kal. Februarii, pontificatus nostri anno VII.

Eingerückt in das Chron. Mont. Sereni. Gedr. Mencken SS. II, Sp. 293— 294, wo XII kal. Febr. Mader 180—183. Eckstein p. 165—167. Vgl. Potthast regg. pontif. 1. p. 601 Nr. 6946.

1) *Siegfried II. B. v. Brandenburg (seit Mitte 1217) † 1221.*

Rom, Lateran 1223, November 19. 60.

Papst Honorius III. befiehlt dem Abt und Prior des Klosters Walkenried und dem Propst zu Nordhausen eine Streitsache zwischen Abt und Convent zu Ilsenburg und dem früheren Mönch in jenem Kloster Rochmann zu verhören und ohne weitere Berufung zu entscheiden.

Honorius episcopus, servus servorum dei, dilectis filiis abbati et priori de Walkinrid, et praeposito de Northusin, Moguntinensis dioecesis, salutem et apostolicam benedictionem. Sua nobis abbas et conuentus Ilseneburgensis petitione monstrarunt, quod cum Rochmannus, quondam monachus ipsius monasterii, falso nobis suggerens, quod ipsi excommunicati et degradati divina temere celebrabant, causam super his et aliis abbati et priori de Pigavia et praeposito Brandenburgensi obtinuisset a sede apostolica delegari, quia dicto abbate interim viam uniuersae carnis ingresso Hartwicus [1] monachus, qui se in locum eius proponit electum, et praefatus prior contempto tertio coniudice volebant in eadem causa procedere, ex parte dictorum abbatis et conuentus fuit excipiendo praepositum coram eis, quod cum praenominatus Rochmannus esset excommunicatus tempore quo tales literas impetravit, prout erant in continenti probare parati, nec exinde in litteris apostolicis mentio haberetur, ipsi earum auctoritate procedere non poterant nec debebant. Sed quia dicti iudices hanc exceptionem denegabant admittere, ipsi ad nostram audientiam appellaverunt. Ideoque discretioni vestrae per apostolica scripta mandamus, quatenus, si ita est, revocato in statum debitum, quicquid post huiusmodi appellationem inveneritis temere attentatum, audiatis causam et appellatione remota fine canonico terminetis, facientes quod decreveritis per censuram ecclesiasticam firmiter observari, alioquin partes ad priorum iudicum remittatis examen, appellantem in expensis legitimis condemnantes. Quod si omnes etc.

Datum Laterani XIII kal.[2] Decembris, pontificatus nostri anno VIII°.

Gedruckt: Eckstorm, chron. Walkenr. p. 89 f. Leuckfeld, Walkenr. II. 73. Vgl. Walkenr. Urkdb. I. S. 101 Nr. 129. Eingerückt in das Chron. Mont. Sereni. Mencken SS. II, Sp. 295. Eckstein a. a. O. p. 167—168. Vgl. Potthast regg. pontif. I, p. 614 nr. 7104

1) *Eckstein ergänzt das II der Hdschr. durch Heinricus.* — 2) *Bei Eckstorm und Leuckfeld XII kal.*

Rom, Lateran 1223, Nov. 22, pont. anno 8. 61.

Papst Honorius III. nimmt das Kloster Ilsenburg und dessen Besitzungen in seinen Schutz und bestätigt namentlich den Kauf der Vogtei zu Bregenstedt von den v. Harbke.

Honorius || episcopus, seruus seruorum dei, dilectis filiis abbati et conuentui Ilneseburgensis [1] monasterii salutem et apostolicam benedictionem. Sacrosancta Romana ecclesia deuotos et humiles filios ex assuete pietatis officio propensius diligere consueuit, et ne prauorum hominum molestiis agitentur, eos tanquam pia mater sue protectionis munimine roborare. Eapropter, dilecti in domino filii, uestris iustis postulationibus grato concurrentes assensu personas uestras et locum in quo diuino estis obsequio mancipati, cum omnibus bonis tam ecclesiasticis quam mundanis, que in presentiarum rationabiliter possidet aut in futurum prestante domino iustis modis poterit adipisci, sub beati

Petri et nostra protectione suscipimus. Specialiter autem aduocatiam de Brendestede (!) quum a nobili uiro H. de Hertbeke pro quadam summa pecunie asseritis uos emisse, sicut eam iuste ac pacifice obtinetis, uobis et per uos monasterio uestro auctoritate apostolica confirmamus et presentis scripti patrocinio communimus. Nulli ergo omnino hominum liceat hanc paginam nostre protectionis et confirmationis infringere, uel ei ausu temerario contraire. Si quis autem hoc attemptare presumpserit, indignationem omnipotentis dei et beatorum Petri et Pauli, apostolorum eius, se nouerit incursurum.

Datum Laterani x kalendas Decembris, pontificatus nostri anno octauo.

Urschrift mit anhangender Bleibulle an roth-gelbseidenen Schnüren unter Kl. Ilsenburg 13 im Königl. Staats-Archiv zu Magdeburg. Auf der Vorderseite der Bulle: HONORIVS. PP. III. Auch im Ilsenb. Copialb. Bl. 5. Vgl. ein gleichzeit. Schriftstück: Potthast regg. pont. I, S. 614 Nr. 7105. — Ungedruckt.

1) *So! Die Abschr. im Copialb.: monasterii Ilsyneburgensis.*

Rom, Lateran, 1224, Mai 6, pont. anno 8. 62.

Papst Honorius (III.) beauftragt den neuen Abt (Heinrich) und den Prior (Heinrich) von Pegau, sowie den Dompropst (Alverich) von Brandenburg, die bereits dem früheren Abt (Sigfried) und dem Prior von Pegau und dem Dompropst von Brandenburg aufgetragene Sache gegen die excommunicirten Ilsenburger Mönche und den Propst zu Neuwerk in Halle zum Austrag zu bringen.

Honorius episcopus, servus servorum dei, dilectis filiis abbati et priori Pigaviensi, Mersburgensis dioecesis, et praeposito de Brandeburg salutem et apostolicam benedictionem. Dilectus filius Rochmannus monachus monasterii de Ilseneburc sua nobis petitione monstravit, quod cum post commissiones varias bonae memoriae praedecessori tuo, fili abbas, ac vobis, filii prior et praeposite, dederimus in virtute obedientiae in praeceptis, ut monachos praefati monasterii, qui per venerabilem fratrem nostrum Magdeburgensem archiepiscopum, dum in partibus illis legationis officio fungeretur, propter suos graves excessus excommunicati fuerunt, ac demum crescente ipsorum contumacia degrudati, tamdiu pulsatis campanis et candelis accensis excommunicatos ac degradatos nuntiare publice curaretis et faceretis arctius evitari, donec dimisso monasterio praefato cum litteris vestris ad apostolicam sedem accederent, misericordiam potituri, ac defendentes praefatum Rochmannum a molestationibus eorundem, faceretis eidem de bonis ipsius monasterii congrue provideri, et praefata excommunicationis sententia innovata fuerit postmodum et publicata in partibus convicinis, praepositus Noui Operis in Halla, Magdeburgensis dioecesis, qui a nobis acceperat in mandatis, ut praefatas sententias faceret in partibus suis firmiter observari, deferens homini [1] contra deum non solum noluit easdem sententias publicare, verum etiam ipsis excommunicatis impudenter communicare praesumit, propter quod tulistis excommunicationis sententiam in eundem, qua contempta divina officia celebrare non veretur in famae ac salutis suae dispendium et ecclesiasticae disciplinae contemptum. Cum ergo tu, fili abbas, praedecessori tuo succedere debeas [2] in huiusmodi onere, cum litterae praedictae commissionis non expressis personarum sed locorum nominibus fuerint [3] impetratae, discretioni vestrae per apostolica scripta mandamus firmiter praecipiendo, quatenus iuxta praedicti mandati tenorem sic diligenter in negotio procedatis eodem, quod vestrae rectitudinis zelus inde possit merito commendari, nullis litteris obstantibus harum tenore tacito a sede apostolica impetratis. Quod si non omnes etc.

Datum Laterani II non. Maii, pontificatus nostri anno VIII.

Gedruckt: Chron. Mont. Sereni Mencken SS. II Sp. 295 — 296. Mader, 183. Eckstein, p. 168 — 169. Potthast, regg. pont. I, p. 625 Nr. 7235.

1) *So Eckstein statt deserens hominem der Hdschr.* — 2) *Hdschr. debes.*
— 3) *So Eckstein statt fuerunt.*

(Um 1224.) 63.

Heinrich Abt und Heinrich Prior zu Pegau, Albrecht (Alverich), Dompropst zu Brandenburg, excommuniciren den Propst Dietrich zum Lauterberge (Petersberge), weil er mit den excommunicirten Mönchen zu Ilsenburg Verkehr gepflogen und bedrohen ihn, die gegen sie gethanen Aeusserungen zu widerrufen.

Heinricus dei gratia abbas, Heinricus prior Pigavienses et Albertus praepositus de Brandenburc domino Tiderico dicto praeposito Montis Sereni spiritum consilii sanioris. Si ecclesiae membrum utile fuissetis, Ilseneburgensium, quos et ipse praecisos ab eius corpore publicastis, morbo communionis infici cavissetis. Verum quia sicut peccator, qui in profundum malorum devenit, adeo dei reverentiam contempsistis, ut in nos excommunicatus excommunicationis adiiceretis blaspemia proterve, pro eo, quod domini papae praeceptum in virtute obedientiae nobis iniunctum omittere non audemus, et vos eiusdem praecepti clausula, quae dicit nullis litteris obstantibus, harum tenore tacito a sede apostolica impetratis a nostra non suffecit potentia defensare, nos iterato qua fungimur auctoritate sententia vos excommunicationis involvimus, licet inviti, et vobis in domino consulimus, ne clavium potestatem, quas a domino papa recepimus, vilipendere penitus praesumatis, et sententias iniquitatis, quas in nos temere promulgastis, in proximo festo sancti Andreae, sicut publice protulistis, sic et publice per vos corrigere maturetis, non solum ponderis nullius, sed et plenissimi erroris

easdem sententias ostendentes, alioquin ex tunc, quia crescente contumacia crescere debet et poena, contra vos durius procedemus.
Gedruckt: Chron. Mont. Sereni. Mencken SS. II, 297. Eckstein, p. 170. Mader, p. 185—186.

(Um 1224.) 64.

Heinrich Abt und Heinrich Prior zu Pegau und Albrecht (Alverich), Propst zu Brandenburg, excommuniciren, als Executoren des päpstlichen Stuhls, den Prior (Heinrich) zum Lauterberge (Petersberge), weil dieser mit den excommunicirten Mönchen zu Ilsenburg Verkehr gepflogen und sie zum Sacrament zugelassen, und bedrohen die Mönche zum Lauterberge, falls sie den Verkehr mit dem Prior fortsetzen, ebenfalls mit der Excommunication.

Dei gratia Heinricus abbas, Heinricus prior Pigavienses et Albertus praepositus de Brandenburc, exsecutores sedis apostolicae delegati, venerabilibus dominis priori totique conventui Montis Sereni eum timere, qui postquam occiderit corpus, potest et animam perdere in gehenna. Cum iuxta mandatum apostolicum monachos de Ilseneburg excommunicatos et degradatos publicaverimus et fecerimus per omnes ipsorum vicinias publicari, Monti Screni praepositus inter ceteros, qui nostrum recepere praeceptum, qui dictos sacrilegos, quos et ipse sollemniter nuntiarat, recepit ad divina, cum et talium dictis iudicibus, immo certius seductoribus, abbati scilicet et priori de Walkinrid eodem excommunicationis vinculo innodatis, non solum in crimine communicat criminosis, verum etiam pro ipsorum favore in nos pro iustitiae castris stantes excommunicationis blasphemia proterve praesupmsit. Et quia, cum ex nostrae commissionis respectu iurisdictionem talium nullam esse debuerit perpendisse, et sicut de mandato sedis apostolicae degradatio Ilseneburgensium monachorum processit, sic nec absolutionem ipsorum absque eiusdem sedis apostolicae expresso mandato et ipsorum culpae et poenae mentione potuerint admisisse, quia idem tenebras lucem et lucem tenebras aestimare non veretur, auctoritate qua fungimur ipsum eiusdem excommunicationis vinculis, quia facinus quos inquinat aequat, sollemniter innodamus, ut vel hac districtione Satanas deserat emendatum vel si ipsum vas suae possessionis invenerit, vos, qui in fructu operum elogistis filii dei esse, iuxta timorem domini patrem catholicum eligere mereamini. Ideoque districtioni vestrae sub eadem excommunicationis poena districte praecipiendo mandamus, ut statim post litteras nostras visas huiusmodi arrepticium arcis evitetis, scituri, quod omnes, qui post hoc mandatum receptum dicto praesumptori communicare praesumpserint, similem excommunicationis vindictam nominaliter sortientur.

Gedruckt: Chron. Mont. Ser. Mencken SS. II, 297—298. Eckstein, p. 170—171. Mader, p. 186—187.

1228. 65.

Heinrich I., Graf von Aschersleben, bekennt, dass das Kloster Ilsenburg der Kirche in Bernburg für deren Ansprüche auf die Kirche zu Zernits ¹/₂ Hufe zu Osmersleben gegeben habe, welche nachher von einem Klosterbruder Marquard wieder zum Kloster erkauft sei.

In nomine sancte et indiuidue trinitatis ego Heynricus, comes in Asschersleue, in perpetuum. Notum sit omnibus tam presentibus quam futuris, quod, sicut accepimus, questio quedam multo est tempore ventilata, quod ecclesia Schernitz[1] ecclesie nostre in Berneburch deberet filiali iure subesse, ecclesia vero in Ilsyneborch contrarium affirmante, quod scilicet libera esse deberet et nullo[2] mediante eidem monasterio pertinere. Sepe cum liberata fuit, ut dicitur, a subiectione ecclesie nostre et circa hec in expensis plurima erogata fuerunt, que longum esset per singula replicare; sed quia questionum finis non fuit et adhuc pro filia petebatur, diebus nostris tandem, agente honorabili viro domino Marquardo, fratre eiusdem monasterii, talis huic negocio finis accessit, quod ex parte monasterii predicti dimidius mansus in Osferdesleue datus fuit in restaurum ecclesie nostre in Berneburg, et ita fuit negocium complanatum et eadem ecclesia obtinuit optatum sue titulum libertatis. Verum postmodum magister Waltberus, parrochianus ecclesie nostre, voluntatem concepit vendere mansum illum dimidium, aliquid inde vtilius prouisurus. Quo intellecto memoratus Marquardus subiit onus empcionis huius, et ita fuit per ipsum sue ecclesie restitutus. De pecunia vero, quam recepit magister Waltherus ab ipso, emit mansum integrum in villa Gozene in proprietatem et vsus perpetuos ecclesie nostre, et sic omnis questio conquieuit. Quod factum ut perpetuam recipiat firmitatem, et nulla deinceps disceptacionis alicuius ambiguitas oriatur presentis scripti, cum sigilli nostri impressione auttentico communimus et per graciam nostram precipimus firmiter obseruari. Huius rei testes sunt: Arnoldus prepositus de Brote, magister Borchardus, canonicus sancti Sebastiani in Magdeburch, Heynricus plebanus in Aken, Theodericus plebanus in Wergeliz, Gerardus plebanus in Osferdesleue, Johannes canonicus de Cozwic, Widego vicarius in Ploceke, Gerardus in Scherniz vicarius; layci Bedericus comes, Bernhardus aduocatus de Plozeke, Olricus dapifer de Wilsleue, Heynricus et Zlauco fratres de Anelenburch, Alexander de Turkin, et alii quam plures tam clerici quam laici.

Actum anno gracie m°cc°xxviii°, concurrente vi°, indictione i° epacta xxiii°.

Copialbuch Bl. 35ᵇ.
Gedruckt: v. Heinemann, cod. dipl. Anh. II S. 78 f. Nr. 95 (im Druck begriffen).

1) *Cernitz prope Zalam in der Ueberschrift des Abschreibers.* — 2) *Die Hdschr. nulla.*

Wernigerode, 1230, Mai 22. 66.

Die Grafen Conrad und Berthold zu Werigerode, verzichten mit Genehmigung ihrer Brüder Gebhard und Burchard auf das von ihrem Vater Albrecht hergeleitete Recht, bei dem Verkauf des Ilsenburgschen Klosterholzes gewisse Einkünfte zu ziehen.

Conradus et Bertoldus[1]

C. et Ber. fratres comites de Werniggerod omnibus hanc litteram inspecturis. Cum eas donationes siue concessiones, que etiam a maioribus fieri solent, temeritate successorum infirmari contingat, nisi aut testimonio personarum defendi possint aut fuerint priuilegiorum munimine stabilite, ideo in factis nostris, ut perpetua maneant et occasionem eundant malignandi, decreuimus robur firmitatis apponendum. Constare igitur uolumus uniuersis tam presentibus quam futuris, quod nos fauo-
Gebhardi et Burchardi[1]
rabilem fratrum nostrorum G. et B. comitum consensum habentes, quicquid de uenditione lignorum Ilsineburgensis ecclesie nobis prouenire solebat iure aduocatie, statuimus deinceps dimittendum abbati et conuentui liberam potestatem uendendi ligna sua quoad ius supradictum permittentes, ut tam animarum nostrarum exinde possimus sperare salutem, hanc gratiam facientes ecclesie in iure quocunque modo ad nos deuoluto, quam etiam anima patris nostri A. felicis memorie ex hoc remedium capiat, qui eadem adinuentione minus iuste, ut timemus, gaudere videbatur. Vt autem huius donationis aut permissionis forma subsistere ualeat in futurum, omni ambiguitate remota presenti pagine fecimus annotari sigilli nostri appositione eam consignantes. Preterea, ut firmiori robore facti nostri euidentiam muniamus, sigillo venerabilis domini F. Halberstadensis episcopi duximus confirmandam.

Datum Wernigerot anno incarnationis dominice M. dvcentesimo trigesimo, indictione secunda, XII kal. Junii[2].

Urschrift s. r. Ilsenburg 14 im Königl. Staats-Archiv zu Magdeburg. Das an roth-gelbseidenen Fäden befestigt gewesene Siegel ist nicht mehr vorhanden. Vgl. Copialb. Bl. 15. — Ungedruckt.
1) *Die Namen sind von derselben Hand gleichzeitig übergeschrieben, jedenfalls weil es sicherer und gerathener erschien, die Namen der Aussteller deutlich wiederzugeben.* — 2) *Das Datum ist ungefähr gleichzeitig aber von anderer Hand und mit anderer Tinte zugefügt.*

Stötterlingenburg, 1232, Mai 13. 67.

Johanns, Abts zu Ilsenburg, Urkunde über das in Goslar erkaufte und zu 2 Mark jährlich vermiethete Haus, wovon der Tag der Aposteltheilung und sein Jahrestag gefeiert werden soll; bestätigt vom Bischof Friedrich II. zu Halberstadt.

In nomine sancte et indiuidue trinitatis Johannes dei gratia Ilseneburgensis abbas. Quoniam facta mortalium ex processu longi temporis plerumque solent in dubium deuenire, nisi scriptis commendata memoriis hominum replicentur, ideo notum facimus tam presentibus quam futuris Christi fidelibus uniuersis, quod nos domum quandam in Goslaria ecclesie nostre comparauimus, duas marcas annua pensione soluentem, de quibus pro salute anime nostre taliter duximus ordinandum, quod dies diuisionis apostolorum, qui hactenus apud nos in nulla uel modica fuit memoria, de cetero cum sollempni officio celebretur, et fratres nostri de una predictarum marcarum consolationem percipiant eo die, de alia uero marca fiat fratribus consolatio per singulos annos in anniuersario nostro, per quod nos ipsorum memoriis et orationibus commendamus. Huius rei testes sunt: Burchardus uicedominus, Alfstenus prepositus, Johannes et Walterus sacerdotes de Stuterlingeburg, Conradus sacerdos, magister Heidenricus, magister Ricbertus et Albertus notarius, capellani uenerabilis patris domini Friderici Halberstadensis episcopi, et alii quam plures. Acta sunt hec anno domini m°cc°xxxii°. Et ne super eo dubium inposterum oriatur, hanc paginam inde conscribi et tribus sigillis, uidelicet uenerabilis episcopi memorati, nostro et ecclesie nostre, fecimus (communiri). Nos Fridericus, dei gratia Halberstadensis episcopus huius pagine continonciam ratam habemus et sigilli nostri (appensione) roboramus prohibentes districte, ne quis contra eam ausu temerario venire presumat.

Datum (Stuterlingeburg) III idus Maii pontificatus nostri anno xx(II°).

Urschrift auf Pergament zerfressen. Die Siegel sehr zerrieben. Das Eingeklammerte ist nach Copialbuch Bl. 41ᵇ ergänzt. — Ungedruckt.

Das Abts- und Conventssiegel s. abgebildet auf Taf. I Nr. 2 und Taf. IV Nr. 27.

1232. **68.**

Hermann, Abt zu Corvei, bestätigt den Tausch zwischen dem Kloster Gröningen und dem zu Ilsenburg über die an Letzteres überlassene Kirche zu Wollingerode mit ihren Besitzungen gegen 2 Hufen zu Schwancbeck und den Verkauf an Letzteres über acht Hofstellen und einen Wald und Weiden zu Wollingerode für 20 Mark.

In nomine sancte trinitatis et indiuidue unitatis Hermannus dei gratia Corbeiensis abbas. Omnibus huius pagine inspectoribus notum esse cupimus, quod nos propter petitionem capituli in Groningen [1] de consilio conuentus et ministerialium nostrorum consensum in concambio, quod factum est inter ecclesiam Ilseneburgensem et ecclesiam in Groningen super ecclesia in Walincgerothe et dote ipsius ecclesie, uidelicet duobus mansis, ita quod ecclesia in Groningen duos mansos cum suis fructibus uice memorate ecclesie recipiat in uilla Snanebike; item consensum in eo, quod ecclesia in Groningen contulit ecclesie Ilseneburgensi in prefata uilla Walincgerothe octo areas et siluam et paschua xx" marcis ab ecclesia Ilseneburgensi refusis ecclesie in Groningen. Ut autem hoc concambium nulla obliuio deleat, seu aliqua malignitatis ingenii posteritas infringat, presentem paginam tam nostro quam ecclesie Corbeiensis et Groningensis sigillis fecimus communiri. Testes huius rei sunt: Albertus prior, Eschewinus prepositus et totus Corbeiensis conuentus, Engelhardus prepositus, Bertoldus prior et conuentus Gronincgensis; ministeriales uero nostri Conradus de Amelungeshen et Herboldus filius eius, Hermannus de Nienkerken, Giselbertus de Winnincgehusen, Godefridus de Godelem, Gerhardus Hadik, Bertramus de Stamme, Conradus dapifer, et alii plures.

Acta sunt hec anno domini m°cc°xxx°ii°, indictione .., prelationis nostre decimo anno.

Urschrift auf Pergament s. r. Gröningen Nr. 5 im Königl. Staats-Archiv zu Magdeburg. Die Siegel sind nicht mehr vorhanden. Sie waren wahrscheinlich an Pergamentschnuren befestigt. Unter den Wöllingeröder Urkunden im Gräfl. Haupt-Archiv zu Wernigerode Blatt 2 findet sich eine vidimirte Copie: Auscultata et diligenter collacionata est presens copia cum suo vero sigilluto originali per me Tilemannum Sellemogt, clericum Halberstadensis diocesis, publicum apostolica auctoritate notarium etc. Die Indictionszahl ist hier wie in der Urschrift offen gelassen. Die Schreibung der Eigennamen bietet folgende Varianten: Groningen, Ilseneborgensem, Swanbeck, Esschewinus, Bartoldus, Gronigensis, Amelungessechen, Winnegehusen, Goscedus de Bodelem, Hadick.

Ungedruckt.

1) *Kloster Gröningen, Kreis Halberstadt. Die Urschr. hat immer G°ningen.*

1233. 69.

Abt Johann und das Kloster Ilsenburg (totum Ilseneburgens. eccl. collegium) *überlassen dem Propst Alfsten und dem Kl. Stötterlingenburg eine Waldung bei Reddingerode gegen einen Zehnten von Rodeland bei Berssel, welcher dem letzteren Kloster vom Bischof Friedrich von Halberstadt geschenkt war.*

Actum anno gracie m°cc°xxxiii°, pontificatus dicti episcopi anno xxxiii.

Urschrift auf Pergament und Abschrift im Stötterl. Copialb. (60ª Bl. 4) im Königl. Staats-Archiv zu Magdeburg und unter B 81, 9 im Gräfl. Haupt-Archiv zu Wernigerode.

Gedruckt: v. Schmidt-Phiseldeck, Urkk. des Kl. Stötterlingenburg S. 11 Nr. 12. Zur nähern Bestimmung des Datums dient die nächstfolgende Urkunde, welche auch statt des verschriebenen XXXIII das bischöfliche Pontificatsjahr XXIII hat.

Langenstein, 1233, Mai 1. 70.

Friedrich II., Bischof von Halberstadt, bestätigt den vom Kloster Ilsenburg gegen einen Wald bei Reddingerode von dem Kloster Stötterlingenburg ertauschten Neubruchszehnten über 62 Morgen zu Berssel, welchen der Lehnsbesitzer Ulrich, Vogt von Hornburg, ihm aufgelassen, sowie einen andern über 24 Morgen, und übergiebt dem Kloster das Eigenthum dieser Zehnten.

In nomine sancte et individue trinitatis Fridericus, dei gratia Halberstadensis episcopus, inperpetuum. Quociens inter ecclesias nobis suffragantes aliqua contrahunter per emptionem et uenditionem uel commutationem uel alio quocumque modo, dignum ducimus ea taliter perennare, ne calumpniari ualeant in posterum uel infringi. Nouerint igitur uniuersi, quod dilecti filii Johannes abbas Ilseneburgensis et Alfstenus prepositus de Stuterlingeburg de consensu conuentuum suorum hanc fecerunt ad inuicem commutationem. Abbas siluam quandam, quam habuit ecclesia sua propo Reddingerod uicinam et commodam ecclesie in Stuterlingeburg, preposito et ecclesie sue assignauit, prepositus uero decimam quandam noualium in Bersle sexaginta et duorum iugerum, quam ecclesia sua habuerat ex donatione nostra, Olrico aduocato nostro de Horneburg, qui eam tenuerat de manu nostra, eam nobis resignante et nobis ipsam preposito et ecclesie sue consentientibus, abbati et ecclesie sue tradidit vice versa. Postmodum idem Olricus decimam uiginti et quatuor iugerum partim cultorum et partim adhuc colendorum, quam adhuc residuam ibidem habuit et de manu nostra et nobis resignauit, et nos eam dicto abbati et ecclesie sue perpetua donauimus donatione perpetualiter possidendam. Huius rei testes sunt: Burchardus uicedominus noster, Alstenus prepositus memoratus, Conradus comes de Werningerode, Volradus de Hessenem, magister Heidenricus et Albertus notarius, capellani curie nostre; Ludolfus de Winningestede et Stephanus de Veltem milites, et alii quam plures.

Acta sunt hec anno gratie m°cc°xxxiii°. Et ut firma sint premissa tam in commutatione, quam fecerunt abbas et prepositus memorati, quam et in donatione nostra, ea firmauimus banno nostro, presentem paginam inde conscriptam Ilseneburgensi ecclesie in testimonium erogando.

Datum Langensten kalendas Maii, pontificatus nostri anno xxiii°.

Urschrift auf Pergament, sehr vermodert, das Siegel sehr verletzt.
Copialbuch Bl. 35, wonach Einzelnes im vorliegenden Abdruck ergänzt ist. — Ungedruckt.

Langenstein, 1233, Mai 1. · 71.

Friedrich II., Bischof von Halberstadt, bestätigt einen Tausch zwischen den Klöstern Ilsenburg und Gröningen über die Kirche zu Wollingerode und zwei Hufen zu Schwanebeck (Nr. 68).

In nomine sancte et indiuidue trinitatis Fridericus, dei gratia Halberstadensis episcopus, inperpetuum. Vt ea, que inter conuentus aliquos per emptionem et venditionem uel commutationem vel alio quocumque modo contrahuntur, robur firmitatis optineant, rationabile est, ut scriptis et testium subscriptionibus perennentur. Ideo notum sit omnibus presentibus et futuris, quod dilecti filii Johannes abbas et conuentus in Ilseneburch cum dilectis filiis preposito et conuentu in Groninge talem contractum inierunt, quod ecclesiam in Walingerod cum vno manso dotali et duos mansos censuales ac nouem curtes in uilla eadem et siluulam a prefatis preposito et conuentu in Groninge sue ecclesie conpararunt, datis eis proinde uiginti marcis argenti, et preterea conuentus in Groninge duos mansos in Suanebeke sitos, qui ad ecclesiam in Walingerod pertinebant, de cetero suis usibus reseruabunt, et memoratus abbas et conuentus Ilseneburgensis de bonis predicte ecclesie et aliis prefatis bonis secundum utilitatem ecclesie sue, sicut melius poterunt, ordinabunt. Super hoc etiam contractu domini abbatis et conventus Corbeiensis, nostri, et prepositi in Stuterlingeburg, qui est archidiaconus loci illius, et omnium qui consentire et contradicere habebant, consensus requisitus fuit per omnia et optentus. Huius rei testes sunt: Burchardus uicedominus noster, Alfstenus prepositus in Stuterlingeburg, Engelardus prepositus in Groninge, Conradus comes de Werningerod, Volradus nobilis de Hessenem, magister Heidenricus, Albertus notarius, capellani curie nostre, et alii quam plures. Acta sunt hec anno gratie m°cc°xxxiii°. Et ne super premissis dubium in posterum oriatur, confirmauimus banno nostro presentem paginam inde conscriptam ecclesie Ilseneburgensi in testimonium validum erogando.

Datum Langensten kalendas Maii, pontificatus nostri anno xxiii°.

Urschrift auf Pergament ganz zerfressen. Das Siegel verletzt.
Copialien der Wollingerödischen Urkunden Bl. 1ᵇ. — Ungedruckt.

1234, Februar 23. 72.

Gerhard, Erzbischof von Bremen, bestätigt die von Hermann und Heinrich, Grafen zu Woldenberg, geschehene Schenkung zweier Hufen zu Wenderode an das Kloster Ilsenburg, nachdem er zum Ersatz eine Mühle in Lochten empfangen.

Gerhardus, dei gratia sancte Bremensis ecclesie archiepiscopus, omnibus hoc scriptum inspecturis salutem in Christo perpetuam. Notum sit omnibus tam presentibus quam futuris, quod nos donationem illam, quam fecerunt dilecti fideles nostri Hermannus et Heinricus fratres comites de Waldenberg ecclesie Ilseneburgensi, conferentes eidem ecclesie duos mansos in Wenderod, dimidiam marcam annuatim soluentes, quos a nobis tenuerunt in feodo, dato nobis molandino (!) uno in Lochtenem de proprietate sua in restaurum et ipsum de manu nostra accipientes, ratam tenemus et firmam, presentem paginam sigilli nostri munimine roboratam prefate Ilseneburgensi ecclesie super eo in testimonium perpetuum erogantes.

Datum anno gratie m°cc°xxx°un° in uigilia Mathie apostoli.

Urschrift im Königl. Staats-Archiv zu Magdeburg s. r. Ilsenburg 17. Das Siegel an pergamentener Schnur ist abgefallen. — Ungedruckt.

Um 1234. 73.

Johann, Abt zu Ilsenburg, bekundet, dass der Villicus Roderich von Berningerode das Eigenthum an 2 Hufen und 2 Hofstellen zu Wenderode, die er vom Ritter Thomas von Lochten für 16½ Mark und ⅓ Schilling erkauft hatte und deren von der Bremer Kirche rührendes Lehen von den Grafen zu Woldenberg resignirt worden war, zu seinem Seelenheil der Ilsenburger Kirche übereignet und dasselbe darauf zum erblichen Besitz zurückempfangen hat.

J[ohannes] dei gracia abbas in Ylsineburch omnibus hanc litteram inspecturis ueram in domino caritatem. Constare uolumus uniuersis tam presentibus quam futuris, quod Rothericus uillicus de Berniggerod proprietatem duorum mansorum et duarum arearum in Wenderod a Thoma milite de Lochten et suis heredibus XVI marcis et dimidia et dimidio fertone comparauit, comitibus de Woldenberch, a quibus predictus miles T. eosdem mansos et areas iure feodali tenebat, renunciantibus feodo, quo ipsi eadem bona ab ecclesia Bremensi noscuntur tenuisse. Cum uero prefatus R. ab eodem Thoma in plenariam possessionem ductus fuisset, idem R. eosdem mansos cum areis pro remedio anime sue nostro contulit ecclesie et statim eosdem recepit a nobis in presencia tocius nostri conuentus iure hereditario possidendos, in signum recognitionis dimidium fertonem argenti custodie persoluere statuens annuatim. Ne igitur hec talis acquisicionis, donacionis et concessionis forma a quocunque in posterum ignoretur, nos prefatum R. uillicum nostri sigilli robore communimus.

Urschrift mit fragmentarischem Siegel (vgl. die Abbildung auf Tafel I Nr. 2) im Königl. Staats-Archiv zu Magdeburg unter Ilsenburg 22. Das Datum der Urkunde liegt jedenfalls nicht weit von dem der vorhergehenden. — Ungedruckt.

1234.   74.

Hermann und Heinrich, Gebrüder, Grafen von Woldenberg, übereignen dem Kloster Ilsenburg zwei Hufen Landes zu Wenderode.

Hermannus et Heinricus, fratres, comites de Waldenberg, omnibus presens scriptum intuentibus salutem. Nouerint uniuersi tam posteri quam presentes, quod nos duos mansos in Wenderod sitos, dimidiam marcam annuatim soluentes, quos Thomas miles de Lochtenem a nobis in feodo tenuit et in manu nostra acceptis proinde ab abbate et conuentu Ilseneburgensi decem et octo marcis uoluntarie resignauit, dictis abbati et conuentui perpetua donatione contulimus, donantes domino nostro Bromensi archiepiscopo, a quo mansos eosdem in feodo tenebamus, et ecclesie sue molandinum (!) unum in Lochtenem de proprietate nostra in restaurum, quod ab eo in feodo tenèbimus, sicut prefatos mansos antea tenebamus. Ad maiorem etiam horum firmitatem presentem paginam sigilli nostri appensione roboratam memoratis abbati et conuentui in testimonium duximus erogandam. Facta sunt hec presentibus Alardo de Burchdorp, Tiderico de Herzhingerod, Burchardo de Lengede, Johanne Wichsecepel, militibus, et Arnoldo, filio Alardi, et aliis quam pluribus.

Anno gratie m°. cc°xxxiiii°.

Urschrift s. r. Ilsenburg 16 im Königl. Staats-Archiv zu Magdeburg. Das an Pergamentstreifen befestigt gewesene Siegel ist nicht mehr vorhanden. — Ungedruckt.

Langenstein, 1235, Mai 20.   75.

Friedrich II., Bischof von Halberstadt, schenkt dem Kloster Ilsenburg den Novalzehnten von sieben Hufen zu Wienrode.

In nomine sancte et indiuidue trinitatis Fridericus, dei gratia Halberstadensis ecclesie episcopus. Quoniam frequenter ea que fiunt solent in dubium deuenire, nisi scriptis commendata memoriis hominum replicentur, ideo notum facimus tam presentibus quam futuris Christi fidelibus uniuersis, quod nos decimam septem iugerum in Wigenrod [1], que de nouo culta sunt, ad honorem dei et sanctorum Petri et Pauli apostolorum contulimus perpetualiter possidendam ecclesie Ilseneburgensi, quam inter alias nostre diocesis ecclesias speciali dilectione amplectimur et fouemus, et cam dicte ecclesie banni nostri duximus munimine roborandam. Huius rei testes sunt: Burchardus uicedominus noster, Alstenus prepositus in Stuterlingeburg; Wernerus et Conradus de Suseliz nobiles; Conemannus de Badesleve, Olricus de Dedeleve, Fridericus de Hersleue, milites, et alii quam plures.

Acta sunt hec anno gratie m°cc°xxxv°. Et ne super oo dubium aliquid in posterum oriatur, presentem paginam inde conscriptam duximus ipsi ecclesie in testimonium perpetuum erogandam, sub pena excom-

municacionis districtius inhibentes, ne quis ipsam ecclesiam super eadem decima temere molestare presumat.
Datum Langensten XIII. kalendas Junii, pontificatus nostri anno XXV°.

Urschrift s. r. Ilsenburg Nr. 18 im Königl. Staats-Archiv zu Magdeburg Das an roth-gelbseidener Schnur hangende Siegel ist stark verletzt.
Notis und Zeugen Braunschw. Anzeigen 1746 Sp. 1988.
1) *Pfarrdorf Wienrode bei Blankenburg am Harz.*

Ilsenburg, 1237, pont. a. I. 76.

Ludolf I., Bischof von Halberstadt, bestätigt dem Kloster Ilsenburg die Reinhardsche Schenkung der Neubruchszehnten (Nr. 12).

In nomine sancte et indiuidue trinitatis Ludolfus, dei gratia Halberstadensis ecclesie episcopus. ‖

Etsi ex officio uillicationis nobis credite omnium ecclesiarum nobis in domino suffragancium utilitatibus intendere pro uiribus teneamur, earum tamen profectibus ducimus specialius pronidendum, quas propter sui deuotionem maiori dilectione diligimus pariter et affectu. Cum igitur ecclesia Ilseneburgensis predecessoribus nostris pie memorie nobis et ecclesie Halberstadensi, quam nos ordinante domino regimus, parata in omnibus semper extiterit et denota, et nos propter hoc eam ab antiquo dileximus, etiam in minori officio constituti, notum facimus tam presentibus quam futuris Christi fidelibus uniuersis, quod nos ad preces et promotionem dilecti filii Johannis abbatis eiusdem ecclesie decimas omnium noualium, que culta fuerint in locis in quibus antiquas decimas habet ecclesia memorata, sine colantur prata siue silue, dicte Ilseneburgensi ecclesie perpetua donauimus donatione, perpetualiter possidendas, ita, quod noue decime antiquis attineant et sint unum cum ipsis et incorporentur. Huius autem nostre donationis, testes sunt: Burchardus uicedominus noster, Enerwinus et Wiggerus, canonici nostre maioris ecclesie; Conradus de Werningerode, Heinricus de Sladem, frater noster, comites; Wernerus nobilis de Suseliz; Fridericus de Hersleve, Heinricus de Winningestede, Wernerus dapifer noster et Jordanus Isenborde milites et alii quam plures. Acta sunt hec anno ab incarnatione domini m°cc°xxx°vii. Vt autem hec nostra donatio firma sit et a nullo calumpniari ualeat in posterum uel infringi, eam banno nostro decreuimus roborare, presentem paginam inde conscriptam et sigilli nostri impressione munitam sepe dicte Ilsineburgensi ecclesie super eo in testimonium perpetuum erogantes.

Datum Ilsinebnrg per manum Alberti notarii nostri IIII kalendas Junii, pontificatus nostri anno primo.

Urschrift auf Pergament vermodert und zerrissen, das Siegel an einer roth- und gelbseidenen Litze in der Umschrift beschädigt.
Copialbuch Bl. 1ᵇ.

Vor 1239. 77.

Abt Johanns zu Ilsenburg Urkunde über die während seiner Administration zum Kloster erworbenen Güter, die Kirche und andere Besitzungen in Wollingerode, einen Neubruchszehnten von 62 Acker zu Berssel, einen desgleichen von 24 Acker, eine Hufe in Osterwiek, ein Haus zu Goslar, ein Wäldchen in Südschauen, wofür sein Jahrestag und verschiedene andere Feste gefeiert, den Brüdern Leinwand gegeben und Lichter angeschafft werden sollen.

Johannes, || dei gratia abbas in Ilseneburg, omnibus hanc paginam audituris salutem in eo qui est salus omnium Jhesu Christo.

Cum omnis nostra salus illi beatitudini, que a solo deo est et nunquam habet terminum, integraliter sit perplexa, ita quod omnes actus nostri ad hoc tendere debeant, a quo ipsius vere beatitudinis originem perceperunt, necessarium est eos, qui suis subditis cura et regimine president pastorali, tali diligencia suis in necessitatibus prouidere, ne ex defectu temporalium eternorum bonorum incurrere ualeant detrimentum. Inde est, quod ego, quamquam indignus ecclesie mee procurator et abbas, cum ad fratrum meorum commodum et ad profectum ecclesie modis omnibus insudarem, bona quedam comparaui, que pro habundanti cautela presenti scripto duxi necessarium subnotare: ecclesiam in Waliggerodbe cum uno manso dotali et duos mansos ceusuales ac nouem curtes in villa eadem et siluulam a preposito et conuentu in Gronigge, consenciente bone memorie Fridherico Halberstadense quondam episcopo et factum ipsum scripti sui priuilegio confirmante, ante annos aliquos comparaui; decimam quandam noualium in Bersle sexaginta et duorum iugerum acquisiui; postmodum decimam viginti et quatuor iugerum partim cultorum et partim adhuc colendorum in eadem villa ab Olrico aduocato de Horneburg eciam comparaui; mansum unum in Osterwic, quem Heinricus tenet, fauente domino meo Ludolfo Halberstadense episcopo in usus ecclesie deputaui; domum unam in Goslaria prius duas marcas soluentem ad marcam et dimidiam statui, ita quod ille quicunque domum ipsam a me et meis successoribus tenuerit, de suis expensis ipsam innouet annuatim; siluulam quandam Heinrico Rufo et suis heredibus per me acquisitam concessi, ita, quod tam ipse quam sui heredes marcam unam inde soluant annuatim; hec autem siluula in Sudscowen noscitur esse sita. Predicta uero bona taliter ad seruicium fratrum duxi necessarium statuenda: In anniuersario meo marcam unam, Johannis ante portam Latinam dimidiam marcam, ad dedicacionem capelle mee in honore beati Johannis baptiste consecrandam dimidiam marcam, in diuisione apostolorum quinque fertones, ad linteamina fratrum[1] post quatuor annos dandum deputaui quinque fertones, ita quod vetera linteamina representur[2] ad hospitale in pauperum sepulturam, de decima in Bersle statui duo maldrata ad anniuersarium meum, unam maldratam ad elemosinam pauperum in diuisione apostolorum; siluulam in Waliggerodhe soluentem post quinque annos quinque fertones ad luminaria ecclesie perpetualiter stabiliui.

Urschrift auf Pergament, das Siegel ist abgerissen aber noch vorhanden, jedoch sehr verwischt. Vgl. Tafel I Nr. 2. Die Urkunde ist vor 1239 anzusetzen, da nach ihr noch Heinrich zu Osterwick eine Hufe vom Kloster zu Lehn trägt (vgl. flgde. Urkunde.)

1) Die Hdschr. *fratrrum.* — 2) ? Die Hdschr. *repsentur.*

1239. 78.

Ludolf I., Bischof von Halberstadt, giebt der Kirche in Ilsenburg eine Hufe, die Heinrich von Osterwick von ihm zu Lehn trug.

Ludolfus dei gratia Halberstadensis ecclesie episcopus, omnibus Christi fidelibus inperpetuum salutem in vero salutis auctore. Ea que firmitatis indigent robore stabiliri, necessarium est scripture testimonio in longa futurorum tempora prorogari. Sane notum esse uolumus tam presentibus quam futuris, quod nos dilecti in Christo de Ilseneburg abbatis et sui capituli affectu permoti mansum unum, quem Heinricus de Osterwic a nobis in feudo tenebat, pro eo, quod apud deum memoria nostri fiat, ecclesie in Ilseneburg contulimus pleno iure, statuentes et sub anathematis interminacione districtius inhibentes, ne quis in posterum predicte ecclesie molestiam aliquam inferat super eo. Huius rei testes sunt: magister Johannes decanus et Burchardus vicedominus maioris ecclesie nostre canonici, Rodholfus sancti Johannis prepositus, magister Ricbertus, medicus noster, Hermannus, notarius noster, Bernardus de Oluenstede et Johannes de Dhigghelstede milites, et alii quam plures. Acta sunt hec anno incarnationis domini m°cc°xxx°viiii°, pontificatus nostri anno iii°. Vt autem huius nostre donacionis series inconuulsa permaneat et illesa, presentem paginam cum sigilli nostri impressione predicte ecclesie necessarium duximus conferendam.

Urschrift auf Pergament, etwas zerfressen, vom Siegel, welches an einem Pergamentstreifen hängt, nur noch vom untern Theil etwas übrig.

1232—1240. 79.

Johann, Abt zu Ilsenburg, überlässt dem Thetmar von Oldendorp, dessen Frau und einem Kinde die Klosterbehausung in Goslar auf ihre Lebenszeit gegen 1½ Mark jährlich, und die Uebernahme aller Verbindlichkeiten gegen die Stadt Goslar wegen desselben und Erhaltung in Bau und Besserung (Nr. 67).

Johannes, dei gracia Ilsyneburgensis ecclesie abbas, omnibus presentem cartulam inspecturis quicquid in domino potest felicius oxoptari. Quoniam annorum reuolucione et personarum successione statuta priorum semper defluunt et nobis sepeliuntur, prouida discrecione scripta dantur, ut memorie labenti succurrant[1] et facta priorum vtiliter imposterum et fideliter valeant conseruari. Vnde sciant presentes et presencium successores, quod nos domum nostram in Goslaria Thetmaro de Oldendorpp et vxori sue et vni puerorum suorum ad finem vite ipsorum tali sub forma porreximus habendam, quod scilicet in festo sancti Michaelis vnam marcam et in pascha dimidiam pro ipsa nobis persoluant, et non nos sed ipsi ad iura ciuitatis burgensibus respondeant. Nullum preterea de reparacione ipsius ad nos respectum habeant, preterquam, si eam exuri contigerit, quod nos ad eius restauracionem immediate respondebimus expensas[2]. Promisit eciam iam dictus Thetmarus, quod, si predicti census pensionem quicunque inhabitans certo tempore dare vel noluerit vel neglexerit, omni occasione, exactione et contradictione cessante domus ipsa in vsus nostros libera redeat locanda pro nostra, cui voluerimus, voluntate. Huius rei testes sunt: dominus Siffridus, filius domini Lenhardi, dominus Hermannus mercator, Erembertus Rust, Johannes de Gaudersheym, dominus Volcmarus, frater domini Giselberti. Wilbernus mercator, Jordanus Pynno et filii Johannis de Gandersem Johannes, Albertus, Bernhardus, et alii plures. Ne igitur aliquis contra hoc scriptum fraudis commenta invenire valeat vel audeat, sigillo burgensium fecimus insigniri etc.

Copialbuch Bl. 41^b.
Abt Johannes regierte von 1220 bis circa 1240. Da aber im Jahre 1232 (vgl. Nr. 67) der Zins noch zwei Mark betrug, so fällt unsere Urkunde zwischen 1232 und c. 1240.
1) *Die Hdschr.: ut memoria succurrat.* — 2) *Die Hdschr. hat (abgekürzt): expensarum.*

1240. 80.

Das Stift zu S. Blasien in Braunschweig verkauft 4¼ Hufen zu Erxstedt mit den dabei befindlichen Leuten und anderm Zubehör für 45 Mark dem Kl. Ilsenburg.

R. dei gracia prepositus, W. decanus totumque capitulum sancti Blasii in Bruneswic vniuersis, qui hoc scriptum uiderint, in uero salutari salutem et deuotas oraciones. Res gesta, cuius memoria vtilis est et necessaria, scripture testimonio digne ac laudabiliter roboratur, ut tam succedentibus quam presentibus innotescat. Nouerint igitur vniuersi, quod nos cum bona uoluntate domini ac principis nostri Ottonis illustris ducis de Bruneswic necnon cum consensu tocius capituli nostri quatuor mansos et quartam partem mansi, quos habuimus in Ergerstede[1] vendidimus conuentui in Ilseneburc cum hominibus attinentibus, agris et pascuis et omni iure et vtilitate necnon libertate, quibus ecclesia nostra in eisdem bonis libere fruebatur. Recepimus autem a iam dicto conuentu pro ipsis bonis quadraginta et v marcas communis argenti. Quam pecuniam simul cum alia in vsus ecclesie nostre conuertimus meliores. Comparauimus enim eodem tempore ab Helia burgense nostro, filio Meinberni, tres mansos et quartam partem decime in Vuinge pro sexaginta et quinque marcis multis aliis laboribus et expensis. Huius igitur facti nostri testes sunt: nobiles Bernhardus de Dorstat et Conradus filius suus; ministeriales Jordanis dapifer, Willehelmus marscalcus, Anno de Heimenburc[a], Jusarius pincerna, Rockerus de Cletlinge, Johannes et Hermannus de Bruncsroht, Edelerus de Domo, et alii quam plures clerici et layci.

Acta sunt hec anno dominice incarnationis m°. cc° quadragesimo.

Urschrift mit fragmentarischem Siegel an rothseidener Schnur im Königl. Staats-Archiv zu Magdeburg s. r. Ilsenburg 19.
Copialbuch Bl. 39.
cf. Zeugen abgedr. Braunschw. Anzeigen 1746 Sp. 1988.
1) *Das Copialbuch Erzstede.* — 2) *-borg Braunschw. Anz. 1746 Sp. 1988.*

(1240.) 81.

Otto, Herzog von Braunschweig, bestätigt den Verkauf von $4^{1}/_{4}$ Hufen von dem Blasiusstift daselbst an das Kloster Ilsenburg.

Dei gracia dux de Brunßwic vniuersis hoc scriptum inspecturis salutem et dilectionem. Euanescunt cum tempore, que geruntur in tempore, nisi recipiant a voce testium vel a scriptura memorie firmamentum. Eapropter constare volumus tam presentibus quam futuris omnibus ad quos hoc scriptum peruenerit, quod nos dilectis capellanis nostris canonicis sancti Blasii in Brunßwic super vendicione quatuor mansorum et quarte partis vnius mansi, qui siti sunt in Erckstede, assensum nostrum bonum prebuimus et de bona nostra esse voluntate apertissime profitemur. Quod ne vlli veniat in dubium et pro lapsu temporis memorie subtrahatur, assensum nostrum presentibus nostris litteris et patentibus protestamur. Huius igitur facti nostri et consensus testes sunt: nobiles Bernhardus de Dorstat et Conradus filius suus.

Ut supra.

Copialbuch Bl. 39. Das Datum der Urkunde wird durch die vorhergehende bestimmt.

Halberstadt, 1242, März 27. 82.

Meinhard, Bischof von Halberstadt, giebt, nach der Erlaubniss des Erzbischofs Siegfried zu Mainz, dem Abt zu Ilsenburg das Recht sich der Inful zu bedienen.

Meinardus, dei gratia Halberstadensis episcopus, dilectis sibi in Christo Bernardo abbati Ilseneburgensi eiusque successoribus imperpetuum. Cum quilibet collata sibi gratia a superioribus ad decorem ecclesie sue libenter uti debeat et gratanter, utpote accepti beneficii non ingratus, volumus et presentis pagine constitutione sancimus, ut usum infule, secundum quod ex concessione venerabilis patris et domini

Sifridi Moguntine sedis archiepiscopi accepistis, et per manus nostre impositionem in receptione consecrationis uos, dilecte nobis in Christo B. abbas, fuistis personaliter assecutus, in domo propria uel apud nos uel nostros snccessores tam in festiuitátibus qnam in synodis existendo, uel si ad alia loca ueneritis, secundum quod faciunt alii abbates, qui ntuntnr infulis, habeatis. Et ne super eo dubium in posterum ualeat suboriri, nec aliquis calumpniari ualeat super eo, super honore uobis collato et ecclesie uestre perpetuo duraturo, presentem paginam conscribi fecimus et sigilli nostri munimine roborari, eam uobis in testimonium nalidum erogantes.

Datnm Halberstad anno gratie m°cc°xlii°, vi kalendas Aprilis, pontificatus nostri anno secuudo.

Urschrift auf Pergament etwas durchlöchert. Das Siegel an einer roth- und gelbseidenen Schnur ebenfalls verletzt.

Halberstadt, 1243, April 1.   83.

Meinhard, Bischof von Halberstadt, giebt die Andreaskirche zu Abbenrode mit allen ihren Gütern dem Kloster Ilsenburg, um daraus eine Präpositur seines Ordens, vorläufig von sechs Personen, zu bilden, wozu der Propst beständig aus dem Ilsenburger Kloster gewählt werden soll.

In nomine sancte et indiuidue trinitatis Meinardus, dei gratia Halberstadensis ecclesie episcopus, inperpetnum. || Quecnnque ad honorem dei et laudem nominis eius faciunt, ad exaltationem quoque et profectum ecclesiarum nobis in domino subiectarum, feliciter ordinantur contra uarios futurorum incursus, qui diebus hiis malis, in quos fines secnlorum certissime deuenerunt, eas sepius disturbare sueuerunt, ita dncimus nostre firmitatis munimine roborare, ut in longum uigeat memoria talis facti, et nullius temeritate calumpniari naleat inposterum uel infriugi. Sane cum ecclesiam beati Andree apostoli in Abbenrode peccatis exigentibus uelud semen quod inter spinas cecidit suffocatam conspiceremus et de die in diem ad deteriora et maiorem inopiam descendentem, uineam domini, que inibi propter torpentes. operarios fere perierat, circa undecimam eius horam nouis plantare uitibus disposnimus et fulcire, ut efficiatur idem locus rigante domino fructuosus. Unde nos habito super eo cnm fratribus nostris, uidelicet maioris ecclesie nostre capitnlo, diligenti tractatn, requisito etiam eorum consensu pariter et optento, de uolnntate eorum et consensu qui in Abbenrode commorantur, ad augmentandum et emendandum in eodem loco dinini cultum obsequii et ad eterne benedictionis nobis et prefato capitulo nostro premium comparandum, prefatum locum in Abbenrode cum omnibus bonis et possossionibus suis, mobilibus et immobilibus, mansis et agris, ecclesiis, pratis, siluis, pascuis, cultis et incultis, uiis et inuiis, molandinis (!), aquis et aquarum decursibus ac omnibus pertinenciis suis

ecclesie apostolorum Petri et Pauli in Ilseneburg, que sicut nobis et
ecclesie nostre est speciali familiaritate coniuncta, sic etiam est a nobis
speciali caritate dilecta, perpetua donatione donauimus tali modo, ut
abbas et conuentus Ilseneburgensis faciant in predicto loco prepositu-
ram ordinis sui, et sint ibi sex persone sub eodem ordine et regula
domino famulantes, ita, quod crescente per dei auxilium quantitate
bonorum, crescat numerus personarum. Prepositus uero, qui pro tempore fuerit eligendus, de gremio Ilseneburgensis ecclesie de communi
uoluntate et consensu abbatis et connentus Ilseneburgensis eligatur,
et preficiatur ecclesie in Abbenrode sepedicte, qui in receptione cure
et obediencia facienda respectum habeat per omnia ad abbatem. Huius
rei testes sunt: Johannes prepositus, Arnoldus decanus, Burchardus
uicedominus, Cono archidiaconus in Oschersleve, Rodolfus portenarius,
Albertus prepositus in Burslo, Conradus de Vroburg, Volradus de Kirc-
berg, Volradus prepositus Wallebiceusis, Wiggerus archidiaconus in
Lukenem, Euerwinus prepositus sancti Bonifacii, Albertus de Crozuch,
Heinricus de Regensten, Heinricus de Drondorp, Hermannus de Cruce-
burg, Bertoldus de Clettenberg, Cristianus de Stalberg, Gerardus, Lantfridus et Otto de Vipeche totumque maioris ecclesie nostre capitulum,
et alii quam plures.

Acta sunt hec anno dominice incarnationis m°cc°xliii. Ut autem,
que premissa sunt, robur optineant perpetue firmitatis, nec possit super
eis dubium inposterum suboriri, ea firmauimus banno nostro, sub interminatione anathematis districtius inhibentes, ne quis contra ea temere
uenire presumat. Siquis autem presumpserit, indignationem dei omnipotentis et beatorum Petri et Pauli apostolorum ac nostri anathematis
se noverit incidisse. Insuper hanc paginam inde conscribi et duobus
sigillis, nostro uidelicet et maioris ecclesie nostre, fecimus commnniri,
eam memorate Ilseneburgensi ecclesie, super eo in testimonium perpetuum erogantes. Datum Halberstad per manum Alberti notarii
nostri, kalendas Aprilis, pontificatns nostri anno secundo.

*Urschrift auf Pergament, etwas zerrieben, ebenso die Siegel, welche an roth-
und gelbseidenen Litzen hängen.*

Copialbuch Bl. 11.

Halberstadt, 1243, October 7. 84.

*Meinhard, Bischof von Halberstadt, giebt der Kirche S. Jacob
von der Stadt (Halberstadt) den für 100 Mark von Johann
Ritter von Arnstein aufgelassenen Zehnten über 23½ Hufen
zu Ballersleben, wobei er sich und dem Kapitel jedoch das Ein-
lösungsrecht vorbehält* [1].

In nomine sancte et indiuidue trinitatis Meynardus, dei gracia
Halberstadensis ecclesie episcopus in perpetuum. Vt ea, que per

Nr. 84 a. 1243.

nostram prouisionem de prudentum virorum statuuntur consilio, labentis temporis delere non valeat obliuio, pactum, quod inter maiorem ecclesiam nostram et eius filiam videlicet ecclesiam beati Jacobi prope ciuitatem nostram sitam, compromissum · est, huic pagine curauimus inserere, ita minori prouidere volentes, ut eciam maiorem indempnem conseruemus. Notum sit igitur omnibus presentem paginam inspecturis, quod cum Johannes miles dictus de Arnsteyn quandam decimam de viginti tribus mansis et dimidio in Balersleue² sitis in pheodo teneret a nobis, acceptis ab ecclesia prefata beati Jacobi centum marcis Aschersleuensis argenti, eam nobis voluntarie resignauit. Quam nos de communi consensu nostri capituli iam dicte ecclesie tali condicione interposita dedimus possidendam, vt si nos uel aliquis successorum nostrorum ad proprium vsum, vel eciam ipsum capitulum nostrum in communem vsum ecclesie eam in posterum redimere voluerit, liberam habeat facultatem predicte ecclesie centum marcis argenti predicti eo anno, quo eam redimere voluerit, ante festum sancte Walburgis restitutis; quod si neglexerit, ecclesia beati Jacobi fructus eiusdem decime recipiet anno illo. Si autem aliquis successorum nostrorum ad concedendum eam alteri vel aliquis de capitulo nostro in proprium suum vsum ipsam conuertendam redimere voluerit, hoc penitus non licebit. Huius rei testes sunt: Johannes maior prepositus, Arnoldus decanus, Burchardus vicedominus, Cono, Rodolphus portenarius, Conradus de Vroborch, Wolradus de Kerchberg, Wolradus prepositus Walbicensis, Euerwinus prepositus sancti Bonifacii, Albertus de Crozuch, Heinricus de Drondorp, Bartoldus de Clettenberch, Cristianus de Stalberg, Gerardus et Lantfridus, canonici maioris ecclesie nostre; laici vero Fredericus comes de Kercberg et Siffridus de Lechtenberg, nobiles; Aluericus camerarius et Conradus frater suus et Otto de Sergestede, milites, et alii quam plures.

Acta sunt hec anno gracie m°cc°xliii. Vt autem hec pactio et ecclesie nostre et cenobio memorato siue dubietatis scrupulo maneat inconuulsa, ipsam banno nostro stabilire et presentem paginam inde conscriptam nostro et capituli nostri sigillis duximus communiri. Datum Halberstad nonas Octobris, pontificatus nostri anno secundo.

Copialbuch Bl. 32.

1) *Dieser Zehnte wurde (s. unten z. J. 1299) vom Kl. Ilsenburg ertauscht.* —
2) *Wüstung zwischen Ditfurth und Gatersleben.*

Lyon, 1246, December 5. 85.

Papst Innocenz IV. bevollmächtigt den Erzbischof (Siegfried) von Mainz, dem Abt des Klosters Ilsenburg das Tragen gewisser bischöflichen Ornats und die Ausübung gewisser bischöflicher Handlungen zu verstatten.

Innocentius episcopus, seruus seruorum dei, venerabili fratri .. archiepiscopo Maguntinensi salutem et apostolicam benedictionem. Dignum te inter ceteros ecclesiarum prelatos speciali sedis apostolice gratia reputantes, tuis supplicationibus inclinati fraternitati tue concedendi dilecto filio .. abbati monasterii de Ilsenueburch, Halberstadensis diocesis, annuli, cirothecarum, sandaliorum, dalmatice ac tunice usum, necnon facultatem benedicendi [p]allas altarium et tam [leuitic]a quam sacerdotalia uestimenta, et largiendi benedictionem super populum more pontificum finitis missarum sollempniis et vespertinis officiis in precipuis eiusdem monasterii festiuitatibus tribuimus auctoritate presentium potestatem.

Datum Lugduni nonas Decembris, pontificatus nostri anno quarto.

Urschrift mit Bleibulle an hanfener Schnur im Allgemeinen gut erhalten; doch mit an ein paar Bruchstellen undeutlich gewordener Schrift im Königl. Staats-Archiv zu Magdeburg s. r. Ilsenburg Nr. 20.

Ungedruckt. — Vgl. das gleiche und gleichzeitige Privilegium für das von Ilsenburg aus gegründete Kloster Hillersleben: Potthast regesta pontificum Rom. Nr. 12,366.

1248, März 28. 86.

Albrecht von Hullenberg, Stellvertreter des Deutschmeisters, verkauft dem Kloster Ilsenburg 2 Hufen in Langeln und 1 Acker daselbst.

Vniuersis trinum et vnum colentibus hanc litteram inspecturis frater Albertus de Halleberch, vices magistri generalis domus Theutonicorum in Alemannia gerens, oraciones sinceras et piam dilectionem in domino Jhesu Christo. Temporales actus confirmat litterarum auctoritas, ne succedat obliuionis in rerum ordine difficultas. Ad vniuersitatis igitur vestre noticiam per presentes cupimus peruenire, quod nos domus nostre vtilitate inspecta, de fratrum nostrorum tunc temporis apud nos existencium consilio examinato et maturo uendidimus reuerendo in Christo patri abbati et suo conuentui in Ilseneburch duos mansos in Langele, quos nostri fratres ibidem eorum sumptibus coluerunt et unam aream cum suis attinenciis, sitam in predicta uilla inter curias Gerbothonis et Reinoldi, omne ius nostrum in predictum abbatem et suum conuentum totaliter transferentes, ut exinde tanquam eorundem proprio sic ordinent et disponant, sicut sibi uiderint expedire. Ne autem prefato abbati et conventui calumpnia et nostri officii successoribus ambiguitas in posterum oriatur, presentem litteram nostri sigilli munimine fecimus communiri.

Actum anno domini millesimo ducentesimo quadragesimo octauo, quarto die exeunte Marcio, sexte indictionis.

Urschrift durch Feuchtigkeit angegriffen und beschmutzt im Königl. Staats-Archiv zu Magdeburg s. r. Ilsenburg Nr. 21. Das rothe Wachssiegel ist nur fragmentarisch erhalten.

Copialbuch Bl. 16.

Halberstadt, 1249, Juni 20. 87.

Meinhard, Bischof von Halberstadt, bekundet einen durch Vermittelung der Grafen Konrad und Gebhard zu Wernigerode zwischen den Klöstern Ilsenburg und Abbenrode über das Patronat der Kirche zu Abbenrode geschlossenen Vergleich.

In nomine sancte et individue trinitatis Meinhardus, dei gratia Halberstadensis ecclesie episcopus, inperpetuum. Ne questiones abolite reviviscant et morbum patiantur sopite controversie recidivum, oportet ea, que ad bonum pacis et concordie rationabiliter ordinantur, scriptis autenticis roborari, ut mortalium deficiente memoria scriptura perhibeat testimonium veritati. Sane Christi fideles nouerint vniuersi tam posteri quam presentes, quod per dei misericordiam mediantibus viris nobilibus Conrado et Geuehardo, comitibus et fratribus de Werniggerodhe, sopita est inueterata illa discordia questionis antique, quam ecclesia Ilsineburgensis contra ecclesiam in Abbenrodhe dinoscitur agitasse, quam formam compositionis etiam nos [duxim]us de uerbo ad uerbum autenticis nostris litteris inserendam, ut sub auctoritate scripti nostri memoriter in predictis ecclesiis teneatur. Est autem hec forma: Ecclesia Ilsineburgensis omnia privilegiorum restituit instrumenta ecclesie in Abbenrodhe, que quondam super iure patronatus eiusdem impetrauerat contra ipsam, et debitum dimisit, uidelicet sex marcarum examinati argenti intuitu pietatis, in quibus tenebatur ei ecclesia prenominata, publice renuncians et plane omni actioni et iuri, quod habuit in eandem. Sed nec abbas Ilsineburgensis ammodo et usque in sempiternum aliquam habebit iurisdictionem in illa, neque aliquatenus exercebit, set ab ecclesia Ilsineburgensi totaliter est et erit libera in perpetuum et soluta. Vt igitur litibus postfuturis aditum precludamus et forma concordie ac libertatis prescripte infringi nequeat ullo modo et eternis temporibus maneat inconvulsa, ecclesiam in Abbenrodhe super hiis nostrarum duximus muniendam testimoniis litterarum. Ut etiam ecclesie supradicte indempnitatibus[1] consulamus, auctoritate dei et domini nostri Jesu Christi duximus statuendum, ut nullus omnino hominum casu aut tempore aliquo hoc infringat, quin in loco, ubi nunc eidem conventui habitatio dinoscitur preparata, securitate pacis, plenitudine quietis gaudeant et exultent filie Syon in domino rege suo. Firmamus etiam non quam mundus firmat pacem eis in bonis omnibus, que in presentiarum possident iustis modis, aut in posterum poterunt adipisci, et abiciantur, qui eas conturbant, et contritione duplici conterantur, qui dampnum ipsis ingesserint aut pauorem incusserint aut grauamen intulerint ullomodo. Prescripte compositionis et libertatis sunt testes: H[ermannus] prepositus maior, W[ig]gerus decanus, vicedominus, W[olradus] prepositus Wallebicensis, Conradus et Geuehardus comites et fratres de Werniggerodhe, comes Olricus de Regensten, comes Sifridus de Blankenburg, comes Fridericus de Kirkberg; Wernerus de Suseliz, Hermannus de Schermbeke et filius suus Wernerus nobiles, et alii quam plures clerici et milites.

Actum Halberstat anno gratie m°ccxl°ix, xii kal. Julii, pontificatus nostri anno octauo. Datum per manus Annonis notarii.

Urschrift mit zwei Siegeln im Königl. Staats-Archiv zu Magdeburg s. r. Abbenrode Nr. 6.
1) *In der Hdschr. indemptitatibus.*

(Um 1250.) 88.

Lambrecht Propst, Ida Aebtissin und das Kloster Wöltingerode bekennen, dass sie vom Kloster Ilsenburg drei Hufen zu Isingerode innehaben, von welchen dem Vorsteher zu Celle jährl. ½ Mark Halberstädtisch zu zahlen ist.

Lambertus dei gratia praepositus, Ida abbatissa totumque collegium sanctae Mariae in Woltingrode omnibus hoc scriptum intuentibus salutem in vero salutari. Notum esse volumus tam presentibus quam futuris, quod nos tenemus ab ecclesia de Ilsenborg tres mansos sitos in Isingrode in hunc modum, quod videlicet ecclesia nostra singulis annis dabit prouisori pro tempore existenti in Cella dimidiam marcam Halberstadensis argenti, et hoc in festo Galli iam dicto prouisori debet praesentari. Vt ergo ordinatio nostra a successoribus nostris inuiolabilis permaneat, praesentem paginam sigilli nostri appensione fecimus communiri.

Abschr. im Copiar. Woltingerod. Papierhdschr. des 17. Jahrh. S. 428 im Königl. Staats-Archiv zu Hannover.

Lambertus D. gr. praep. a. a. O. S. 433/34 in einer Urkunde von 1249; Zeugin ist Ida abbatissa. Nach S. 437 lag Isingerode im Steinfeld rechts unterm Kreyenberg, „wo noch alte Monumente und eine Kirche stehen. Der Acker ist zu Anger geworden, steht aber noch dem Kloster zu."

Regenstein, 1251. 89.

Ulrich, Graf zu Regenstein, giebt seine Gerechtsame über ½ Hufe, welche Heinrich von Lere in seiner Gerichtsbarkeit (Comicia) besessen, und über 4 Hufen zu Marbeke dem Kloster zu Ilsenburg, wovon sein im Kloster befindlicher Sohn zeitlebens ½ Mark erhalten soll.

Olricus, dei gracia comes de Reynsten, omnibus hoc scriptum lecturis salutem. Quia modernorum improbitas, quitquid a viris eciam sublimibus ordinatum fuerit, maliciosa occasione solet frequencius infirmare, necesse est, vnumquemque factum suum quibuslibet certitudinibus stabilire. Notum igitur esse volumus vniuersis, quod nos intuitu dei et affectu specialis amicicie libertatem et quitquid iuris habuimus in limidio manso, quem quidam homo Hinricus de Leren habuit in comicia nostra iacentem[1] et IIII mansos iacentes in Marbeke, ecclesie sanctorum Petri et Pauli in Ilsyneborch cum consensu fratruelis nostri unc paruuli et omnium heredum nostrorum donauimus tali modo, vt lius noster, cultui religionis et diuinis obsequiis mancipatus, tempore ite sue de licencia abbatis dimidiam marcam communis argenti in festo Martini de eo recipiat, eo vero defuncto vel abrenunctiante ecclesia fertonem ad luminaria sanctorum consequatur. In hac donacione nulli de cetero quitquam potestatis nisi ecclesie dicte recognoscimus. Huius rei testes sunt: Walterus de Arnsteyn, Adrianus de Aderstede, Johannes de Zillinge, Jordanus de Reddebere, Godefridus aduocatus noster. Vt autem hec inconuulsa permaneant inposterum, decreuimus sigilli nostri testimonio factum tale confirmare.

Datum Reynsteyn anno dominice incarnacionis m°cc°li°, quo anno frater noster Sifridus defunctus est etc.

Copialbuch III. 18.
1) *Die Hdschr. iacente.*

1252. 90.

Konrad, Graf zu Wernigerode, schenkt dem Kloster Ilsenburg zwei Hufen, die eine zu Barnsdorf, die andere zu Danstedt.

Conradus, dei gratia comes de Werniggerod, omnibus hanc paginam inspecturis salutem in uero salutari. Quia modernorum tanto acrius descruit peruersitas, quanto cercius constat maliciam hominum per consummationem seculi cicius finiendam, et in hoc potissimum quod obsistunt ueritati dantes operam falsitati, necesse est cuilibet facta racionabilia, precipue ea, que ad honorem dei spectant et salutem operantur animarum, modis quibuslibet cum omni sollicitudine confirmare. Eapropter nos, miseriam humane conditionis aduertentes, precipue quod animas exeuntes a corpore solummodo opera ipsarum comitantur, notum esse volumus tam presentibus quam futuris, quod nos ecclesie apostolorum Petri et Pauli in Ilsineburhc duos mansos, unum in Berenstorp[1], alium in Dannenstid, quos ad maiorem ca[utelam?], ne aliqua successorum nostrorum uiolentia peruertatur, propriis sumptibus comparauimus, et in eodem Berenstorp xvii iugera proprietatis nostrae, super quo fratrum [eque?] quam heredum nostrorum consensum accepimus, intima deuotione donauimus tali modo. Mansum in Dannenstid, soluentem vi maldaria tritici, vi anene Werniggerodensis mensure, anniuersario nostro deputauimus, de quo custos lotonem ad luminaria, pauperes dimidiam marcam ad liniamenta, reliqua fratres ad consolationem recipiant, ut eorum orationibus denotius adiuuemur. Mansum in Berenstorp, soluentem octo choros Bruneswicensis mensure, duos tritici, duos siliginis, IIII°ʳ auene, anniuersario uxoris nostre Hedwigis cometisse contulimus tali modo. Custodi loto, pauperibus v lotones ad elemosinam, cetera fratribus cedant ad consolationem. De decem et septem ingeribus in eadem villa, xv solidos Bruneswicensis monete soluentibus, x refectioni fratrum in dedicatione altaris, quod in honore sancti Johannis ewangeliste constructum ... mus, reliquos v officio custodie pro luminaribus deputauimus. Preterea constare uolumus uniuersis, quod nos et omnes nostri heredes proprietatem dimidii mansi in Balehorne, qui soluit xv modios duri frvmenti, xv auene Werniggerodensis mensure, quem Alnericus miles de Minsleue a nobis possedit iure pheodali, quem et ipse predicte ecclesie pro remedio anime sue contulit, in sepultura uxoris nostre coram altari multis [person]is, uiris tam laicis quam clericis presentibus, uoluntaria donatione contulimus. Ut autem hec perpetuo maneant inconuulsa, presentem paginam [tam] fratris nostri quam nostro sigillo studuimus confirmare. Huius rei testes sunt: Vvlradus de Hesnem, Ritzardus de Langelen, Sifridus de Minsleue, Johannes de Berle, Aluericus et Johannes fratres de Minsleue, Euerhardus et Heinricus fratres de Jerexem, Heinricus de Botfeld. Heinricus de Conrod, Tidericus et Rodolfus Cozzen fratres, Daniel de Otenleue et omnes burgenses nostri et alii multi fideles Christi.

Acta sunt hec anno dominice incarnationis m°cc°liiˣ, indictione nona, in dei nomine feliciter. Amen.

Urschrift, an den äusseren Rändern angemodert, mit beschädigten und abgeriebenen Siegeln im Königl. Staats-Archiv zu Magdeburg s. v. Ilsenburg Nr. 23.

Zeugenauszug bei: v. Mülverstedt, Urkk. Regg. d. Geschl. v. Kotze S. 68.

1) *Barnsdorf Filial von Wutenstedt, Amtsgericht Scheppenstedt.*

Wernigerode, 1254, Mai 13. 91.

Graf Gebhard und sein Sohn Konrad zu Wernigerode geben für den Zehnten zu Dudingerode den Zehnten ihres neuen Hofes zu Bovenrothe, so weit die Ländereien nicht zum Hofe selbst benutzt werden, der Kirche in Cella (Wanlefsrode?) mit Einwilligung des Kl. Ilsenburg.

Dei gracia Geuehardus comes necnon Conradus filius suus de Werningrod vniuersis Christi fidelibus tam presentibus quam futuris hanc paginam inspecturis salutem. Ea que ad ecclesiarum vtilitatem et commodum prouide fiunt, scriptura decet autentica roborari, ne per obliuionis incommodum in ambiguitatem aut questionis scrupulum relabantur. Notum ergo sit tam presentibus quam futuris, quod nos ex consensu abbatis, prioris, custodis tociusque conuentus in Ilseneburch decimam noue curie nostre in Bouenrothe omnium pecorum et omnium agrorum, qui nunc extra curiam coluntur et actenus nouantur et de supradicta curia colentur, necnon decimas vinearum et humuli ecclesie in Cella dimisimus in commutacionem et in restaurum decime in Dudingerod, quam commutacionem litteris presentibus cum sigilli nostri appensione confirmamus.

Acta sunt hec anno dominice incarnationis m°cc°liiii°. Datum in Werningrod iii.° idus Mai. Huius rei testes sunt: dominus Heinricus plebanus de Wernigrod; milites vero dominus Sifridus de Minsleve, dominus Arnoldus de Berle, dominus Everardus de Gerkseim, dominus Henricus frater suus, dominus Heino de Conenrode, dominus Bernardus de Bukde, et ceteri quamplures. Huic facto consentit dominus Halberstadensis episcopus Ludolfus ot in commutacione donum quod spectat ecclesie hic confirmat.

Urschrift s. r. Ilsenburg Nr. 24 im Königl Staats-Archiv zu Magdeburg. Die an Pergamentstreifen befestigten Siegel sind abgefallen.

Copialbuch Bl. 30ᵇ.

Halberstadt, 1254, Juni 4. 92.

Gerhard, Erzbischof von Mainz, bestellt den Abt Gebhard zu Hillersleben zugleich auf sechs weitere Jahre zum Abt des Klosters Ilsenburg.

Gerhardus, dei gracia sancte Maguntinensis sedis archiepiscopus, sacri imperii per Germaniam archiepiscopus (archicancellarius?), visitacionis officium auctoritate sedis apostolice ac etiam metropolitana in ciuitate et diocesi Halberstadensi ministrantes, cum de prouidencia et dilectione in Cristo Gheuehardi. abbatis monasterii in Hildesleue, eiusdem diocesis, ordinis sancti Benedicti, laudabile testimonium recepissemus a pluribus fide dignis, abbaciam in Ilseneborch monasterii eiusdem ordinis et diocesis, ad quam noscitur per arbitrium institutus, quod spes est, quod ipsum monasterium, in temporalibus et spiritalibus collapsum, per eius providenciam valeat salubriter reformari, eidem abbati de prudentum virorum consilio auctoritate visitatoria iamdicta duximus cum altera commendandam, sicut ipse utrisque, sicut hactenus, per sex annos nunc instantes licite preesse valeat, non obstante statuto consilii Maguntinensis, et ut medio tempore ipsum monasterium in Ilseneborch ad statum pristinum et debitum reuertatur, ipse quoque deliberet, apud quodnam ipsorum maluerit hoc elapso termino alio postposito permorari. In cuius facti testimonium et debitam firmitatem nostras has litteras, sigillo nostro munitas, eidem abbati duximus tribuendas.

Datum Halberstad anno domini m°cc°liiii°, ii non. Junii, pontificatus nostri anno tercio.

Aus einem Copiarium gedruckt: Riedel cod. dipl. Brand. A 22, 432 Nr. XXVIII.

Halberstadt, 1256, August 16. 93.

Volrad, Bischof von Halberstadt, giebt dem Kloster Ilsenburg den Zehnten eines Wäldchens, den Heinrich von Liere im Schauenschen Zehntbezirk besitzt.

Volradus, dei gratia Halberstadensis ecclesie episcopus, omnibus in perpetuum. Recognoscimus et presentibus publice protestamur, quod nos spetiali fauore, quo ducimur circa Ilseneburgensem ecclesiam, inclinati decimam siluule, quam Henricus de Lyere in terminis decime Scowen excolit, prefate Ilseneburgensi ecclesie libera et pura donatione donauimus perpetualiter possidendam. Huius rei testes sunt: Conradus abbas de Huysburch, Burchardus vicedominus, Ricbodo, ecclesie sancte Marie canonicus; laici uero Burchardus burchgrauius de Querennorde, Aluericus et Henricus fratres, pincerne de Donstide, et alii quamplures.

Acta sunt hec anno domini m°cc°lvi°. Et ne in posterum super hiis questionis scrupulus oriatur, hanc paginam sigillo nostro munitam memorate Ilseneburgensi ecclesie in testimonium ualidum erogamus, sub interminatione anathematis districtius inhibentes, ne quis ipsam super eadem decima molestare presumat.

Datum Halberstat XVII° kalendas Septembris, pontificatus nostri anno primo.

Urschrift mit fragmentarischem Siegel im Königl. Staats-Archiv zu Magdeburg s. r. Ilsenburg Nr. 25.

Copialbuch Bl. 26ᵇ.

(Zw. 1256—1258.) 94.

Bernhard, Abt zu Ilsenburg, bekennt, dass Albrecht und Heinrich, zu Didertsingerode gesessen, dem Priester zu Wobeck, dessen Söhnen und deren Mutter 2 Hufen daselbst in der Weise verkauft haben, dass die jedesmaligen Besitzer dem Kloster Ilsenburg einen Vierding jährlich zahlen und das Kloster von jeglicher Gewalt und Anspruch befreien sollen.

Bernardus, dei gracia abbas in Ilseneborch, omnibus ad quos presens scriptum peruenerit, salutem in domino. Que geruntur in tempore, ne labantur cum tempore, litterarum solent testimonio perhennari. Idcirco notum sit tam presentibus quam futuri temporis fidelibus, quod Albertus et Henricus et duo fratres ipsorum manentes Didertsingerod sacerdoti in Wobeke et pueris suis et matri puerorum duos mansos in eadem villa positos uendiderunt, tali conditione subscripta, ut mortuo primo possessore et post eum quicunque teneat bona memorata, pro iure ereditatis ferto nostre ecclesie procuretur. Quia uero ad nos pertinet, eosdem mansos porrigere, predicto sacerdoti et pueris suis et matri ipsorum porrigimus, taliter, ut ipse, aut quicunque illorum possideat, eximat ecclesiam, si pro bonis illis ipsam aliquis impetat uiolenter. Testes uero huius facti sunt: dominus Bertoldus prepositus in Drubeke et dominus Hugoldus, professus ecclesie nostre, et Ludolfus laicus dictus de Ronstede. Ne autem istud inposterum sibi ualeat immutari et qui post eum iure hereditario possidebunt, presentem paginam sigilli nostri appensione fecimus communiri.

Urschrift im Herzogl. Landes-Haupt-Archiv zu Wolfenbüttel mit fragmentarischem auf Tafel I Nr. 3 abgebildeten Abtssiegel s. r. Riddagshausen.
Abschr. Cop. Riddagsh. (CCI Bl. 79ᵇ) im Königl. Staats-Archiv zu Magdeburg.

Esebeck, 1256—1258, Juni 14. 95.

Gebhard und Friedrich, Grafen zu Wernigerode, bekennen, dass der Pfarrer Jordan zu Wobeck 2 Hufen im Felde daselbst, worüber ihnen die Vogtei zusteht, für sich und seine Kinder (pueris) vom Kloster Ilsenburg erblich erkauft und sie durch Fürbitten ehrbarer Männer und Geschenke vermocht habe, ihm alle Vogteigerechtigkeit zu erlassen.

In nomine sancte et indiuidue trinitatis Geuehardus et Fridericus de Werningerode omnibus hoc scriptum uisuris salutem. || Quum modernorum hominum instituta posterorum memoriis non possumus seriatim absque scriptis utiliter inculcare, hinc est, quod scripti huius exhibitione tam presentium quam futurorum notitie ueraciter protestamur, quod Jordanis, plebanus in Wobeke, duos mansos in eodem campo sitos, quorum nos sumus aduocati, ab ecclesia in Ilseneborc tam sibi quam pueris suis iure hereditario comparauit. Verum ne aduocatorum nostrorum ipse uel pueri sui inportunitate aliqualiter lederentur, idem sacerdos Jor. honestorum uirorum precibus nos flexit et suorum largitate munerum induxit, quod ego Geuehardus et cognatus meus Fridericus eosdem duos mansos sibi et omnibus pueris suis liberos ab omni iure et grauamine aduocatie porreximus et absolutos. Et ne quis heredum uel successorum nostrorum talis facti ordinationem propria temeritate uel aliorum inductu infringere presumat, ideo hanc paginam sigillorum nostrorum munimine decreuimus roborandam. Huius rei testes sunt: Ludolfus miles de Esbeke, Fridericus miles filius Ludolfi senioris de Esbeke, Bertoldus miles de Grafhorst, Bernardus miles qui uocatur cognomine Dus, Konemannus miles de Gerexem, Otto aduocatus comitis Friderici. Hec uidelicet de collatione aduocatie, quum mansos prius emerat, acta sunt in Esbeke XVIII kalendas Julii, emptionis castri in Esbeke anno primo.

Urschrift mit Siegelrest im Herzogl. Landes-Haupt-Archiv zu Wolfenbüttel s. v. Riddagsh.

Abschr. in Cop. CCI (Riddagsh.) Bl. 79 im Königl. Staats-Archiv zu Magdeburg.

Zur Zeitbestimmung der beiden vorstehenden Urkunden dienen folgende Thatsachen: Wenn die letztere Urkunde sich als im 1. Jahre der Erkaufung von Schloss Esebeck ausgestellt bezeichnet, so kann hier füglich nur an den Kauf von Seiten Bischof Volruds von Halberstadt gedacht werden. Da nun bereits am 8. Oct. 1263 Markgraf Johann v. Brandenburg das Schloss dem Bischof wieder abkaufte (v. Ludewig rell. mss. VII, 488), Volrad aber erst seit gegen Ende 1255 zum Bischof gewählt wurde (v. Mulverstedt in: Zeitschr. d. Harzvereins II, 2, 73—75), so führt das — wenigstens bei der letzteren Urkunde — auf Juni 1256 als frühesten Termin. Nach dem Jahre 1258 kann auch wenigstens die erstere Urkunde nicht abgefasst sein, weil bereits am 25. April 1259 auf den dort genannten — um 1242 u. 1253 vorkommenden, Dr. Urkdb. 22 — Propst Berthold der Propst Johannes gefolgt war, und weil im Jahre 1259 schon Abt Hugold — der in unserer Urkunde noch als Professe erscheint — mit der Abtswürde zu Ilsenburg bekleidet war. Allerdings lebte der frühere Abt Bernhard noch 1267 (s. weiter unten Urk. von jenem Jahre), aber als quondam abbas. Die Grafen Gebhard und sein Brudersohn Friedrich von Wernigerode urkunden von der Mitte des Jahrhunderts bis 1260 mehrfach gemeinschaftlich, doch kommt Friedrich am 2.Juni des letzteren Jahres zuletzt urkundlich vor (Schauensche Urk. in Wernig.) und stiftet am 7. Dec. 1260 Graf Gebhard ein Seelgedächtniss zu Drübeck für seinen verstorbenen Neffen (Dr. Urkdb. 28).

Für die Reihenfolge der Aebte sind die vorhergehenden Urkunden insofern merkwürdig, als wir erst am 4. Juni 1254 vom Erzbischof von Mainz in ausserordentlicher Weise den Abt Gebhard zu Hillersleben zu gleicher Zeit auf 6 Jahre zum Abt von Ilsenburg bestellt sehen. Gebhard mag bald darnach verstorben sein. Wenigstens wird auch in Hillersleben bereits 1259 der Abt Heinrich genannt. Riedel, cod. dipl. Br. A, 22, 434. Ludulf oder Ludeko v. Esbeke, Friedrich v. Esbeke, den Ritter Barthold v. Grafhorst und Graf Friedrichs Vogt Otto finden wir auch sonst z. B. in den Jahren 1257, 1258, 1259. Vgl. v. Erath, c. d. Quedl. S. 209; Meibom ss. rer. Germ. III, 265 und die flgde. Urk. von 1259.

1259. 96.

Friedrich, Graf zu Wernigerode, giebt unter Einwilligung seines Oheims Grafen Gebhard die Vogtei zu Thetforde, mit Ausnahme der Criminalgerichtsbarkeit, an das Kloster Ilsenburg und weiset die Leute mit ihren Lehen dahin, wofür diese 23 Mark bezahlen.

Fridericus dei gratia comes, dictus de Werningeroth, vniuersis hoc presens scriptum inspicientibus in uero salutari salutem. Quoniam ea que geruntur in tempore, cum elapsu temporis euanescunt, consueuit humana sollercia res gestas per scripturas memorie commendare, ne actioni laudabiliter peracte temporis diuturnitas aut obliuionis obscuritas sinistre ualeat obuiare. Hinc notum esse uolumus uniuersis, quod nos aduocatie, quam habuimus in Tethforde, et omni iuri, quod nobis de hac cedere debuerat, perpetuo renunciamus ad manus domini Hugoldi, uenerabilis abbatis in Ilseneburg, suorumque successorum. Et hoc facimus de consensu patrui nostri Geuehardi eius quoque filii Conradi, illustrium uirorum comitum in Werningeroth. Et eandem ipsis hominibus, qui bona eiusdem aduocatie possident, porreximus ab ipsis nec non eorundem bonorum successoribus iure feodali perpetuo possidendam. De iure uero iam dicte aduocatie nichil nobis preter iudicium sanguinis excessuumque similium poterimus ulterius uendicare. In cuius aduocatie commutationem ipsorum bonorum possessores ad manus dicti abbatis uiginti tres marcas Halberstadensis monete nobis uoluntarie contulerunt. Vt autem hec actio rata maneat, presentem paginam nostro sigillo et patrui nostri supradicti nec non abbatis iam dicti fecimus roborari. Huius rei testes sunt: Hermannus[1] sacerdos in Hembere; Euerhardus de Jerecseim, Hinricus de Conrothe milites; Otto aduocatus, Bertoldus aduocatus, Bertoldus de Bersle serui, et alii quam plures.

Acta sunt hec anno gratie m°cc°lviiii.

Urschrift auf Pergament, die Siegel sind nicht mehr vorhanden.

In einer Notiz in den Braunschw. Anzeigen 1746 Spalte 1989 steht irrthümlich das Jahr 1258 statt 1259.

1) *Die Hdschr. Hermunus.*

1263, indict. 6. 97.

Das Kloster des S. Marienberges zu Quedlinburg verkauft eine Hufe im Dorf Husler für 16 Mark dem Kloster Ilsenburg, namentlich der Küsterei, worüber die Aebtissin Gertrud von Quedlinburg das Eigenthum ebenfalls überlässt.

In nomine domini amen. Bia, dei miseratione abbatissa, totusque conuentus claustri montis sancte Marie uirginis in Quidelingburch omnibus Christi fidelibus tam presentibus quam futuris in perpetuum. Cum status conditionis humane dubius et incertus existat, ideo res gestas, ne temporis has possit delere uetustas, scriptis et testibus expedit roborari. Nouerint igitur uniuersi tam presentis temporis quam futuri, quod nos habito consensu venerabilis domine nostre Gertrudis, maioris ecclesie in Quidelingburch abbatisse, unanimi etiam totius nostri conuentus assensu mansum vnum situm in villa Huslere[1] chorum tritici annua pensione soluentem, qui nobis et monasterio nostro libere pertinebat, conuentui et monasterio sanctorum apostolorum Petri et Pauli in Ilseneborch pro sedecim marcis Halberstadensis argenti uendidimus ad speciales usus custodie monasterii memorati. Dicta siquidem domina nostra Gertrudis venerabilis abbatissa proprietatem dicti mansi, cuius donatio ad ipsam spectabat, prefato monasterio in Ilseneborch liberaliter contulit et cum omni iure aduocatie[2] et eadem libertate, qua nos eundem mansum actenus possedimus, libere et quiete perpetuo possidendum. Ne igitur super hoc facto aliqua possit inposterum dubietas suboriri, presentem paginam sigillis venerabilis domine nostre Gertrudis abbatisse et conuentus nostri fecimus communiri. Huius rei testes sunt: Lambertus prepositus sancti Wicperti, Bertrammus plebanus forensis ecclesie, Henricus de Brandenburch clerici; Bernardus de Thitforde, Conradus de Querenbeke, Heidenricus Busere et Bodo frater suus, Helias de Rodesleue laici et alii quam plures.

Actum anno gratie m°cc°lxiii indictione sexte (!).

Urschrift auf Pergament an einer Stelle durchfressen. Die Siegel sind nicht mehr vorhanden.

Braunschw. Anzeigen 1746 Sp. 1988 und bei Engelbrecht (Leuckfeldt und Leibnis Ann. Pöld. 231, 55. III. 68 f.) ist Abt Hugold als Käufer der Hufe genannt.

1) *Wüst in der Flur des Pfarrdorfs Wasserleben.* — 2) *Die Hdschr. aduocatio.*

1264. 98.

Das Kloster Marienthal bei Helmstedt erwirbt 7½ Hufen Landes nebst drei Höfen zu Barnstorf von dem Grafen Gebhard zu Wernigerode mit Einwilligung seines Sohnes Konrad und seiner Tochter Wilburg für 100 Mark Silber. Darunter begriffen waren anderthalb Hufen Landes, welche dem Kloster Ilsenburg gehörten.

S. *Braunschweigisches Magazin 1817 Nr. 42 Sp. 666.*

1267, Juli 12. 99.

Konrad, Graf zu Wernigerode, giebt die Vogtei über ein Viertel und zwei Hufen zu Erkstedt mit einem Hof und einer Hofstelle daselbst dem Kl. Ilsenburg.

C., dei gracia comes de Werningeroth, omnibus hanc paginam inspecturis salutem in domino. Que geruntur in tempore simul euanescunt cum tempore, nisi recipiant aut uoce testium aut scripti memoria firmamentum. Cunctis igitur notum esse uolumus, ad quos presens scriptum peruenerit tam futuris quam presentibus, quod nos Conradus, comes de Werningeroth, aduocaciam super quartale ac duos mansos sitos in Erchtstede cum una curia simul et area in villa memorata contulimus ecclesie in Ilsineborch cum heredum uoluntate, vt eorum possessores racione aduocacie ad honorem sanctorum Petri et Pauli ab omni sint a nobis liberi seruitute. Vt autem ratum maneat, nec ullus hoc factum reuocare presumat, inpressione sigilli nostri hanc paginam testimonialem dignum duximus roborandam.

Acta sunt hec anno domini m°cc°lx°vii°, iiii.° idus Julii. Huius rei testes sunt: Hugoldus abbas, Ludolfus custos, Tidericus de Wetelemstede, Tidericus de Crammo, comes Geuehardus, Johannes de Minsleue, Bertoldus de Bersle, Heinricus de Jerchsem cum fratre suo Everhardo.

Urschrift mit zwei fragmentarischen Siegeln im Königl. Staats-Archiv in Magdeburg s. r. Ilsenburg Nr. 26.

Copialbuch Bl. 40.

Zeugen, Braunschw. Anzeigen 1746 Sp. 1988 u. 1989.

1267. 100.

Gebhard und Konrad, Grafen zu Wernigerode, verzichten auf ihre Rechte an einer Hufe Landes zu Silstedt, welche der frühere Abt Bernhard zu Ilsenburg vom Ritter Johann von Minsleben erkauft und dem Kloster geschenkt hatte.

In nomine sancte et indiuidue trinitatis G. et C., dei gracia comites in Werningeroth, omnibus ad quos presens scriptum peruenerit, salutis constanciam et honorem. Ne gesta modernorum noticiam lateant futurorum, solent ea viua voce testium et scripture noticiis confirmari. Notum igitur esse volumus et presentibus protestamur, quod dominus Bernardus, quondam Ilsineburgensis cenobii abbas, saluti anime sue prouidens mansum quendam situm in campo Siltstede singulis annis soluentem viii molderatas tritici et totidem auene a domino Johanne milite dicto de Minsleue tytulo proprietatis, suis heredibus et Henrico fratre suo consencientibus in id ipsum, annuente domino Hugoldo predicti monasterii abbate, ad usum fratrum Ilsineburgensis monaserii conparauit. Nos uero laudabile factum prefati domini Bernardi approbantes, omni iuri perpetuo renunciauimus, quod de eodem manso nobis ac heredibus nostris propter aduocaciam ecclesie predicte seu aliam occasionem conpetere poterat, causis dumtaxat exclusis, que seculari directe iudicio sunt annexe. Vt autem hec rata sint et robur optineant firmitatis, nos super hoc scriptum nostrum dedimus predicto monasterio et illud sigilli nostri appensione fecimus roboratum. Huius rei testes sunt: Hermannus canonicus in Werningeroth; milites uero Sifridus de

Minsleue, Basilius de Romesleue, Bernardus de Bersle; famuli uero Bertoldus et Thidericus fratres de Markerlingerode, et alii quam plures. Acta sunt hec anno domine m°cc°lxvii°.

Urschrift mit den beschädigten bezw. fragmentarischen Siegeln der Grafen Gebhard und Konrad im Königl. Staats-Archiv zu Magdeburg s. r. Ilsenburg Nr. 27.

1268. **101.**

Hugolds, Abts zu Ilsenburg, Urkunde über die von Ludolf von Arnstede geschehene Schenkung einer von der Aebtissin des Münzenberges zu Quedlinburg für 16 Mark erkauften Hufe in Huslere und eines Hofs in Ilsenburg zu Lichtern, Jahreszeiten, Spenden.

Ego Hugoldus, dei gratia Ilsineburgensis abbas, cum uniuerso fratrum meorum collegio omnibus hanc litteram inspecturis salutem in uero salutari. Quia successorum uersutia quicquid ab antecessoribus ordinatur, maliuola attemptatione solet infirmare, oportet omni diligentia precaueri, ne quod rationabiliter fuerit ordinatum, ulla fraudulenta temeritas aliquo modo ualeat inpedire. Nouerint igitur uniuersi presentes et futuri, quod quidam ecclesie nostre familiaris et amicus specialis Ludolfus de Ronstede dictus, benedictionis memoriam sibi uolens inperpetuum stabilire, de bonis que adiuuante deo conquisiuerat, mansum quendam in uilla que Husleren dicitur, a conuentu sancte Marie uirginis in Montsingeberge, datis xvi^{cim} marcis Halberstadensis argenti, marcam annuatim soluentem et ab omni oppressione aduocatie et alicuius heredis iusta inpetitione liberum comparauit. Quem postmodum, et curtem quandam in uilla nostra iacentem tres fertones annuatim soluentem, ecclesie nostre contradidit tali dispositione videlicet, ut de predictis reditibus ferto et dimidius cedat annuatim custodie ad cereos ex utroque latere principalis altaris ad honorem patronorum procurandos, custodi dimidius ferto pro expensis, si forte pro disturbatione predictorum contigerit eum aliquo casu laborare, in anniuersario matris sue, qui est sui Seruacii, fertonem, in anniuersario patris sui, qui est in inuentione Stephani, qui fertonem et dimidium, in anniuersario sui ipsius item fertonem et dimidium refectioni fratrum. Eadem die fertonem ad elemosinam pauperum deputauit, ita ut cum conpulsatione ipsorum memoria celebretur. Post mortem suam ordinationem predictorum prouisioni custodis assignauit. Vt ergo tam pie deuotionis affectus memorie sequentium commendetur, presentem litteram inde conscriptam sigillo nostro et ecclesie fecimus communiri.

Actum anno dominice incarnationis m°cc°lx°viii°.

Urschrift auf Pergament an einigen Stellen vermodert. Das letzte Siegel fehlt ganz, das erste zum Theil. Vgl. die Abbildung Taf. 1 Nr. 4.

o. J. (zw. 1265—1269). 102.
Der Grafen Gebhard und Konrad zu Wernigerode Urkunde über die zwischen den Gebrüdern Konrad und Johann von Mulbeke und dem Kl. Ilsenburg wegen der Vogtei von 1½ Hufe obwaltenden Streitigkeiten, welche Vogtei erstere gegen 4½ Mark zum Besten des Klosters behalten sollen.

Geuehardus et Conradus, filius eius, dei gratia comites in Wernigerod, omnibus hanc litteram inspectuiis salutem in domino. Quia quicquid ab hominibus utiliter constituitur, eorundem hominum cottidiano defectu et obliuiouis facilitate nichilatur, necesse est, ut quelibet utilis institutio testimonialis scripture subsistencia solidetur. Vnde notum sit omnibus hanc litteram inspecturis, quod cum Conradus de Mulbeke et frater eius Johannes in quibusdam reditibus monasterii Ilsineburgensis, manso uidelicet et dimidio et aliis attinentibus, ius aduocatie sibi uendicarunt et custos predicti monasterii querelabunde se diceret uiolentiam sustinere, tandem proborum uirorum arbitrio hec altercatio coram nobis ita fuit diffinita, quod custos ipsis in quarta dimidia marca responderet et illi aduocatiam, quam se iure pheodali a Heinrico et Annone de Heimborch suscepisse professi sunt, sine omni seruitio et exactione ad bonum ecclesie tenerent et nichil inde, nisi quod uoluntatis ecclesie fuerit, faciant, et si ab aliquo ecclesia super hac causa inpetita fuerit, warandiam prestet conpetentem, in qua si defecerint summa pecunie restauretur. Huius rei testes sunt: Geroldus decanus, Johannes de Bokede, Jordanis de Winnigstede, Heinricus Ranco, canonici sancti Siluestri; milites Sifridus de Minsleue, Jobannes de Hartesrod, Tidericus de Romesleue, Eggelbertus de Lochtene, Heinricus de Marcoluingerod, quorum arbitrio fuit conplanatum, Heinricus de Scowen, Johannes de Minsleue, et alii quam plures. Cuius rei euidentiam sigillorum nostrorum appensione roboramus.

Urschrift s. r. Ilsenburg Nr. 12 im Königl. Staats-Archiv zu Magdeburg. Von den an Pergamentstreifen hangenden Siegeln ist nur das Gerhards fragmentarisch erhalten. — Copialbuch Bl. 19ᵇ.

1269, August 5. 103.
Der Grafen Gebhard und Konrad zu Wernigerode Bekenntniss über die Beilegung eines Streits zwischen den Gebrüdern von Mulbeke und dem Kl. Ilsenburg, wonach jene, gegen Zahlung von 5 Mark, 1½ Hufen, 2 Hofstellen, einen Strich Grases und einen Weidenfleck dem Kloster überlassen und ihr auf einer Ilsenburgischen Hofstelle erbautes Haus nach der Taxe bezahlt erhalten.

Geuehardus et Conradus, filius eius, dei gratia comites in Werningerod, omnibus hanc paginam inspecturis benignam cum affectu sincero voluntatem. Notum uobis esse cupimus, quod cum inter dominum Heinricum, Ilsineburgensis monasterii thesaurarium, ex parte una et inter Conradum et Johannem, filios domini Annonis militis de Mulbeke, ex parte altera super quibusdam reditibus ad custodiam prefati monasterii pertinentibus in eadem villa sitis, videlicet manso uno et dimidio, necnon duabus areis, spacio quoque graminis et salicto per aliquod tempus controuersia fuisset uentilata, tandem, partibus discretorum uirorum interpositis, taliter inter eos de communi voluntate ipsorum coram nobis conpositum est et conplanatum, videlicet, ut prefatus thesaurarius quinque marcas daret, et domum, quam predicti fratres suis sumptibus in area ad proprietatem custodie pertinente construxerant, secundum quod ciues taxarent siue estimarent, persolueret et deinceps predictos reditus a temeraria eorum inpeticione securus libere et quiete possideret. Quod factum, ne a prelibatis fratribus, Conrado uidelicet et Johanne, aut ab eorum heredibus futuris temporibus ausu temerario in irritum possit reuocari, presentem litteram tam sigillorum nostrorum, quam sigilli canonicorum in Werningerod apensione(!) munitam in testimonium firmissimum eidem thesaurario et suis in eodem officio successoribus futuris erogamus. Huius rei testes sunt: Geroldus decanus et totum sancti Siluestri in Werningerod capitulum, Sifridus de Minsleue, Johannes de Hartisrod, Fridericus de Scowen, Johannes de Minsleue, Thidericus de Seuerthusen, Bertholdus de Bersle, et alii quam plures.

Actum anno gratie m°cc°lx°viiii°, nonas Augusti.

Urschrift auf Pergament; die beiden Siegel der Grafen sind nicht mehr vorhanden, das mittelste des Capitels ist am Runde verletzt.

(1259—1269.) 104.

Hugold Abt, Johann Prior und das Kloster Ilsenburg verzichten auf Bitten Gebhards, Grafen zu Wernigerode, auf die Güter im Dorfe Barnstorf.

H. dei gracia abbas, Jo. prior vniuersitasque conuentus monasterii in Ilseneburg omnibus presens scriptum inspicientibus deuotas oraciones in Christo. Tenore presentium recognoscimus, quod nos ad peticionem et instanciam comitis G. de Wernigerod renunciauimus possessioni bonorum, que habere dicebamur in uilla Bernestorp, quam recognitionem duorum sigillorum nostrorum appensionibus protestamur.

Abschr. auf Pergament aus einem alten nur von 1138 — 1260 reichenden Copialbuch des Kl. Marienthal bei Helmstedt im Herzogl. Landes-Haupt-Archiv zu Wolfenbüttel. Unter dem Grafen G. kann nur Graf Gebhard von Wernigerode verstanden werden, der bis 1269 urkundlich erscheint. Der Name des Priors ist jedenfalls als Johannes zu ergänzen. In einer unten folgenden Urkunde Abt Heinrich Paschedags von 1290 wird des Priors Johann als eines Verstorbenen gedacht. Am 15. April 1284 war schon Berthold Prior. Da sich zwei Aebte, deren Namen mit H. beginnt — Hugold 1259 — 1277, Heinrich bis 1305 folgten,

so könnte man an beide denken, wenn nicht mit Rücksicht auf Gr. G(ebhard)
v. Wernigerode der letztere auszuschliessen wäre. Vgl. auch oben den Auszug
v. J. 1264.

Ilsenburg, 1270, October 26. 105.

Hugold, Abt zu Ilsenburg, reicht siebenzehn Morgen Landes zu Holtemmeditfurth, nachdem der bisherige Inhaber Burckard v. Ertfelde sie resigniert, dem Siechenhofe vor Halberstadt zu dem herkömmlichen Zinse von 5 Schill. 8 Pfennigen und dem Fuhrdienst.

Hugoldus, dei gratia abbas monasterii in Ilsineburg, vniuersis hanc litteram audituris salutem in domino sempiternam. Vt illa, que per nos rationabiliter fiunt, robur optineant firmitatis, expedit ipsa scriptis autenticis perhennari. Proinde nouerint uniuersi presentis temporis et futuri, quod, cum Borchardus de Ertfelde decem et septem iugera cum ipsorum pertinentiis in campo et in uilla Holtempueditforde ad censum annuum teneret, scilicet quinque solidos et octo denarios Halberstadensis monete, sequenti die sancti Galli singulis annis nostro monasterio persoluendos, dilecti nobis in Christo Hammo sacerdos, Windilmarus, Gerhardus, Fridericus, Johannes et Wernerus, fratres et prouisores domus infirmorum prope ciuitatem Halberstad, cum eodem Burchardo et suis pueris taliter ordinauerunt, quod ipsi nobis dicta iugera cum ipsorum pertinentiis resignarunt. Nos itaque habentes ipsa in nostris manibus libera et soluta, porreximus ea dicte domui infirmorum ad prefatum censum necnon uecturam atque ad omne ius ecclesie nostre perpetuo possidenda. Huius concessionis nostre testes sunt: Baldewinus de Piscina, Thidericus de Wetelemestede, nostri confratres; Johannes de Minsleue miles, et alii quam plures. Et ne cuiquam super hiis dubium oriatur, presens scriptum sigilli nostri munimine fecimus roborari, dantes illud prefate domui infirmorum apud Halberstad in euidens testimonium premissorum.

Actum et datum Ilsineburg anno gratie m°cc°lxx°, vii kal. Nouembris.

Urschrift auf Pergament im Königl. Staats-Archiv zu Magdeburg s. r. Halb. P. Siechenhof Nr. 15. Das Siegel an einem Pergamentstreifen ist fast zerstört.

Halberstadt, 1272, Februar 4. 106.

Volrad, Bischof zu Halberstadt, bestätigt die von Seiten des Klosters Ilsenburg geschehene Schenkung von drei Hufen zu Hedersleben, welche der Ritter Ludolf v. Harsleben vom Abt zu Lehen getragen hatte, an das Kloster Hedersleben.

Volradus, dei gratia Halberstadensis ecclesie episcopus, omnibus presentia visuris salutem. Nouerint uniuersi, quod nos donationem proprietatis trium mansorum in Hedesleue a domino Hugoldo abbate et conuentu in Ilsenburch, nostre dioecesis, factam coram nobis circa ecclesiam in Hedesleue, quos Ludolfus miles de Hersleue ab abbate predicto pheodaliter tenuerat, approbamus [et] confirmamus in his scriptis eamque factam protestamur ex nostro consensu pariter et assensu.

Actum Halberstadt anno domini millesimo ducentesimo septuagesimo secundo pridie non. Febr., pontificatus nostri anno sexto decimo.

Cop. XLVIII. Bl. 11 im Königl. Staats-Archiv zu Magdeburg.

Stassfurt, 1272, Februar 28. 107.

Johann und Albrecht, Herzöge zu Sachsen, als gesetzliche Vormünder der Kinder Heinrichs von Plötzke, beurkunden die dem Hof zu Aderstedt wieder überlassene Vogtei daselbst und versichern, dass sie nichts weiter zu Lehn weggegeben haben.

Nos Johannes et Albertus, dei gracia duces Saxonie, Angarie et Westfalie, burgrauii Maydeburgenses, vniuersis affectum in domino salutarem. Cum iura ecclesiastica siue ecclesiarum non minui sed pocius augeri debeant, et a quibus possunt, vt ecclesie singule suis libertatibus contente laudabiliter exinde valeant exsultari[1], hinc est, cum dominus Hinricus bone memorie de Ploceke carnis debitum persoluisset et ipsius heredes ad annos legittimos minime peruenissent, et nos aduocaciam in Aderstede cum ceteris bonis racione tutele aliquo tempore teneremus[2], procuratores curie ibidem nos sepius rogauerunt, ut ipsi aduocacie preessemus, secundum quod ipsorum possent priuilegiis demonstrare; id nos ad instanciam ipsorum decreuimus firmiter obseruari. Et ne videremur dare viam aliis delinquendi, nil magis recognoscimus aliis commisisse nec in pheodo contulisse, cum eciam nemo possit plus iuris in alium transferre, quam ipsum constet habere iuxta canonicas sanxiones. Vt eciam veritati testimonium apponatur, presentem paginam nostrorum sigillorum appensione ad maiorem euidenciam iussimus communiri. Huius rei testes sunt: dominus Anno de Sydowe, Johannes de Gatersleue.

Datum Stasferde anno domini m°cc°lxxii° dominica exurge quare[3] ui Kalendas Marcii.

Copialbuch Bl. 7.
Gedruckt: v. Heinemann cod. dipl. Anh. II, S. 289, Nr. 400.
1) *So die Hdschr. Vielleicht st. exaltari?* — 2) *Die Hdschr. teneremur.*
— 3) *grē. Die beiden Wörter stehen statt der Anfangsworte der 4. Adventssonntags-Lection: Exsurge, domine, quare obdormisti, zum Unterschied der Sexagesimae-Lection.*

Orvieto, 1272, Sept. 5, pont. 1. 108.

Papst Gregor X. bestätigt die Freiheiten und Immunitäten, welche seine Vorgänger dem Kloster Ilsenburg ertheilt haben.

Gregorius || episcopus, seruus seruorum dei, dilectis filiis .. abbati et conuentui monasterii in Ilseneborg, ordinis sancti Benedicti, Halberstadensis diocesis, salutem et apostolicam benedictionem. Cum a nobis petitur, quod iustum est et honestum, tam uigor equitatis, quam ordo exigit rationis, ut id per sollicitudinem[1] officii nostri ad debitum perducatur effectum. Eapropter, dilecti in domino filii, uestris iustis postulationibus grato concurrentes assensu, omnes libertates et immunitates a predecessoribus nostris, Romanorum pontificibus, siue per priuilegia seu alias indulgentias uobis et monasterio uestro concessas, necnon libertates et exemptiones secularium exactionum, a regibus, principibus, et aliis Christi fidelibus rationabiliter uobis indultas, sicut eas iuste ac pacifice obtinetis, uobis, et per uos eidem monasterio auctoritate apostolica confirmamus et presentis scripti patrotinio communimus. Nulli ergo omnino hominum liceat hanc paginam nostre confirmationis infringere, uel ei ausu temerario contraire. Si quis autem hoc attemptare presumpserit, indignationem omnipotentis dei et beatorum Petri et Pauli, apostolorum eius, se nouerit incursurum.

Datum apud Vrbemueterem nonas Septembris, pontificatus nostri anno primo.

Urschrift auf Pergament. Die Bulle hängt an einer roth- und gelbseidenen Schnur. Aufschrift der Bulle GREGORIVS. PP. X°. *Zwischen den beiden durch Perlenhalbringe getrennten Köpfen des heil. Paulus und Petrus das Kreuz auf einem in einer Gabel endigenden Stabe. Von Aussen steht in alter Schrift auf der Urk.:* Guilla Guilla *(zweimal Gudelmus?). Auf dem umgeschlagenen Pergamentstreifen in der Ecke rechts:* . G . aly.

1) *In der Vorlage* sollititudinem.

(1267—1277.) 109.

Graf Conrad zu Wernigerode bekennt, dass über die von dem Mönch Heinrich zu Ilsenburg und einem Laien Eicho gegen Begehung von Jahrestagen dem Kloster Ilsenburg überlassenen, vom Ritter Hermann von Dingelstedt für 55½ Mark erkauften 2 Hufen zu Berssel, keine Vogtei, auch nicht wegen der Ilsenburgischen Klostervogtei, Statt finden solle.

C., dei gratia comes de Werningerod, vniuersis presentis pagine inspectoribus tam presentibus quam futuris paratam ad beneplacita uoluntatem. Quoniam ea, que geruntur in tempore, secum ferunt tempora, nisi rerum gestarum obliuio per scripti memoriam amputetur, eapropter insinuatione presentium protestamur, quod Heinricus conuersus Isineburgensis ecclesie et Eicho laicus familiaris ibidem erga ecclesiam suam spiritu emulationis accensi, per eum, qui spiritum bonum consueuit petentibus se prestare, ad usus fratrum in prefata ecclesia deo seruientium duos mansos sitos in villa Bersle a domino Hermanno milite de Dingelstede pro quinquaginta marcis et quinta dimidia emerunt. In quibus mansis neque nos neque aliquis successorum nostrorum, immo nulla alia persona siue potens siue inpotens, ius aduocatie sub pretextu aduocatie Ilsineburgensis ecclesie uel alio quolibet modo nobis aliquatenus poterimus usurpare. Redditus uero, qui singulis annis proueniunt de ipsis mansis, domino Hugoldo abbate et conuentu prefate ecclesie annuente, cedent in usus predictorum fidelium temporibus uite ipsorum, nullo eis obstante impedimento, nisi de propria uoluntate tali ordinationi prefati fideles uoluerint renuntiare. Cum uero supradictus laicus die uocationis sue uiam uniuerse carnis fuerit ingressus, fratres dicte ecclesie ad consolationem suam habebunt dimidium mansum iu anniuersario illius; dimidium uero mansum, qui superest, uxor ipsius temporibus uite sue absque alicuius impedimenti molestia possidebit. Que cum uocante domino nature debita persoluerit, conuentus de prouentibus dimidii mansi, quem ipsa habuerat, anniuersarium illius procurabit. Fratres uero liberum habebunt arbitrium, ut eligant unum de suo consortio, qui sit prouisor ipsius mansi, et eos in anniuersariis predictorum fidelium, videlicet Eichonis et sue uxoris, bene procuret et honeste. Vt autem huius facti sollempnitas rata et impermutabilis perseueret, paginam presentem inde conscriptam sigillo nostro et sigillis abbatis atque conuentus Ilsineburgensis ecclesie diligenter fecimus communiri.

Urschrift im Königl. Staats-Archiv zu Magdeburg s. r. Ilsenburg 31. Das Siegel Graf Konrads ist weniger beschädigt, das des Abts nur fragmentarisch erhalten. — Copialbuch Bl. 30.

Abt Hugold lebte von 1259 bis gegen 1277. Graf Conrad erscheint selbständig 1267.

Ohne Zeitangabe, doch um 1277. 110.

Hugold, vormals Abt zu Ilsenburg, bekundet, dass er eine halbe Hufe zu Wasserleben mit der Freiheit von allen Diensten von Johann von Winnigstedt erkauft und dass dieser nebst seinem Nachfolger den Schutz dieses Besitzthums zu Gunsten des Klosters übernommen habe.

Notum sit omnibus hanc litteram inspecturis, quod ego Hugoldus, quondam abbas in Ilsineburg, redemi aduocatiam super unum mansum situm in Waterlere a Johanne dicto de Wingninstede (!) et suis heredibus pro duabus libris examinati argenti taliter, vt nec idem Johannes, nec sui heredes de bonis eiusdem mansi aliquid seruicii uel exactionis deinceps exigere debeant uel extorquere. Si autem ecclesiam Ilsineburgensem in eisdem bonis aliquis uoluerit molestare siue perturbare, prefatus Johannes uel sui heredes, si eis fuerit intimatum, eadem bona sue protectionis auxilio defendere debent et tueri. Et ue hoc factum in posterum ab aliquo possit ignorari siue per alicuius inprobitatem iu irritum possit renocari, presentem paginam in euidens testimonium eiusdem facti feci conscribi et sigillo mei conuentus diligenter ipsam paginam feci communiri.

Urschrift s. r. Ilsenburg 15 im Königl. Staats-Archiv zu Magdeburg. Das Siegel, das au pergamentener Schnur befestigt war, scheint abgeschnitten zu sein. Als Abt erscheint Hugold oben Nr. 105 u. 106 noch in den Jahren 1270 und 1272.

Bernburg, 1281, Januar 14. 111.

Heinrichs, Bernhards, Friedrichs und Heinrichs, Gebrüder von Plötzke, Urkunde über die von dem Abt Heinrich zu Ilsenburg gegen 1½ Mark für jede Hufe ihnen abgekaufte Vogtei über den Hof zu Aderstedt und Hufen zu Strebenitz und Tichendorf; über die Verweisung der Lehnsleute an das Kloster; über das Versprechen der Resignation an ihre Lehnsherrn, die Herzöge von Sachsen, wie auch der Resignation des iudicii praefecturae zu Aderstedt an das Kloster.

In nomine domini amen. Ne ea, que geruntur in tempore, simul propter labilem hominum memoriam cum lapsu temporis euanescant, expedit ea linguis testium ac scripture testimonio perheunari. Nos itaque Henricus, Bernhardus et Fredericus et Hinricus fratres de Plotzeke[1] audituris presencia seu visuris publice profitemur, quod inter honorabilem virum dominum Hinricum, Ilsyneburgensis ecclesie abbatem, ex vna et nos, mediantibus honestis ac strennuis militibus Wedegone de Vrekeleue, consanguineo nostro, nec non Helenberto de Wilsleue super bonis curie Aderstede et aliis bonis subscriptis ex parte altera taliter existit placitatum, quod dictus abbas curiam in Aderstede et viginti mansos ad eandem curiam pertinentes cum omnibus attinenciis et triginta et vnum sitos in campis Aderstede et Sudenborch[2] ac in villis Strebenitz quatuor et Thechendorp nouem mansos cum pertinenciis uomine sui et sui monasterii a nobis redemit ab omni iure aduocacie liberos, dando singulariter pro mansis suprascriptis marcam et dimidiam Cöttingensis(!) argenti siue vsualis persoluet, medietatem in festo purificacionis gloriose virginis Marie, residuamque medietatem in media quadragesime per fideiussores vel in pecunia numerata. Item cum nos de bonis aduocacie dicte in annona et denariis quosdam inpheodauerimus, proprietate ab illustribus principibus ducibus Saxonie comparata, ipsos pheodatarios ad dominum abbatem remittemus, vt bona eis a nobis impheodata ab ipso possidenda recipiant titulo pheodali, abdicantes nichilominus comparata proprietate predictorum bonorum, cum a domino abbate predicto fuerimus requisiti, infra mensem pheodum et ius, quod tenemus a predictis dominis ducibus in dictis bonis, resignabimus libere quolibet difficultatis obstaculo circumscripti[3]. Porreximus insuper et porrigemus in pheodo aduocaciam predictorum bonorum quoties[4] et quibuscunque dictus dominus abbas voluerit, nichil uobis iuris penitus retinendo; preterea pro dampnis et iniuriis a boue memorie Henrico, patre nostro, et a nobis illatis pro ipsius nostraque salute iudicium prefecture in Aderstede cum moneta, si qua foret ibidem, que a monasterio in Ilsyneborch tenuimus, libere resignabimus abbati et monasterio supradictis. Item predictum consanguineum nostrum W. anno fideiussorem constituimus, si infra annum a domino abbate antedicto proprietas a dominis ducibus Saxonie fuerit conquisita, pheodum resignabimus. Anno vero elapso, si proprietas non fuerit comparata, quandocumque fuerit comparata per fidem a nobis prestitam resignabimus, cum fuerimus requisiti, ut superius est narratum. Renunctiamus eciam omni impeticioni seu actioni, si quam habemus uel habere possemus, contra dominum abbatem et suum monasterium. Hec supradicta vniuersa et singula obseruare promisimus inviolabiliter fide prestita corporali et ad maiorem premissorum omnium irrefragabilem obseruanciam perpetuo presens scriptum sigillis honorabilis domini abbatis predicti ac Wedegonis, nostri consanguinei, nostroque sigillo vnico vice omnium nostrorum duximus roborandum. Testes vero huius sunt: magister Theodericus, scriptor domini episcopi Halberstadensis; milites Wedego de Vrekeleue, Cônemundus de Monte, Arnoldus de Monte, Arnoldus minor, Helenbertus de Wilsleue, Euerardus Croch, ac honesti viri Johannes Geyzman, Hinricus de Dissowe, Albertus Plote, et quam plures alii fide digni.

Quibus presentibus acta sunt hec Berneborch in forensi ecclesia anno domini m°cc° octuagesimo primo in octaua epyphanie domini.

Copialbuch Bl. 7ᵇ und eine auskultirte Copie des 16. Jahrhunderts, unter den Aderstedtschen Urkunden.

Braunschw. Anz. 1746 Sp. 1989 nennen als Bürgen bei diesem Vergleich: Ludewicus de Neudorp (so), Joh. dictus de Cerige, Rudolfus de Gatersleue et Ericus de Frose, welche sich zu Haltung des Einlagers zu „Quedelburg" im Fall dem Kloster nicht in allem Satisfaction geschähe, anheischig gemacht.

1) *Braunschw. Anz. 1746 Sp. 1989 Ploceke.* — 2) *Eingegangenes Dorf.* — 3) *Die Hdschr. circumscripto.* — 4) *Die Hdschr. quot.*

1281. 112.

Heinrichs, Abts zu Ilsenburg, Bekenntniss über die von dem Custos Burchard geschehene neunjährige Ueberlassung von 1½ Hufe zu Mulmke an Anno von Mulmke als Zinsgut, die ebenmässige Ueberlassung von 3 Hufen daselbst als Zinsgut und die des gedachten Anno zu einem Ministerialen der Ilsenburgischen Kirche seitens des Grafen Konrad von Wernigerode.

H., dei gracia abbas in Ilsineborch, omnibus hoc scriptum intuentibus salutem in domino sempiternam. Notum esse volumus tam futuris quam presentibus, quod Borchardus custos mansum et dimidium in Mulbike sitos, qui custodie vacabant, porrexit Annoni dicto de Mulbike ad nouem annos, vt singulis annis decem maldra tritici et totidem auene custodie persoluat sub tali forma, vt si quis ipsa bona aut ecclesiam pro dictis bonis quouis ingenio velit inpetere, predictus Anno de suis sumptibus et amicorum suorum auxiliis fideliter obsistat, et ecclesia ipsum suo iure et consilio adiuuabit. Si uero tantam necessitatem passus fuerit, vt bona iam dicta penitus desolata iaceant, nec memoratus Anno ecclesiam aut ecclesia ipsum super hac causa debeat molestare. Aduocaciam autem, quam se in dictis reditibus habere professus est, ad bonum ecclesie teneat et quandocumque requisitus fuerit, liberam resignabit. Et vt ista fidelius exequantur, ad peticionem C.

comitis et amicorum iustantissime petencium predictus custos Annoni supradicto tres mansos censuales in eadem villa sitos porrexit, vt singulis annis in festo Galli marcam et dimidiam absque vllo obstaculo persoluat custodie memorate. Ad maiorem eciam cautelam C. comes cum heredum suorum voluntate Annonem sepedictum ministerialem nostre ecclesie, quemadmodum ante suus fuerat, esse promisit. Ipso autem mortuo ecclesia vnam sororem suam eodem iure recipiet, et custos tunc temporis ipsi eosdem tres mansos porriget iure memorato superius. Presentes fuerunt qui testantur: Bernardus de Cella, Henricus parrochianus de Mulbeke, Johannes et Ludolfus de Hartesroth, Tidericus et Basilius de Romesleue, Bertoldus de Bersle, Tidericus et Henricus de Marcolningerod [1], Ludolfus de Redebere [2], et alii quam plures fide digni. Igitur, ne huius rei tenor alicui in ambiguum veniat, sigillo nostro et domini C. comitis suprascripti, in cuius presencia et auxilio sic est ordinatum, presentibus et consencientibus filiis eius Alberto et Friderico, presentem paginam fecimus firmiter roborari.

Acta sunt hec anno incarnationis m°cc°lxxxi°, ordinationis nostre anno similiter primo.

Urschrift mit fragmentarischen Siegeln im Konigl. Staats-Archiv zu Magdeburg s. r. Ilsenburg 26. Vgl. Siegeltafel I, 5.
Copialbuch Bl. 20ᵇ.
1) *Das Copialbuch Markelingerod.* 2) *Urschr.: Rodebere.*

1281. 113.

Abt Heinrich und das Kloster zu Ilsenburg weisen der Küsterei daselbst, statt einer von ersterem dieser jährlich zu gebenden Geldleistung, den Zins von 7 Hufen zu Heudeber an, mit Ausnahme des Einkommens von der Budelige oder Bulevinge.

Nos dei gratia Heinricus abbas totumque capitulum in Ilsineborg omnibus presens scriptum intuentibus salutem in omnium saluatore. Ea que geruntur in tempore euanescunt cum tempore, nisi scriptis aut testimoniis hominum confirmentur. Igitur, cum abbas ex antiqua institutione teneretur, custodie nostre singulis annis assignare iure census quatuor marcas et fertonem et dimidium, rogante dilecto filio nostro Burchardo custode septem mansos in Hadebere sitos, quorum tres soluunt decem maldra et dimidium hyemalis frumenti Wernigerodensis mensure, alii tres soluunt marcam et dimidiam, septimus soluit fertonem et dimidium communis argenti, perpetuo assignauimus custodie, annuente et promouente uniuersorum fratrum nostrorum collegio, sub tali forma, ut omnia iura, que wlgariter appellantur budelige aut buleuinge, ad abbatem respectum habeant ut prius, censum tantummodo dictum ne quis successorum nostrorum in posterum custodie abalienare presumpserit, inhibentes; ad cuius facti evidenciam presens scriptum una cum sigillo nostri conventus fecimus communiri.

Actum et datum anno uerbi incarnati m°cc°lxxx° primo.
*Urschrift im Königl. Staats-Archiv zu Magdeburg s. v. Ilsenburg Nr. 29.
Abgedruckt in der Zeitschrift für Archivkunde B. II. s. 1. S. 172, um dadurch eine Anfrage: was Bulevinge sei, zu begründen.*

1282. 114.

Abt Heinrichs zu Ilsenburg Versicherung über die von dem Custos Heinrich von Gandersheim erfolgte Ankaufung mehrerer Ilsenburgischen Zinsgüter zu Heudeber, Mulmke und Ler, Erhöhung ihrer Zinsen und Verwendung des Mehrbetrags zu Jahreszeiten, Begehung von Festen und zu Lichtern.

Henricus, dei gracia Ilsyneburgensis abbas, totumque eiusdem ecclesie capitulum omnibus presens scriptum visuris salutem. Notum esse cupimus vniuersis, quod Hinricus dictus de Ganderßem, quondam custos nostre ecclesie, a quibusdam suis censualibus mansum et dimidium in Hadeber marcam et dimidium fertonem annua pensione soluentes comparauit, statuens, ut postmodum decem maldaria hyemalis frumenti annuatim soluantur. Vnde instituit, nostro accedente consensu, ut custos marcam vnam et de prato quodam in Mulbeke dimidium fertonem primum pro suo censu recipiat, de residuo vero anniuersarius Alberti fratris nostri interfecti taliter peragatur, ut de tribus fertonibus seruiatur fratribus et ferto in elemosina pauperum erogetur; item mansum vnum in Lere fertonem vnum custodie soluentem similiter a quodam suo censuali comparauit, constituens, ut postmodum de predicto manso decem maldaria memorate custodie, quinque tritici et quinquo auene soluantur, de quibus custos pro suo censu quatuor maldaria auene primitus recipiet; in dedicacione altaris sancti Andree de dimidia marca fratribus seruicium faciat; de dimidia marca dictum altare et altare Angelorum tempore diuinorum in cereis luminaribus procurabit, dedicacio altaris sancti Andree celebrabitur, secundum quod ad altare sancti Benedicti celebratur, ad altare vero sancti Michaelis custos ipso die diuina tenebitur procurare; item dimidium mansum in Mulbeke fertonem custodi soluentem comparauit. Vnde constituit, ut annuatim decem maldaria, quinque tritici et totidem auene soluantur, de quibus eciam custos quatuor maldaria recipiet pro suo [1] . . . . . . De dimidia marca in festo beati Allexii fratribus seruiatur, quod festum sicut festum sancti Jeronimi peragetur. In anniuersario vero ipsius Henrici custodis fratres de dimidia marca consolacionem recipient, et festo vnus ad elemosinam dabitur egenorum; ordinacionem vero supradictorum ad manum custodis perpetuo volumus pertinere. Igitur ne huius facti tenor alicui in ambiguum veniat, nos presens scriptum nostrorum sigillorum appensione fecimus communiri.

Datum anno m°cc°lxxxii°.

Copialbuch Bl. 13ᵇ.
1) *Hier ist im Copialbuch eine Lücke.*

1283, August 28.   115.

Graf Konrad zu Wernigerode und seine Söhne geben dem Kloster Ilsenburg die Vogtei über 8 Hufen zu Grossen Lochten (in ihrer Jurisdiktion), welche Heinrich von Alvelde von Litonen der Ilsenburgischen Kirche erkauft, Blutvergiessen und Diebstahl ihrem Gericht vorbehaltend, wofür der Todestag seiner Gemahlin Oda begangen werden soll.

Nos dei gratia Conradus fillique nostri Albertus et Fridericus, comites de Werningerodhe, et nostri heredes recognoscimus et presentibus publice protestamur, quod nos ob reuerentiam dei et obnixis precibus domini Heinrici sacerdotis dicti de Aluelde[1] quinque mansos in maiori uilla Lochtene sub nostra iuridictione sitos, quos idem dominus Heinricus a litonibus Ilsineburgensis ecclesie redemit, ab omni iure aduocacie, quo nobis obligati erant, prefato monasterio liberos dedimus et solutos, quod uec a nobis uel posteris aut etiam aduocatis nostris aliqua omnino seruicia ab eisdem mansis exigantur, siue grauamina hominibus ipsos excolentibus inferantur; sed solummodo de sanguinis effusione vel si forte furta inibi contingant, ad nos et heredes nostros pertineat iudicare. Statuimus igitur, ut de predictis bonis singulis annis in anniuersario uxoris nostre Ode felicis memorie marca talis argenti conuentui procuretur ad seruicium, ut quinque fertones examinatos ualeant et persoluant. Vt autem huiusmodi nostre collacionis beneficium ratum et inconuulsum perseueret, presens scriptum sigilli nostri munimine fecimus insigniri.

Acta sunt hec anno domini m°cc°lxxxiii° quinto kalendas Septembris.

Urschrift etwas angefressen im Königl. Staats-Archiv zu Magdeburg s. r. Ilsenburg Nr. 30. Das Siegel ist nicht mehr vorhanden.
Copialbuch Bl. 16ᵇ
1) *In der Urschr. Aluēde.*

1284, April 15.   116.

Heinrich, Abt, und das Kloster Ilsenburg bekunden, dass durch Vermittlung Graf Konrads v. Wernigerode ein Streit zwischen dem Hospitalarius und dem Custos des Klosters über das Petershols dahin geschlichtet ist, dass einem jeden von ihnen die Hälfte zuerkannt wurde.

Henricus, dei gratia abbas in Ilsineborch, Bertoldus prior, totumque capitulum eiusdem loci omnibus presens scriptum uisuris salutem in omnium saluatore. Ea que geruntur in tempore euanescunt cum tempore, uisi scriptis aut testimoniis confirmentur. Hinc est, quod literarum presentium tenore protestamur, quod cum werra esset inter Baldewinum hospitalarium et Burchardum, nostre ecclesie custodem, super quadam silua, que Petersholt wlgariter nuncupatur, promouente nobile uiro comite Conrado de Wernigheroth taliter diffinitum est, ut medietas eiusdem silue cum omni utilitate custodie deseruiat in perpetuum, altera medieta sad usus hospitalarii[1] permaneat, sicut prius. Presentes fuerant, qui testantur: Burchardus et Burchardus de Berwinkel, Conemannus de Hesnem, Johannes de Diggelstede, Theodericus de Marcoluiggeroth milites, et alii quamplures. Ne igitur hec nostra conplanatio processu temporis alicui in dubium oriatur, presentem paginam inde conscriptam sigillis uenerabilis domini Wlradi Halberstadensis episcopi et domini Conradi comitis supradicti sigilloque nostro et connentus fecimus firmiter roborari.

Acta sunt haec anno domini m°cc°lxxx°iiii° sabbato ante quasi modo geniti.

Urschrift mit anhangenden vier fragmentarischen Siegeln s. r. Ilsenburg Nr. 32 im Königl. Staats-Archiv zu Mugdeburg. Das Altsiegel s. Tafel I. 5, das des Ilsenb. Convents Taf. IV Nr. 28.

Vgl. Notiz hierüber mit Angabe der Zeugen Braunschw. Anzeigen 1746 Sp. 1989. Fälschlich wird das Holz dort das „Stetersholt" genannt.

1) *Urschrift: hospitolarii.*

1284. 117.

Heinrichs, Abts zu Ilsenburg, Urkunde über die von Heinrich von Alcelde überlassenen 5 Hufen zu Lochten zu einer Messe und der Vogtei darüber zu einer Jahrszeit der Gräfin Oda.

Heinricus, dei gratia abbas in Ilseneborg, Bertoldus prior, totumque capitulum eiusdem loci omnibus hanc litteram uisuris salutem in eo, qui est salus omnium. Quia modernorum tanto acrius deseuit peruersitas, quanto cercius constat maliciam hominum per consummationem seculi cicius finiendam, et in hoc potissimum, quod obsistunt veritati dantes operam falsitati, necesse est, cuiuslibet facti racionabilia, precipue ea, que ad honorem dei spectant et salutem operantur animarum, cum omni sollicitudine scriptis et testimoniis confirmare. Hinc est, quod notum esse uolumus tam futuris quam presentibus, quod dilectus filius noster Henricus sacerdos dictus de Aluelde benedictionis memoriam sibi uolens in perpetuum stabilire quinque mansos in maiori Lochtene sitos, prius marcam annua pensione soluentes cum curte et edificiis a litonibus nostre ecclesie conparauit et constituit, ut ad altare beati Johannis ewangeliste de duabus marcis ad laudem dei et gloriose matris eius missa diebus singulis celebretur. Ordinatum est eciam a nobile uiro comite Conrado, consencientibus filiis suis Alberto et Friderico, ut pro omni iure aduocatie, si quod erat quod eis cedebat, in anniuersario pie memorie uxoris sue Ode marca fratribus ad seruicium erogetur. Quicquid uero hiis superesse potuerit, arbitrio predicti Henrici sacerdotis committimus, et inde quicquid sibi placuerit ordinabit, eo autem viam uniuerse carnis ingresso uel uiribus, quod absit, deficientibus exsecutionem predictorum bonorum cum omni utilitate custodi nostre ecclesie assignauit, qui ordinata fideliter procurabit. Ne igitur hec nostra actio alicui processu temporis in dubium oriatur, eam banno nostro confirmantes sigillo nostro et ecclesie fecimus firmiter communiri.

Acta sunt hec anno domini m°cc°lxxx°iiii°.

Urschrift mit beiden fragmentarisch erhaltenen Siegeln im Königl. Staats-Archiv zu Magdeburg s. r. Ilsenburg Nr. 33. Das Abtssiegel Taf. I, 5, das des Conventes Taf. IV, 28.

Copialbuch Bl. 16ᵇ. Hier ist noch am Schluss bemerkt: prefati quinque mansi et curie sunt renditi eisdem contractu reempcionis.

1284. 118.

Heinrichs, Abts zu Ilsenburg, Bekenntniss über die vom Ritter Conemann von Hessen mit 1 ½ Hufen zu Berssel gestifteten Messen für seine Frau Adelheid.

Hinricus, dei gratia abbas in Ilsyneborch, Bartoldus prior, totumque capitulum eiusdem loci omnibus hanc literam visuris salutem in vero saluatori. Ne cum tempore transeat, quod in tempore geritur, solet scriptis et testimoniis confirmari. Hinc est, quod notum esse volumus tam presentibus quam futuris, quod Conemannus miles dictus de Hesnem dimidium mansum in Berßle situm quatuor maldra duri frumenti et totidem auene annua pensione soluentem ab omni eciam iure aduocacie liberum ob memoriam dilecte coniugis sue Adelheydis nostre ecclesie contulit, tali modo, ut custos procuret de tribus fertonibus, quod ad altare beati Michaelis archangeli, vbi ipsa sepulta est, omni hebdomada tres misse dicantur, scilicet die dominica, quod occurrerit quarta feria pro defunctis, sabbato de beata virgine celebretur; in anniuersario vero ipsius, qui obiit vi° kalendas Septembris, vnus ferto pauperibus ad elemosinam erogetur. Ne igitur hec nostra actio alicui processu temporis in dubium oriatur, cum banno nostro confirmantes sigillo nostro et ecclesie fecimus firmiter roborari.

Acta sunt hec anno verbi incarnati m°cc°lxxxiiii°.

Copialbuch Bl. 34ᵇ.

Rom, 1286, Jan. 5, pont. 1. 119.

Papst Honorius IV. Verordnung an den Propst zu Richenberg, die vom Bischof zu Halberstadt gegen die Gebrüder von Plötzke, wegen Wegnahme Kl. Ilsenburgischen Aufkünfte, ausgesprochene Excommunication in Vollzug zu bringen.

Honorius episcopus, seruus seruorum dei, dilecto filio preposito monasterii de Rychenberga, Hildensemensis dyocesis, salutem et apostolicam benedictionem. Significat nobis abbas et conuentus monasterii in Ilsyneborch, ordinis sancti Benedicti, Halberstadensis dyocesis, quod Hinricus et Bernhardus, dicti de Plossike fratres, layci, dicte dyocesis, dictos abbatem et conuentum quibusdam bladi et vini quantitatibus ac rebus aliis ad monasterium ipsum spectantibus temere spoliarunt; propter quod venerabilis frater noster Halberstadensis episcopus in dictos laycos, quod diligenter moniti bladum, vinum et res huiusmodi dictis abbati et conuentui restitucre coutumaciter non curaruut, cum nichil raciouabile proponerent, quare hoc facere non deberent, et id esset adeo uotorium, quod nulla posset tergiuersacioue celari, auctoritate ordiuaria excommunicacionis sentenciam exigente iusticia promulgauit, quam ipsi abbas et conuentus apostolico pecierunt munimine roborari. Quo circa discrecioui tue per apostolica scripta mandamus, quatenus sentenciam ipsam, sicud racionabile est, prolata facias auctoritate uostra vsque ad satisfactionem condignam appellacione remota inuiolabiliter obseruari.

Datum Rome apud sauctam Sabiuam nonas Januarii, poutificatus nostri auuo primo.

Copialbuch Bl. 4.

Honorius IV. wurde erwählt 1285 den 2. April. Die Urkunde ist also aus dem Jahre 1286.

1287, Juni 26. 120.

Konrads, Grafen von Wernigerode Bekenntniss über die von dem Custos Burchard von Lutter zu Ilsenburg dem Anno von Mulmke zu Hülfe gegebenen 10 Mark, um, nach seinem Versprechen, die Vogtei über 1½ Hufen von seinen Lehnsherrn Heinrich und Anno von Heimburg loszukaufen, und bis dahin diese Vogtei zu Händen des Klosters zu tragen.

Nos Conradus, dei gratia comes de Wernigerode, vniuersis Christi fidelibus, quibus preseus scriptnm uisum vel auditum fuerit, recognoscimus publice [1] profiteutes, quod cum Auno dictus de Mulbeke uexationes aduocatie super mansis uno uidelicet et dimidio in uilla iam dicta sitis, a Heinrico milite et Anuone fratribus dictis de Hemborg redimere deberet, quemadmodum in placitis fuerat ordinatum, domiuus Burchardus custos ecclesie in Ilsineborg dictus de Luthere quatuor marcas eidem in subsidium prestitit, tali forma, ut dictus Anno et sui heredes aduocatiam pretactam a fratribus ante dictis iu feodo recipiant, eam ad bouum Ilsineburgeusis ecclesie reseruando, et cum ab ipsis requisiti fuerint liberam resignando, duas uero marcas a festo sanctorum apostolorum Petri et Pauli proximo usque ad annum dicto custodi conferret, reliquas duas sequenti anno et festi termino prenotati. Vt autem hec ordiuatio inuiolabiliter obseruetur Euerhardus dictus de Gerkessem, Heinricus dictus de Marchligerode, milites, et Heinricus [2] dictus de Cillighe [3] fidem cum Annoue ante dicto corporaliter prestiterunt; et si quis dictorum fideiussorum uiam vniuerse carnis ingressus fuerit, alius, qui sufficiens uisus fuerit et idoneus, loco sui ordinabitur ab eodem. Preterea, ut factum custodis dicti sue notorium sit ecclesie, dominus Henricus abbas, uir honorabilis, presens scriptum sui sigilli fecit munimine confirmari. Nos quoque ad maiorem huius rei et ordinationis euidenciam ipsum scriptum inde confectum sigilli nostri appensione duximus muniendum. Testes uero hii sunt: dominus Baldewinus prior ecclesie in Ilsineborg, dominus Bernardus dictus de Diggelste[4], monachus ibidem, Johannes miles dictus de Rimbeke et alii quamplures fide digni.

Actum et datum anno gratie m°cc°lxxx septimo, Johannis et Pauli.

Urschrift auf Pergament im Gräfl. Haupt-Archiv. Die Siegel sehr beschädigt. Das Siegel Abt Johanns rgl. Taf. I Nr. 5. Ein zweites Original mit gleichfalls sehr beschädigten Siegeln s. r. Ilsenburg Nr. 36 im Königl. Staats-Archiv in Magdeburg. Die irgendwie bemerkenswerthen Varianten sind hervorgehoben.

1) *Wern. Exemplar puplice.* — 2) *Magd. Ex. Henricus.* — 3) *Ebd. Cilighe.* — 4) *Ebd. Digelstede.*

Langenstein, 1287, Dec. 10.   121.

Volrad, Bischof von Halberstadt, ertauscht zwei Talente im Dorfe Nortrode vom Kloster Ilsenburg gegen ½ Mark im Osterwiekschen Amt.

Nos Vulradus, dei gratia Halberstadensis ecclesie episcopus, omnibus presentes litteras inspecturis cupimus fore notum, quod honorabili viro domino .. abbati monasterii in Ilseneborg concedimus, dimittimus siue damus dimidiam marcam vsualis ponderis et monete sibi et ecclesie sue in Ilseneborg predicte in officio nostro in Osterwic, quod vulgariter dicitur ammicht, in die beati Thome apostoli annis singulis persolnendam et predictis abbati et monasterio perpetuo possidendam, nostri capituli super eo accedente consensu. In cuius recompensam supradicti .. abbas et monasterium nobis et ecclesie nostre Halberstadensi prefate duo talenta siue quadraginta solidos Osterwiccensis monete in villa nostra Norhtrode dimittunt, siue dant liberaliter annis singulis persoluendos et in perpetuum possidendos, renunctiantes omni iuri seu possessioni, que ipsis in predicta villa Nortrode quoad ipsius census percepcionem ipsis hactenus conpetebant, vel possent conpetere in futurum, super quo suas nobis patentes litteras exhibebunt. Ne autem super valore argenti vsualis, quod eis dimittimus, dubium oriatur, taliter duximus declarandum, quod tale erit, quod quinque fertones equiualeant pure marce. Vt autem hec commutacio seu ordinacio in posterum firma permaneat nec a quoquam valeat infirmari, presentem litteram ipsis concedimus sigilli nostri munimine roboratam.

Datum Langensten anno domini m°cc°lxxx°vii° feria quarta post diem beati Nicolai.

Urschrift stark angemodert und ihres Siegels beraubt im Königl. Staats-Archiv zu Magdeburg s. r. Ilsenburg Nr. 34. Ergänzt aus Copialb. Bl. 21ᵇ.

1287. 122.

Heinrichs, Abts zu Ilsenburg, Versicherung über die vom Custos Burchard von Lutter geschehene Erkaufung einer halben Hufe zu Berssel, wofür das Fest Cathedra Petri gefeiert werden soll; einer halben zu Mulmke und von Gütern zu Berssel zu Lichtern und Spenden; eines Hofs zu Wollingerode und von Zinsen zu Ilsenburg zu demselben Zwecke.

Nos dei gracia Hinricus abbas, B. prior totumque capitulum monasterii in Usyneborch omnibus, quibus presens scriptum videre vel audire contigerit, volumus esse notum, quod dilectus noster filius Burchardus dictus de Luthere, custos nostre ecclesie, volens anime sue perhennem constituere memoriam, dimidium mansum in Berßle situm ab omni iure aduocacie liberum, duo maldaria tritici, duo siliginis et quatuor auene annua pensione soluentem, nostra promocione media comparauit; ipsum quoque mansum ad hoc constituendum duxit, vt festum cathedre sancti Petri, quam primum Rome sedit, prout festum quod dicitur ad vincula Petri apud nos celebriter peragatur, item dimidium mansum in Mulbeke situm ab omni iure aduocacie eciam liberum, prius fertonem custodie, modo autem quinque maldaria tritici et quinque auene solventem annis singulis comparauit; preterea fertonem et dimidium in Berszle conquisiuit et ita deputandum duxit, ut custos fertonem pro censu recipiat, dimidium pro luminaribus, vnum maldarium tritici pauperibus, cetera in anniuersario eiusdem fratribus ministrentur. Comparavit eciam denariis cuiusdam vidue, felicis memorie, videlicet Margarete, curtem vnam in Wolingerode sitam fertonem et duos pullos annua pensione soluentem, quod ad lumen principalis altaris singulis diebus post offertorium constituit incendendum, insuper fertonem in villa, que nostre adiacet ecclesie, de curte quadam et domo, quas Conradus Rufus et eiusdem gener Hinricus possident, annis dandum singulis comparauit. Ne autem hoc factum obliuione uel lapsu temporis valeat permutari, presentem litteram inde conscriptam nostri et conuentus sigillorum appensionibus fecimus communiri.

Actum et datum anno domini m°cc°lxxxvii°.

Copialbuch Bl. 31 b.

1288, Mai 6. 123.

Konrad, Graf von Wernigerode, und seine Söhne versichern, die vom Kloster Ilsenburg zu erwerbenden vogteifreien Güter nicht belästigen zu wollen, nur dass sie ihrer Jurisdiction, vorzüglich in Criminalsachen, unterworfen bleiben.

Nos dei gratia Conradus Albertus et Fredericus, comites de Wernigerode, vniuersis Christi fidelibus presens scriptum visuris siue audituris, tam posteris quam presentibus, recognoscimus et puplice profitemur, quod nos nostrique heredes a die, quo presencia de nostro communi data sunt consensu, bona quecumque dominus Heinricus abbas Ilsineburgensis ecclesie et suus conuentus iuris aduocatie immunia conpararent ab omni uexatione absoluta, talem adicientes condicionem, quod si in bonis eisdem effusio sanguinis siue alie committerentur uiolencie qualescumque, iure nostro quoad iudicandum perfrui debemus. Successores quoque dicti domini abbatis iure scripto superius perfruentur; item dicta bona nullius iurisdictioni subicient preter nostre. Ne igitur hoc nostrum factum obliuio siue aliqualis calumpnia humane auferat memorie, presentes literas inde conscribi et sigillorum nostrorum fecimus appendiculis communiri. Testes huius rei sunt: dominus Jordanis ecclesie sancti Siluestri decanus, dominus Thetmarus quondam prepositus in Drubeke et Heinricus dictus de Bersle, canonici ecclesie prenotate; Hermannus, Johannes milites dicti de Digelstede, Euerhardus miles dictus de Gerkessem, et alii quamplures fide digni.

Actum et datum anno gratie m°cc°lxxx° octauo die ascensionis domini nostri Jhesu Christi.

Urschrift mit drei beschädigten Siegeln im Königl. Staats-Archiv zu Magdeburg s. r. Ilsenburg Nr. 37.
Copialbuch Bl. 14ᵇ.

Rieti (1288), Juli 4. 124.

Papst Nicolaus IV. setzt die Aebte zu Ilsenburg (Elseneborch) und Huysburg und den Propst zu Hadmersleben zu Richtern gegen den Grafen Ulrich v. Regenstein ein, der auf dem Boden der Quedlinburger Kirche Gebäude und Befestigungen errichtet.

Dat. Reate IIII non. Jul., pont. nostri anno primo.

Gedruckt: v. Erath cod. dipl. p. 287; Kettner dipl. Quedl. 247; Lünig spicil. eccl. III, c. 7, 223 Nr. 76; vgl. Potthast regg. pont. 22,753.

1289, Mai 1. 125.

Das Kloster Ilsenburg verkauft dem Stift Unser Lieben Frauen zu Halberstadt zwei Hufen zu Deesdorf zum Seelgedächtniss des Ritters Burchard Paschedag.

In nomine domini amen. Nos Henricus dei gratia abbas, Bartoldus prior totusque conuentus ecclesie sanctorum apostolorum Petri et Pauli Ilseneborch, Halberstadensis diocesis, cupimus esse notum omnibus audituris presentia et uisuris, quod requisita uoluntate ac obtenta uenerabilis domini nostri Volradi, Halberstadensis episcopi, pari uoto et consensu vnanimi duos mansos sitos in campo Dhedestorp, soluentes talentum denariorum Halberstadensis monete in festo beati Galli, cum proprietate ac omni utilitate, que de ipsis mansis proueniunt in presenti et inantea prouenire poterunt, pro beneplacita pecunia et accepta et in usus ecclesie nostre conuersa, honorabilibus viris Jacobo decano et Friderico de Winnigstede seniori, canonico ecclesie sancte Marie Halberstadensis, vendidimus prelibate ecclesie iugiter permanendos, sic videlicet, ut in ipsa ecclesia memoria honesti militis domini Borchardi dicti Paschedach felicis recordationis anno quolibet peragatur. In eisdem quoque mansis et talento dictam ecclesiam warandamus, volentes eandem ab inpetitione ac turbatione, que ex parte ecclesie nostre eidem suscitata fuerit, excipere liberam et indempnem. Huius rei sunt testes: Johannes quondam custos in Werniggerod, magister Thidericus de Westerhusen, Fridericus iunior de Winnigstede, Heyseco de Sconebeke, canonici ecclesie sancte Marie Halberstadensis; Bernardus de Papestorp, Ludolfus de Hartesrod, Hugoldus de Sercstede, Konemannus de Hessenem milites, et alii quamplures clerici et laici fide digni. Verum ne in premissis oriatur dubium, presens scriptum inde confectum venerabilis domini nostri Volradi Halberstadensis episcopi atque nostri et capituli siue conuentus nostri sigillorum robore duximus muniendum.

Actum et datum anno domini m°cc°lxxx°ix° in festo beate Walburgis virginis.

Urschrift mit ziemlich gut erhaltenen Siegeln — das bischöfliche ist am meisten beschädigt — im Königl. Staats-Archiv zu Magdeburg s. r. Stift. b. Mar. Virg. Nr. 222. Die Siegel des Abts und Convents s. Taf. I. Nr. 5 und IV. Nr. 28.

Derenburg, 1289, Juni 23. 126.

Konrad, Graf zu Wernigerode, bekennt, dass die zur Entscheidung des Streits zwischen dem Custos zu Ilsenburg und mehreren Ministerialen derselben Kirche über 1½ Hufen Latgut zu Mulmke von beiden Theilen erwählten Schiedsrichter diese Hufen dem Kloster zugesprochen haben.

Nos dei gratia Conradus, comes de Wernigerode, vniuersis Christi fidelibus presentis pagine inspectoribus notum esse uolumus et constare, quod dissentio, que super manso et dimidio sitis Mulbeke, qui in wlgari latgot appellantur, et sunt(!) inter dominum Burchardum dictum de Luthere custodem Ilsineburgensis ecclesie, et suum conuentum ex una et quosdam, qui se ministeriales dicte asseruerunt ecclesie, uidelicet Nicolaum de Lindowe, Hermannum et fratrem suum dictos de Somerighe et eorum heredes ex parte uersabatur altera, taliter est vnita, quod ipsi fide ad obseruandum prestita insuper Hermannus, prehabite incendiarius ecclesie iuratus, in sex litones Ilsineburgensis ecclesie sepe dicte, qui eis uidebantur conpetere, domino abbate, custode et conuentu annuentibus consenciebant, uidelicet Theodericum dictum Gogreue, Johannem dictum Gripere, Ludolfum filium Gernodi, Johannem dictum de Thannenstede, Johannem uillicum ibidem et Heinricum decimatorem in Diterdigerod [1], eligentes ad hoc eosdem, ut dicta bona uni parcium secundum iusticiam asscriberent, ipsi uero non solum de se confisi, sed discretorum uirorum, quos assumpserant consiliis probabilibus usi, coram nobis et presente domino Heinrico abbate ecclesie in Ilsineborg dicta bona eisdem, uidelicet Nicolao et Hermanno, abiudicauerunt iurati et ius, quo sue astricti essent ecclesie attestati, ista nichilominus premissa condicione et inita, ut per partem, cui sepe dicta adiudicata fuerint bona, prememoratorum litonum laboribus satisfieret et expensis. Testes huius rei sunt: dominus Anno quondam prepositus in Stoterligeborg; Geroldus de Mirica, Johannes de Emersleue, Reynerus Scat, Conradus de Bencigerod, Johannes de Rimbeke, Euerhardus de Gerkessem milites; Heinricus de Cyllige, Hermannus Lepel, Anno de Mulbeke, Bortoldus Roderoch, et alii quamplures fide digni. Vt autem hoc factum permaneat inconwlsum presencia inde conscripta nostri et domini abbatis de Ilsineborg prehabiti sigillorum appendiculis in testimonium fecimus confirmari.

Acta sunt hec Derneborg in uigilia Johannis baptiste anno domini m°cc°lxxx°viiij.

Urschr. mit den fragmentarischen Siegeln im Königl. Staats-Archiv zu Magdeburg s. r. Ilsenburg Nr. 39. Das Abtssiegel s. Taf. I. Nr. 5.
Copialbuch Bl. 19ᵇ.
1) *Copialb. Dicerdigerod.*

Langenstein, 1289, Nov. 11. 127.

Das Nicolaikloster in Halberstadt verkauft 3 Hufen zu Husler, 2 zu Nortler mit einer Hofstelle für 75 Mark Silber dem Kloster Ilsenburg.

Nos Gertrudis priorissa, Gertrudis subpriorissa totusque conuentus sororum ordinis predicatorum ecclesie sancti Nicolai in Halberstat omnibus audituris seu uisuris hanc literam Christi fidelibus uolumus esse notum, quod dominus Heinricus, abbas ecclesie apostolorum Petri et Pauli in Ilsineborg, mediante domino Burchardo custode ibidem tres mansos sitos in Huslere cum area, duos uero in Nortlere cum area liberos ab omni iure aduocatie pro septuaginta et quinque marcis argenti examinati a nobis nomine sue ecclesie comparauit; quos mansos et areas eisdem libere resignauimus, renunciantes omnibus, que in predictis bonis nobis conpetebant uel conpetere poterant in futurum, tam proprietatem quam alia iura, que in eisdem bonis ad nos spectabant, in ipsam ecclesiam cum corporali possessione plene et integre transferentes; dictam autem ecclesiam, si in bonis prehabitis ipsam nostra de parte quispiam inpetere uoluerit, warandamus. Testes huius rei sunt: Bertoldus de Cletenberch (!), Rodolfus de Gatersleue, Conradus de Homborg, maioris ecclesie canonici, Jacobus ecclesie sancte Marie decanus, Heinricus de Hartesrode scolasticus ibidem, Johannes de Wernigerode eiusdem ecclesie canonicus; milites Anno et Ludolfus de Hartesrode, Conemannus de Hesnem, et alii quamplures fide digni. Vt igitur hoc factum inconuulsum permaneat et inuiolabile, venerabilis patris nostri domini Wlradi episcopi, Guntheri maioris ecclesie prepositi, Heinrici comitis de Blankenborg, Geuebardi de Querenuorde[1], Hermanni de Blankenborg, canonicorum ecclesie maioris ...[2] prioris et conuentus nostri sigillorum appensionibus ad maiorem euidenciam et certitudinem presencia fecimus insigniri.

Acta sunt hec apud castrum Langenstene[3] anno gratie m°cc°lxxx°viiii° in. idus Nouembris.

Urschrift, von deren sieben Siegeln nur das letzte fehlt, die übrigen mehr oder weniger erhalten sind, im Königl. Staats-Archiv zu Magdeburg s. r. Ilsenburg Nr. 38.
Copialbuch Bl. 12ᵇ.
Wenn nach einer Notiz und Zeugenauszug in den Braunschweigischen Anzeigen v. J. 1746 Sp. 1989 die vorstehende Urkunde ins Jahr 1288 gesetzt wird, so beruht das offenbar darauf, dass irrthümlich m°cc°lxxxviii statt m°cc°lxxxviiii gelesen wurde.

1) *In der Urschr. Quenenforde.* — 2) *Lücke im Original und in der Abschrift.* — 3) *In der Urschr. Lagenstene.*

1289. 128.

Günther, Dompropst zu Halberstadt, bekundet den Verkauf von drei Hufen mit einem Hofe zu Husler und von 2 Hufen mit einem Hofe zu Nortler von Seiten des Predigerklosters zu Halberstadt an den Custos Burchard und die Küsterei des Klosters Ilsenburg.

Nos dei gracia Guntherus prepositus maioris ecclesie in Halberstat vniuersis audituris presencia seu uisuris recognoscimus et testamur, quod ad claustrum sororum ordinis predicatorum apud nos die dominica post festum omnium sanctorum uenimus et domine Gertrudis priorisse ibidem presencie nos obtulimus, que astante domino ...[1] priore, eiusdem ordinis, tres mansos sitos in Huslere cum curte et duos in Nortlere cum curte, quos dominus Heinricus, abbas Ilsineburgensis ecclesie, et dominus Burchardus custos ibidem pro marcis septuaginta et quinque examinatis nomine dicte ecclesie conparauerunt, nobis ex parte sui conuentus liberos ab omni iure aduocatie et sub proprietatis titulo resignauit. Nos uero dictum dominum custodem ex parte sue ecclesie possessione bonorum inuestiendum duximus predictorum. Eodem quoque die sepedictus custos eisdem sororibus quadraginta marcas examinatas nobis scientibus presentauit. Testes huius rei sunt: Johannes de Wernigerode canonicus ecclesie sancte Marie, Conemannus de Hesnem miles, Ludolfus Semelstute monetarius nostre ciuitatis, Conradus monetarius in Wernigerode, et alii quamplures fide digni. In cuius rei euidentiam presens scriptum nostri, dicti domini prioris et conuentus sororum sigillorum appensionibus est firmatum.

Actum et datum anno domini m°cc°lxxx°viii°.

Urschrift mit den anhangenden drei mehr oder weniger beschädigten Siegeln im Königl. Staats-Archiv zu Magdeburg s. r. Ilsenburg Nr. 42.

1) *Lücke im Original.*

1289. 129.

Heinrich, Graf zu Regenstein, bekennt, dass er das Eigenthum von 3 Hufen zu Husler und 2 zu Nortler mit einer Hofstelle dem Nicolaikloster in Halberstadt gegeben und in den Verkauf ans Kl. Ilsenburg gewilligt habe.

Heinricus, dei gracia comes de Regenstene omnibus in perpetuum. Cum humane conditionis status labilis sit et transitorius, necesse est, que geruntur scripturarum testimoniis perhennari. Hinc est, quod uniuersis tam presentis temporis quam futuri Christi fidelibus profitemur, quod nos sororibus ecclesie sancti Nicolai in Halberstat, ordinis predicatorum, tres mansos sitos in Huslere cum area, duos vero in Nortlere cum area ab omni iure aduocacie liberos et sub titulo proprietatis duximus dimittendos. Incumbente autem eisdem necessitate bona predicta honorabili viro domino Heinrico abbati ecclesie apostolorum Petri et Pauli in Ilsyneborg et domino Burchardo, custodi ibidem, pro septuaginta et quinque marcis examinatis nomine sue ecclesie vendiderunt, quam vendicionem nostro fauore initam predicte ecclesie Ilsineburgensi ratam seruamus et sub modis prescriptis inuiolabiliter volumus obseruare. In cuius rei testimonium sigillum nostrum presentibus duximus apponendum.

Acta sunt hec anno domini m°cc°lxxxix°.

Urschrift im Archiv des Sächs.-Thür. Vereins in Halle. Mit der Aufschr. saec. XIV. od. XV: „Hinrici comitis de Reinstein de empcione et proprietate III mansorum in Huslere et II mans. in Northuslere liberorum" und aus dem 17. Jahrh. „3 Hufen zu Huslere nach Ilseburg verkauft."

Eine andere Abschrift im Cop. CIII Bl. 186 im Königl. Staats-Archiv zu Magdeburg.

Copialbuch Bl. 12ᵇ.

Gedruckt: Neue Mittheil. IV, 2 S. 32.

1289. 130.

Die Grafen Konrad, Albrecht und Friedrich zu Wernigerode bestätigen den Kauf von 3 Hufen zu Husler seitens des Klosters Ilsenburg und von 2 Hufen und einer Hofstelle zu Nortler vom Kloster St. Nicolai zu Halberstadt und entsagen allen Gerechtsamen auf diese Hufen, den Blutbann ausgenommen.

In nomine domini amen. Nos dei gracia Conradus, Albertus et Fridericus, comites de Wernigerode, omnibus presentium inspectoribus notum esse uolumus et constare, quod dominus Heinricus abbas ecclesie in Ilsineborg et dominus Burchardus custos ibidem, tres mansos sitos in Huslere cum area et duos in Nortlere cum area a sororibus ecclesie sancti Nicolai in Halberstat, ordinis predicatorum, interposito domino . . .¹ priore, eiusdem ordinis, liberos ab omni iure aduocatie et sub titulo proprietatis nomine sue ecclesie conpararunt. Nos uero hoc factum approbantes laudabile, bona eadem una cum nostris heredibus sub modis prescriptis, scilicet proprietate et libertate quibus empta sunt, seruare uolumus et ut bona eiusdem ecclesie cetera contueri, nobis nichil aliud in ipsis preter iudicium sanguinis reseruantes. Testes huius rei sunt: Jordanis decanus ecclesie sancti Siluestri in Wernigerode, Conradus de Hildensem canouicus ibidem, Thetmarus quondam prepositus in Drubeke milites; Anno de Hartesrode, Beseko de Romesleue, Hermannus de Digelstede, Johannes de Rimbeke, Johannes de Digelstede, Euerhardus de Gerkessem, Johannes de Minsleue, et alii quamplures fide digni. In cuius rei euidenciam sigillorum nostrorum munimina presentibus duximus apponenda.

Actum et datum anno incarnationis dominice m°cc°lxxx°viiii°.

Urschrift auf Pergament; die Siegel nicht mehr vorhanden.
1) *Lücke im Original.*

1289. 131.

Konrad, Graf zu Wernigerode, bekennt, dass der Custos Burchard v. Lutter zu Ilsenburg 1½ Hufe Ilsenburger Zinsgut zu Minsleben vom Ritter Johann von Minsleben verkauft und entsagt allen Gerechtsamen auf diese Hufen, den Blutbann ausgenommen.

Conradus, dei gracia comes de Wernigerode, omnibus presencia uisuris salutem in domino. Ea que geruntur in tempore euanescunt cum tempore, nisi scriptis et testimoniis hominum confirmentur. Hinc est, quod scire uolumus tam posteros quam presentes, quod dominus Burchardus custos in Ilsineborg dictus de Luthere [1] ad manus sui conuentus a Johanne milite filio Sifridi pie memorie dicti de Minsleue mansum et dimidium censuales eiusdem ecclesie sitos in predicta uilla Minsleue comparauit. Idem uero Johannes et soror eius Margareta eisdem abrenunciauerunt bonis in presencia domini Heinrici abbatis ecclesie prenotate. Item sepe dictus Johannes fidem nobis corporalem prestitit, inpetitionem quamlibet, si qua super eisdem fieret bonis, ante festum sancti Michaelis proximum sopiendi. Nos uero tam laudabile factum predicti domini custodis approbantes, renunciauimus omni iuri quod de eisdem bonis nobis ac heredibus nostris poterat conpetere, nobis iudicio sanguinis reseruato. Huius rei testes sunt: Anno et Anno de Hartesrode, Bernhardus de Oluenstede milites; Waltherus et Heinricus dicti Colit, Herbordus Pistor, Hermannus Lepel, Johannes Gripere, et alii fide digni. Ne ergo alicui super istis dubium oriatur, presencia inde conscripta sigillo nostro et sigillo Johannis dicti de Minsleue fecimus roborari.

Acta sunt anno domini m°cc°lxxx°viiii°.

Urschrift auf Pergament im Königl. Staats-Archiv zu Magdeburg s. r. Ilsenburg Nr. 41. Siegel nicht mehr vorhanden.
Copialbuch Bl. 18.
1) *In der Urschrift deutlich Luchere.*

1290. 132.

Bekenntniss des Klosters Ilsenburg über die von dem Pfarrer Johannes zu Windelberode erworbenen und dem Kloster nach seinem Tode vermachten Zinsen nebst Bestimmung, wie es nach seinem Tode solle gehalten werden.

Nos dei gracia Heinricus abbas, Bertoldus prior et conuentus monasterii in Ilsineborg vniuersis tam posteris quam presentibus scriptum presens intuentibus puplice profitemur, quod dominus Johannes plebanus in Windelberode [1] quindecim maldaria medietatem frumenti hyemalis et medietatem auene, que de bonis in Lere sitis personaliter recipiet et in usus suos quamdiu uixerit conuertet, pro uiginti marcis examinatis ad utilitatem nostre ecclesie conparauit. Eo autem uiam uniuerse carnis ingresso, duo maldaria unum uidelicet siliginis siue tritici reliquum auene in ipsius anniuersario ministrabuntur pauperibus, unum custodi pro thure et luminaribus, de residuis uero duodecim maldariis fratribus bene fiet. Custos autem nostre ecclesie post mortem dicti domini Johannis hanc sufferens annonam huiusmodi procurabit. Item sepe dictus dominus Johannes sex uaccas et quartale ouium nostre assignauit ecclesie pro, quibus eidem duas marcas argenti usualis annis singulis conferemus conditione nichilominus hac adiecta, quod si dicte uacce et oues mortue aut ablate fuerint, in ipsum detrimenti medietas et in nostram ecclesiam medietas transeat et redundet. In cuius rei euidenciam sigillorum nostrorum appensionibus presencia fecimus roborari.

Acta sunt hec anno gracie m°cc°lxxxx°.

Urschrift mit anhangenden beschädigten Siegeln im Königl. Staats-Archiv zu Magdeburg s. r. Ilsenburg Nr. 43. Abts- und Conventssiegel s. Taf. I. Nr. 5 und Taf. IV. Nr. 28.
1) *Wüstes Dorf nordöstlich von Stapelnburg.*

1290. 133.

Volrad, Bischof zu Halberstadt, Konrad, Albrecht und Friedrich, Grafen zu Wernigerode, Heinrich, Abt zu Ilsenburg, und der Convent daselbst bestimmen die Verwendung der Einkünfte von 1 1/2 Hufen zu Minsleben, von verschiedenen für das Kloster erkauften Geldern, und mehrerer anderer zu frommen Stiftungen gewidmeten Güter.

In nomine domini amen. Nos dei gracia Wlradus, Halberstadensis ecclesie episcopus, Conradus, Albertus, Fridericus, comites de Wernigerode, Heinricus abbas, Bertoldus prior et conuentus monasterii in Ilsineborg vniuersis Christi fidelibus presencium inspectoribus tam posteris quam presentibus puplice profitemur, quod dominus Burchardus de Luthere, quondam custos ecclesie in Ilsineborg, mansum et dimidium sitos Minsleue et uiginti maldaria, medietatem frumenti hyemalis et medietatem auene soluentes, a Johanne milite de prehabita uilla dicto ad usus sui cenobii conparauit; de quibus maldariis custos dicte ecclesie octo ex parte domini Nandiwici recipiet, cum ipsis prout eiusdem continet littera protestatoria faciendo, de residuis autem duodecim duo, unum uidelicet hyemale et reliquum estiuale, in anniuersario dicti Burchardi dabuntur pauperibus, et custos de aliis decem seruicium fratribus ordinabit. Item dominus Nandiwicus, plebanus in Rimbeke, octo maldaria frumenti, medietatem hyemalis et medietatem auene, pro duodecim marcis examinatis de bonis in Minsleue sitis ad profectum et usum dicte ecclesie conparauit, quam annonam custos quam diu dictus dominus Nandiwicus uixerit, debet recipere, et cum in possessione eum habuerit et dominis indixerit, missam de beata uirgine cum sequencia sue preclara cantabunt sollempniter, et custos eodem die de eadem annona dominis seruicio prouidebit. Ecclesiastico quoque, ut ad officium et labores pulsandi paratus sit et beniuolus, benefict. Cum autem sepedictus dominus Nandiwicus fuerit mortuus, suus peragetur anniuersarius, et custos de annona fratribus et pauperibus benefaciet pretaxata. Camerarius autem dimidiam marcam argenti examinati in uilla Ilsineborg, unum uidelicet fertonem de domo Conradi qui Hom[1] dicitur, et unum de domo Conradi Rufi et Heinrici sui generi, pro [su]o[2] recipiet censu, qui eidem de bonis in Minsleue cederet annuatim. Item dominus Johannes, plebanus in Windelberode, quindecim maldaria, medietatem frumenti hyemalis et medietatem auene, que de bonis in Lere sitis personaliter recipiet, et in usus suos, quamdiu uixerit, conuertet, pro uiginti marcis examinatis ad utilitatem Ilsineburgensis ecclesie conparauit. Eo autem uiam uniuerse carnis ingresso, duo maldaria, unum uidelicet siliginis siue tritici, reliquum auene, in ipsius anniuersario ministrabuntur pauperibus, unum frumenti hyemalis custodi pro thure et l[umin]aribus[2], de residuis uero duodecim maldariis fratribus benefict. Custos itaque post mortem dicti domini Johannis hanc sufferens annonam huiusmodi procurabit. Preterea sepe dictus dominus Johannes sex uaccas et quartale ouium [domino][3] Heinrico abbati nomine ecclesie assignauit, pro quibus eidem due marce argenti usualis annis singulis conferentur, conditione nichilominus hac adiecta, quod si dicte uacce et oues mortue seu ablate fuerint, [in] ipsum detrimenti medietas, et in ecclesiam medietas transeat et redundet. Item prior Johannes, quondam custos ecclesie in Ilsineborg, dimidium mansum situm Mulbeke et soluentem decem maldaria, medietatem tritici et medietatem auene, usui sepedicte ecclesie conparauit. Sed cum morte preuentus saluti anime sue de hac annona nichil ordinauerit, utpote decreuerat, statutum est, ut custos duo recipiat maldaria, unum hyemale reliquum estiuale; duo, hyemale uidelicet et estiuale, in ipsius anniuersario dentur pauperibus, et de sex residuis fratribus benefiat. Item frater Rodigerus ibidem quinque maldaria frumenti, medietatem hyemalis et medietatem auene, de bonis in Lere sitis pro marcis septem examinatis et dimidia comparauit; custos autem hanc tollens annonam dicto fratri in hiis, que sibi fuerint necessaria, quamdiu uixerit prouidebit. Sed cum mortuus fuerit, suus peragi debet anniuersarius et benefieri fratribus de eadem. Item bona in Lochetene sita pro tribus marcis examinatis anno quolibet dandis annis duodecim sunt locata, de quibus camerarius ecclesie in Ilsineborg marcam pro censu suo recipiet usualem, ad peragendum autem anniuersarium domine Ode comitisse felicis memorie pro aduocacia dictorum bonorum marca usualis et septem fertones usuales ad altare sancti Johannis officiandum in eadem ecclesia sunt statuti. Preterea de manso dimidio Mulbeke sito et decem soluente maldaria, medietatem uidelicet tritici et medietatem auene, ordinatum est taliter, ut custos unum tritici et unum auene pro suo censu recipiat, reliqua ad altare pertineant prenotatum. Item Burchardus de Luthere pie recordationis quinque solidos Magdeburgensium denariorum et aucam annis singulis dandos in Osuerdesleue a Friderico qui Plock dicitur conparauit, et est ordinatum de talibus, ut altari deseruiant supradicto. Idem quoque Burchardus decimam in Aderstede quinque choros frumenti hyemalis soluentem conparauit, de quibus tres ad dominorum tunicas regulariter formandas et a custode medietati dominorum annuatim dandas sub conditione huiusmodi sunt statuti, ut none non dentur nisi ueteribus restitutis. Camerarius quoque nona non dabit, nisi uetera receperit, et sub obediencia et obtentu sui officii est statutum, ut ueteribus receptis qualiacumque fuerint pauperes consolentur, ipsis huiusmodi erogando. De choris autem duobus residuis custos recipiet dimidium, ut ad altare in eadem ecclesia nouiter edificatum preparamenta, lumina et cetera ad diuinum officium necessaria amministret. Alter uero dimidius chorus et duo fertones usualis argenti, unus uidelicet de area Rodolfi militis dicti Cozce pie memorie in Woligerode ricipiendus et unus de area Conradi rotarii ibidem, quod die noctuqne ardebit deseruient luminari. Si uero prouisor dicte curie uidelicet Aderstede de eadem decima choros totidem dare nollet, custos se de ea intromittens prout decreuerit ordinabit. Item dictus Burchardus dimidium mansum in Bersle situm et quatuor maldaria hyemalis frumenti et totidem auene soluentem conparauit, et est statutum, ut festum cathedre sancti Petri de annona eadem in sepe dicta ecclesia peragatur. Item Burchardus tres mansos in Lere sitos et quadraginta maldaria, medietatem hyemalis et medietatem estiualis frumenti soluentes, Ilsineburgensi ecclesie conparauit. De hac uero annona ad [qui]nque marcas usualis argenti taxata ordinatum est, ut in die dedicationis altaris edificati et in honore sanctorum Mathye, Viti, Ciriaci et Katherine consecrati, ad ipsum altare summa missa cantetur et eodem d[ie] ... seruatur i[tem in die sancti Ma]ᵗhye ad idem altare summa missa cantabitur, et cum dimidia marca usuali seruicio est fratribus prouidendum. Beneficium autem, quod ipso die dominis inpendi debe .... pendet .... et Ciria.... se summe ad ipsum altare a conuentu dicentur, et quolibet istorum dierum de dimidia marca usuali fratribus benefiet. Item in die beate Katherine ad predictum altare s[umm]a missa cantabitur, et cum dimidi[a marca u]suali fratribus seruietur; quod uero ipso die dandum esset, in octaua dabitur uirginis et martiris antedicte, que sicut ipsa dies sollempniter peragetur, et per ipsius octauam in cantandis antiphonis et dicendis collectis sicut per octauam sancti A[ndree]² apostoli procedetur. Ad peragendum itaque anniuersarium domini Heinrici abbatis duodecim maldaria, medietas uidelicet hiemalis et medietas estiualis frumenti, eorundem bonorum in Lere sunt taliter deputata, ut unum hiemale et unum estiuale dentur pauperibus, et fratribus de decem residuis benefiat. Preterea de manso et dimidio sitis Mulbeke et uiginti maldaria, medietatem frumenti hiemalis et medietatem auene soluentibus et ad duas marcas et dimidiam usuales taxatis, ita ordinatum est, ut marca et dimidia eiusdem argenti ad altare pertineant constructum nouiter in ecclesia prenotata. Item marca argenti examinati quam dominus Hermannus sacerdos dictus de Hildensem in area Johannis qui Stellemekere dicitur Wernigerode commorantis conparauit, una cum fertone dimidio recipiendo de marca dimidia examinata per dictum dominum Hermannum in area Meichildis, relicte Botonis ibidem commorantis, con[para]ta ad idem spectabit altare, de residuo uidelicet fertone et dimidio examinatis in anniuersario sepe dicti domini Hermanni in ecclesia Ilsineburgensi peragendo fratribus benefiet. Item dimidius ferto argenti usualis de domo, que apud allodium Woligerode sita est, et in qua Johannes filius uillici commoratur, annuatim dandus altari deseruiet sepe dicto, dimidius uero de eadem domo dandus una cum fertone usuali de domo apud allodium in Bersle sita recipiendo ad lineum pannum dandum in cena domini duodecim pauperibus, qui ex parte domini abbatis in eadem ponuntur ecclesia, pertinebit. Item cum marca usuali de manso et dimidio in Mulbeke recipienda et cum marca usuali de bonis in Lere sitis superflua annis singulis similiter in cena domini dando pauperibus prouidebitur in panno lineo, qui per custodem et camerarium, secundum ipsorum indigenciam eligentur. Custos itaque, si quid in locatione dictorum bonorum in Mulbeke eidem supercrescere poterit, pro suis habebit laboribus atque censu. Vt igitur prescripta permaneant inconwlsa, sigillorum nostrorum appensionibus presencia roborari fecimus in testimonium ueritatis.

Datum anno incarnationis dominice m°cc°l°xxxx°.

Urschrift auf Pergament an mehreren Stellen zerrieben. Die Siegel sind alle nicht mehr vorhanden bis auf das beschädigte letzte des Ilsenburgischen Convents. Letzteres ist das unter Nr. 28 auf Tafel IV. abgebildete.

1) Delius las Herom, aber der senkrechte gerade Zug am H, den er für die Abkürzung für er ansprach, kann als solche nach der Weise des Schreibers unserer Urkunde, wie auch nach der gewöhnlichen, nicht gelten. Jenes Abkürzungszeichen ist vielmehr immer geschlungen: (§). — 2) So ist das Eingeklammerte mit Sicherheit zu ergänzen. — 3) Hier ist das Eingeklammerte Conjectur.

1290, Juni 30.   134.

Volrad, Bischof von Halberstadt, und das Kapitel daselbst ertauschen vom Kl. Ilsenburg 2 Talente zu Nordrode gegen $^{1}/_{2}$ Mark im Amt Osterwiek.

Volradus, dei gratia Halberstadensis episcopus, Guntherus prepositus, Albertus decanus totumque capitulum maioris ecclesie ibidem omnibus in perpetuum. Ex honesta simul et utili ueterum industria nos qui modernis sumus temporibus trahentes exempla, que a nobis racionabiliter geruntur, ne uetustate temporum deleuntur, scriptis memorie transmittimus posterorum. Inde est, quod uniuersis notum esse uolumus et constare, quod redditus dimidie marce communis argenti sine omni aduocacia, ita quod quinque fertones eiusdem argenti marce examinate equipolleant in ualore Ilsineburgensi ecclesie pro duobus talentis Osterwicensis denariorum eciam sine adnocacia, que in uilla Nortroden eadem habuit ecclesia in officio prefecture in Osterwich, dimisimus perpetuo possidendos. Ne igitur aliquis controuersie scrupulus huic nostro facto inposterum ualeat obuiare, presencia inde confici et sigillorum nostrorum appensionibus fecimus communiri.

Datum anno domini m°cc°xc° in crastino apostolorum Petri et Pauli.

Urschrift mit fragmentarischen Siegeln stark angemodert im Königl. Staats-Archiv zu Magdeburg s. r. Ilsenburg Nr. 35. Ergänzt aus Copialb. Bl. 21ᵇ.
Gedruckt v. Ledebur Archiv IX, 27.

1290.   135.

Des Klosters Ilsenburg Bestimmung über die Verwendung der Einkünfte der vom Prior Johannes für das Kloster erkauften halben Hufe zu Mulmke zur Feier seines Sterbetages.

Nos diuina miseratione Heinricus abbas, Bertoldus prior et conuentus monasterii in Ilsineborg notum esse uolumus uniuersis, quod prior Johannes, quondam custos nostre ecclesie, dimidium mansum situm Mulbeke et soluentem decem maldaria, medietatem tritici et medietatem auene, usui nostre ecclesie conparauit. Sed cum morte preuentus saluti anime sue de hac aunona nichil ordinauerit, utpote decreuerat, statuimus, ut custos nostre ecclesie duo recipiat maldaria, duo in ipsius anniuersario dentur pauperibus et de sex residuis fratribus benefiat. Vt igitur hoc factum inconwlsum permaneat, scriptum presens sigillorum nostrorum appendiculis fecimus communiri.

Actum et datum anno domini m°cc°lxxxx°.

Urschrift mit beiden fragmentarischen Siegeln (vgl. Taf. I Nr. 5 und Taf. IV Nr. 26) im Königl. Staats-Archiv zu Magdeburg s. r. Ilsenburg Nr. 44.
Copialbuch Bl. 20.

1291. 136.

Albrecht und Ludwig, Gebrüder v. Hackeborn, bekunden, dass der Ritter Johann v. Neindorf ihnen Güter zu Hedersleben resignirt habe, die sie sogleich wieder dem Kloster Ilsenburg resigniren.

Nos dei gracia Albertus et Lodiwicus fratres de Hakeborne nostrique heredes ueri tenore presencium puplice duximus profitendum, quod cum Johannes miles de Nendorp propter uiarum discrimina et rerum suarum et corporum pericula coram nobis nec posset nec auderet personaliter conparere, Burchardum de Winnigestede ad nos transmisit, qui ex parte eiusdem Johannis militis bona Hedesleue sita nobis resignauit, et nos eadem Ilsinebnrgensi ecclesie duximus resignanda. Testes huius rei sunt: Johannes de Frekelene, Jordanis de Nendorp, milites; Johannes de Gaterslene, et alii quamplures fide digni. Vt igitur hoc factum robur firmitatis perpetue sorciatur, presentes sigillis nostris firmatas eidem contulimus ecclesie in euidenciam ueritatis.

Datum anno gracie m°cc°lxxxx° primo.

Urschrift mit beiden fragmentarisch erhaltenen Siegeln im Königl. Staats-Archiv zu Magdeburg s. r. Ilsenburg Nr. 45. Ilsenb. Copialb. Bl. 13.
Gedruckt: Braunschw. Anzeigen 1746 Sp. 1989 f.

1291. 137.

Albrecht und Ludwig, Gebrüder von Hackeborn, bekennen, dass sie die Vogtei und das Eigenthum über 10 Hufen zu Hedersleben, nachdem ihr Lehnsträger, der Ritter Johann von Neindorf, dieselben ihnen resignirt, mit Zustimmung ihrer Erben Albrecht und Albrecht an das Kloster Ilsenburg verkauft haben.

Nos dei gratia Albertus et Lodiwichus fratres de Hakeborne vniuersis Christi fidelibus, quibus presens scriptum fuerit exhibitum, notum esse uolumus et constare, quod cum Johannes miles de Nendorp, aduocaciam decem mansorum qui siti sunt Hedesleue, quam a nobis inre tenuerat feodali, nobis resignauerat, nos dicte aduocacie et proprietati eorundem mansorum cum suis pertinenciis tam in nilla quam in campo et omnibus, que nobis in eis uidebantur conpetere, pro x marcis examinatis, quas ab ecclesia Ilsineburgense recepimus, plenarie renunciauimus, easdem fruicioni dicte ecclesie resignando. Nostri quoque heredes Albertus et Albertus, necnon ipsorum heredes posteri, quod per nos factum est, ratum et inuiolabile obseruabunt. Testes huius rei sunt: Rodolfus de Gaterslene, maioris ecclesie Halberstadensis canonicus, Jacobus ecclesie S. Marie ibidem decanus, Johannes qui custos dicitur, eiusdem ecclesie canonicus, Hermannus et Johannes milites dicti de Digelstede, Hermannus Lepel et alii quamplures fide digni. Vt igitur hoc factum nec presencium obliuione deleri nec posterorum calumpnia

ualeat permutari, presencia sigillis nostris firmata sepe dicte ecclesie largienda duximus in testimonium ueritatis.
Datum anno domini m°cc°xci°.

Urschrift mit fragmentarisch erhaltenem Siegel Albrechts v. Hackeborn im Königl. Staats-Archiv zu Magdeburg s. r. Ilsenburg Nr. 46. Copialb. Bl. 13.
Gedruckt: Braunschw. Anzeigen 1746 Sp. 1990.
Bemerk. Sowohl der angeführte Druck als das Regest zu der Urschrift im Königl. Staats-Archiv hat das Jahr 1292, was aber im Vergleich mit dem Original selbst nur für ein Versehen anzusehen ist.

1292, Juli 16. 138.

Burchard von Bärwinkel, Ritter, ertauscht vom Kloster Ilsenburg die Güter und Einkünfte desselben zu Stemple und Lemsolinge und 1 Hufe zu Rottmersleben gegen Güter zu Hunelingerode, welche jährlich 1½ Mark Zinsen tragen.

Burchardus miles dictus de Berwinkele vniuersis hanc paginam inspecturis in perpetuum. Tenore presentis scripti recognoscimus, quod nos cum heredum nostrorum consensu mediante uenerabili uiro domino Heinrico abbate monasterio Ilseneburgensi et vniuersitate conuentus consentiente in id ipsum permutationem fecimus talem, quod videlicet abbas et conuentus redditus et bona, que habuerunt in villis Stemple et Lemsolinge et unum mansum in Retmersleve assignauerunt nobis iure perpetuo possidenda, ea interueniente condicione, vt nos et heredes nostri reassignaremus eis bona nostra, que habuimus Hvnelingeroth [1], similiter iure perpetuo possidenda. Sunt autem hec bona et litones in Hvnelingeroth Thetlevs senior habet aream unam de qua dat dimidium fertonem et dimidium lothonem: Thetleus iunior et mater sua habent aream et dimidium mansum, de quibus dant dimidium fertonem et dimidium lothonem: Geroldus et Thidericus, quilibet eorum habet mansum unum, unde dant quilibet eorum quinque lothones: Lutgardis habet mansum unum et aream, vnde dat quinque lothones: Marsilius habet unam aream et dimidium mansum, vnde dat III°° lothones: Gertrudis cum filio suo Heinrico dant unum lothonem; summa huius marca una et dimidia. Erit autem argentum tale, ut quinque fertones equiualeant uni marce examinati argenti. Hos autem litones iam dictos iure litonum ecclesie Halberstadensis sursum memoratus abbas et sui successores in reliquum possidebunt. Ne autem de huiusmodi permutatione dubitatio calumpniosa ualeat suboriri, presens scriptum exinde confectum sigilli nostri appensione fecimus communiri. Testes huius rei sunt: venerabiles Gvntherus prepositus, Albertus decanus, Gevehardus de Querenvorde sancte Marie et sancte Crucis in Hildensem prepositus, Hermannus de Blankenborg, canonici maioris ecclesie Halberstadensis: Conradus de Werre, Baldewinus de Piscina monachi Ilsineburgenses; Hermannus dictus Lepel, Johannes de Aldenroth, Paschedagus serui, et alii fide digni.

Acta sunt hec anno dominice incarnationis millesimo cc°xc°n°
xvn kalendas Augusti.
*Urschrift mit beschädigtem Siegel im Königl. Staats-Archiv zu Magdeburg
s. r. Ilsenburg Nr. 47.*
Copialbuch Bl. 12.
1) *Wüstes Dorf Hullingerode bei Schauen nach Abbenrode zu.*

1292, December 3. 139.

Heinrich, Abt zu Ilsenburg, bestätigt die von seinem Vorgänger, Abt Hugold, geschehene Schenkung einer Hofstelle in Wasserleben an die daselbst neu erbaute Kirche des Leidens und Blutes Christi.

Hinricus, dei gratia abbas monasterii sanctorum apostolorum Petri et Pauli in Ilseneburg, vniuersis hanc litteram inspicientibus salutem in domino Jesu Cristo. Presentibus protestamur, quod dominus Hngoldus, quondam ecclesie nostre abbas atque predecessor noster, nostro consensu accedente aream unam sitam in Waterlere a se comparatam contulit ecclesie ibidem nouiter constructe in honorem dominice passionis et sanguinis Jesu Cristi. Et hanc nostram protestationem pariterque consensum contra futuras calumnias nostri sigilli munimine roboramus.

Actum anno domini m°cc°xc° secundo, tercio nonas Decembris.
Copialbuch des Kl. Waterler Bl. 3ᵇ im Gräfl. Haupt-Archiv zu Wernigerode. Vgl. auch Cop. CIX S. 10 im Königl. Staats-Archiv zu Magdeburg.

Halberstadt, 1293, Januar 11. 140.

Der Dompropst Günther von Mansfeld und der Propst Hermann von Blankenburg zu S. Bonifacii in Halberstadt bekennen, dass das Kloster Ilsenburg für 15 Mark die Ansprüche der Vettern von Gatersleben auf die Vogtei über 9½ Hufen zu Mehringen erkauft hat.

In nomine domini amen. Guutherus, dei gratia Halberstadensis ecclesie prepositus dictus de Mansfelt, Hermannus prepositus sancti Bonifacii ciuitatis eiusdem dictus de Blankenborg, vniuersis Christi fidelibus, ad quos presens scriptum peruenerit, vite commoda vtriusque. Ne ea, que perpetue noticie debent tytulis refulgere, ullam calumpnie maculam paciantur, cautum est, ut scripturarum testimonio et inscriptione testium perhennentur. Hinc est, quod tenore presencium recognoscimus publice protestantes, quod honorabilis vir Hinricus abbas de Useneborg importunam vexationem redimens a filiis honorabilis viri domini Johannis senioris militis de Gatersleve, scilicet Johanne Erico et Thiderico, et a filiis domini Johannis militis iunioris fratris eiusdem, scilicet Johanne et Erico, nec non ab omnibus heredibus eorundem aduocatiam nouem mansorum cum dimidio sitorum in Meringhe pro quindecim marcis Stendaliensis argenti ab impetitione ,ualibet omnimodo liberauit in hunc modum, quod predicti honorabiles viri de Gatersleve eorumque heredes omni iuri supradicte aduocacie renunciauerunt, quod se habere in mansis dixerant prenotatis. Cuius rei testes sunt: dominus Rodolfus de Gatersleve canonicus Halberstadensis, dominus Fridericus de Winningstede senior Hildensemmensis ecclesie canonicus; Borchardus de Berewinkel, Conradus de Biwende milites; Hinricus pincerna, Hinricus de Gherenrode famuli, et quam plures alii fide digni. Vt autem prelibatus contractus iugiter maneat inconuulsus, presentem paginam inde confectam nostris sigillis nec non principaliter illorum de Gatersleve dedimus communitam.

Acta sunt hec Halberstat anno domini m°cc°xc°iii° dominica proxima post epyphaniam domini.

*Urschrift mit den an Pergamentbändern hangenden mehr oder weniger beschädigten Siegeln des Dompropsts Günther, des Propsts Hermann und einer der Eriche v. Gatersleben im Königl. Staats-Archiv zu Magdeburg s. r. Ilsenburg Nr. 48.
Copialbuch Bl. 17ᵇ.
Gedruckt (abgekürzt): Braunschw. Anzeigen 1746 Sp. 2030 f.*

Halberstadt, 1293, Februar 23. 141.

Volrad, Bischof, und das Domcapitel zu Halberstadt überweisen das Eigenthum von 2¹/₂ Hufen und sechs Morgen und einem Hause zu Stötterlingen auf Ersuchen des Ritters Burchard v. Bärwinkel, welcher dem Domstift dafür 2¹/₂ Hufen zu Pesekendorf übergiebt, an das Kloster Ilsenburg.

In nomine domini amen. Prouida patrum auctoritas posteris tradit in exemplum, vt actus hominum, ne pereant cum tempore, scripture testimonio roborentur. Hinc est, quod nos Volradus, dei gracia Halberstadensis ecclesie episcopus, vna cum gerentibus vices nostras, videlicet Gunthero preposito, Alberto decano, Geuehardo cellerario ac Hermanno preposito sancti Bonifacii in Halberstat, necnon tocius capituli nostri accedente consensu notum facimus et presentibus ad futurorum noticiam volumus peruenire, quod nos proprietatem duorum mansorum cum dimidio et sex iugerum et vnius curie sitorum in campo Stoterlinge ¹ apud Osterwic, quos ecclesia sanctorum apostolorum Petri et Pauli in Ilseneborg a domino Bürchardo de Berewinkel seniore, milite, comparauit et qui coli consueuerunt ex opido predicto ad instanciam ac peticionem domini Borchardi predicti militis dedimus in ius ac proprietatem prefati monasterii in Ilseneborg perpetuo, possidendam. In cuius donacionis recompensam dominus Borchardus miles antedictus duos mansos cum dimidio sitos in Pesekendorp transtulit in ius ac proprietatem nostre ecclesie, vt nobiscum ante fuerat placitatum. Vt autem huiusmodi factum perpetua gaudeat firmitate, sigilli nostri, capituli nostri necnon quatuor prelatorum gerencium vices nostras sigillorum appensionibus presens scriptum dedimus communitum.

Actum et datum Halberstat anno domini m°cc° nonagesimo III° in vigilia sancti Mathie apostoli.

Urschrift, von deren 6 an Pergamentstreifen hangenden Siegeln das des Bischofs abgefallen, die übrigen mehr oder weniger erhalten sind; im Königl. Staats-Archiv zu Magdeburg s. r. Ilsenburg Nr. 49ª.
1) Pfarrdorf Stötterlingen, Kr. Halberstadt. — 2) Pesekendorf Tochterkirche von Remkersleben Kr. Wanzleben.

1293, Februar 24. 142.

Die Vettern Burchard d. Aelt. und d. J. Ritter v. Bärwinkel bekennen, dass sie das Eigenthum an drei Hufen Landes zu Pesekendorf dem Stift Halberstadt als Ersatz für das Eigenthum an 2½ Hufen zu Stötterlingen übertragen haben.

Nos Borchardus senior et nos Borchardus junior patrueles, milites dicti de Berwinkel recognoscimus tenore presentium fideliter protestantes, quod proprietatem trium mansorum sitorum in campo Pesekendorp permutationis titulo transtulimus in ius ac dominium ecclesie Halberstadensis in recompensam proprietatis duorum mansorum cum dimidio sitorum in campo Stoterlinghe, vt de benigno prefate ecclesie fauore antedictos mansos, si placeret, distrahere possemus precio cariori. Vt autem huiusmodi permutationis contractus irrenocabiliter perseueret, presentem paginam sigillorum nostrorum appensionibus dedimus communitam.

Datum anno domini m°cc°xc° III° in die Mathie apostoli.

Urschrift mit anhangenden beschädigten Siegeln im Königl. Staats-Archiv zu Magdeburg s. r. Ilsenburg Nr. 49ᵇ.

1293, Juli 24. 143.

Die Vettern von Gatersleben bekunden, dass ihnen das Kloster Ilsenburg die Vogtei über 10 Hufen zu Mehringen abgekauft habe.

Nos Johannes, Ericus, Theodericus fratres, domini Johannis senioris filii de antiquo Gatersleue, et nos fratres Ericus, Johannes, domini Johannis iunioris filii, notum facimus omnibus has litteras inspecturis, quod domino abbati et conuentui monasterii in Hilseneborg decem mansos in campis ville Merhinge sitos, quos non ab ullius dominio iure habuimus feodali, voluntate vnanimi et consensu resignamus cum omni iure et damus liberos et solutos. Insuper nos predicti de Gatersleue fratres omnia et singula, que nostris iuscripta sunt litteris, inconuulsa habere volumus adque(!) rata, et hoc domino abbati prefati loci fide promisimus manuali. Ne autem hec ab aliquo nostrum seu heredum nostrorum inposterum reuocentur vel valeant inpediri, has litteras dominus abbas conscribi fecit et nos appensione nostri sigilli roboramus. Testes huius sunt: dominus Rodolphus dictus de Gatersleue, Halberstadensis ecclesie canonicus, dominus Fredericus dictus de Winnigstede, dominus Theodericus de Westerhusen, dominus Johannes de Werningerode, ecclesie sancte Marie in Halberstat canonici, dominus Fredericus vicarius maioris ecclesie eiusdem ciuitatis; dominus Johannes de Dingelstede miles, Hermannus Lepel, Johannes de Oldenrode, et alii layci quam plures fide digni.

Actum et datum anno domini m°cc°xc°iii° in vigilia beati Jacobi apostoli.

Urschrift mit dem an einem Pergamentbande anhangenden Siegel Erichs von Gatersleben s. r. Ilsenburg Nr. 49 im Königl. Staats-Archiv zu Magdeburg. Copialbuch Bl. 17ᵇ.

1293, Juli 24. 144.

Die Vettern von Gatersleben übereignen dem Kloster Ilsenburg 10 vogteifreie Hufen zu Zilly. (Abgekürzt.)

Nos Johannes, Ericus, Theodoricus fratres, domini Johannis senioris filii de antiquo Gatersleue, et nos frater Ericus, Johannes, domini Johannis iunioris filii, notum facimus omnibus has litteras inspecturis, quod domino abbati et conuentui monasterii in Hilsineborg x mansos in campis ville Czilinghe sitos, quos non ab vllius dominio iure habuimus feodali, voluntate vnanimi et consensu resignamus cum omni iure, et damus liberos et solutos. — — — Testes: Rodolfus de Gatersleue, Halberst. eccles. canonicus, Fredericus de Winnigstede, Theodoricus de Westerhusen, Joh. de Wernigherode, ecclesie S. Marie in Halberstat canonici etc.

Actum et datum anno domini m°cc°xc°iii° in vigilia beati Jacobi apostoli.

Gedruckt: Braunschw. Anzeigen 1746 Sp. 1990 f.

Halberstadt, 1294, Oct. 17. 145.

Heinrich, Abt zu Ilsenburg, bekundet die Ueberlassung einer halben Hufe zu Erkstedt an den Meier des Propsts S. Bonifacii zu Halberstadt Hermann, dessen Frau und Kinder, als erbliches Zinsgut gegen 1 Vierding jährlich, und an den Kaplan desselben, Heinrich von Hakenstedt, auf Lebenszeit; bezeugt vom Grafen Heinrich von Blankenburg.

Hinricus, dei gracia abbas monasterii in Ilseneborch, omnibus hanc literam inspecturis sev audituris salutem in domino sempiternam.

Ne ea, que aguntur in tempore, simul labantur cum tempore, expedit ea scriptis autenticis et testium subscriptionibus perhennari. Proinde notum esse volumus et presentibus fideliter protestamur, quod Hermanno villico honorabilis viri domini Hermanni de Blankenborch, prepositi ecclesie sancti Bonifacii Halberstadensis, et Mechtildi, vxori sue, necnon Hinrico et Hermanno, filiis ipsorum, dimidium mansum in campis ville Erckerstede[1] situm iure censuali contulimus perpetuo hereditarie possidendum et Hinrico capellano predicti domini Hermanni dicto de Hakenstede ipso iure temporibus vite sue in hunc modum videlicet, quod fertonem vsualis argenti in festo Galli iure suprascripto annis singulis nobis dabunt; et ne huiusmodi factum a quoquam successorum nostrorum infringatur, presentem literam ipsis munimine sigillorum nostri nec non honorabilis viri domini Hinrici comitis in Blankenborch tradidimus roboratam. Nos Hinricus dei gracia comes in Blankenborch, predicti Hinrici clerici de Hakenstede et Hermanni villici de Mechtildis, vxoris sue, nec non Hinrici et Hermanni filiorum ipsorum precibus inclinati, nostrum sigillum presentibus duximus apponendum. Testes autem huius rei sunt: Theodericus dictus Stalbom, Betemannus et Henningus dicti de Eylwerdestorp, Hinricus dictus Scolo, ciues in Halberstad, et Theodericus cocus domini Hermanni, prepositi ecclesie sancti Bonifacii Halberstadensis, et plures alii fide digni.

Datum Halberstat anno domini m°cc°xc° quarto in crastino saucti Galli.

Urschrift mit Fragmenten beider Siegel im Königl. Staats-Archiv zu Magdeburg s. r. Ilsenburg Nr. 50.
Copialbuch Bl. 40.
1) *Das Copiarium Erckstede.*

Mühlhausen, 1295, Jan. 9. 146.

König Adolf transsumirt Heinrichs II. Schenkung des Kronguts zu Elisenaburg im Hardegau in der Grafschaft Richperts an die Halberstädter Kirche d. d. Allstedt 20. (15.) April 1003.

Adolphus, dei gratia Romanorum rex semper Augustus, vniuersis sacri Romani imperii fidelibus presentes literas inspecturis gratiam suam et omne bonum. Nouerit presens etas et successura posteritas, quod nos priuilegium diue recordationis Henrici Romanorum regis, predecessoris nostri, nobis exhibitum vidimus et perspeximus continentie huiusmodi et tenoris:

(Folgt die 1. Urkunde dieses Urkundenbuchs.)

Nos igitur honorabilium virorum prepositi, decani et capituli ecclesie Halberstadensis predicte iustis postulationibus grato concurrentes consensu dictum priuilegium, prout prouide et iuste concessum est, et omnia in eo contenta ratificamus, confirmamus, innouamus et presentis scripti patrocinio communimus. Nulli igitur omnino hominum liceat hanc nostre confirmationis, ratificationis et innouationis paginam infringere vel ei ausu temerario contraire. Si quis autem hoc attentare presumpserit, grauem se nostre indignationis offensam nouerit incursurum. In cuius rei testimonium presens scriptum exinde conscribi et maiestatis nostre sigillo fecimus communiri.

Datum in Mulhusen v idus Januarii, indictione octaua, anno domini millesimo ducentesimo nonagesimo quinto, regni vero nostri anno tercio.

Auscultirte Abschrift vom Ende des 15. Jahrh. mit der Drübecker Urk. über Küsenbrück vom 7/2. 1058 im Königl. Staats-Archiv zu Magdeburg s. r. Ilsenburg Nr. 145 und in einer Abschr. des 16. Jahrh. im Gräfl. Haupt-Archiv. Der Notariatsvermerk über die Vidimirung der Urkunde lautet: Auscultata est presens copia per me Gerardum Ghesmelde, clericum Mindensis diocesis, publicum sacra imperiali auctoritate notarium. Et concordat cum suo vero originali de verbo ad verbum, quod protestor hac manu mea propria.

Rom, Lateran 1295, Febr. 5, pont. 1. 147.

Papst Bonifacius VIII. nimmt das Kloster Ilsenburg und dessen Güter in seinen Schutz.

Bonifatius || episcopus, seruus seruorum dei, dilectis filiis .. abbati et conuentui monasterii de Ilseneburch, ordinis sancti Benedicti, Halberstadensis diocesis, salutem et apostolicam benedictionem. Cum a nobis petitur, quod iustum est et honestum, tam uigor equitatis quam ordo exigit rationis, ut id per sollicitudinem offitii nostri ad debitum perducatur effectum. Ea propter, dilecti in domino filii, uestris iustis postulationibus grato concurrentes assensu personas uestras et locum in quo diuino estis obsequio mancipati, cum omnibus bonis, que impresenciarum rationabiliter possidet aut in futurum iustis modis prestante domino poterit adipisci, sub beati Petri et nostra protectione suscipimus. Specialiter autem decimas, prata, pascua, nemora, possessiones et alia bona uestra, sicut ea omnia iuste et pacifice possidetis, uobis et per uos monasterio uestro auctoritate apostolica confirmamus et presentis scripti patrocinio communimus, salua in predictis decimis moderatione concilii generalis. Nulli ergo omnino hominum liceat hanc paginam nostre protectionis et confirmationis infringere uel ei ausu temerario contraire. Siquis autem hoc attemptare presumpserit, indignationem omnipotentis dei et beatorum Petri et Pauli, apostolorum eius, se nouerit incursurum.

Datum Laterani nonas Februarii, pontificatus nostri anno primo.

In dorso: Du. Paulus Nouariensis ⊹

Urschrift auf Pergament, etwas durchschabt. Die Bulle hängt an einer roth- und gelbseidenen Litze. Auf der Bulle: Bonifatius papa VIII.

Rom, Lateran 1295, Febr. 5, pont. 1. 148.

Papst Bonifacius VIII. erlaubt dem Kloster Ilsenburg die bisher aus Unwissenheit und Unbekanntschaft nicht benutzten Privilegien seiner Vorgänger dennoch zu gebrauchen.

Bonifatius || episcopus, seruus seruorum dei, dilectis filiis .. abbati et conuentui monasterii de Ilseneburch, ordinis sancti Benedicti, Halberstadensis diocesis, salutem et apostolicam benedictionem. Cum sicut ex parte uestra fuit propositum coram nobis, uos et predecessores uestri qui fuerunt pro tempore quibusdam priuilegiis et indulgentiis a predecessoribus nostris Romanis pontificibus monasterio uestro concessis per simplicitatem et iuris ignorantiam usi non fueritis temporibus retroactis, nos uestris supplicationibus inclinati, eiusdem monasterii indempnitati uolentes imposterum precauere, utendi decetero eisdem priuilegiis et indulgentiis, dummodo eis non sit per prescriptionem uel alias legitime derogatum, auctoritate uobis presentium concedimus facultatem. Nulli ergo omnino hominum liceat hanc paginam nostre concessionis infringere uel ei ausu temerario contraire. Siquis autem hoc attemptare presumpserit, indignationem omnipotentis dei et beatorum Petri et Pauli, apostolorum eius, se nouerit incursurum.

Datum Laterani nonas Februarii, pontificatus nostri anno primo.

In dorso: Paulus Nouariensis.

Urschrift auf Pergament an einigen Stellen durchbrochen, die Bulle hängt an einer roth- und gelbseidenen Schnur. Auf der Bulle: Bonifatius papa VIII.

Plötzke, 1295, Juni 5. 149.

Die Gebrüder von Plötzke resigniren den Herzögen zu Sachsen die Vogtei über Aderstedt zu Gunsten des Kl. Ilsenburg.

Illustri principi domino suo Al. duci Saxonie suisque nepotibus[1] Al. et Jo. fratribus H. et Ber. milites de Plotzeke quitquid poterint obsequii et honoris. Aduocaciam super bonis et mansis in campis et villa Aderstede pertinentibus venerabilibus abbati et conuentui in Ilseneburg, quam quidem aduocaciam a vobis in pheodo dinoscimur habuisse, excellencie vestre cum omni iure, quod nobis in ipsa vsque nunc conpetebat, ad preces domini abbatis et conuentus predictorum presentibus in hiis scriptis libere resignamus. In cuius videlicet resignacionis testimonium presentem literam inde confectam fecimus sigillorum nostrorum munimine roborari.

Datum Plotzeke anno domini m°cc°xc v° in die sancti Bonifacii.

Copialbuch Bl. 7 und eine „per Henricum Scherenhagen, cler. Mind. dioc."
auscultirte Copie des 15. Jahrh. unter den Aderstedter Urkunden.

1) *Nach Cohn Stammtafeln:*

Albrecht I. Herzog † 26/6. 1261.

Johann erster Herzog zu Sachsen-Lauenburg   Albrecht II. Kurfürst † 25/8. 1298.
† 30/7. 1285.

Johann II. † 1321.   Albrecht III.   Erich I.
                     † Oct. 1308.   † 1361.

Aken, 1295, Juni 30. 150.

Albrecht, Herzog zu Sachsen, Graf von Brehna, für sich und in Vormundschaft seiner Neffen, giebt die ihm von den von Plötzke resignirte, ehemals ihren Vorfahren vom Kloster Ilsenburg selbst aufgetragene Vogtei zu Aderstedt denselben zurück.

Nos Albertus, dei gracia Augarie et Westfalie, Saxonie dux, comes in Bren, recognoscimus per presentes, quod cum strennui milites Hinricus et Bernhardus, dicti de Plotzke fratres, super mansis et bonis, agris cultis et incultis, viis et inviis, pascuis, pratis et virgultis ad villam Aderstede pertinentibus, quam quidem aduocaciam dicti milites a nobis in pheodo tenuerant, cum omni iure nobis libere resignassent, nos nomine nostro et Johannis, Alberti et Hinrici, patruorum nostrorum, quorum tutelam gerimus, dictam aduocaciam nobis per prefatam resignacionem vacantem, quam nec ab imperio nec ab aliquo quoquam tenuimus, sed ex eo, quod olim abbas et conuentus monasterii in Ilseneburg quosdam progenitores nostros et proauos super memoratis mansis et bonis ob spem proteccionis elegerant defensores, predictis abbati et conuentui cum omni vtilitate et iure, quod nobis in ipsa competere videbatur, in anime nostre et dictorum patruorum nostrorum remedium resignamus, restituimus seu donamus, in sepedicta aduocacia nobis nichil iuris penitus reseruando, ita quod neque nos neque nostri patrui heredes in memoratis bonis quitquam iuris debeamus aut possimus[1] aliquatenus vsurpare. In cuius rei testimonium presentem cartam sigilli nostri appensione fecimus communiri. Huius rei testes sunt: dominus Conradus abbas monasterii Nyenburgensis, Johannes decanus in Aken, Hermannus de Wederde, Hermannus dictus Welr(!), Henninghus de Frekeleue, Conradus de Kockstede, Conradus de Globic, Conradus de Zbron et Tilo dictus Sobilling milites, et alii quam plures fide digni.

Datum Aken anno gracie m°cc°xcv° in commemoracione beati Pauli.

Copialbuch Bl. 7 und eine auscultirte Copie des 15. Jahrh. unter den Aderstedter Urkunden.

1) *Copialb.: possumus.*

1296, August 6. 151.

Heinrich, Abt zu Ilsenburg, verkauft dem Kloster Riddagshausen drei Hufen zu Ingeleben.

Henricus, dei gratia abbas in Ilseneborch, ordinis sancti Benedicti, universis Christi fidelibus, quibus presens scriptum contigerit exhiberi, salutem in domino Jesu Christo. Quecunque aliquam perhennitatem debent necessario obtinere, expedit, ut scripture testimoniis imprimantur, ne simul cum tempore defluant et a futurorum memoria deleantur. Hinc est, quod notum esse cupimus per presentes, quod nos cum nostri conuentus consensu tres mansos in Iggeleve[1], quos a nobis Henricus laicus dictus de eadem villa pure tenuit censuali, de quibus nostro monasterio ab eodem Henrico annuatim ² viginti quatuor solidi denariorum Brunsvicensium solvebantur, vendidimus religiosis viris domino abbati et conventui de Riddageshusen cum omni iure tam in villa, quam in campis, recipientes ab ipsis puri argenti marcas quatuordecim in restaurum. Nos vero prefatam pecuniam locavimus in supplementum mansi unius siti in Tsilege³, quem a nobili viro domino Henrico comite de Regenstene comparavimus legitimo pretio mediante. Testes sunt: idem dominus Henricus comes; Jordanus de Nendorpe dapifer, Fridericus de Winigestede, Henricus de Wenedhen, Baldewinus filius suus, milites; item Ludolfus filius suus⁴, Johannes dapifer, et alii plures laici fide digni. Ad maiorem autem euidentiam predictorum nos presentem litteram duobus sigillis, nostro videlicet et conuentus nostri, fecimus communiri.

Datum et actum anno domini m°cc°xcvi° octauo idus Augusti.

Gedruckt: Leuckfeld Antt. Palid. p. 231 Anm. qq.
Abschrift in Cop. CCI (Riddagsh.) Bl. 23 im Königl. Staats-Archiv zu Magdeburg. Abschr. d. 18. Jahrh. in der Königl. Bibliothek zu Hannover XIX, 1100 Bl. 7 mit der Notiz: folium hoc fuit particula diplomatarii Marienthalensis et Riddageshusani.

1) *Abschr. zu Hannover Igeleue.* — 2) *Bei Leuckfeld a. a. O. verdruckt annulatim.* — 3) *Irrthümlich bei Leuckfeld Thilege.* — 4) *Das Folgende, ausser der Datirung, fehlt bei Leuckfeld.*

1296, Oct. 3. **152.**

Heinrich, Graf von Regenstein, giebt das Lehnseigenthum von 1 Hufe im Felde Mandorf, welche die Gebrüder Ludolf Tseseke und Werner zu Lehn trugen, der Kirche in Ilsenburg.

Nos Henricus, dei gracia comes in Reghenstein, recognoscimus publice protestando, quod dedimus, immo et damus, proprietatem vnius mansi siti in campo Mandorp cum consensu heredum nostrorum, quem videlicet mansum fratres Ludolfus Tseseke et Wernerus iure feudali tenuerunt, domino abbati et conuentui ecclesie in Ylseneborch, ita scilicet, ut ipsum mansum dominus abbas et sue ecclesie conuentus proprietatis tytulo possideant, prout ipsam nos et progenitores nostri possederunt proprietatem antedictam. Ne autem huiusmodi donatio a nobis facta a nostris successoribus nec a nullo hominum retractetur, presentem paginam inde conscriptam nostro sigillo fecimus communiri. Testes vero huius rei sunt: dominus Johannes de Emersleue, Reynerus Schat, Fridericus de Winningestede, Jordanus de Wigenrode, Jordanus de Redebera milites nostri, et alii quam plures fide digni.

Datum et actum anno domini m°cc°xcvi° v° nonas Octobris.

Urschrift mit fragmentarisch erhaltenem Siegel im Königl. Staats-Archiv zu Magdeburg s. r. Ilsenburg Nr. 52.
Zeugen: Braunschw. Anzeigen 1740 Sp. 2031.
Copialbuch Bl. 17ᵇ.

1296. 153.

Heinrich, Graf von Regenstein, verkauft dem Kloster Ilsenburg eine Hufe im Zillyer Felde für 21 Mark.

Nos Heinricus, dei gracia comes in Regensteyn, omnibus hoc scriptum visuris recognoscimus tenore presencium publice protestantes, quod nos uenerabili domino H. abbati et ecclesie in Ylseneburch mansum situm in campo Scillinge singulis annis soluentem XIIII maldera pro XXI marcis examinati argenti cum communi consensu heredum nostrorum cum omni iure proprietatis, tam in villa quam extra villam, scilicet cum omni exactione et seruicio aduocacie, liberum vendidimus perpetuo possidendum. Ne igitur vendicionis nostro dubium oriatur sigillo venerabilis domini nostri Vulradi[1] Halberstadensis ecclesie episcopi et sigillo nostro presentem cartulam fecimus confirmari. Testes huius sunt: dominus Lodewicus pincerna et filius eius Yordanis, Johannes dictus de Dingelstede milites; Johannes pincerna, Ludolfus aduocatus, Ludolfus dictus de Gercksem, et alii quam plures fide digni.

Actum et datum anno gracie m°cc°xc°vi°.

Urschrift mit fragmentarisch erhaltenem bischöfl. Siegel im Königl. Staats-Archiv zu Magdeburg s. r. Ilsenburg Nr. 51.
Copialbuch Bl. 35. *Vgl. Notiz Braunschw. Anzeigen 1746 Sp. 2031. Auch Abschr. in Cop. CXL Bl. 7 im Königl. Staats-Archiv zu Magdeburg.*
1) Die Hdschr. Wlr.

1297, Februar 27. 154.

Ulrich, Graf zu Regenstein, entsagt allen seinen Rechten und Ansprüchen auf die von seinem Vetter, Graf Heinrich, dem Kloster Ilsenburg verkauften 3½ Hufen zu Sieverthausen.

Nos dei gracia Olricus comes de Reynsteyn recognoscimus tenore presencium protestantes, quod bona quedam, videlicet III½,[1] mansos sitos in Seuerthusen[2], que honorabilis vir dominus abbas in Ilsyneborch a domino Hinrico comite de Reynsteyn, nostro consangwineo, ecclesie sue emptionis titulo comparauit, ab omni impeticione et molestacione ac omni iure, quod nobis in eisdem conpetere videbatur, nec uon iupedimentis aliis quibuscunque, per que ecclesie prefata in bonis eisdem tam ex parte nostra quam heredum nostrorum non solum presencium et futurorum, verum eciam preteritorum et de hoc medio sublatorum posset perturbari imposterum aut grauari, libera dimittimus et soluta. Et ne super hoc facto dubium aliquod eueniret, presentem paginam super eo conscribi fecimus sigilli nostri robore communitam. Cuius facti testes sunt: dominus Godelinus miles dictus de Swannenbeke et dominus Conradus de Ammensleue et dominus Ludolphus dictus Seseke milites, et alii quam plures fide digni.

Datum anno domini m°cc° nonagesimoseptimo in die cinerum.
Copialbuch Bl. 23.
1) *Eigentlich* IIIJ. — 2) *Wüstes Dorf nordwestlich von Derenburg.*

1297, Sept. 17. 155.

Berthold, Priors, und des Convents des Klosters Ilsenburg Statut über die Verwendung mehrerer vom Abt Heinrich erworbenen jährlichen Geld- und Getreidezinsen aus Stötterlingen, Hedersleben, Südschauen zu jährlichen Messen und Seelgeräthen, zum Bau der Kirche und Curie und zur Kleidung der Conventualen und Conversen des Klosters.

Nos Bertoldus prior et conuentus monasterii beatorum Petri et Pauli apostolorum in Hilsineborg omnibus Christi fidelibus audituris presentia sev visuris publice profitemur, quod honorabilis vir dominus Henricus, noster abbas, quinquaginta maldaria annone in villa Stoterlinge, medietatem hyemalis et medietatem estiualis, nostre ecclesie conparauit. Item quinquaginta maldaria annone in Hedesleue, medietatem hyemalis et medietatem estiualis, et nouem fertones argenti vsualis ibidem comparauit. Item in Suthscowen viginta (!) octo maldaria annone, medietatem hyemalis et medietatem estiualis, cum consensu capituli nostri maldariis apposuit memoratis. Hec autem maldaria cum vna marca de nouem fertonibus in Hedesleue dempta et dictis maldariis apposita ad viginti marcas argenti vsualis annis singulis estimamus. De reliquis autem quinque fertonibus vna marca argenti vsualis sumetur et anniuersarius Cononis de Marchlelingrode (!) apud nos annis singulis peragetur. De fertone autem residuo et de fertone et dimidio argenti vsualis dandis annuatim de domo Bernardi de Redebere in Hilsineborg site, pie memorie anniuersarius domini Henrici quondam prepositi in Drubeke in nostra annuatim ecclesia peragetur. Hec bona omnia prescripta prefatus dominus Henricus, noster abbas, de communi consensu nostri capituli absque aliqua nostra contradictione sine inpedimento ad vite sue tempora libero possidebit. Dicto autem domino nostro abbate viam vniuerse carnis ingresso quicunque camerarius ecclesie nostre fuerit, se de bonis prehabitis intromittet et de bonis que subscripta sunt annuatim prouidebit nostris dominis et conuersis, videlicet de quatuor marcis edificiis nostre ecclesie et curie in precio prouidebit, abbas autem et cellerarius quicunque fuerint prouidebunt artificibus in expensis. Ceterum lumen cereum ardens die et nocte ante altare sancte Crucis de quatuor marcis vsualibus conparabitur annuatim. Item dictus dominus noster abbas camerario nostre ecclesie quicunque fuerit quatuor marcas vsuales assignauit, ut dominis nostris tunice, que annis alternis dari consueuerunt, singulis annis dentur; item de vna marca vsuali anniuersarius fratris Henrici peragetur et de tribus marcis vsualibus griseus pannus conparabitur annuatim, quem camerarius nostre ecclesie absque personarum acceptione pauperibus erogabit; item de vna marca vsuali in festo pasce dominis nostris in caligis et de vna in calciis circa tempus hyemis prouidebit; ceterum de duabus marcis vsualibus et vltimis fratribus nostris conuersis in quocunque officio fuerint, in capis et tunicis annis singulis noster camerarius prouidebit. Huiusmodi autem sunt adiecta, ut tam domini nostri quam conuersi camerario nostro annuatim vetera restituant vestimenta per ipsum in vsus pauperum conuertenda. Hec omnia et singula post mortem dicti domini nostri Henrici abbatis noster camerarius procurabit. Vt autem hec actio perpetualis existat, sigillo nostre ecclesie firmiter est munita.

Actum et datum anno domini m°cc°xc°vn° in die beati Lamberti.

Urschrift mit ziemlich gut erhaltenem Conventssiegel im Königl. Staats-Archiv zu Magdeburg s. r. Ilsenburg Nr. 53.

Halberstadt, 1298, Mai 14.   **156.**

Hermann, Bischof zu Halberstadt, bekundet, dass das Kloster Ilsenburg 5 Hufen im Felde zu Hedersleben an das Kloster Aderslehen gegen einen Zehnten über $23\frac{1}{2}$ Hufen zu Ballersleben vertauscht habe (vgl. Nr. 83 u. 157).

Hermannus[1], dei gratia Halberstadensis ecclesie episcopus, vniuersis Christi fidelibus presencia audituris sev visuris ad perpetuam rei memoriam[2]. Ne propter momentaneum vite humane decursum acta, que ab hominibus geruntur in tempore, faciliter evanescant, expedit eadem scripturarum munimine roborari. Inde est, quod tenore presencium notum esse cupimus[3] et constare, quod cum honorabilis vir Henricus[4], abbas monasterii in Hilsineborg[5], ordinis sancti Benedicti[6], de consensu sui conuentus karitatis zelo ductus ecclesie sanctimonialium in Adesleue[7] quinque mansos sitos in campo Hedesleue[8] cum proprietate et omni iure, quod ecclesia in Hilsineborg[9] cum ipsis habuisse dinoscitur[10], donasset pure et simpliciter propter deum, et Henricus[11] prepositus et Jutta abbatissa in Adesleue consensu sui conuentus accedente nullo pacto sev conditione precedentibus considerantes tantum, quod donatarius donatori ad anthidotum est naturaliter obligatus, ecclesie in Hilsineborg[12] predicte decimam viginti trium mansorum et dimidii sitorum in campo Ballersleue[13] cum omni iure predicte decime perpetuo possidendam contulissent, liberaliter vice versa coram nobis abbas et prepositus predictarum ecclesiarum constituti humiliter supplicarunt, quod predictis donationibus vicissim rite ac rationabiliter factis consensum nostrum adicere ac ipsas confirmare auctoritate ordinaria dignaremur[14]. Nos vero de prudentum virorum consilio peticioni honorabilium virorum abbatis et prepositi antedictorum annuentes, donationibus[15] premissis, tamquam rite et rationabiliter habitis, cum in hoc prouisum sit utrique ecclesie et euidenter in eo consistat vtilitas utriusque[16], nostrum adicimus consensum et easdem approbamus per presentes auctoritate ordinaria confirmantes. In cuius rei testimonium ad perpetue firmitatis robur sigillum nostrum presentibus duximus apponendum.

Datum Halberstat anno[17] domini m°cc°xc°viii° ii idus Maii[18].

Urschrift auf Pergament; das an einer gelbseidenen Schnur befindlich gewesene Siegel fehlt. Eine zweite Ausfertigung mit fragmentarischem Siegel am Pergamentstreifen im Königl. Staats-Archiv zu Magdeburg s. r. Ilsenburg Nr. 54. Abschrift im Copiar. von Adersleben im Königl. Staats-Archiv zu Magdeburg.
1) *Die Ausfertigung im Staats-Archiv hat das Schluss-s.* — 2) *Dieselbe hat am Schluss ein Majuskel-M.* — 3) *Schluss-s so auch in allen entsprechenden Fällen in der Urkunde.* — 4) *Heinricus.* — 5) *Ilsineborch.* — 6) *Majuskel-B.* — 7) *Adesleue.* — 8) *Hedesleue.* — 9) *Ilsineborch.* — 10) *habuisse dinoscitur cum ipsis.* — 11) *Heinricus.* — 12) *Ilsineborch.* — 13) *Baleraleue.* — 14) *Majuskel-R zum Schluss.* — 15) *Donationibus.* — 16) *vtriusque.* — 17) *Anno.* — 18) *Der Tag ist in der Ausfertigung im Staats-Archiv nicht hinzugefügt.*

1298, Juni 1. 157.

Albrecht und Friedrich, Grafen zu Wernigerode, geben dem Kl. Ilsenburg 1½ Hufen in dem Dorf Heudeber und 1 Hufe in dem Dorf Schauen zur Feier des Todestages ihres Vaters, des Grafen Konrad.

Nos dei gracia Albertus et Fridericus, fratres et comites in Werningrode, recognoscimus presentibus et publice profitemur, quod mansum vnum et dimidium in villa Hadebere sitos et mansum vnum in villa Scowen[1] situm ab omni petitione, exactione et a iure advocacie quolibet cum consensu heredum nostrorum ecclesie Hilsineburgensi liberos dedimus taliter et solutos, ut anniuersarius patris nostri, comitis Conradi pie memorie, de vna marca communis argenti annis singulis in prememorata ecclesia peragatur, et de marca dimidia communis eciam argenti die anniuersarii eiusdem patris nostri in elemosinis pauperibus benefiet. Huius rei testes sunt: Basilius de Romesleue, Hermannus et Johannes dicti de Dingenstede, milites; Gevehardus de Langele, Hermannus Lepel, Johannes de Odenrode[2] serui, et alii quam plures fide digni. In cuius rei euidenciam sigillorum nostrorum appensionibus presencia fecimus roborari.

Actum et datum anno domini m°cc°xc°viii° die sancte trinitatis.
Urschrift mit beiden mehr oder weniger beschädigten Siegeln im Königl. Staats-Archiv zu Magdeburg s. r. Ilsenburg Nr. 55.
Copialbuch Bl. 13ᵇ.
1) *Das Copialb. Schouwen.* — 2) *Das Copialb. richtig Oldenrode.*

1298, October 28. 158.

Abt Heinrichs und des Klosters Ilsenburg Statut über die Verwendung mehrerer vom Abt Heinrich erworbenen jährlichen Geld- und Getreidezinsen aus Stötterlingen, Hedersleben und Südschauen zu jährlichen Messen und Seelgeräthen, zum Bau der Kirche und Curie und zur Kleidung der Conventualen und Conversen des Klosters (vgl. Nr. 155).

Nos dei gracia Heinricus abbas, Heinricus prior et conuentus monasterii beatorum Petri et Pauli apostolorum in Ilsineborch omnibus Christi fidelibus audituris presencia seu visuris publice profitemur, quod honorabilis vir dominus Heinricus, noster abbas, quinquaginta maldaria annone in villa Stoterlinge, medietatem hyemalis et medietatem estiualis, nostre ecclesie conparauit; item in Sutscowen triginta sex maldaria hyemalis annone predictis maldariis adiecit. Pro quibus maldariis abbas quicunque fuerit decimam in Balersleue integram et libere possidebit et nouem fertones argenti vsualis in Hedesleue iterum cum consensu conuentus predictis maldariis similiter adiecit; item in Sutscowen viginti octo maldaria, medietatem hiemalis et medietatem estiualis, cum consensu capituli nostri maldariis apposuit memoratis. Hec autem maldaria cum vna marca de nouem fertonibus in Hedesleue dempta et dictis maldariis apposita ad viginti marcas argenti vsualis annis singulis estimamus. De reliquis autem quinque fertonibus vna marca argenti vsualis sumetur et anniuersarius Cononis de Markelingerode apud nos annis singulis peragetur. De fertone autem residuo et de fertone et dimidio argenti vsualis dandis annuatim de domo Bernardi de Redebere in Ilsineborch sita[1] pie memorie anniuersarius domini Henrici quondam prepositi in Drubeke in nostra annuatim ecclesia peragetur. Hec bona omnia prescripta prefatus dominus Heinricus, noster abbas, de communi consensu nostri capituli absque aliqua nostra contradictione seu inpedimento ad vite sue tempora libere possidebit. Dicto autem domino Henrico, nostro abbate, viam vniuerse carnis ingresso, quicunque camerarius nostre ecclesie fuerit, se de bonis prebabitis intromittet et de bonis, que subscripta sunt, annuatim prouidebit nostris dominis et conuersis, uidelicet de quatuor marcis edificiis nostre ecclesie et curie in precio prouidebit; abbas autem et cellerarius quicunque fuerit prouidebunt artificibus in expensis. Ceterum lumen cereum ardens die ac nocte ante altare sancte Crucis de quatuor marcis vsualibus conparabitur annuatim; item dictus dominus noster abbas camerario nostre ecclesie quicunque fuerit quatuor marcas vsuales assignauit, vt dominis nostris tunice, que annis alteris dari consueuerunt, singulis annis dentur; item de vna marca vsuali anniuersarius fratris Henrici peragetur, et de tribus marcis vsualibus griseus pannus conparabitur annuatim, qui (!²) camerarius nostre ecclesie absque personarum acceptione pauperibus erogabit; item de vna marca vsuali in festo pasce dominis nostris in caligis et de vna in calciis circa tempus hyemis prouidebit, ceterum de duabus marcis vsualibus et vltimis fratribus nostris conuersis in quocunque officio fuerint in capis et tunicis annis singulis noster camerarius prouidebit. Huiusmodi autem sunt adiecta, vt tam domini nostri quam conuersi camerario nostro annuatim vetera restituant vestimenta per ipsum in vsus pauperum conuertenda. Hec omnia et singula post mortem dicti domini nostri Henrici abbatis noster camerarius procurabit. Vt autem hec actio perpetualis existat, sigillo nostre ecclesie firmiter est munita.

Actum et datum anno domini m°cc°xc°viii° in die sanctorum apostolorum Symonis et Jude.

Urschrift mit beiden beschädigten Siegeln im Königl. Staats-Archiv zu Magdeburg s. r. Ilsenburg Nr. 56. — 1) In der Udschr. sits. — 2) In der angeführten Urkunde vom 17/9. 1297 steht richtig quem.

1298, October 29 — November 4 (?). 159.

Auf Bitten des Abts (Heinrich) zu Ilsenburg und der Aebtissin zu Abbenrode bestimmt Bischof Hermann zu Halberstadt, dass die Kapelle zu Kulingerode der Kirche zu Abbenrode einverleibt und gleich dieser von dem Propst des Klosters geistlich versorgt werden solle.

Hermannus, dei gracia Halberstadensis ecclesie episcopus, omnibus Christi fidelibus presens scriptum visuris salutem in domino. Quum ex priuilegiis venerabilis patris nostri Meynardi episcopi beate memorie intelleximus, capellam sitam in villa Kylingerode ad ecclesiam Abbenrod (!) pertinere, et prepositum ipsam capellam diuinorum officio procurasse, populus uero de Cylingerode in precipuis festiuitatibus, videlicet in pascha domini, in ascensione, in festo pentecosten, in assumpcione Marie, in festo Andree, in dedicacione, in natiuitate domini, in purificacione, in festo palmarum ad matricem ecclesiam Abbenrod venire consueuit et ibi moram facere, quousque missa summa fuerit celebrata, tenentur eciam pueri ciuium illorum de Kylingerode in ecclesia Abbenrode baptizari, femine parturientes reconciliari ac mortui sepeliri. Hanc vero, capellam domina abbatissa cuidam sacerdoti contulit et exinde iuridicionem dicte capelle sibi et sue timet ecclesie deperire. Nos uero, precibus domini abbatis de Hilseneborcb nec non prepositi et abbatisse eiusdem ecclesie inclinati. prefatam capellam, postquam iam dictus sacerdos mortuus fuerit uel viuens abrenunciauerit, libere cum omni iure suo ad matricem ecclesiam redire volumus, et prepositus predictus sibi eam assumet et pro vna cura tam matricem ecclesiam quam filiam a nobis vel nostris successoribus recipiet, sicut fuerat prius consuetum. Si quis uero iam capellam a matrice ecclesia sine nostra seu successorum nostrorum licencia alienare voluerit, ex factu[1] se nouerit excommunicacionis sententiam incurrisse. Vt autem hec ordinacio rata permaneat, presens scriptum nostro sigillo duximus roborandum. Testes autem huius ordinacionis sunt: dominus Heinricus abbas de Hilsineborcb, dominus Ludolfus prepositus de Drubeke, dominus Johannes de Lochtene, et alii quam plures fide digni.

Datum anno domini m°cc°xc°viii° infra octauam apostolorum Symonis et Jvde.

Urschrift auf Pergament durch Feuchtigkeit stark angegriffen, doch fast an allen Stellen gut lesbar, im Königl. Staats-Archiv zu Magdeburg s. r. Abbenrode 17ᵇ. Die Einer der Jahrszahl sind durch einen Defect in der Bruchstelle nicht deutlich mehr zu erkennen, doch scheint die Jahreszahl 1298 wahrscheinlicher als 1297, was das (neuere) Regest hat. Uebrigens findet sich noch feria V^a post. fest. beati Joh. Bapt. 1297 Hermanns Vorgänger Bischof Volrad auf der Wernigeröder Vesperglocke in der Oberpfarrkirche genannt. Zeitschr. des Harz-Ver. 1869 1. S. 50.

1) *fcü.*

1298. **160.**

Das Kloster Ilsenburg beurkundet, dass der vom Kloster Adersleben erhaltene Zehnte zu Ballersleben (Nr. 156) der Abtei zukommen und statt der Einkünfte der dafür gegebenen 5 Hufen zu Hedersleben der Kämmerer des Klosters von dem Hofe in Südschauen 36 Malter Winterkorn empfangen soll.

Nos dei gracia Hinricus abbas [1], Bertoldus prior et connentus monasterii Ilsyneborch tenore presencium recognoscimus publice protestando, qnod nos quinque mansos sitos Hedesleue cum omni vtilitate tam in villa quam in campo ecclesie nostre comparauimus et dictos mansos de communi nostro consensu ecclesie in Adesleue donauimus et elargimur ac concedimus perpetno possidendos. Dicti vero prepositus et conuentus in Adesleue, circa nostram ecclesiam amicabiliter et specialiter moti, decimam viginti trium et dimidii mansorum in campo Ballersleue sitorum nostre ecclesie contulerunt liberaliter versa vice et perpetuo possidendam, prenominata autem decima ad nostram abbaciam perpetuo pertinebit. Pro huiusmodi vero mansis datis ecclesie in Adesleue, que soluerunt quinquaginta maldaria vtriusque frumenti, videlicet estiualis et hyemalis, camerarius noster quicunque fuerit de ipso allodio sito in Sutschauwen triginta et sex maldaria hyemalis annone recipiet in vsus fratrum nostrorum et alios vsus, quemadmodum litera per nos eciam data continet, conuertenda. In cuius rei euidenciam presencia sigillo nostro et conuentus nostri ad perpetue firmitatis indicium fecimus communiri.

Actum et datum anno domini m°cc°xcviii°.

Copialbuch Bl. 31ᵇ. Auch in Cop. CXXXV Bl. 477 im Königl. Staats-Archiv zu Magdeburg.

1) *Im Ilsenb. Copialb. zu Wernigerode fehlt abbas.*

(O. D. zw. 1290 u. 1300.) **161.**

Heinrich und Bernhard, Gebrüder von Plötzke, vergleichen sich mit dem Kloster Ilsenburg dahin, dass sie demselben in 3 bestimmten Terminen zusammen 75 Mark zahlen, die vom Kloster erkaufte Vogtei frei resigniren und für die Erfüllung ihrer Verpflichtungen sich mit ihren Bürgen zum Einlager verpflichten.

In nomine domini amen. || Cum labilis sit humana memoria et fragilis, necessarium est, que geruntur in tempore, ne simul transeant cum tempore, in linguis testium poni uel scripture testimonio perhennari. Nos itaque Heinricus et Bernardus fratres dicti de Ploceke vniuersis presens scriptum audituris uel uisuris recognoscimus puplice profitendo, quod discordia, que inter honorabiles uiros dominum abbatem uidelicet de Ilsineborg suumque conuentum ex una et nos ex parte uersabatur altera, interpositis et mediantibus uiris honestis et idoneis, quorum nomina subscripta sunt, totaliter est sopita, quod uiginti et quinque marcas dominica qua cantatur inuocauit in restaurationem ablatorum aliqualem et dampnorum, que nostra de parte sustinuerunt, ipsis dabimus quinquaginta marcas festo sancti Jacobi proximo et quinquaginta marcas Cothunensis argenti in natali domini proximo nunc instante; aduocaciam autem, quam dicti dominus abbas et conucntus a nobis redemerunt, libere et sine inpetitione nostra qualibet possidebunt; non redemptam uero seruabimus, ut est iuris. Ne igitur super summa pecunie prenotate temporibus prescriptis dande et aduocaciis, quemadmodum supra patet obseruandis aliqualis calumpnia oriatur, quidam infra expressi nobiscum et pro nobis fide corporali ad maiorem cautelam prestita ad triennium literam presentem inde conscriptam firmari fecerunt suorum appensionibus sigillorum. Elapso triennio fideiussorum fides et promissum exspirabunt, nostra fide solummodo permanente. Item que redempta est et nos redimere possumus exspirante triennio aduocaciam, ita tamen, si dicti dominus abbas et conuentus uoluerint consentire. Si uero aliquod inpedimentum ortum fuerit super istis, unus nostrum ciuitatem dictam Aquis intrabit, alii, uidelicet dominus Johannes dictus de Monte, dominus Johannes dictus de Frekeleue, dominus Hermannus dictus de Wederde Ascariam, alii uero, uidelicet dominus Lodewicus dictus de Nendorp, dominus Johannes dictus de Cerige, dominus Lodolfus dictus de Gatersleue et Ericus dictus de Frose ciuitatem Quedeligeborg intrabunt, non exituri, nisi condecenter domino abbati et conuentui fuerit satisfactum. Si autem quis dictorum fideiussorum medio tempore decesserit, alii infra mensem loco sui fideiussore sufficiente et idoneo prouidebunt, alioquin dictas ciuitates intrabunt, non exituri, nisi fideiussorem ordinauerint quemadmodum est prescriptum.

Urschrift auf Pergament im Königl. Staats-Archiv zu Magdeburg s. r. Ilsenburg Nr. 40. Die anhangenden acht Siegel sind alle nur fragmentarisch erhalten. Zu vergleichen ist Nr. 149 und Nr. 150.

Halberstadt, 1300, März 22. 162.

Heinrich, Graf zu Blankenburg, verkauft mit Einwilligung seines Sohnes Heinrich 2½ Hufen zu Erkstedt für 55½ Mark dem Kloster Ilsenburg.

Henricus, dei gratia comes in Blankenborc, vniuersis tam futuri temporis quam presentis, ad quos hec littera peruenerit, salutem in perpetuum. Cum propter humane conditionis inperfectum et alterationem continuam huius mundi, qua vna generatio preterit alia succedente, nec non propter alias circumstantias varias et diuersas non semper possint haberi testimonia viue vocis, prouidendum est, ut contractus hominum siue gesta muniantur testimonio scripturarum, ad quas, deficiente viuo teste, prouide recurratur. Nouerint igitur omnes et singuli, quibus nosse fuerit oportunum, quod nos cum legitimo consensu dilecti filii nostri Hinrici ac aliorum heredum nostrorum omnium voluntate duos mansos et dimidium iacentes in campis ville Ergstedo soluentes annuatim triginta quinque maldras frumenti, cuius vna medietas sit hyemalis annona[1], altera uero medietas sit estiualis, qui scilicet duo mansi et dimidius tempore venditionis infra scripte ad nos iure proprietatis et dominii legaliter et libere pertinebant, religiosis viris Hinrico abbati et conuentui monasterii in Ilseneburc pro quinquagintaquinque marcis et dimidia examinati argenti nobis persolutis ab eisdem venditione pura pariter et legitima in perpetuam proprietatem vendidimus et nos vendidisse recognoscimus per presentes, cum vniuersis pertinenciis suis et integritate qualibet, tam in campis quam in pascuis et in villa, liberos inquam et solutos ab omni aduocacia, seruitutibus et angariis et oneribus vniuersis. Obligauimus etiam nos et presentibus obligamur(!) abbati et conuentui supradictis, quod ipsos in possessionibus supradictis warandauimus, prout loco et tempore iure tenebimur eosdem warandare. In cuius rei testimonium presentem paginam super hiis confectam, ad cauendum futura pericula, seu dubium vel errores, nostro ac prefati filii nostri sigillis fecimus communiri ad perpetuum robur et euidenciam premissorum. Testes huius sunt: Guntherus prepositus, Sifridus decanus, maioris, Fredericus decanus, Hinricus scolasticus, sancte Marie ecclesiarum Halberstadensium; item nobiles viri Albertus et Fredericus de Wernigerode, Hinricus de Regenstein comites; Johannes et Hermannus de Bodendike fratres, Theodericus dictus Gygas, Basilius de Romesleue, Johannes de Dingelstede milites, et alii quam plures clerici et layci fide digni.

Actum et datum Halberstat anno domini millesimo trecentesimo vndecimo kalendas Aprilis.

Urschrift auf Pergament, die Siegel, welche an Pergamentstreifen hangen, etwas beschädigt.

1) *Die Hdschr. anona.*

Magdeburg, 1300, März 28. 163.

Burchard, Erzbischof zu Magdeburg, willigt in den Verkauf seines Bruders des Grafen Heinrich zu Blankenburg über 2½ Hufen zu Erkstedt.

Nos Borchardus, dei gratia sancte Magdeburgensis ecclesie archiepiscopus, recognoscimus publice per presentes, de nostro consensu fore et libera voluntate, quod dilectus in Christo frater noster Hinricus, comes de Blanckenborch, duos mansos et dimidium, iacentes in campis ville Ergstede, cum suis pertinenciis vniuersis viris religiosis Hinrico abbati et conuentui monasterii in Ilseneborch pro iusto precio et pro quadam pecunie quantitate in perpetuam proprietatem vendidit, venditione pura, legitima et perfecta. In cuius rei testimonium et perpetuam euidenciam premissorum presens scriptum sigilli nostri appensione fecimus roborari.

Datum Magdeburg anno domini millesimo trecentesimo quinto kalendas Aprilis.

Urschrift auf Pergament, das Siegel zerbrochen.

Halberstadt, 1300, März 28. 164.

Der Grafen Heinrich von Blankenburg und Heinrich von Regenstein Versicherung an das Kloster Ilsenburg, die Einwilligung des jetzt in der Gefangenschaft befindlichen Grafen Heinrich des Jüngern in den Verkauf der 2½ Hufe zu Erkstedt herbeizuschaffen oder 60 Mark zu zahlen.

Nos dei gracia Hinricus de Blankenborc ac Hinricus de Regenstein comites notum esse volumus vniuersis, quod cum viri religiosi Hinricus abbas monasterii in Ilseneborc et suus conuentus a nobis, videlicet Hinrico comite de Blankenborc supradicto, duos mansos et dimidium iacentes in campis Ergstede comparassent emptione legitima pro quadam pecunie quantitate, nos ambo comites antedicti obliguauimus nos eisdem et presentibus obligamur et promisimus ipsis abbati et conuentui ac nobilibus viris Alberto et Frederico comitibus de Wernigerode ac Johanni de Dingelstede militi nomine monasterii memorati, quod cum Hinricus comes de Blankenborc iunior, qui nunc in captiuitate detinetur, a captiuitate liberatus fuerit domino concedente, extunc procurabimus infra mensem, quod ipse venditioni supradicte ratihabitionem et consensum suum adhibebit legitimum liberum et expressum, alioquin lapso mensis termino Halberstat intrabimus ad iacendum, nulla nocte extra ciuitatem illam permansuri, donec id per nos fuerit procuratum. Si vero, quod absit, non poterimus ipsum inducere, ut vendicioni et contractui consenciat vllo modo, extra ciuitatem ipsam similiter absentes non erimus vlla nocte, quousque nos inquam comes de Blankenborc antedictus sexaginta marcas argenti examinati prefatis abbati et conuentui persoluamus, recepturi duos mansos et dimidium prenotatos ita uidelicet, quod ipsi abbas et conuentus percipiant maldras illas, que de bonis illis pro tempore tunc instante fuerint persoluende. Quod si fortassis vnum ex nobis interim decedere contigerit domino disponente, alteruter superstes et residuus alium fideiussorem et obsidem eque bonum defuncto substituet ad premissa, alioquin ciuitatem sepedictam, ut premittitur, per noctem aliquam non exibit, quousque talem posuerit substitutum. In cuius rei testimonium presens scriptum ad euidenciam premissorum sigillis nostris fecimus communiri.

Datum Halberstat anno domini millesimo tricentesimo feria secunda post dominicam qua cantatur Iudica.

Urschrift im Königl. Staats-Archiv zu Magdeburg s. r. Ilsenburg Nr. 58. Beide Siegel verletzt.
Copialbuch Bl. 39ᵇ.
Erwähnt bei Stübener, Merkwürdigk. d. Harzes 1, 80. Abgedruckt in Hoefers Zeitschrift für Archivkunde I. S. 291 nach dem Orig.

1300, April 4. 165.

Hermann, Bischof von Halberstadt, entsagt allen seinen Ansprüchen auf die von seinem Bruder Graf Heinrich von Blankenburg verkauften 2½ Hufen zu Erkstedt.

Nos Hermannus dei gracia Halberstadensis ecclesie episcopus recognoscimus per presentes, quod nobilis vir Hinricus comes de Blankenborch, frater noster dilectus, honorabili viro .. abbati et conuentui in Ilseneborch nostra accedente voluntate et consensu vendidit duos mansos cum dimidio in campo Erchzstede¹ sitos cum pertinentiis vniuersis pro quadam summa pecunie perpetuo possidendos. Quam vendicionem ac empcionem nos gratam et ratam habentes renunciamus omni iuri penitus, quod ex iure hereditario hactenus habuimus in eisdem, et sigillum nostrum in euidens testimonium presentibus duximus apponendum.

Datum anno domini mᵒcccᵒ pridie nonas Aprilis, pontificatus nostri anno quarto.

Urschrift mit beschädigtem Siegel im Königl. Staats-Archiv zu Magdeburg s. r. Ilsenburg Nr. 57.
Copialbuch Bl. 39ᵇ.
1) *Das Copialbuch Erckstede.*

1300 (?). 166.

Abt Heinrich und das Kloster Ilsenburg verkaufen einen Hof mit fünf Hufen in Berningerode und Besitzungen in Erptingerode (?) an das Kloster Abbenrode, welches gelobt, eine Kapelle oder einen Altar zu der Ehre des heiligen Petrus zu errichten (vgl. Nr. 179).

Nos Henricus dei gracia abbas, Hinricus prior totumque Ilsoneborgensis ecclesie collegium recognoscimus tenore presentium lucide protestando, quod unanimi consensu et bona liberatione (!) desuper habita reverendo domino Conrado preposito, Gertrudi abbatisse necnon toti ecclesie in Abbenrode vendidimus pro 108 marcis puri argenti curiam nostram sitam in Bernigerode cum 5 mansis liberis a decima et decimam 5 ibidem sitorum, cum omnibus suis pertinentiis in pratis et pascuis, silvis et aquis, quantum ad nos pertinuit, omni iure. Insuper agros et pascua, sylvas et prata Erxtingerode[1] adiacentia huic enim(?)[2] venditioni apposuimus[3] dominum Conradum prefatum prepositum, Gertrudim abbatissam nec uon suam ecclesiam perpetuo possidendos, hac tamen adiecta conditione, quod sepe prefati, videlicet dominus prepositus et abbatissa, cum consensu sui conventus construat cum dotatione iu ecclesia sua Abbeurode capellam vel altare in honorem sancti Petri apostoli pro restauratione[4] ecclesie in Bernigerode, ubi divinorum solemnia perpetue peragantur. Summam enim(?)[5], quam de venditione talium bonorum contraximus, convertimus in usum nostre ecclesie scilicet pro ea[5] (emimus) 4½ mansos cum 2 curiis sitis in Berewinckel apud Osterwick, que bona nostre ecclesie libere ac perpetue remanebunt. In cuius rei testimonium presens scriptum sigillo nostro et nostri capituli sigillo dignum duximus muniendum. Huiusmodi facti testes sunt: dominus Henricus prepositus in Stotterlingeborch, magister Betmannus plebanus in Osterwick, Johannes plebanus iu Lochten etc.

Datum anno 1300[6].

Copialb. CIV Nr. 1171 im Königl. Staats-Archiv zu Magdeburg.

1) *Erptingerode in der Urkunde vom 30/7. 1303 und Herbetingrode vom 15/8. 130?. —* 2) *etiam? —* 3) *per ist ausgelassen. —* 4) *Das Copialb. hat reservatione. —* 5) *Dasselbe hat: pro Eau 4½ cet. —* 6) *Nach den unter 1 angeführten Urkunden (vgl. unten Nr. 180 u. 183) wird 1303 zu lesen sein.*

1300, Juli 28. 167.

Albrecht und Friedrich, Grafen zu Wernigerode, verkaufen dem Kloster Ilsenburg 4 Hufen zu Mulmke mit der Vogtei.

Nos Albertus et Fridericus dei gratia comites in Wernigerod notum esse volumus vniuersis Christi fidelibus tam presentis temporis quam futuri, quod de consensv heredum nostrorum dimisimus ecclesie et conventui sanctorum apostolorum Petri et Pauli in Ylseneborch quatuor mansos sitos in campis Mulbeke cum aduocatia eorundem et cum omnibus ad eos pertinentibus tam in villa quam in campis, reuunctiantes nichilominus omni iuri, quod nobis in predictis bonis et eisdem adherentibus competebat, dimittentes eadem bona ecclesie et conventui predictis insto empcionis tytulo perpetuo possiderda. In cuius facti euidens testimonium presens scriptum dedimus nostrorum sigillorum appensionibus roboratum. Testes sunt: Hinricus decanus ecclesie sanctorum Georrii et Syluestri in Wernigerod. Hinricus de Rymbeke, Hermannus de Digelsted, clerici et canonici ibidem; Johannes de Digelstede, Jordanus de Mynsleve, Johannes de Romesleve milites; Thidericus de Hartesrode, Johannes de Digelstede, Thidericus de Romesleve famuli, et alii fide digni.

Datum anno domini m°ccc°, quinto kalendas Augusti.

Urschrift mit beiden beschädigten Siegeln im Königl. Staats-Archiv zu Magdeburg s. r. Ilsenburg Nr. 65.
Copialbuch Bl. 19.
Zeugen: Braunschw. Anzeigen 1746 Sp. 2033.

NB. Nach der Interpunction der Urschrift ist man veranlasst, wenn auch nicht gezwungen, das Jahr 1300 anzunehmen und quinto — hinter welchem kein Punct steht — zu kal. Augusti zu ziehen. Delius und die Braunschw. Anzeigen nehmen das Jahr 1305 an.

1300, August 6. 168.

Urkunde des Klosters Ilsenburg über die Verwendung der Einkünfte einer von Joh. v. Oldenrode erkauften Hufe in Mulmke und von ¼ Hufe zu Steinbrock zu geistl. Feiern am Altar U. L. Frauen bei der Orgel, zu den Gedächtnisstagen seines Vaters und seiner Mutter und zu Spenden für die Armen.

Nos dei gratia Henricus abbas, Henricus prior et conuentus ecclesie in Hilsineborg recognoscimus vniuersis publice protestando, quod Johannes de Oldenrode emit vnum mansum in Mulbeke pro viginti marcis et vna soluentem annis singulis quindecim maldaria. medietatem tritici et medietatem avene, que maldaria ad valorem duarum marcarum vsualium annis singulis estimamus, quarum vnam ad altare apud organa beate Marie virginis contulit cum quinque fertonibus, quos ibidem penitus assignauit, vt ibidem missa diebus singulis celebretur. Reliquam vero marcam ad lumen cereum comparandum, quod ibidem in honore beate Marie virginis ardebit singulis noctibus, ordinauit, et hec maldaria, quamdiu vixerit, in vsus suos conuertet et libere possidebit; eo vero mortuo, ut iam prescriptum est, ad predicti altaris suffragia pertinebunt. Insuper idem Johannes vnum quartale vnius mansi in Stenbroke[1] comparauit, qui soluit tria maldaria hyemalis et estiualis, de cuius vna medietate dabitur stipa in anniuersario patris ipsius, et de alia medietate similiter stipa in anniuersario matris eiusdem debet pauperibus erogari. In cuius rei evidens testimonium sigillum nostrum et conuentus nostri presentibus est appensum.

Actum et datum anno domini m°ccc°, viii° idus Augusti.

Urschrift mit noch vorhandenen, doch etwas beschädigten Siegeln im Königl. Staats-Archiv zu Magdeburg s. r. Ilsenburg Nr. 68. Die Schrift ist theilweise durch den Einfluss von Feuchtigkeit sehr verblasst.

1) *Wüstes Dorf zwischen Drübeck und dem Anfang des Stukenbergs am Ramsbach.*

1300. 169.

Hermann, Bischof von Halberstadt, und das Kapitel daselbst geben dem Kloster Ilsenburg 5 Hufen zu Hüllingerode mit den dazu gehörigen Leuten und allem andern Zubehör.

Hermannus dei gracia episcopus [1], Guntherus prepositus, Siffridus decanus, Anno scolasticus totumque capitulum ecclesie Halberstadensis vniuersi shanc paginam audituris seu visuris salutem in domino sempiternam. Ne ea, que fiunt in tempore, simul labantur cum fluxu temporis et a memoria hominum recedant, que res fragilis est, poni solent in lingua testium et scripture memorie perhennari.... Noscant igitur presentes et posteri, quod nos vnanimi consensu nostri capituli voluntate insimul liberaliter accedente quinque mansos iacentes in campis Hullingherode soluentes marcam et dimidiam vsualis argenti ad nos nostramque ecclesiam proprietario iure pertinentes vna cum hominibus dictis bonis attinentibus simul et attinenciis, pertinenciis ceterisque iuribus vniuersis in honorabilem virum dominum abbatem et monasterium Ilseneborgh libere transferimus in hiis scriptis, donantes ipsos eidem monasterio perpetue possidendos, nichil nobis iuris in premissis penitus reseruantes. Ne autem de premissis seu aliquo premissorum aliquis dubietatis scrupulus suboriri valeat, presens scriptum inde confectum sigillis nostro videlicet ac nostri capituli sepedicto monasterio in Ilseneborgh dedimus in perpetuitatis testimonium validum et munimen.

Acta sunt anno gracie m°ccc°.

Urschrift auf Pergament ganz vermodert, das erste Siegel stark verletzt, das zweite aber wohl erhalten. Vgl. die Abbildung desselben bei v. Erath, cod. dipl. Quedlinb. Taf. XVII.

Copialbuch Bl. 13 b.

1) *episcopus fehlt im Copialbuch; in der Urschrift ungewöhnlich epi.*

---

13. Jahrh. 170.

Der Ritter Jusarius von Harlingeberg bekennt, dass er den Zehnten zu Dudingerode, den er von der Kirche zu Ilsenburg zu Lehn besass, mit Zustimmung seiner Söhne dem Kloster Wöltingerode resignirt habe.

Jusarius miles de Harlingeberch omnibus hanc paginam inspecturis in domino salutem. Quoniam res geste oblivionis incursu citius humane subtrahuntur memorie, que fiunt in tempore, ne cum fuga temporis discedant, congruum est hoc apicibus litterarum commendari. Notum igitur facimus universitati fidelium tam presentium quam futurorum, quod nos de consensu filiorum nostrorum, scilicet Jordanis, Baldewini, Widekindi, decimam in Dudingeroth, quam ab ecclesia Ilsenegensi [1] tenuimus, ecclesie Waltingeroth libere resignavimus possidendam. Ut autem hoc factum ratum et inconvulsum permaneat, hanc paginam inde conscriptam sigillo nostro consignavimus.

Urschrift auf Pergament mit beschädigtem Siegel an einem eingeschnittenen Pergamentstreifen hangend, im Königl. Staats-Archiv zu Hannover. Von der Umschrift des Siegels ist noch lesbar: . . . . . I . FR . . . . DANIS . DA . . . ERI .
Ueber den dem Kloster Ilsenburg zustehenden Zehnten zu Dudingerode z. Urk. von 1254. Einen Ritter Jusarius v. Harlingberg finden wir z. B. im Jahre 1265. Meklb. Urkdb. 2689. Vgl. auch Drüb. Urkdb. Nr. 68 S. 54.
1) *Ilsenegn in der Hdschr.*

Ilsenburg, 1301, Jan. 18. 171.

Heinrich, Abt zu Ilsenburg, bekennt, dass sein Mitbruder Ulrich, der Sohn des verstorbenen Werner v. Schermke (Scerenbeke) vor ihm und anderen frei den von seinen Brüdern Werner, Hermann und Friedrich geschehenen Verkauf von 2½ Hufen im Pesekendorfer Felde für 6½ Halberst. Mark Silbers an das Kloster Marienthal, Cistercienserordens, gebilligt und auf jeden Rechtsanspruch daran verzichtet habe.

Henricus dei gratia abbas in Ilseneburgh, ordinis sancti Benedicti, Halberstadensis dyocesis, vniuersis Christi fidelibus presentibus et futuris presentem literam visuris seu etiam audituris salutem in domino sempiternam. Tenore presentium publice protestamur, quod confrater noster Olricus, filius domini Werneri pie memorie de Scerenbeke, nobilis viri, in nostra presentia constitutus, non vi nec dolo inductus, sed voluntate spontanea motus, pluribus astantibus recognouit, quod venditionem proprietatis duorum mansorum et dimidii in campo Pesekendorp sitorum cum omnibus ipsorum attinentiis seu iuribus vuiuersis, quam fratres ipsius Wernerus, Hermannus, Fidericus (!) fecerunt venerabilibus fratribus .. abbati et .. conueutui monasterii Vallis sancte Marie, ordinis Cysterciensis, Halberstadensis dyocesis, pro sex marcis et dimidia examinati argenti, ponderis Halberstadensis, approbaret et ratam haberet, nec per se aut per suos vellet dictos fratres, quamuis etiam bene posset, in ipsis bonis aliquatenus iupedire, renunciando similiter coram nobis dicte proprietati antedictorum mansorum cum eorum attinentiis, necnon eorum iuribus vniuersis et singulis, si que eidem in dictis mansis conpetere videbantur. Huius recognitionis et renunciationis coram nobis factarum testes sunt: Henricus de Cletteuberg prior noster, Conradus de Werre, Johannes de Lengede, Baldewinus de Piscina, monachi nostri; Johannes de Bersle, monachus Vallis sancte Marie, ibidem camerarius. Vt autem recognitio et renunciatio eedem firme et stabiles perseuerent, fecimus conscribi eas, sigilli quoque nostri appensione fideliter communiri.

Datum apud Ilseneburgh anno m°ccc°i° in die Prisce virginis.

Urschrift mit schönem wenig beschädigtem Abtssiegel an dunkelblau-weisser Leinenschnur im Herzogl. Landes-Haupt-Archiv zu Wolfenbüttel s. v. Marienthal (bei Helmstedt). Von der Umschrift des Siegels (vgl. die Abbildung auf Taf. I. Nr. 6) ist zu lesen: SIGILLV HENRICI·DI·GRA·ABBATIS·IN·ı ...ORCH.

Halberstadt, 1302, März 20.　　172.

Hermann, Bischof von Halberstadt, bestätigt die Reinhardsche Schenkung der Neubruchszehnten (Nr. 12.) und von vier Hufen in Berssel.

Hermannus dei gratia Halberstadensis ecclesie episcopus honorabili viro ... abbati totique conuentui monasterii in Ilsneborch [1] sinceram in domino karitatem. Litteras felicis recordationis reuerendi patris ac domini Reynardi, quondam Halberstadensis ecclesie episcopi, predecessoris nostri, vidimus, legimus, audiuimus, non cancellatas, non abolitas, nec in aliqua sui parte viciatas continentie infrascripte.

Notum sit omnibus tam futuris quam presentibus Christi fidelibus, qualiter ego Reynardus Halberstadensis ecclesie dei gratia episcopus Ilsneburgensi ecclesie in vtilitatem fratrum ibidem degentium pro remedio anime mee predecessorumque nostrorum dedi decimationes noualium presentium et futurorum in omnibus locis, in quibus habent decimationes, preterea et decimationem super propria eorum noualia in Hadesleuo[2]; quapropter, ut hec traditio et firma perpetualiter permaneat, consensu presentium synodali banno et nostro sigillo firmamus. Data vii idus Aprilis, anno dominice incarnationis m°c°xviii° indictione duodecima. Actum Halbersteti in dei nomine feliciter amen.

Volentes igitur monasterium vestrum predictum speciali gratia prosequi et fauore memorati patris nostri ac domini Reynardi quondam episcopi vestigiis inherendo, supradicti tenoris gratiam innouamus, renouamus, ratificamus, ac eciam approbamus decimam noualium trium mansorum in campo Bersle sitorum ad agriculturam nouiter redactorum nec non decimam [3] vnius mansi ibidem adhuc futuris temporibus excolendi vestro donamus monasterio liberaliter supradicto, omne ius, quod nobis et ecclesie nostre in bonis premissis conpetere videbatur, in vos sepefatumque monasterium vestrum presentibus transferendo. Ne igitur presens nostra innouatio siue donatio pretextu obliuionis vel ignorantie futuris valeat temporibus infirmari, presentes litteras inde confectas ad omnem premissorum euidentiam pleniorem vobis vestroque monasterio duximus erogandas sigilli nostri munimine stabilitas. Huius rei testes sunt: Heinricus plebanus ecclesie forensis, magister Bertoldus officialis, Guncelinus de Berwinkel, canonici ecclesie sancte Marie Halberstadensis, et quamplures alii fide digni.

Actum et datum Halberstat anno domini m°ccc°ii° feria secunda proxima post dominicam qua cantatur reminiscere, pontificatus nostri anno sexto.

Urschrift auf Pergament: das Siegel ganz zerrieben. Es ist noch ein zweites Exemplar, ebenfalls auf Pergament, vorhanden, das aber ganz zerfressen ist und woran das Siegel fehlt.

1) *Zweites Exemplar Ilseneburch.* — 2) *So — und zwar offenbar corrigirt — die stark beschädigte Ausfertigung, während die andere irrthümlich (vgl. Nr. 12) Badesleuo hat.* — 3) *Fehlt in dem zweiten Exemplare.*

1302, August 17. 173.

Versicherung des Klosters Stötterlingenburg, dass es den mit dem Kloster Ilsenburg über die Verwendung einer halben Mark jährl. Zinsen aus Osterwiek eingegangenen Vertrag halten wolle.

Nos Hinricus dei gratia [1], Ermegardis abbatissa, Alheidis priorissa totusque conuentus in Stoterligeborg tenore presentium recognoscimus, protestationem factam super redditibus dimidie marce inter ecclesiam Ilseneborg ex vna et nostram ex parte altera, sicut in litteris domini a[bbatis] .... ecclesie sue poterit liquido declarari, firmiter volumus obseruari; ita quod quicunque bonorum Johannis retro macella burgensis in Osterwich .... dominus extiterit, de censu eorundem bonorum filie Heydenrici quondam prefecti in Osterwich et filie filii eius sanctimonialibus .... dimidie marce vsualis argenti annis singulis procuret, quamdiu vitam gesserint super terram. Post obitum vero ipsarum .... marce dimidie prelibate in vsus communitatis conuentus nostri perpetuo redigentur, qui in anniuersario Johannis de [2] Oldenrodhe .... et missis eius memoriam fideliter peraget annuatim. De predictis autem redditibus consolationem aliquam habiturus. Huius rei testes sunt: dominus Couradus prepositus in Abbenrode, magister Betemannus plebanus in Osterwich, dominus Johannes plebanus .... Olricus, Ludolfus, Jordanis conuersi. Vt autem processus huiusmodi firmitate solidetur, presentem paginam sigillo domini Hinrici prepositi nostri .. sigillo [3] fecimus pro ueritatis indicio roborari.

Datum anno domini m°ccc°ıı° in octaua beati Laurentii martiris.

Urschrift, von deren beiden Siegeln nur noch ein Fragment des zweiten erhalten ist, im Königl. Staats-Archiv zu Magdeburg s. r. Ilsenburg Nr. 59. Die Urkunde ist rechts stark angefressen.

1) *prepositus ist ausgelassen.* — 2) *Hdschr. et.* — 3) *sigillo steht zweimal.*

1302. 174.

Die v. Bärwinkel übertragen dem Bischof Hermann zu Halberstadt eine Anzahl Güter, darunter insbesondere eine Hufe zu Rottmersleben und 2 Pfund 7 Schillinge zu Lemsel und Wüstemark, deren Eigenthum vom Kloster Ilsenburg der Halberstädter Kirche übertragen wurde, und empfangen diese Güter vom Bischof zu Lehn. Von den Entschädigungen einzelner Kirchen erhält das Kloster Ilsenburg 1 1/2 Mark nebst Zubehör zu Hullingerode.

Nos Borchardus de Berwinkele miles necnon Borchardus et Gunzelinus [1] de Berwinkele famuli omnibus hanc litteram audituris vel visuris cupimus esse notum, quod pro quibusdam proprietatibus infrascriptis, quas in Christo reverendi domini Hermannus episcopus, Guntherus prepositus, Sifridus decanus totumque capitulum ecclesie Halberstadensis, ut conditionem eiusdem ecclesie facerent meliorem, in perpetuum contulerunt pro nostre desiderio voluntatis quibusdam ecclesiis annotatis in sequentibus et expressis, nos cum libero ac legitimo consensu heredum nostrorum videlicet Gunzelini, Burchardi et Johannis, nostrorum predicti Borchardi militis filiorum, uec non etiam Friderici, Borchardi et Gunzolini, fratrum nostrorum, scilicet Burchardi et Gunzelini famulorum predictorum ac aliorum nostrorum heredum et coheredum omnium, quorum in hac parte consensus merito fuerat requirendus, in quali[2] permutationis contractu proprietates infra scriptas ecclesie Halberstadensi predicte damus in perpetuum ac tradimus traditione legitima et perfecta ac ipsas eidem ecclesie nos[3] dedisse ac tradidisse per presentes recognoscimus cum omni solemnitate debita, que in dandis huiusmodi ac tradendis iure debuit observari: unicum namque mansum in Marcbeke[4], tres mansos in Rodeu[5], dimidium mansum in Stoterlinge, unum mansum in Bunde[6] et unam curiam atque sylvam, dimidium mansum in campis Osterwich, unum mansum in Aderstede, dimidium mansum in Serchstede, unum mausum in Berkelinge[7], item unum mansum in Gunnensleve[8] et dimidium mansum in Osleve[9] quoad proprietatem, ut premissum est, damus et conscribi fecimus Halberstadensi ecclesie supradicte. Singula quoque ac omnia supradicta, quorum proprietatem modo premisso transtulimus in ecclesiam antedictam, uecnon etiam unum mansum in Retmersleve et duo talenta ac septem solidos cum suis pertinentiis in Lemsole et Wustemarke[10], quorum bonorum proprietatem honorabilis vir dominus abbas et conventus monasterii in Hilsineborch[11] in sepedictam transtulerunt ecclesiam, a reverendo domino Hermanno Halberstadensi episcopo recepimus in pheodum et habemus; proprietates autem, quas prefati domini reverendi quibusdam ecclesiis vice versa pro nostro desiderio contulerunt, sunt etiam[12]: in Dodendorp[13] unum mansum abbati et conventui Vallis sancte Marie Cisterciensis; in inferiori Ronstede[14] mansum unum, in Velstorp[15] quoque duos ac in campis Osterwik[16] duos, in Berwinkele[17] quatuor et dimidium ecclesie sancte Marie in Halberstat; in Hullingerode[18] marcam et dimidiam usualis argenti cum suis pertinentiis annuatim monasterio in Hilsiueborch[19] modo supradicto in perpetuum contulerunt. Nos quoque Borchardus miles uec non Borchardus et Gunzelinus, famuli supradicti, presenti scripto nos firmiter obligamus et promittimus, nos velle ac debere procurare, quod singuli supradicti nostri filii atque fratres memoratas donationes per nos factas ratas habebunt et ipsas approbabunt personaliter et expresse cum legittimam venerint ad etatem. Et nos Gunzelinus de Berwinkele, canonicus ecclesie sancte Marie Halberstadensis, consauguineus et patruus predictorum militis atque famulorum, donationibus, quas fecerunt in premissis, nostrum consensum expresse presentibus adhibemus et ipsas donationes sigilli nostri appensione ac munimine roboramus, obligantes nos similiter ad[20] procurandum, ut premittitur, quod singuli filii predictorum et fratres una cum dilecta sorore nostra Ermegardi, necnon Bertoldo[21] strenuo milite, ipsius marito, hec approbabunt et expresse consentient in singula supradicta. Ad perpetuam autem[22] evidentiam et memoriam omnium predictorum presentem litteram super his confectam sigillorum nostrorum munimine cum appensione sigillorum, videlicet domini Gunzelini canonici ecclesie sancte Marie Halberstadensis, patrui nostri, nec non etiam strenui militis et honesti domini Bertoldi de Ditforde, dilecti sororii nostri, fecimus ac procurauimus firmiter roborari. Et nos Bertoldus miles[23] dictus de Ditvorde[24], sororius predictorum militis atque famulorum, una cum Ermegardi uxore nostra donationibus, quas fecerunt in premissis, nostrum consensum expresse presentibus adhibemus et ipsas donationes sigilli nostri appensione ac munimine roboramus.

Actum et datum anno domini m°ccc° secundo. Et nos Gunzelinus famulus, frater Burchardi famuli predicti, quia proprio sigillo caremus, sigillo honorabilis viri domini Johannis de Drenleve, prepositi sancti Petri Goslariensis, usi sumus.

Nach zwei Abschriften Bl. 65ᵇ ff. und 496ᵇ ff. des Cop. CI im Königl. Staats-Archiv zu Magdeburg. Eine dritte Abschrift das. Cop. CXXXIV Bl. 51.
1) *In den Abschriften wechselt die Schreibung Gunzelinus, Guntzelinus und Guncelinus; die letztere ist vorherrschend.* — 2) *65ᵃ: quasi.* — 3) *497ᵇ: non.* — 4) *497ᵇ: Marchbeke. Wüstung zwischen Zilly und Langeln.* — 5) *Pfarrdorf Rhoden zwischen Zilly und Osterwiek.* — 6) *Dorf Hühne an der Ilse südwestl. vom vorigen.* — 7) *497ᵇ: Berkelinghe. Berklingen im Amtsgericht Scheppenstedt.* — 8) *Gunsleben, Kirchdorf, Filiale von Hamersleben Kr. Oschersleben.* — 9) *Pfarrdorf Ausleben Kr. Neuhaldensleben.* — 10) *Westemarcke. Wohl das wüste altmärkische Wustermark bei dem Schl. Burgstall.* — 11) *Hüsenborch.* — 12) *Bl. 497ᵇ: et jam. Bl. 66ᵇ: nam.* — 13) *Wüstes Kirchdorf südlich von Hakenstedt nach Druxberge zu.* — 14) *Kirchdorf Runstedt im Amtsgericht Scheppenstedt. Auch lag ein wüstes R. nördl. von Halberstadt.* — 15) *Velsdorf, Tochterkirche von Calvörde.* — 16) *66ᵇ: Osterwic.* — 17) *497ᵇ: Berwinkel. Wüstes Dorf nördlich von Osterwiek.* — 18) *497ᵇ: Hullingrode.* — 19) *497ᵇ: Hilsenborch.* — 20) *497ᵇ: ac.* — 21) *66ᵇ: Bartoldo.* — 22) *498ᵃ: ad.* — 23) *498ᵃ: fehlt miles.* — 24) *67ᵃ: Ditforde.*

O. Z. um 1302. 175.

Heinrich, Abt, und das Kloster Ilsenburg treten der Halberstädter Kirche Zehntgefälle aus Lemsel, Wüstemark, Stempel und Rottmersleben ab.

Henricus dei gratia abbas, H. prior totusque conuentus monasterii in Ilseneborgh, ordinis s. Benedicti, vniuersis audituris vel uisuris hanc litteram salutem in omnium saluatore. Ne ea, que fiunt in tempore, vllam obliuionis patiantur calumpniam, expedit ea scriptis autenticis ac testium subscriptionibus perhennari. Nouerint igitur vniuersi tam presentis temporis quam futuri, quod nos consensu nostri conuentus ac voluntate vnanimi accedente quinque mansos censuales viginti solidos soluentes in Lemsole, septem mansos duodecim solidos soluentes in Wsthemarke, quinque mansos quindecim solidos soluentes in Stempele, vnum mansum decem solidos soluentem in Rethmerslave, Magdeburgencium denariorum ad nos nostrumque monasterium iure proprietatis pertinentes vna cum hominibus dictis bonis attinentibus simul et attinenciis, pertinenciis ceterisque iuribus vniuersis in ecclesiam Halberstadensem libere transferimus in hiis scriptis donantes ipsos eiusdem ecclesie capitulo perpetue possidendos, nichil nobis iuris in premissis penitus reservantes. Ne igitur de hiis seu aliquo premissorum aliquis dubietatis scrupulus suboriri valeat, presens scriptum sigillis nostro uidelicet et conuentus nostri prefate ecclesie Halberstadensi tradere decreuimus in perpetuitatis testimonium validum et munimen.

Acta sunt hec anno gracie m°...

Urschrift mit beschädigtem bzw. fragmentarischem Abts- und Conventssiegel s. v. Stift Halberstadt XIII, 85 im Königl. Staats-Archiv zu Magdeburg. Zwei Abschrr. im Copialb. der Gymn.-Bibliothek in Halberstadt.

Am 14. Mai 1298 war Barthold, ums Jahr 1303, jedenfalls 6.7. 1304, Heinrich Prior, am 19. März 1306 war bereits Burchard Abt. Die Urkunde ist uber mit der vorhergehenden offenbar ziemlich gleichzeitig.

Halberstadt, 1302. 176.

Hermann, Bischof von Halberstadt, giebt das Eigenthum der von Burchard von Bärwinkel zu Lehn getragenen 2 Hufen im Felde Osterwiek und 4½ Hufen mit 2 Höfen im Felde Bärwinkel der Kirche U. L. F. zu Halberstadt, wogegen der von Bärwinkel andere Güter zu Lehn macht (vgl. Nr. 174).

In nomine sancte et indiuidue trinitatis amen. Hermannus dei gracia Halberstadensis ecclesie episcopus omnibus inperpetuum. Rebus quidem in humanis nichil est adeo solidum atque firmum, quin decursu temporis per nature debitum in nichilum redigatur. Expedit itaque acta hominum, ne cum graui periculo in obliuionem transeant[1], testium memoria et scripturarum noticia roborari ad firmitatis perpetue munimentum. Hinc est, quod vniuersis tam presentis temporis quam futuri notum esse volumus cum effectu, quod duos mansos sitos in campo Osterwich et quatuor mansos cum dimidio et curiam sitos in campo Berwinkele, quos a nobis strennuus miles et honestus Borchardus de Berwinkele iure tenuerat pheodali, nobis et ecclesie nostre libere resignauit, nos quoque eiusdem militis precibus fauorabiliter inclinati, dictos sex mansos cum dimidio in manu nostra tenentes liberos et solutos cum omni utilitate, proprietate, ac suis pertinenciis uniuersis tam in ciuitate Osterwich et in villa Berwinkele, quam in campis, liberos ab omni iure advocacie et a quolibet debito seruitutis exemptos unanimi consensu nostri capituli et bona uoluntate liberaliter accedente donauimus ecclesie sancte Marie virginis nostre ciuitatis perpetuo remanendos; et ne ecclesia nostra huiusmodi alienacionis aliquod sustineat detrimentum, prefatus miles de Berwinkele proprietatem trium mansorum in Röcle* et vnius mansi in Gunensleue et dimidii in Osleue et vnius mansi in Bunde cum curia, et dimidii in Stotterlinge cum curia nec non dimidii mansi in Osterwich nostre ecclesie in restaurum sufficiens erogauit. Huius resignacionis ac nostre donacionis testes sunt: Guntherus prepositus, Siffridus decanus, Anno scolasticus, Johannes dictus de Drenleue prepositus montis sancti Petri prope Goslariam, Albertus et Hinricus de Anahalt, Fredericus de Plozech, Wernerus dictus de Wanzleue, prepositus ecclesie Walbucensis Halberstadensis ecclesie canonici; Albertus Speculum, Johannes Vagus, Ludolfus de Lengedo, Thydericus de Scowen, Wernerus de Slage, Hinricus Bromes milites, et quam plures alii fide digni. Et ne de premissis seu aliquo premissorum ex malignantis ingenii versucia aliquis dubietatis scrupulus valeat suboriri, presens scriptum inde confectum sigillis nostro videlicet ac nostri capituli prefate ecclesie sancte Marie, quam deo teste sincera amplectimur karitate, tradere decreuimus in perpetuitatis[3] testimonium ualidum et munimen.

Actum et datum Halberstat anno domini m°ccc° secundo.

Urschrift auf Pergament, die Siegel beide sehr verletzt.
Copialbuch Bl. 22ᵇ.
1) *In der Urschr. transeut.* — 2) *Pfarrdorf Rocklum im Kr. Halberstadt.*
— 3) *Urschr. perpetuetatis.*

Wernigerode, 1303, Juli 2. 177.

Burchard von Bärwinkel verkauft dem Kloster Ilsenburg einen Hof mit 4 Hufen und eine halbe Hufe mit Hof im Felde Bärwinkel für 109½ Mark reinen Silbers, worüber die Marienkirche in Halberstadt dem Kloster das Eigenthum gleichfalls überlassen hat; bezeugt von Graf Albrecht von Wernigerode.

Nos Borchardus de Berwinkele miles notum esse volumus vniuersis tam presentis temporis quam futuri, quod cum voluntate pariter et consensu dilecti filii nostri Guncelini et aliorum liberorum et heredum nostrorum, quorum super hoc consensus fuerat requirendus, presente nobili viro Alberto comite de Wernlngerode ac ipso mediante, cum vna curia quatuor mansos et dimidium cum curia soluentes annuatim septuaginta tria maldra, dimidietatem hyemalis annone et totidem estiualis annone, iacentes in campis ville Berwinkele cum omnibus iuribus et pertinenciis eorundem tam in villa quam in campis ab omni aduocacia liberos et quietos pro centum et nouem marcis ac dimidia puri argenti nobis persolutis viris honorabilibus et religiosis Hinrico abbati totique conuentui monasterii in Ilseneborch vendidimus in perpetuum vendicione pura, legitima et perfecta. Quorum videlicet mansorum proprietatem honesti ac discreti viri Fredericus decanus totumque capitulum ecclesie sancte Marie Halberstadensis nostris precibus annuentes predicto monasterio liberaliter et perpetuo contulerunt, prout in instrumento super hoc specialiter confecto lucide continetur. Promisimus eciam corporaliter ac manualiter fide data, quod ipsos abbatem et conuentum de bonis illis warandabimus omnino et eosdem eximemus a qualibet inpeticione, nec non ab omni questione, si quid inpeticionis ac questionis super mansis eisdem exortum fuerit contra ipsos, et pro warandacione huiusmodi facienda predictis abbati et conuentui fideiussores dedimus infrascriptos, scilicet Geuehardum ac Henricum de Aluensleue fratres, Ludolfum[1] de Esbeke, Hinricum pincernam milites; Borchardum et Guncelinum de Berwinkele, patruos nostros, famulos, qui se nobiscum et pro nobis ad faciendam dictorum bonorum warandacionem eciam fideliter ac firmiter se astrinxerunt, promittentes in solidum fide data, quod si quid questionis aut inpeticionis super eisdem bonis motum fuerit abbati et conuentui supradictis, extunc fideiussores iam predicti, cum per eosdem abbatem et conuentum requisiti fuerint, intrabunt ciuitatem Halberstat ad iacendum, non exituri per noctem aliquam, quousque talis inpeticio siue questio expedita fuerit totaliter et sopita. In cuius rei testimonium et ad perpetuam cuidenciam premissorum prefati comitis Alberti de Werningerode sigillo et nostro proprio nec non sigillis predictorum fideiussorum nostrorum fecimus communiri. Et uos Albertus, dei gracia comes de Werningerode predictus, recognoscimus, quod ad peticionem eiusdem Borchardi de Berwinkele militis sigillum nostrum presentibus est appensum. Nos quoque Geuehardus ac Hinricus de Aluensleue, Ludolfus de Esbeke, Hinricus pincerna, milites Borchardus et Gunzelinus de Berwinkele famuli supradicti sigillorum nostrorum appensione recognoscimus et fatemur, quod pro ipso Borchardo milite prenotato et cum ipso nos in solidum obligauimus ad predicta et presentibus obligamus.

Actum et datum Werningerode anno domini millesimo CCC° tercio, vi° nonas Julii.

Urschrift im Königl. Staats-Archiv zu Magdeburg s. r. Ilsenburg Nr. 60 Von den 7 Siegeln ist das Burchards v. Bärwinkel nicht mehr vorhanden, das Ludolfs v. Esebeck mehr die übrigen wenig beschädigt.
Copialbuch Bl. 28ᵇ.
Gedruckt: Braunschw. Anzeigen 1746 Sp. 2031—2033 mit der Notiz: Von den Siegeln merke ich an, dass das Aluenslebische 3 Rosen, das Schenckische 2 Wölfe und das Berwinkelsche oben einen Wolf und darunter 2 Garben etc. in sich fasse.

1) *Der Druck in den Braunschweigischen Anzeigen hat unrichtig Rudolphum.*

Halberstadt, 1303, Juli 4. 178.

Das Stift U. L. F. zu Halberstadt giebt das Eigenthum von 4½ Hufen zu Bärwinkel dem Kloster Ilsenburg.

Nos dei gracia Fredericus decanus totumque capitulum ecclesie sancte Marie Halberstadensis notum esse uolumus vniuersis, ad quos hec littera peruenerit, quod cum Borchardus de Berwinkele miles quatuor mansos et dimidium cum vna curia adiacente soluentes annuatim septuaginta tria maldra utriusque annone iacentes in campis ville Berwinkele cum omnibus iuribus et pertinenciis eorundem tam in villa quam in campis viris honorabilibus ac deuotis . . abbati et conuentui monasterii in Ilseneborch pro centum et nouem marcis et dimidia examinati argenti venditione pura et legitima uendidisset, quorum videlicet mansorum et curie proprietatem reuerendus in Christo pater et dominus Hermannus, Halberstadensis ecclesie episcopus, cum consensu tocius capituli sui ecclesie nostre predicte liberaliter erogasset, prout in aliis litteris super hoc confectis plenius continetur, nos cum uoluntate omnium nostrorum pariter et consensu precibus prefati militis annuentes proprietatem bonorum predictorum eo iure, quo in nostram ecclesiam est translata, donauimus monasterio in Ilseneborch supradicto cum omni solempnitate debita, que in huiusmodi donatione fuerat obseruanda. Et ne, quod absit, huiusmodi donatio nostra ullo tempore calumpniam paciatur, seu per aliquem infirmetur, ipsam donationem et presens scriptum super hoc confectum sigillis nostris, .. decani videlicet et ecclesie nostre, fecimus roborari.

Actum et datum Halberstat anno domini m°ccc° tercio, quarto nonas Julii.

Urschrift mit fragmentarisch erhaltenen Siegeln im Königl. Staats-Archiv zu Magdeburg s. r. Ilsenburg Nr. 61.
Copialbuch Bl. 29.

1303, Juli 30.   **179.**

Des Klosters Abbenrode Urkunde über die vom Kloster Ilsenburg für 108 Mark erkauften Güter zu Berningerode und Erptingerode, wogegen dieses Güter zu Bärwinkel bei Osterwiek angekauft hat, und Versprechen, eine Kapelle oder Altar in ihrer Kirche zur Ehre St. Peters zu bauen, als Ersatz für die Kirche zu Berningerode.

Ne ea, que geruntur in tempore, a memoria hominum labantur, que res fragilis est, solent scripturarum et testium inditio perennari .. Hinc est, quod nos Conradus dei gratia prepositus in Abbenrode, Gertrudis abbatissa, Juditta priorissa totusque conuentus eiusdem ecclesie recognoscimus presentibus et posteris publice in hiis scriptis, quod bona in Berningherode et in Erptingherode cum omnibus suis vniuersaliter appendiciis emimus pro centum et octo marcis puri argenti a uenerabilibus viris domino abbate in Ilseneborgh et suo conuentu, nobis et nostre ecclesie perpetuo remansura; quam pecuniam idem dominus abbas ac suum collegium in emptione quatuor mansorum et dimidii cum duabus curiis sitis in Berewinkele apud Osterwigh in usum sue ecclesie conuerterunt. Insuper profitemur presentibus, quod nos debemus ex promisso struere capellam vel altare cum dotatione in nostra ecclesia Abbenrode in honorem beati Petri apostoli et hoc prorestauratione ecclesie in Berningherode, vbi diuinorum offitia perpetue non cessabunt. Quod factum sigillo nostro et sigillo nostre ecclesie confirmauimus. Huius rei testes sunt: dominus Henricus prepositus in Stoterlingheborgh, magister Betemannus plebanus in Osterwigh, Johannes plebanus in Logthene clerici; Baldewinus hospitalarius, Conradus de Werre plebanus, Reynherus camerarius et Henricus custos, officiati nostre ecclesie; dominus Albertus et dominus Fredericus fratres, comites in Werningherode; Burghardus dictus de Berewinkele et Johannes dictus de Dinghelstede milites, et alii quam plurimi fide digni.

Datum anno domini millesimo tricentesimo tercio, tercio kalendas Augusti.

Urschrift auf Pergament mit dem fragmentarischen Abbenröder Conventssiegel (s. Taf."*V, Nr. 32), dem Siegel des Propsts Conrad (das. Nr. 33) und einem kleineren fragmentarischen parabolischen in der Mitte befindlichen Siegel, wie es scheint Maria mit dem Jesuskindlein darstellend (Pfarrsiegel?).*

1303, Juli 30. 180.

Heinrich, Abt, und das Kloster Ilsenburg bekundet, dass es vom Kloster Abbenrode für 108 Mark Güter zu Berningerode und Erptingcrode mit der Bedingung erkauft habe, dass letzteres Kloster in seiner Kirche eine Kapelle oder Altar St. Peters zum Ersatz für die Kirche in Berningcrode erbaue, während das Kloster Ilsenburg für die erhaltene Summe Güter in Bärwinkel bei Osterwiek erkauft hat.

Nos Henricus dei gratia abbas, Henricus prior totumque Ilseneborgensis ecclesie collegium recognoscimus tenore presentium lucide protestando, quod vnanimi consensu et bona deliberatione desuper habita reuerendo domino Conrado preposito, Gertrudi abbatisse necnon toti ecclesie in Abbenrode vendidimus pro centum et octo marcis puri argenti curiam nostram sitam in Berningherode cum quinque mansis liberis a decima et decimam quinque mansorum ibidem sitorum cum omnibus suis pertinentiis in pratis et pascuis, siluis et aquis, quantum ad nos pertinuit omni iure. Insuper agros et pascua, siluas et prata Erptingherode adiacentia huic etiam venditioni apposuimus (per)[1] dominum Conradum prefatum prepositum, Gertrudim abbatissam, necnon suam ecclesiam perpetuo possidendos, hac tamen adiecta conditione, quod sepe prehabiti, videlicet dominus prepositus et abbatissa, cum consensu sui conuentus construant cum dotatione in ecclesia sua Abbenrode capellam vel altare in honorem beati Petri apostoli pro refutatione ecclesie in Berningherode, vbi diuinorum sollemnia perpetue perangantur. Summam autem, quam de uenditione talium bonorum contraximus, conuertimus in usum nostre ecclesie, scilicet emendo per eam quatuor mansos et dimidium cum duabus curiis sitis in Berewinkele apud Osterwigh,. que bona nostre ecclesie libere et perpetue remanebunt. In cuius rei testimonium presens scriptum sigillo nostro et nostri capituli sigillo dignum duximus muniendum. Huiusmodi facti testes sunt: dominus Henricus prepositus in Stoterlingheborgh, magister Betemannus plebanus in Osterwigh, Johannes plebanus in Logthene clerici; Baldewinus hospitalarius, Couradus de Werre plebanus, Reynherus camerarius et Henricus custos, officiati nostre ecclesie; dominus Albertus et dominus Fredericus fratres, comites de Werningherode; Burchardus dictus de Berewinkele et Johannes dictus de Dinghelstede milites, et alii quam plurimi fide digni.

Datum et actum anno domini millesimo tricentesimo tercio, tercio kalendas Augusti.

Urschrift im Königl. Staats-Archiv zu Magdeburg s. r. Ilsenburg Nr. 62. Das Abtssiegel ist abgefallen, das grosse Conrentssiegel aber ist gut erhalten.

1) *per fehlt in der Urschrift.*

1303, August 3. 181.

Heinrich der Aeltere und Heinrich der Jüngere, Grafen zu Blankenburg, resigniren eine halbe Hufe und einen Hof zu Bärwinkel, welche die Gebrüder von Bärwinkel ihnen zuerst resignirt, dem Stift Halberstadt.

Nos Hinricus senior, Hinricus iunior, comites in Blanckenborch presentibus publice protestamur, quod cum honesti famuli Borchardus et Gunzelinus fratres, dicti de Berwinkele, dimidium mansum in campis ville eiusdem situm cum quadam curia attinente in manus nostras libere resignassent, nos eundem dimidium mansum et curiam reuerendo in Christo patri ac domino nostro Hermanno Halberstadensi episcopo resignauimus ac eciam resignamus presentibus in scriptis, in cuius rei testimonium sigilla nostra presentibus sunt appensa.

Actum et datum anno domini m°ccc°iii° in iuuencione sancti Stephani prothomartiris.

Copialbuch Bl. 29.

1303, August 3. 182.

Hermann, Bischof zu Halberstadt, giebt das Eigenthum der von den Grafen von Blankenburg ihm resignirten halben Hufe und einen Hof in Bärwinkel dem Kloster Ilsenburg.

Nos dei gratia Hermannus Halberstadensis ecclesie episcopus publice protestamur literas per presentes, quod cum dilecti nobis Hinricus frater noster nec non Hinricus filius ipsius comites in Blankenborch dimidium mansum in campis ville Berwinkele situm cum quadam curia attinente, quondam ipsis ab honestis famulis Borchardo et Gunzelino fratribus dictis de Berwinkele resignatum, in manus nostras similiter resignassent, nos eundem dimidium mansum ac curiam in monasterium apostolorum Petri et Pauli in Ilseneborch, ordinis sancti Benedicti, transferimus denuo in hijs scriptis, prout in literis nostris ac capituli nostri super donatione et translatione prefati dimidii mansi ac curie confectis plenius continetur.

Actum et datum anno domini m°ccc°iii° in inuentione sancti Stephani prothomartiris.

Urschrift mit gut erhaltenem parabolischen bischöflichen Siegel im Königl. Staats-Archiv zu Magdeburg s. r. Ilsenburg Nr. 63.
Copialbuch Bl. 29.

1303, August 15. 183.

Heinrich, Abt zu Ilsenburg, quittirt dem Propste Konrad zu Abbenrode über das für die Güter in Berningerode und Herbetingerode gezahlte Kaufgeld.

Nos Hinricus, dei gracia abbas in Ylseneborch, recognoscimus pubplice per presentes, quod dominus Conradus prepositus ecclesie in Abbenrode centum et octo marcas puri argenti nobis et nostre ecclesie pro bonis in Bernigrode et Herbetingrode a nobis emptis integre persoluit beniuole et amice. In cuius rei testimonium iam dicte ecclesie et domino preposito presens scriptum nostro sigillo contulimus roboratum.

Actum anno domini m°ccc°iii° in die assumpcionis beate Marie virginis. Testes huius sunt: dominus Conradus de Werre, dominus Boldeuinus, dominus prior, Hermannus dictus Lepel, et alii quam plures fide digni.

Urschrift mit anhangendem beschädigtem Siegel (vgl. Taf. I. Nr. 6) im Königl. Staats-Archiv zu Magdeburg s. r. Abbenrode 21ᵇ. Ohne die Zeugen auch ebend. im Cop. CIV Nr. 1165.

(1296—1303.) 184.

Hermann, Bischof von Halberstadt, die Fürsten von Anhalt, Otto, Graf zu Aschersleben und Bernhard zu Bernburg, beurkunden einen Vertrag zwischen dem Kloster Ilsenburg und Ritter Bernhard von Plötzke, wonach die Klosterleute zu Aderstedt und in den andern Klosterdörfern nicht mehr alle 6 Wochen das Goding besuchen und nach Gefallen Abgaben geben sollen, sondern gegen Zahlung einer halben Mark und eines halben Vierdings von jeder Hufe von letztern gänzlich befreit und erstere nur dreimal im Jahre gehalten werden sollen, und dass die Appellation an das Kloster Ilsenburg gehe.

Hermannus dei gracia Halberstadensis ecclesie episcopus, Otto dei gracia comes Ascharie et princeps in Anhalt et Bernhardus dei gracia comes in Berneborch dictus de Anahalt vniuersis Christi fidelibus presencia audituris seu visuris salutem in eo, qui est omnium vera salus. Ne ea, que fiunt in tempore, simul cum lapsu temporis euanescant, expedit, ea scripturarum et testium subscriptionibus perhennari. Inde est, quod tenore presencium publice profitemur, quod inter honorabilem virum dominum Hinricum abbatem in Ilsyneborch ac suum monasterium ac Bernhardum de Plotzeke strennuum militem, existit taliter placitatum, vt omnis controversie materia sopiatur, videlicet quod homines predicti domini abbatis et ecclesie sue in villa Aderstede et in aliis villis pertinentibus ad iam dictum monasterium residentes, qui hucusque ex quadam necessitate legis apud ipsos introducte per totum anni decursum infra sex septimanas semel iudicium, quod godyng vulgariter dicitur, frequentarunt, nec non prenotato militi Bernhardo exactiones seu contribuciones alias ex quadam consuetudine inportuna, quociens eidem placuit, hactenus persoluerunt, ammodo ne prefati homines exactionibus voluntariis seu contribucionibus quibuscunque faciendis ac oneribus aliis a prefato Bernhardo milite et a suis heredibus indebite pregrauentur, de quolibet manso dimidiam marcam cum dimidio fertone Stendaliensis argenti, hoc anno tantum ante diem beati Galli nunc proxime affuturum, dabunt militi memorato, per cuius quidem summe ac pecunie solucionem efficaciter in dicto termino factam, prout premissum est, pretacti homines de cetero ab omnibus exactionibus, contribucionibus, angariis seu perangariis in perpetuum erunt liberi et immunes; nec ipsi Bernhardo militi obedient quoquo modo, nisi quod ter in anno secundum consuetudinem loci ad iudicium, quod godyngh vulgariter dicitur, vna cum aliis venient, et si quid ibidem querimonie uel accusacionis contra ipsos delatum fuerit, sepedictus Bernhardus miles seu eius vicem gerens pro quantitate excessus tanquam iudex ordinarius iudicabit. Et si aliqui excessus, qui vulgariter vnghericbte dicuntur, casualiter euenerint, qui ad ipsum delati fuerint, similiter omni die et omni hora tanquam iudex ordinarius iudicabit. Si vero ad ipsum nulla querimonia delata fuerit pro parte ciuium predictorum, eosdem non debeat pro eo aliquibus violentis molestacionibus aut quibuscumque adhoc faciendis angariis aggrauare. Et si aliqua sentencia, que dicitur ghewedde, inique artati fuerint, a qua si non appellauerint, quicquid iuris fuerit, si gracia non interuenerit, sustinebunt. Si vero ab iniqua sentencia quempiam ipsorum ad iudicium superius videlicet in Leseneborg contigerit appellare, quicquid ibidem sentencialiter dictatum fuerit, vigorem iuris sine contradictione qualibet sorcietur; et versa vice sepefatus Bernhardus miles pretaxatos homines, sicut alios subditos suos, contra omnes molestatores ac iniuriatores eorundem pro sua possibilitate fideliter defensabit. Sed si prenominatus Bernhardus miles iudicium prenarratum, quod godyng dicitur, cum suis pertinenciis tempore succedente vendiderit, vel alio quocumque modo alienauerit in alios transferendo, nichil aliud vendere poterit, nisi quantum in eodem retinet et quod ordinacio continet supra scripta; addentes nichilominus supradictis, quod si sepedictus Bernhardus miles aut pater eiusdem vel sui fratres ecclesiam Ilsyneburgensem in aliquo molestarunt aut dominos ibidem existentes vmquam in aliquo perturbarunt, ad honorem omnipotentis dei et genetricis eius gloriose virginis Marie, beatorum Petri et Pauli apostolorum omnimode sit sopitum et presentibus relaxatum.

In cuius rei testimonium nos supradicti specialiter rogati ab honorabili viro domino Henrico abbate in Ilsyneborg et a Bernhardo milite premissis sigilla nostra duximus presentibus apponenda. Et ad maiorem rei euidenciam nos Fredericus canonicus ecclesie Halberstadensis et Henricus miles fratres dicti de Plotzeke vna cum sigillo fratris nostri Bernhardi, a quo presens ordinacio est gracioso animo acceptata, quam eciam nos gratam et ratam habentes, ne in posterum inde vlla calumpnie iactura oriatur, presentem paginam super eo confectam nostris sigillis fecimus communiri. Huius rei testes sunt etc.

Copialbuch Bl. 7 b.

Bischof Hermann regierte von 1297 bis 1303, der Vater des Fürsten Otto aber muss um 1303 gestorben sein (nach Cohn, Stammtafeln T. 150 vor 26/5 1303), also ist die Urkunde wahrscheinlich aus diesem Jahr.

1304, März 13. 185.

Die Grafen Albrecht und Friedrich zu Wernigerode geben dem Ritter Sigfried von Minsleben das Eigenthum der von ihm vorher als Lehn besessenen halben Hufe zu Balhorn und einen halben Hof daselbst.

Nos Albertus et Fredericus, dei gracia comites in Werningerode, recognoscimus tenore presencium publice protestantes, quod strennuo militi Siffrido de Mynsleue dicto dedimus et nichilominus presentibus damus proprietatem dimidii mansi siti in Balehoren [1] cum dimidia curia sita ibidem, quem a nobis pheudaliter tenuerat, dantes eundem dimidium mansum eidem militi cum omnibus ad eum pertinentibus tam in villa quam in campis. Vt igitur hec donacio perpetuo duratura inviolabiliter permaneat, in euidenciam facti firmiorem presens scriptum dedimus sigillorum nostrorum appensionibus communitum.

Datum et actum anno domini m°ccc° quarto in crastino beati Gregorii pape.

Copialbuch Bl. 29b und 33.

1) *Wüstes Dorf zwischen Danstedt und Zilly auf der Flur des letzteren Dorfs.*

Ilsenburg, 1304, Juli 6. 186.

Das Kloster Ilsenburg bestimmt, dass die Zinsen der vom Bruder Stacius erkauften halben Hufe zu Balhorn zur Feier einer Jahrszeit desselben verwendet werden sollen.

Hinricus dei gracia abbas, Hinricus prior totusque conuentus monasterii in Ilsyneborch vniversis presentem paginam inspecturis salutem in domino sempiternam. Ne ea, que aguntur in tempore, excidant a memoria, que res fragilis est, expedit, ea scriptis autenticis roborari. Nouerint ergo tam presentes quam posteri, quod Stacius dominus noster et confrater a strennuo milite domino Siffrido de Mynslene et suis heredibus tria maldera, alterum dimidium scilicet siliginis et alterum dimidium auene, comparauit eidem de dimidio manso in Balhoren sito de licencia sui prelati et abbatis in festo sancti Martini ministranda, prout fieri est consuetum. Que predicta maldra post ipsius obitum ad anniuersarium suum singulis annis peragendum sine cuiusquam inductu sed motu proprio nostris dominis libere erogauit, vt in sue deposicionis anniuersario domini nostri ob salutem anime nostri confratris prenotati de predictis maldris solacium percipiant aliquale. Vt autem hec omnia inuiolabiliter obseruentur, presentem paginam nostro nostrique conuentus sigillo memorato Stacio domino nostro et coufratri nobis pro eo supplicante duximus roborandam.

Datum in Ilsyneborch anno domini m°ccc°iiii° pridie nonas Julii.
Copialbuch Bl. 33ᵇ.

1304, August 1. 187.

Das Kloster Ilsenburg verfügt über die stiftungsmässige Verwendung der Einkünfte von verschiedenen Personen bezahlter und angekaufter Güter zu Mulmke, Steinbrock, Erkstedt und Pabstdorf.

Nos Hinricus dei gracia abbas, Hinricus prior et conuentus monasterii in Ilsyneborch recognoscimus omnibus Christi fidelibus et publice profitemur, quod a nobilibus viris et dominis Alberto et Frederico comitibus in Werningerode cum consensu heredum ipsorum legittimorum quatuor mansos sitos in villa Mulbeke cum omnibus pertinenciis tam in campis quam in villa, soluentes sexaginta maldaria, medietatem tritici et medietatem auene, pro nonaginta marcis Brunswicensis argenti et ponderis comparanimus perpetuo possidendos. De hiis quatuor mansis dominus Baldewinus nostre hospitalarius ecclesie tres mansos soluentes quadraginta et quinque maldaria frumenti prescripti pro septuaginta marcis puri argenti taliter comparauit, quod hec annona in usus pauperum et nostri hospitalis, de quo hec pecunia congregata fuerat, conuerti debet de abbatis consilio et consensu. De memoratis eciam quatuor mansis vnum mansum quindecim maldaria vtriusque frumenti, videlicet tritici et aueue soluentem, que taxamus ad duas marcas vsuales, Johannes de Oldenrode pro viginti et vna marca puri argenti comparauit, ita quod vnam marcam ad luminare cereum, quod ardebit nocte iuxta altare apud organa, ordinauit et vnam marcam apposuit quinque fertonibus, quos ad altare dictum prius comparauerat ad missam cottidie celebrandam. Hiis autem frumento seu pecunia quamdiu vixerit libere perfruetur. Item recognoscimus, quod Johannes de Oldenrode quartale vnius mansi siti in villa Steynbrok soluens tria maldaria hyemalis frumenti et estinalis percipienda quamdiu vixerit pro tribus marcis puri argenti taliter comparauit, quod in anniuersario eius patris de medietate pauperibus dentur elemosine et de medietate reliqua in anniuersario matris sue pauperibus benefiat. Ceterum recognoscimus, quod duos mansos et dimidium sitos in villa Erckstede cum pertinenciis, tam in campis quam in villa, solventes triginta et quinque maldaria frumenti hyemalis et estiualis, pro quinquaginta et quatuor marcis puri argenti comparauimus perpetuo possidendos. Preterea recognoscimus, quod Heynricus custos uostre ecclesie tredecim maldaria hyemalis et estiualis frumenti, que estimauimus ad septem fertones vsualis argenti, pro viginti marcis puri argenti in bonis prehabitis comparauit. Horum septem fertonum dimidiam marcam ad suum anniuersarium et fertonem pauperibus ad dandas elemosinas ordinauit, marcam vero residuam ad luminare cereum, quod ardebit in terra apud altare beati Virginis, ordinauit. Iusuper recognoscimus, quod Ludolphus Ghernodi et vxor sua Margareta nouem maldaria frumenti hyemalis et estiualis, ita quod quatuor maldaria ad dicti Ludolfi anniuersarium, et cetera quatuor ad eiusdem Margarete anniuersarium ad consolacionem dominorum nostrorum dabuntur, pro duodecim marcis puri argenti in bonis sepe habitis compararunt. Item recognoscimus, quod Paschedach sex maldaria frumenti hyemalis et estiualis pro nouem marcis puri argenti taliter comparauit, quod tria maldaria in anniuersario patris sui et tria maldaria in anniuersario eiusdem Paschedach dabuntur ad consolacionem nostris dominis faciendam. Hoc autem frumento, quamdiu dictus Paschedach vixerit, libere perfruetur. Item recognoscimus, quod Johannes de Sadeborch quatuor maldaria vtriusque frumenti pro sex marcis puri argenti percipienda quamdiu vixerit et post mortem suam ad suum anniuersarium habenda in bonis memoratis sepius comparauit. Item recognoscimus, quod frater Theodericus minor quatuor maldaria vtriusque frumenti comparauit pro sex marcis puri argenti, que percipiet cum necesse habuerit de licencia abbatis et quamdiu abbati videbitur expedire; post mortem vero suam de ipsis eiusdem fratris apud nos anniuersarius peragetur. Item recognoscimus, quod frater Theodericus maior quartale vnius mansi siti in Papstorpe soluens septem lotones argenti vsualis pro quatuor marcis puri argenti comparauit, quam pecuniam ad suas necessitates percipiet quamdiu vixerit de licencia abbatis et quamdiu abbati videbitur expedire; eo vero mortuo de hiis septem lotonibus suus anniuersarius peragetur. Item recognoscimus, quod de septem lotonibus vsualis argenti, quos comparauimus in domo, que quondam fuerat Bernhardi de Reddebere pie memorie, ita statuimus, quod cum fertone vsuali anniuersarius domini Nandewici quondam plebani in Rymbeke et cum tribus lotonibus vsualibus Ernesti de Berkenstene apud nos pie memorie anniuersarius in nostra ecclesia peragetur. In cuius rei euidens testimonium sigillorum nostrorum appensionibus presencia fecimus communiri.

Actum et datum anno domini m°ccc° quarto, kalendas Augusti.

Copialbuch Bl. 20ᵇ.

1304, Novbr. 25. 188.

Ulrich, Graf zu Regenstein, giebt dem Kloster Ilsenburg das Eigenthum einer Hufe im Dorf Mulmke, welche Dietrich und Johann, Ritter von Hartesburg, zu Lehn gehabt haben.

Nos Olricus dei gracia comes de Regensten omnibus presens scriptum[1] recognoscimus et presentibus puplice protestamur, quod de consensu heredum nostrorum legittimorum mansum vnum in villa Mulbike situm cum omnibus suis pertinentiis tam in villa quam in campis et iure quolibet, si quod nobis in eo competere videbatur, et proprietate, quem videlicet mansum Theodericus et Johannes milites de Hartesburch a nobis iure tenuerant feodali, ecclesie Ilseneburgensi contulimus perpetuo possidendum. Nos etiam Hinricus et Olricus dei gratia comites de Regensten vna cum nostris heredibus ratificamus ecclesiam Ilseneburgensem presentibus in hiis scriptis, quod nos seu nostri heredes, si quis in posterum predicta bona ausu temerario, quod absit, inpetere presumpserit, quandocumque nos requisiti fuerimus seu nostri heredes, sufficientem prestabimus warandiam. Vt igitur hec nostra donatio inconwlsa et inuiolabilis perseueret, presentes litteras super hiis confectas sigillorum nostrorum appensionibus fecimus communiri. Testes huius rei sunt: Johannes de Bodendike, Hinricus Gigas de Blankenburch, Godelinus advocatus, Hinricus et Conradus de Derneburch, Jordanis de Wigenrode, Jordanis de Redebere et Jordanis de Minsleue milites, et alii quam plures fide digni.

Actum et datum anno domini m°ccc° quarto septimo kalendas Decembris.

Urschrift an welcher das Siegel Graf Heinrichs von Blankenburg noch erhalten, von dem des Grafen Ulrich nur noch ein geringer Rest vorhanden ist, im Königl. Staats-Archiv zu Magdeburg s. r. Ilsenburg Nr. 64.

Copialbuch Bl. 19.

1) *Sowohl in der Urschr. als im Copialb. fehlt ein zu ergänzendes intuentibus.*

Ilsenburg, 1306, März 19. 189.

Ulrich von Schermke, Mönch zu Ilsenburg, verzichtet auf das Eigenthum seiner Güter in Feld und Dorf zu Gross-Orden.

Ego Olricus de Scerenbike, monachus ecclesie Ilseneburgensis, omnibus hanc litteram intuentibus recognosco presentibus puplice protestando, quod proprietati bonorum in campo et villa Orden Maiori sitorum, quam Hermannus et Fredericus, mei fratres, vna mecum iure hereditario possederunt, abrenunciaui, et omni iuri, quod michi super dicta proprietate competere videbatur, abrenuncio presentibus in hiis scriptis. In cuius rei testimonium euidens nos Borchardus dei gracia abbas ecclesie Ilseneburgensis presentem paginam ad instanciam dicti Olrici nostri sigilli munimine duximus roborandam.

Datum in Ilseneburch anno domini m°ccc°vi° quarto decimo kalendas Aprilis.

Urschrift, deren Siegel abgerissen, im Königl. Staats-Archiv zu Magdeburg s. r. Ilsenburg Nr. 66.

Halberstadt, 1306, April 23. 190.

Hermann und Dietrich, Gebrüder von Schermke, schenken mit Zustimmung ihrer Verwandten, darunter ihres Bruders Ulrich, Mönchs zu Ilsenburg, der Stiftsfrau Gertrud zu Quedlinburg und dem Domherrn Volrad zu Halberstadt, beide genannt von Hessen, alle ihre Güter zu Gross-Orden. (Besiegelt vom Abt zu Ilsenburg.)

Nos Hermannus et Fridericus fratres layci dicti de Scherenbeke tenore presentium recognoscimus publice profitentes, quod de vnanimi consensu dilecti avvnculi nostri Werneri de Kerbergh et fratrum nostrorum Werneri, canonici ecclesie Halberstadensis, ac Olrici monacbi in Ilsenborcb necnon sororum nostrarum Gerdrudis vxoris strennui militis Conradi dicti de Piscina, et Bertradis canonice ecclesie secularis in castro Quidelingborcb, carissimis consangwineis nostris Gertrudi, canonice predicte ecclesie secularis in Quedelingborch, ac Wlrado canonico ecclesie Halberstadensis dictis de Hesnem omnia bona ad nos pertinentia in maiori Ordhen sita tam in campis quam in villa cum hominibus, mansis, areis, curtibus, pratis, salictis, pascbuis, viis et inuiis, cum omni etiam vtilitate et fructu seu prouentibus, qui exinde percipi poterunt, et precipue ius patronatus ecclesie sancti Bartholomei ipsius ville Ordhen, donauimus liberaliter et solute. et presentibus elargimur iusto proprietatis titulo perpetuo possidenda, protestantes, quod Ghertrudim et Wlradum antedictos de donatione a nobis facta volumus ac debebimus loco et tempore inviolabiliter, ubi, quando et quotiens roquisiti fuerimus, warandare. Ne autem de buiusmodi facto inposterum aliqua dubitatio vel calumpnia[1] oriatur, nos Wernerus comes predictus de Kercberg, quia sigillo proprio caremus, sigillo honorabilis viri domini Joannis de Dreyleue portenarii ecclesie Halberstadensis, ego vere (!) Olricus monacbus in Ilseneborch similiter sigillum proprium non habens sigillo venerabilis patris domini .. abbatis in Ilseneborch, et nos alii prenominati, scilicet Wer[nerus], Her[mannus], F[ridericus], Gbertrudis et Bertradis fratres et sorores dicti de Scherbeke sigillis nostris propriis presentem litteram inde confectam roborari fecimus et cum matura prouidentia optinuimus communiri. Et nos Johannes dictus de Dreyleue, .. abbas de Ylseneborch prenominati rogati a prefatis Wernero et Olrico sigilla nostra presenti littere apposuimus ad euidentiam premissorum. Huius rei testes sunt: bonorabiles viri domini Hinricus de Anehalt prepositus ecclesie sancti Bonifacii Halberstadensis et Johannes de Dreyleve predicte Halberstadensis ecclesie portarius; Ludolfus de Lenghede, Hinricus Broemes

milites; Johannes Broemes, Thedericus et Ludolfus fratres layci dicti de Hersleve famuli et alii quam plures clerici et layci fide digni.
Actum et datum Halberstat anno domini m°ccc°vi° in die beati Georgii martyris.

Urschrift s. r. Stift Halberstadt XIII, 93 im Königl. Staats-Archiv zu Magdeburg. Von den sieben angehangten Siegeln fehlt das v. Dreylebische. Das des Abts (Burchard) von Ilsenburg s. abgeb. Tafel II. Nr. 7. Neuere Abschrift im Copiar. Cl. Bl. 134ᵇ—135ᵇ ebds.

1) *Orig.: calumpna.*

Halberstadt, 1306, Mai 9. 191.

Albrecht, Bischof zu Halberstadt, incorporirt dem Kloster Ilsenburg die Kirche zu Osmarsleben, worüber das Patronat schon demselben zusteht, doch dass dem Archidiakon sein Vierding und der Kirche in Halberstadt eine Mark jährlich gegeben werde.

Albertus dei gratia Halberstadensis episcopus vniuersis Christi fidelibus presentia uisuris seu audituris salutem in filio uirginis gloriose. Ne ea, que perpetue noticie debent titulis refulgere, ullam obliuionis caliginem sustineant uel iacturam, expedit, ut scripturarum karactere et testium inscriptionibus fultiantur. Inde est, quod tenore presentium recognoscimus lucide profitentes, quod requisito assensu nostri capituli nec non archydiaconi loci infrascripti vnanimiter et obtento honorabili viro .. abbati et conuentui monasterii in Ylseneborch, ordinis sancti Benedicti, quod a prima structura a nostris predecessoribus fundatum speciali amoris priuilegio amplectimur et prosequendo, ut expedit, filiam nostram dilectam amplioris fauoris gratia comfouemus, ecclesiam parochialem uille Osfordeslene, cuius ius patronatus ad predictum monasterium in Yleseneborch pertinet ac pertinuit ab antiquo, libere donauimus et de ipsa taliter concedimus ordinandum, quod abbas dicti loci, qui est et qui· pro tempore fuerit, vnum monachum de gremio ecclesie sue vel alium clericum ydoneum, cum primo uacauerit uel quandocumque et quocienscumque uacare contigerit, dictam ecclesiam in Osfordeslene, banni in Wederstede, loci archydyacono presentare debebit, et ipse archydiaconus curam animarum eidem comferens, eum per se uel per alium instituet in eadem. Uerum si idem abbas rectorem dicte ecclesie quocumque casu mutare uoluerit, personam aliam predicto archydiacono presentando quandocumque et quocienscumque hoc per eum factum fuerit, loci archydiaconus presentato ydoneo curam animarum eidem conferet et ipsum ad eandem instituet, ut superius est expressum. Ceterum, ut sepedicti loci archydiaconus in synodalibus suis nullatenus defraudetur, rector dicte ecclesie vnum fertonem Stendalensis argenti eidem quolibet anno in festo beati Galli sine contradictione qualibet ministrabit, aliis iuribus omnibus et singulis supradicto archydiacono semper saluis. Ecclesie uero nostre Halberstadensi pro beneficii accepti gratitudine pro fabrica et structura una marca usualis argenti a prememorato rectore annis singulis persoluetur. Ut autem hec nostra concessio et donatio firma permaneat et iugiter inconuulsa, presentes litteras inde confectas nostri ac capituli nostri nec non archydiaconi antedicti sigillorum appensionibus fecimus roborari. Huius rei testes sunt: Fredericus decanus, Johannes portenarius, Wernherus de Scermbeke, Hinricus prepositus sancti Bonifacii, Geuebardus de Werningerode, Vulradus de Hesnum, Hinricus scolasticus, Fredericus de Bodensten, Johannes Gotghemakede, Bartoldus de Cranichuelt, Wernherus camerarius, Borchardus de Ualkensten, Borchardus de Zeghenberch, Borchardus de Morungen, Johannes thesaurarius, Theodericus de Urekenleue, Heydenricus Aries et Albertus de Tundersleue, canonici ecclesie nostre, et alii quam plures clerici et layci fide digni.

Actum et datum Halberstat in generali capitulo nostro, anno domini m°ccc°vi° feria tercia ante festum ascensionis domini.

Urschrift auf Pergament, die Siegel — Bischof Albrechts, des Domcapitels und des Archidiacons des Banns Wedderstedt — hangen an roth- und grünseidenen Litzen, das erste ist am meisten beschädigt.

1307, Mai 1. 192.

Burchard, Abt zu Ilsenburg, und Konrad, Propst zu Abbenrode, bekunden, dass der Priester Konrad von Ueplingen, Präbendarius zu Abbenrode, vom Stift St. Simonis und Judae zu Goslar neun Morgen zu Dedeleben für 7½ Mark auf Lebenszeit gekauft habe.

Nos Borchardus dei gratia abbas in Ilseneburch, Conradus prepositus in Abbenrodhe recognoscimus publice vniuersis Christi fidelibus litteras per presentes, quod dominus Conradus dictus de Vplinghe, prebendarius in Abbenrodhe, sacerdos, cum bona uoluntate et pleno consensu honorabilium uirorum, decani uidelicet et capituli ecclesie sanctorum apostolorum Symonis et Jude in Goslaria, comparauit sibi nouem iugera, sita in campo Dedenleue, predicte ecclesie pertinentia, que olim habuit Olricus dictus Kerkhof, soluentia annuatim tres lotones cum dimidio nigri argenti. Hunc autem censum et alia sex iugera ad nouem iugera predicta spectantia, que annuatim soluunt quatuor maldra, vnum tritici, vnum siliginis, duo auene, comparauit sibi idem dominus Conradus a predictis canonicis pro septem marcis et dimidia nigri argenti cum pleno iure et omni utilitate ad tempora uite sue, in quocunque etiam statu siue habitu religioso stare uoluerit. Post mortem autem suam omnia ista iugera predicta, que pro dimidio manso reputantur, cum omnibus suis impensis et melioratione sua absque omni repetitione seu contradictione heredum uel amicorum suorum ad predictam ecclesiam Goslariensem liberaliter reuertentur, tali tamen conditione addita: si ipsum mori contigerit ante festum natiuitatis beate

Marie, tunc omnis fructus et vsus predicti dimidii mansi cedet liberaliter ecclesie predicte; si autem post illud festum obierit, extunc ille fructus illius anni tantum cedet, quemcunque ipse dominus Conradus ad hoc duxerit statuendum, nisi ex singulari deuotione uellet predicte ecclesie uoluntarie rosignare. Anniuersarium quoque diem obitus ipsius domini Conradi et cuiusdam Conradi et cuiusdam Adelheydis, quibus tam in uita quam in morte predicti canonici plenam fraternitatem omnium bonorum operum suorum contulerunt, annis singulis vno tamen die in predicta ecclesia sollempniter peragent, quemadmodum pro confratribus ipsorum fieri solet. Dabitur quoque eodem die dimidia marca nigra de predicto dimidio manso in hunc modum. Cuilibet uicario dabuntur quatuor denarii et duobus campanariis quatuor denarii. Quicquid autem residuum fuerit, hoc, sicut moris est, inter dominos et canonicos diuidetur. In huius autem rei euidens argumentum et maius testimonium duximus presentem litteram sigillorum nostrorum appensionibus firmiter roborandam. Testes quoque huius rei sunt vna nobiscum dominus Thidericus prepositus Noui operis in Goslaria, Borchardus dictus Honestus, et plures alii fide digni.

Datum anno domini m°ccc°vii° in die beatorum Philippi et Jacobi apostolorum.

Urschrift auf Pergament mit anhangenden Siegeln des Abts und Propsts Konrad im Stifts-Archiv zu St. Sim. u. Judas in Goslar Nr. 213. Von aussen steht von einer Hand des 11. Jahrh.: de vendicione dimidii mansi in Dedenleue facta domino Conrado de Vppelinghe plebano in Abenrode. Die Abbildung der Siegel s. auf Tafel II Nr. 7 und V Nr. 33.

Blankenburg, 1307, Juni 15. 193.

Heinrich der Jüngere, Graf zu Blankenburg, giebt dem Kloster Ilsenburg das Eigenthum von einer Hufe zu Westernbek, einer Hufe zu Bärwinkel und einer halben Hufe zu Osterwiek, welche die Gebrüder Albrecht und Konrad von Werre zu Lehn getragen haben.

In nomine domini amen. || Vniuersis Christi fidelibus presentis littere inspectoribus seu auditoribus Hinricus dei gratia comes in Blankenburg iunior salutem in omnium saluatore. Ne vniuersa nostrorum temporum negocia, que in statu debent solido permanere, faciliter possint a posteris in obliuionem deduci, sed ut robur perpetue firmitatis obtineant, expedit ea litterarum et testium amminiculis communiri. Hinc est, quod tam presentibus quam futuris cupimus fore notum, quod claustro in Ilsenburg duos mansos cum dimidio, in campis villarum, videlicet vnum in Western Bec [1], vnum in Berewinkele et dimidium in campis opidi Osterwich sitos, quos dominus Albertus miles et Conradus famulus fratres, dicti de Werre, viri strenui, a nobis titulo pheodali tenuerunt, cum pleno consensu dilecti patris nostri Hinrici comitis in Blankenburg senioris nec non heredum nostrorum voluntate, quorum consensus et voluntas merito fuerat requirendus, dedimus et presentibus donamus cum omnibus pertinenciis seu pertinendis ad eosdem mansos cum omni iure, quo nos et nostri progenitores habuimus, liberos ab omni iure aduocacie et a quolibet debito seruitutis, et iam dicto claustro in Ilseneburg perpetue remanendos, volentes nichilominus predictum claustrum in Ilseneburg de bonis supradictis, vbicunque, quandocumque et coram quibuscumque de iure debebimus, secundum ius et iusticiam warandare. Ne igitur presentem donacionem per nos racionabiliter factam arte uel ingenio infringere valeat² uel cassare, presentem litteram inde confectam nostrorum sigillorum appensionibus super eo dedimus communitam. Huius rei testes sunt: dominus Hinricus de Heynburg, dominus Gevehardus de Werningerode, dominus Hermannus Spegel, dominus Willekinus de Gustede, canonici in Halberstad; dominus Hermannus de Bodendic, dominus Bodo de Bodendic, dominus Hinricus Bok de Slanstede, dominus Fredericus pincerna, dominus Johannes de Romesleue, dominus Johannes de Rimbeke, et quam plures alii fide digni.

Actum et datum Blankenburg anno domini m°ccc°vii° in die sanctorum Viti et Modesti.

Urschrift auf Pergament, das erste Siegel ist fast ganz vernichtet, das zweite beschädigt.

1) *Bek und Westerbek wüst bei Osterwiek.* — 2) *Das zu ergänzende quis oder aliquis fehlt in der Hdschr.*

1307, Juli 21. 194.

Burchard, Abt zu Ilsenburg, bekennt, dass sein Mitbruder, der Mönch Ulrich von Schermke, vor ihm persönlich auf alle Rechtsansprüche auf gewisse Güter zu Schadeleben, Gross-Orden und Wockenstedt verzichtet habe, welche ehemals dem Ulrich und seinen Brüdern, Edeln von Schermke, gehört hatten und vom Abt Konrad und Kloster Michaelstein erkauft worden waren.

Nos Borchardus dei gracia abbas monasterii in Ilseneburch tenore presencium recognoscimus publice protestantes, quod Olricus de Scherenbeke, confrater et monachus noster, in presencia nostra constitutus renunctiauit voluntarie omni iuri, quod sibi competere posset in quibusdam bonis sitis in Schadeleue¹ et in Maiori Orden² et Wockenstede³, que religiosi viri frater C. abbas et conuentus in Lapide sancti Michahelis, Cystertiensis ordinis, rite et rationabiliter compararunt, quorum bonorum proprietas ad predictum Olricum et ad fratres suos nobiles de Scherenbeke ratione iuris et dominii pertinuit ex antiquo. Idem Olricus asserens bona fide, quod predictos .. abbatem et conuentum in eisdem bonis nolit amplius impedire, sed potius in omnibus promouere. Testes huius rei sunt: Heynricus prior dictus de Clettenberch, Conradus de Werre senior, Conradus de Werre iunior, Ludolfus de Weuerlinghe, magister Johannes de Halberstat confratres et monachi nostri, et quamplures alii fide digni. In cuius eciam rei euidens testimonium sigillum presentibus dnximus apponendum.

Datum anno domini m°ccc° septimo in vigilia beate Marie Magdalene.

Urschrift mit fragmentarischem Siegel an Pergamentstreifen im Herzogl. Landes-Haupt-Archiv in Wolfenbüttel s r. Michaelstein. Von der Umschrift des Siegels ist noch zu lesen: BORCHARDI DI GRA ABBATIS IN ILSE... *Die Abbildung s. Nr. 7 auf Tafel II.*
1) *Kirch- und Pfarrdorf Schadeleben Kr. Oschersleben.* — 2) *Wüst beim Oehringer Feld vor Quedlinburg.* — 3) *Wüst bei Anderbeck, Kr. Oschersleben. Noch jetzt Gasthof W., nach Anderbeck eingepfarrt.*

1308, Juni 9. 195.

Heinrich, Graf von Regenstein, und Ritter Jordan von Minsleben beurkunden den vom Ritter Helmold von Marklingerode geschehenen Verkauf einer Hufe zu Zilly nebst dazugehörigem Hof an das Kloster Ilsenburg für 13 ½ Mark mit Ausnahme der Vogtei, soweit sie den Blutbann betreffe.

Nos Henricus dei gracia comes in Regensteyn et Jordanus miles dictus de Minsleue tenore presentium recognoscimus publice protestantes, quod strennuus miles et honestus domiuus Helmoldus dictus de Markelingerode, noster dilectus, in presentia nostra constitutus dixit et recognouit publice protestando, quod cum scitu et consensu heredum suorum honorabilibus et religiosis viris domino Borchardo abbati et domino Baldewino dicto de Piscina necnon domino Reynero camerario monachis in Ilseneborch vnum mansum situm in campis Zillinge soluentem annuatim sexdecim maldra hyemalis et estiualis annone cum vna curia ad ipsum mansum pertinente, quorum bonorum proprietas ad predictam ecclesiam Ilseneburgensem pertinet et ab antiquo pertinuit, vendidit pro tredecim marcis et dimidia examinati argenti, sibi integraliter ac fanorabiliter persolutis. Renuncthiauit eciam omni iuri, quod ipse et sui heredes possent habere in bonis supradictis, sola aduocatia excepta, quam non ad grauamen set ad profectum et vtilitatem supradicte ecclesie, non propter aliquas exactiones seu importuna seruitia, set quantum ad indicium sanguinis tantum predictus miles uult sibi et suis heredibus reseruare. Obligauit etiam se prefatus miles in presentia nostra, quod bona predicta, que uendidit, quandocunque requisitus fuerit, debet ad manus honorabilis viri domini Borchardi abbatis supradicti voluntarie vna cum heredibus suis resignare. Vt autem prefati militis vendicionem et predictorum dominorum rationabilem emptionem inposterum nullus impediat, nos ad preces sepedicti militis, cum ipse proprium sigillum non habeat, sigilla nostra presentibus duximus apponenda. Testes vero huius rei sunt: dominus Reynerus de Benzingerode et dominus Henningus dictus Schat milites, Henricus de Benzingerode et Daniel Schat famuli, et quam plures alii fide digni.

Actum et datum anno domini m°ccc°viii° dominica qua cantatur Benedicta.

Urschrift, woran das Siegel nicht mehr vorhanden, im Königl. Staats-Archiv zu Magdeburg s. r. Ilsenburg Nr. 67.
Copialbuch Bl. 35ᵇ.

1308, Juli 26. 196.

Des Klosters Ilsenburg Urkunde über die angeordnete Feier des Gedächtnisses St. Benedicts.

Nos Burchardus dei gracia abbas, Henricus prior totusque conuentus monasterii in Ilsyneborch tenore presencium recognoscimus publice protestantes, quod ad preces honorabilis viri domini Burchardi domini nostri abbatis predicti cum pleno consensu capituli nostri instituimus et statuimus ob reuerenciam dei et gloriose virginis matris eius Marie necnon sancti Benedicti, patroni ordinis nostri, festum commemoracionis eiusdem sancti Benedicti, sicut festum natiuitatis sancte Marie peragitur, annis singulis in nostra ecclesia perpetuis temporibus iugiter peragendum. Ad seruicium vero, quod debet fieri dominis nostris pro labore eodem in eodem festo, idem dominus noster abbas assignauit quinque fertones vsualis argenti de quadam curia in Osterwich, quam quondam possederat Bruno de Gustede dictus Creuet; quos quidem fertones dominus noster abbas qui pro tempore fuerit annis singulis de predicta curia ministrabit. Ad luminaria vero et compulsacionem dimidium fertonem vsualis argenti in domo Bertoldi qui cognominatur Bote comitis et dimidium fertonem eiusdem argenti in domo Ludolfi Gernoti domino custodi qui pro tempore fuerit predictus dominus noster abbas assignauit. Vt autem omnia premissa in ecclesia nostra inuiolabiliter obseruentur, nos presentem litteram inde conscriptam sigillorum nostrorum appensione, videlicet domini nostri abbatis supradicti et ecclesie nostre, sigillari fecimus ad robur perpetue firmitatis.

Actum et datum anno domini m°ccc°viii° in crastino sancti Jacobi apostoli.

Copialbuch Bl. 22.

Halberstadt, 1309, August 26. 197.

Albrechts, Bischofs zu Halberstadt, Vertrag mit Abt Heinrich und dem Kloster Ilsenburg, dahin gehend, dass Letzteres hinfort freiwillig jährlich 8 Mark zu St. Martini an die Domkämmerei zahlen soll, wogegen der Bischof sich verpflichtet, hinfort nicht, wie früher, zur Weihnachtsfeier das Kloster zu besuchen.

In nomine sancte et indiuidue trinitatis Albertus dei gratia Halberstadensis ecclesie episcopus omnibus inperpetuum. Laudabilis optinuit consuetudo, acta modernorum in scriptis redigi, vt ad notitiam posterorum peruenient, calumpniatorque locum non inueniat malignandi. Inde est, quod tam presentis etatis quam future posteritatis industrie notum facimus presentium inditio publice profitentes, quod dilecti nostri ac deuoti Henricus abbas et .. conuentus Ilseneburgensis monasterii concordi et grato assensu nostris et nostrorum fidelium Gerhardi prepositi, Frederici decani totiusque nostre ecclesie capituli precibus concurrentes octo marcas Halberstadensis argenti et ponderis, quas idem abbas et conuentus pro festi diei natiuitatis domini procuratione, in quo ad dictum monasterium nostri predecessores episcopi pro sollempnitate diuinorum soliti fuerant accedere annuatim, hactenus ministrabant, ex nunc et inantea honorabili viro domino Wernero de Wanzleue nostre ecclesie nunc, uel qui pro tempore fuerit eius successori camerario, pro deputatis ipsius camere nostre redditibus annis singulis in festo beati Martini certitudinaliter ministrabunt. Verum quia tam benigno fauore in admissione huiusmodi precum nostrarum a dictis .. abbate et conuentu nos sensimus pertractari, futuris eorum periculis salubri remedio uolentes cauere, sub rigida immo strictissima obligatione nos nostrosque successores, episcopos et capitulum, astringimus per hec scripta, vt si forte, quod absit, quis futurorum nostre ecclesie pontificum dictas octo marcas a dictis .. abbate et conuentu vel monasterio exigere attemptaret[1], capitulum id nullatenus [admittet, sed ne cuiquam preter quam dicto camerario, et qui pro tempore fuerit eius successori ipsa soluatur pecunia, eosdem .. abbatem et conuentum, qui pro tempore fuerint, confonebit fideliter et defendere firmiter teneatur. Preterea valida statuimus ordinatione, vt cum primum quis in nostra ecclesie episcopum ammodo electus fuerit, ipse corporali iuramento se astringet, ne vnquam dictos .. abbatem et conuentum seu monasterium pro pecunia huiusmodi inquietet. Ne vero vllus hominum huic statuto et ordinationi nostris per nos rite factis presumat malignanter in posterum contraire, presens scriptum super hiis editum nostro et capituli nostri sigillis dictis .. abbati et conuentui dedimus communitum. Nos quoque dei gratia Gerhardus prepositus, Fredericus decanus, Johannes portenarius, Wernerus camerarius, Otto cellerarius, Johannes thesaurarius totumque ecclesie Halberstadensis predicte capitulum ad obseruantiam et testimonium premissorum omnium et singulorum nos nostrosque successores fideliter et strictissime astringimus per presentes, quibus cum sigillo ecclesie nostre et sigilla nostra appendimus in horum omnium euidentiam perpetuam atque robur.

Actum et datum Halberstat anno domini m°ccc° nono, septimo kalendas[2] Septembris.

Urschrift auf Pergament im Königl. Staats-Archiv zu Magdeburg s. r. Ilsenburg Nr. 69. Von den acht angehängten Siegeln ist das zweite abgefallen, die übrigen sieben sind noch mehr oder weniger beschädigt vorhanden.

1) *Die Hdschr.: atemptaret.* — 2) *Hdsch.: kallendas.*

Ilsenburg, 1309, October 29. 198.

Des Abts Heinrich und des Klosters Ilsenburg Verpflichtung, jährlich zu St. Martini 8 Mark an die Kämmerei im Dom zu Halberstadt zu zahlen statt des früher zur Feier des Weihnachtsfestes stattfindenden Besuchs des Bischofs von Halberstadt.

In nomine sancte et indiuidue trinitatis Henricus diuina miseratione abbas, Elemannus prior totusque conuentus monasterii sanctorum apostolorum Petri et Pauli in Ilseneburch, ordinis sancti Benedicti, omnibus in perpetuum. Sagax prudentum adinuenit industria, actus humanos tam valido solidari testimonio litterarum, vt posterorum clareant notitie iugi euo. Ea propter ad vniuersorum tam moderne quam future etatis fidelium deuenire noticiam cupientes, claro presentium inditio lucide profitemur, quod venerabilis patris domini nostri Alberti episcopi, necnon honorabilium dominorum Gherardi prepositi, Frederici decani totiusque Halberstadensis ecclesie capituli benignis petitionibus nostre exauditionis aures gratantibus animis acclinantes et reminiscentes, dictam Halberstadensem ecclesiam nostram, velud piam matrem, nunquam uobis, vtpote suis sub ea degentibus filiis, subtraxisse vbera caritatis, obligamus et per presentia obliganimus nos nostrosque successores et monasterium voto communi et assensu concordi, dare et solvere annis singulis in die beati Martini confessoris intra muros Halberstadenses octo marcas Halberstadensis ponderis et argenti vsualis honorabili viro domino Wernero dicto de Wanzsleue, nunc eiusdem ecclesie vel qui pro tempore fuerit camerario, pro redditibus ipsius camere perpetue deputatis, quas nimirum marcas pro diei festi natiuitatis domini procuratione episcopis Halberstadensis ecclesie predicte, qui tunc ad nostrum monasterium pro diuinorum sollempnitate sueuerunt accedere, nos nostrique predecessores dedimus vsque modo, capitulum autem Halberstadensis ecclesie memorate nos nostrumve mouasterium fideliter tuebitur et fouebit, ne dicta pecunia vlli alii preterquam dicto domino Wernero et qui pro tempore fuerit camerario, vt premittitur, persoluatur, sicut plane patet in litteris super omnium premissorum ordinatione editis, et cum euidenti appensione sigillorum dictorum episcopi et capituli, necnon quorundam dominorum de ipso capitulo nobis datis, quorum certe dominorum nomina, prout apparet intuentibus, in ipsis litteris sunt expressa. Ne autem quis huic nostre obligationi seu ordinationi animo obuiet malignanti, presens scriptum super hoc editum sigillis nostri quidem abbatis et conuentus fecimus insigniri in perpetuum testimonium atque robur.

Datum Ilseneburch anno domini m°ccc° nono, quarto kalendas Nouenbris.

Urschrift mit gut erhaltenem Abtssiegel (s. Taf. II. Nr. 8) an rothseidenen, mit fragmentarischem Conventssiegel an gelbseidenen Schnüren im Königl. Staats-Archiv zu Magdeburg s. r. Ilsenburg Nr. 70. Auch in Cop. CI Bl. 418ᵇ daselbst.

Halberstadt, 1310, Mai 25—27. 199.

Albrecht, Bischof zu Halberstadt, incorporirt den Zehnten von 40 Hufen zu Eilenstedt in die Kämmerei des Doms zu Halberstadt und bestimmt, dass für einen Theil des Verkaufsgeldes, welches er für sich verwendet, die jährlichen Einkünfte aus den Klöstern Ilsenburg und Huysburg in die Kämmerei fliessen sollen.

In nomine sancte et indiuidue trinitatis Albertus dei gratia Halberstadensis ecclesie episcopus, omnibus in perpetuum. Quoniam fallaci modernorum versucia totus heu orbis est ambitus iam respersus, sagax igitur discretorum adinueuit industria, actus hominum vallari scriptis autenticis, ne vllus calumpniatori locus pateat malignandi. Sane dilecti nostri Werneri de Wanzleue, nostri inquam et nostre ecclesie camerarii et canonici, precibus inclinati, cum decem mansos in campis magne Weddighe[1] sitos, qui annuatim viginti quinque choros tritici soluentes ad ipsius nostre ecclesie cameram pertinuerant, idem Wernerus ob id, quia extra nostrum territorium et tuitionem erant, cum pleno et mero consensu Gherardi prepositi, Friderici decani et totius nostri capituli pro certa quantitate pecunie vendidisset et in restaurum ac recompensam huiusmodi mansorum in locis magis congruis et vicinis ipsi nostre ecclesie, vtpote quadraginta mansorum decimam in campis Eylenstedhe[2] cum omni eorum iure et fructu, quo eam fidelis noster Henninghus miles, nostre curie dapifer, possederat, seu ea posset vti tam in villa quam in campis predictis a dicto dapifero, qui eam a nobis seu nostra in pheodo tenuit ecclesia, comparasset, nos eandem decimam per eundem militem cum renunciatione omnis juris, quod ei in ipsa competiit, ad manus nostras libere resignatam, attribuimus, donauimus, necnon per presentia donamus et incorporamus dictis camere et Wernero eique, qui pro tempore fuerit camerario, consensu totius nostri capituli accedente. Uerum cum dictorum decem mansorum precii partem, centum marcas videlicet et viginti, nostris deputauerimus vsibus, eorumque proprietas per venditionem predictam a nostra ecclesia alienata existat, nos id alio restauro recompensare volentes, firma statuimus ordinatione et stricto ordinamus statuto, vt de octo marcis ab Ilseneburgensi et de quinque marcis ob Huseburgensi monasteriis, quas nobis pro dierum festorum, natiuitatis quidem domini et penthecostes, quibus diebus nostri predecessores episcopi pro diuinorum sollempni decantatione illic sueuerant accedere, procurationis nomine dicta monasteria seu conuentus eorum soliti erant dare, eas quoque memoratis camere et Wernero et cuicunque inantea camerario existenti pro annuis redditibus, sicut nostre super hoc edite probant litere, cum consensu nostri capituli dinoscimur deputasse. Idem Wernerus seu quicunque pro tempore existens camerarius vnum plaustrum vini competentis dilectissimis nostris .. preposito, .. decano et capitulo pro caritatiuo solacio annis singulis ministrabit. In quorum omnium euidens testimonium atque robur nostrum et dicti nostri capituli sigilla duximus presentibus appendenda.

Datum Halberstat anno domini m°ccc°x° in rogationibus et nostro capitulo generali.

Urschrift mit fragmentarischen Siegeln an Pergamentstreifen im Königl. Staats-Archiv zu Magdeburg s. r. Stift Halberstadt XIII, 99. Nur durch eine Erweiterung ist die vorliegende Urkunde unterschieden von der weiter unten Nr. 202 folgenden vom Jahre 1312 ohne Tag.

1) *Pfarrdorf Langenweddingen Kr. Wanzleben.* — 2) *Pfarrdorf Eilenstedt Kr. Oschersleben.*

1311, Mai 4. 200.

Heinrich Abt, Tilemann Prior und das Kloster Ilsenburg bekennen, dass sie nothgedrungen den Gebrüdern Johann und Rudolf v. Wobeck 2 zehntfreie Hufen und Hofstellen zu Wobeck, welche jährlich 1 Pfund Pfennige zinsen, für 15 Pfund verkauft haben. Da aber auch jene Käufer sich genöthigt sehen, die Besitzung für 39 Mark dem Kloster Riddagshausen zu verkaufen, so übereignet und sichert das Kloster Ilsenburg diese Hufen und Hofstellen dem letztgenannten Kloster.

Henricus dei gracia abbas, Tylemannus prior totusque conuentus monasterii in Ilseneborch vniuersis Christi fidelibus presens scriptum visuris salutem in domino. Quoniam memoria hominum res labilis et infirma, decreuit eam maior auctoritas scriptis ac testibus roborare. Hinc est, quod cum ecclesie nostre necessitate compulsi bona nobis minus vtilia vendere cogeremur, duos mansos sitos in Wobeke indecimales cum duabus areis similiter indecimalibus, vnum talentum denariorum nobis annuatim soluentes, Johanni et Rodolfo fratribus dictis de Wobeke vendidimus pro quindecim talentis, que in vsus ecclesie conuertimus, qui videlicet Jo. et Rod. ac eorum heredes predictos mansos a nobis iure hereditario retinentes propter deserte ville statum nobis minime soluere potuerunt. Iidem quoque Jo. et Rod., cum prefatos mansos pacifice possidere non possent, simili causa vrgente, viris in Christo religiosis domino .. abbati et conventui in Riddageshusen pro triginta et nouem marcis puri argenti Brunswicensis ponderis vendiderunt, supplicantes nobis, vt omne ius, quod ipsis vendidimus, iam dictis viris religiosis asscribere dignaremur. Quapropter ipsos mansos cum duabus areis et omni utilitate seu fructu eorum cum siluis, pascuis, pratis, sicut nostra ecclesia hactenus possederat, et ipsi Jo. et Rod. possederunt, memoratis viris religiosis damus et iure quo melius possimus assignamus in eorum ius et proprietatem ipsos transferentes perpetuo possidendos, nichil nobis ac nostris successoribus in predictis omnibus iuris penitus reseruantes. Promittimus insuper de proprietate mansorum et iure, quod in ipsis habuimus, similiter prefati Jo. et Rod.

Rod. de sua venditione et iure promiserunt firmam prestare warandiam, quociens et quando fuerimus requisiti, et ab omnibus inpetitionibus, repetitionibus et exceptionibus penitus disbrigare. In quorum omnium testimonium sigilla nostra videlicet et conuentus nostri presentibus sunt appensa. Testes vero sunt: honorabiles viri dominus Hermannus scolasticus et magister Alexander canonicus sancte Marie in Halberstat, magister Johannes Felix, dominus Sifridus executor ecclesie maioris ibidem, item religiosi viri dominus Conradus de Werre iunior, Ludolfus de Wenerlinge hospitalarius, monachi in Ilseneburch, et alii quam plurimi fide digni.

Datum anno domini m°ccc°xi°, iiii° nonas Maii.

Urschrift etwas angemodert, deren Siegel nicht mehr vorhanden, im Herzogl. Landes-Haupt-Archiv zu Wolfenbüttel s. r. Riddagshausen. Abschrift im Cop. CCI (Rüddagsh.) Bl. 87ᵇ im Königl. Staats-Archiv zu Magdeburg.

Avignon, 1312, Mai 18, pont. Clem. V. anno 7. 201.

Mehrere Erzbischöfe und Bischöfe geben denen, welche an gewissen Festen sich in der Ilsenburger Kirche einfinden oder zur Reparatur der Gebäude beitragen werden, jeder 40 Tage und der Erzbischof von Compostella noch ausserdem 11 mal 40 Tage Ablass.

Uniuersis || Christi fidelibus presentes litteras inspecturis miseratione diuina Rodericus Compostellanus, frater Raymundus Adrianopolitanus et frater Petrus Spalatensis, archiepiscopi, Benedictus Suacinensis, Franciscus Asculensis, frater Petrus Ciuitatis noue, Jacobus Bisaciensis, frater Guillielmus Cunauiensis, Jacobus Fanensis, Leo Soliensis et Petrus Doliensis episcopi salutem in domino. Splendor paterne glorie, qui sua mundum illuminat ineffabili claritate, pia uota fidelium de clementissima ipsius maiestate sperancium, tunc precipue benigno fauore prosequitur, cum deuota ipsorum humilitas sanctorum precibus et meritis adiuuatur. Cupientes igitur, ut ecclesia monasterii beatorum apostolorum Petri et Pauli in Ilseneborch, ordinis sancti Benedicti, Halberstadensis diocesis, congruis honoribus frequentetur et a Christi fidelibus iugiter ueneretur, omnibus uere penitentibus et confessis, qui ad ipsam ecclesiam in festiuitatibus ipsorum apostolorum Petri et Pauli, in die dedicationis ipsius ecclesie, in festiuitatibus natiuitatis domini nostri Jhesu Christi, resurrectionis, ascensionis et pentecostes, in omnibus et singulis festiuitatibus beate Marie semper uirginis necnon in festiuitatibus beatorum Michaelis archangeli, Johannis baptiste, aliorum apostolorum et ipsius sancti Benedicti, ac per octo dies festiuitates predictas immediate sequentes causa deuotionis et orationis accesserint annuatim, uel qui ad reparationem edificiorum, domorum, uidelicet hospitalis, custodie, camerarie, et aliarum officinarum predicti monasterii manus porrexerint adiutrices, de omnipotentis dei misericordia et eorundem apostolorum eius Petri et Pauli auctoritate confisi, singuli singulas dierum quadragenas de iniunctis eis penitenciis, misericorditer relaxamus, dummodo diocesani uoluntas ad id accesserit, et consensus. In cuius rei testimonium presentes litteras sigillorum nostrorum iussimus appensione muniri.

Datum Auinione XV kalendas Junii, pontificatus domini Clementis pape V anno septimo.

Et nos predictus Rodericus archiepiscopus Compostellanus pro vndecim suffraganeis nostris episcopis vndecim alias dierum quadragenas omnibus modo quo supra misericorditer relaxamus.

Urschrift auf Pergament. Die Siegel grösstentheils wohlerhalten und mit Ausnahme des vierten, welches aus grünem Wachs besteht, in rothem Wachs ausgeführt, hangen an roth-baumwollenen Schnüren; das zwölfte in gelbem Wachs, aber ganz verletzt, ist das des halberstädtischen Bischofs, als Dioecesans.

Halberstadt, 1312. 202.

Albrecht, Bischof zu Halberstadt, incorporirt den Zehnten von vierzig Hufen zu Eilenstedt und vier Hufen nebst vier „Roden" genannten Grasflecken zu Gross-Quenstedt in die Domkämmerei zu Halberstadt und bestimmt, dass für einen Theil des Verkaufsgeldes, welches er für sich verwendet, die jährlichen Einkünfte aus den Klöstern Ilsenburg und Huysburg (ut de octo marcis ab Ylseneburgensi et quinque marcis ab Huseburgensi monasterio) *an die Kämmerei fliessen sollen. (Auszug.)*

In nomine sancte et indiuidue trinitatis amen. Albertus d. g. Halberst. eccl. episc. etc. *Von hier ab trifft die Urkunde, ohne irgend welche sachliche oder wesentliche Unterschiede mit der oben Nr. 199 S. 175 abgedruckten vom 25.—27. Mai 1310 bis zur Zeile 18 v. o. zusammen. Nach „a nobis seu nostra in pheodo tenuit ecclesia" heisst es dann aber in der vorliegenden Urkunde weiter:* et quatuor mansos in maiori Quenstede cum quatuor spaciis graminum, que volgariter roden vocantur, quos Johannes de Quenstede noster fidelis a nobis et nostra ecclesia titulo pheodali tenuit, comparasset, nos predictam decimam et mansos iam dictos cum renunciacione omnis iuris, quod eis in ipsis conpetiit, ad manus nostras libere resignatos, attribuimus, donauimus, nec non per presencia donamus et incorporamus dictis camere et Wernero eique qui pro tempore fuerit camerario, consensu tocius nostri capituli accedente. Ceterum cum prenominatorum decem

mansorum precii partem, centum videlicet et viginti marcas, in nostros conuerterimus usus, et pro iisdem centum et viginti marcis eorundem decem mansorum proprietatem donauerimus et a nostra alienauerimus ecclesia, nos id alio restauro recompensare volentes etc.
Von hier ab bis zum Schluss trifft die Urkunde wieder ohne wesentliche Abweichungen mit Nr. 199 S. 175 f. überein. (Statt eas quoque oben S. 175 Zeile 7 v. u. steht quas eciam.)
Datum Halberstat anno domini m°ccc° duodecimo.

Abschriften im Copiar. Cl Bl. 69ᵇ und 249ᵃ f. im Königl. Staats-Archiv zu Magdeburg und Nr. 88 im Copialb. des Domgymnasiums zu Halberstadt.
Gedruckt: v. Ledebur, Archiv 6. 152—154.

Halberstadt, 1313, April 12. 203.

Albrecht, Bischof zu Halberstadt, übereignet dem Kloster Ilsenburg den Hof Wenden, wo er das Schloss Wendeburg erbaut hatte, mit allem Zubehör.

Nos Albertus dei gratia Halberstadensis ecclesie episcopus tenore presentium recognoscimus publice profitentes, quod curiam quondam Wenden, vbi castrum Wendeborch edificaueramus, monasterio Ylseneborch, quemadmodum ab eodem monasterio nostre ecclesie et nobis comparaueramus, dimisimus et per presentes dimittimus cum omni proprietate, mansis, pratis, pascuis ac aliis attinentiis vniuersis ad predictam curiam pertinentibus et in hiis scriptis libere transmittimus ad monasterium supradictum, renunctiantes omni iuri, quod nobis et ecclesie nostre in supradicta curia Wenden et bonis ad eam pertinentibus conpetebat. Huius rei testes sunt: honorabiles viri magister Heydenricus Aries scolasticus maioris, magister Conradus de Winnigestede canonicus sancti Bonifacii ecclesiarum Halberstadensium, Johannes de Romensleue miles, et quamplures alii fide digni. Ne autem premissa a quoquam calumpniari valeant vel infringi, presentem litteram inde confectam fecimus in euidens testimonium sigilli nostri appensione fideliter conmuniri.

Datum Halberstat anno domini m°ccc° tertiodecimo in bona quinta feria ante festum Pasche.

Urschrift, deren Siegel abgefallen, im Königl. Staats-Archiv zu Magdeburg s. v. Ilsenburg Nr. 71. Vgl. Notiz: Braunschw. Anzeigen 1746 Sp. 2033.

Halberstadt, 1314, Mai 5. 204.

Albrecht, Bischof von Halberstadt, bestätigt die Schenkungen des Abts Heinrich, des Kämmerers Reiner und des Custos Heinrich an das Spital zu Ilsenburg.

Albertus dei gratia Halberstadensis ecclesie episcopus omnibus Christi fidelibus, ad quos presens scriptum peruenerit, salutem in perpetuum. Cum ex pastorali sollicitudine ad hoc simus deputati, ut per nos diuina offitia et populus deo per uirtutum incrementa numero et merito augeantur, hinc est, quod iustis petencium desideriis annuentes, ordinationem ac donationem venerabilis in Christo fratris Hinrici abbatis ac religiosorum virorum Reyneri camerarii, Hinrici custodis felicis recordationis ultimarum voluntatum suarum ac alias ordinationes ad cultum diuinum, fratrum, miserabilium personarum vsum, nec non animarum fidelium in testamento in[de con]fecto contentas, prouisioni magistri infirmorum, videlicet domino Conrado de Werre, nunc procuratori infirmorum ac suis successoribus .....[1] deputatas, de consensu predicti domini abbatis in Ilseneburch in uomine domini ratificamus et presentibus confirmamus, volentes, ut omnia et singula, prout in littera donationis seu ordinationis inde confecta sunt ordinata et statuta, inuiolabiliter obseruentur. In cuius rei euidentiam pleniorem nostrum sigillum presentibus duximus apponendum.

Datum Halberstat et actum anno domini m°ccc°xiii° in dominica cantate.

Urschrift auf Pergament in der Mitte durchfressen; das Siegel ist nicht mehr vorhanden.

1) *Lücke im Pergament.*

Sandow, 1314, Juni 19. 205.

Woldemar's, Markgrafen zu Brandenburg, als erwählten Schiedsrichters, Ausspruch in dem Streit zwischen dem Kloster Ilsenburg und den Grafen Albrecht und Friedrich zu Wernigerode, dass aus der Gerichtsbarkeit nicht das Recht Steuern und Abgaben aufzulegen folge, und dass der auf zusammen 2724 Mark 1 Vierding angegebene Schaden bewiesen werden müsse.

Wie Woldemar von der gnade gotes marcgraue tv Brandenbûrg, en entsceider ghekorn van deme erbern herren dem abbate von Ylsenbûrg vnd sinem conuente ab ein sit vnd den edelen mannen greuen Albrechte vnd Fredericke von Wernigerode ab ander sit vmme die tveygine, die tvischen en is, entsceiden si alsus, als hir nach bescreuen stet. Von irst vmme den scaden, dar sie die greuen von Wernigerode vmme sculdigen, den si en ghedan hebben an deme gude, dat tvr kusterie hort, den si slan vppe twehûndert marck drittein marcke min; ech sculdighen si die greuen von Wernigerode vmme scaden, den si ghedan hebben an dem gûde, dat tv deme spittale hort, den si slan vppe tein marck vnd hůndert; echt vmme den scaden an dem gude, dat tv der camere hort, den si slan vppe hůndert marck vnd negen marck en drittich, echt vmme den scaden an dem gůte tv Molbecke, den si slan vppe anderhalphundert marck vnd ses marck, vnd ock vmbe den scaden, den si ghedan hebben an dem gude, dat tv deme sicken hůs hort, vnd vmme scadem an dem gude, dat tv deme ammechte karitatis hort, den si slan vppe drie vnd twintich marck vnd einen vierdincg, vnd vmme den scaden an deme houe tv Celle, den si slan vp ses vnd sestich marck, vnd vmme den scaden, den sie der abbadye gbedan hebben, die vorbenumde greuen von Wernigerode, den die abbat vnd sin conuent slan vp tve dusent marck vnd drie marck vnd viertich. Hir tv sprecke wie marcgraue Woldemar: wat die greuen von Wernigerode des scaden bekennen, den si ghedan hebben, oder von eren weghen ghedan is, den scollen sie irlecgen vppe recht mit bůte, versacken si is, so scollen si vnsculdich werden vppe den hylghen; wer auer, dat si is wat vnder den greuen bewisen mǔchten, dar scollen sie en vor antverden ane vnscult. Die ander sculde, die si geuen den vorbenůmden greuen von Wernigerode, dat sie si vnd ere gůt weldichlichen beherbergen vnd beheden vnd manicherleye walt en vnd an erem gude důn, hir tv sprecke wie, dat nein richter mût gheldt noch herberghe noch bede noch dienst noch nye recht vppe dat lant setten, et enwillekor dat lunt vmme vangene gestlicher lude vnd monecke vnd dotslach vnd stocktinge vnd ander smaheit, die die von Wernigerode den vorbenůmden herren dan hebben; dar en sprecke wie nein werlich recht vph, sint dat dat gestlich is. Dit sprecke wie bi vnsen waren worden, dat dit recht ist, vnd nen rechter en weten noch bevragen kůnnen.

Dese brif is ghegeuen vnd ghescreuen tv Sando mit vnsen insigel besegelt na der bort gotes dusent jar vnd driehundert jar in deme vierteynden jare des mitdeweckes vor sente Johannes taghe baptiste baptiste baptiste baptiste baptiste baptiste baptiste.

Urschrift auf Pergament, deren Siegel nicht mehr vorhanden ist. Die photolithographische Nachbildung dieser Urkunde s. in der Urkunden-Anlage Nr. 5.

1314, Dec. 6. 206.

Das Kloster Ilsenburg versichert, dass die Einkünfte der vom Kämmerer Reiner zum Kloster erkauften halben Hufe zu Zilly und zwei Wiesen zu Ilsenburg zur Feier seiner Jahreszeit zu Lichtern, dass diejenigen einer halben Hufe zu Balhorn, vom Bruder Stacius und Pfarrer Heinrich zur Harsburg erkauft, ebenfalls zu seiner Jahreszeit verwendet werden sollen.

Nos Hinricus dei gracia abbas totumque capitulum monasterii in Ilsyneborch vniuersis Christi fidelibus, quibus presens scriptum fuerit presentatum, salutem in omnium saluatore. Sicut tempus nunquam est stabile, sed semper defluens fluit, ita quoque cum ipso tempore temporales defluunt actiones, nisi muniantur voce testium[1] testimonio literarum. Nouerint igitur tam futuri quam moderni temporis christiani presencium inspectores, quod dilectus filius noster Reynerus, bone memorie nostre ecclesie camerarius, dimidium mansum situm in campis Scillinge[2] soluentem octo maldra vtriusque frumenti de consensu domini Borchardi, tunc abbatis predecessoris inquam nostri, pro quadam pecunie summula comparauit. Idem quoque camerarius duo prata penes nostram villam sita, vnum videlicet soluens septem lotones, aliud lotones quinque, de voluntate eciam sui tunc abbatis emendo nostre nichilominus ecclesie acquisiuit. Nos igitur sepedicti camerarii pio desiderio annuentes, consensu et voluntate tocius nostri conuentus plenarie accedente, de prouentibus memorati dimidii mansi statuimus anniuersarium ipsius in nostro monasterio tam in vigiliis quam in missis iugiter peragendum, pratum vero soluens septem lotones ad lumen cereum a pascha vsque ad ascensionem domini ante crucem in monasterio nostro quolibet sabbato incendendum et vsque post missam alterius dominice scilicet diei arsurum decreuimus perpetuo permanere; porro de quinque lotonibus de prato reliquo sumendis candele quinque in anniuersario Burchardi et quinque in anniuersario Arnolffi venerabilium episcoporum ac fundatorum nostrorum comparabuntur, quorum quatuor infra vigilias et missam in anniuersario quolibet ipsorum ardebunt, et quintum lumen post vigilias incendetur et vsque ad crepusculum alterius diei ardens annis singulis permanebit. Preterea liqueat vniuersis, quod dilectus confrater noster Stacius ac dominus Henricus quondam plebanus in Hartesborch[3] dimidium mansum situm in Balhorne, duo maldra et dimidium siliginis et totidem auene annuatim soluentem, simul et pari pecunia compararunt, cum quibus maldariis anniuersarii ipsorum singulariter in nostro monasterio anno quolibet peragentur. Sane quoniam bona prescripta a camerariis[4] quondam Reynero videlicet et Stacio nostris confratribus sunt comparata, camerarium nostri monasterii quicumque pro tempore fuerit procuratorem seu amministratorem dictorum bonorum facimus et constituimus ac de consensu et concordi voluntate nostri capituli in dei nomine confirmamus. Ne autem hoc factum obliuione vel lapsu temporis valeat permutari, presentem paginam inde conscriptam nostri et conuentus sigillorum appensione fecimus communiri.

Actum et datum anno domini m°ccc°xiiii° in die sancti Nycolai pontificis gloriosi.

Copialbuch Bl. 36. Vgl. Bl. 29ᵇ und 32ᵇ.

1) *Hinter testium ist noch nachträglich que übergeschrieben.* — 2) *Pfarrdorf Zilly Kr. Halberstadt.* — 3) *Der Ort Harsburg unter der gleichnamigen Burg.* — 4) *Die Hdschr. hat camerarii; die Mehrzahl empfiehlt sich des Sinnes wegen, doch liesse sich auch camerario lesen.*

1315, Febr. 1. 207.

Abt Heinrichs Urkunde über die Beilegung des Streites zwischen der Küsterei und Albrecht Hogeringe zu Balhorn wegen 8 Morgen Acker daselbst, worauf derselbe seine Ansprüche gegen 1 ½ Mark aufgiebt.

Nos Hinricus dei gratia abbas monasterii in Ilseneburch omnibus, ad quos presentes litere peruenerint, salutem in domino. Ne ea, que geruntur in tempore, de facili euanescant cum tempore, expedit, ut scripturis literarum et testimoniis hominum fulciantur. Hinc est, quod nos recognoscimus presentibus pubplice(!) protestantes, quod cum contencio esset inter dominum Bartoldum de Stempne, custodem nostre ecclesie, et Albertum dictum Hogeringhe, ciuem in Balehorne, super quibusdam bonis, videlicet octo iugeribus dictis teutonice ouerlant sitis in campo iam dicte ville, que dominus Hinricus de Bose, quondam custos noster, pro sex marcis comparauerat in hunc modum, quod predictus Albertus et per consequens sui veri heredes eorundem bonorum possessores sibi uel suo cuilibet in officio custodie successori quatuor maldaria tritici et lotonem argenti expedite annis singulis ministrarent. Prehabito vero domino Hinrico mortuo prememoratus Albertus negans se predicta bona ipsi taliter vendidisse, sed dicebat quod idem dominus ab eo solum ad vite sue tempora comparasset, promouente nostro concilio et consensu pretacta discordia inter ipsos exstitit reformata taliter, quod prefatus dominus Bertoldus custos sepedicto Alberto dedit marcam cum dimidia vsualis argenti, pro qua ipse et sui veri heredes coram nobis penitus renunciauerunt predictis bonis, que ad prenotatum officium perpetuo libere pertinebunt. Huius rei testes sunt: dominus Johannes de Hildensum confrater noster, dominus Ludolfus plebanus predicte ville Balehorn, Jordanus frater suus, Johannes de Borsne, Kersebom, Hinricus de Nighendorp, et quam plures alii fide digni. Ne igitur talis complanacio alicui processu temporis in dubium oriatur, presentem literam inde confectam sigillo nostro et venerabilis viri domini Dudonis decani nec non domini Helwici custodis ecclesie sancti Siluestris(!) in Werningherode fecimus firmiter roborari.

Datum anno domini m°ccc°xv° in vigilia purificationis beate virginis.

Urschrift, von deren drei Siegeln nur noch das des Wernigerödischen Custos gut erhalten ist, von den übrigen beiden nur noch Fragmente vorhanden sind, im Königl. Staats-Archiv zu Magdeburg s. r. Ilsenburg Nr. 72. Auf dem Siegel heisst der Custos THIDERICUS. Die Abbildung desselben s. Nr. 34 auf Taf. V. Copialbuch Bl. 29ᵇ und 33. Vgl. Notiz: Braunschw. Anzeigen 1746 Sp. 2033.

1315, Febr. 24. 208.

Albrecht, Bischof von Halberstadt, bezeugt die von Konrad Kroch auf den Fall seines Todes geschehene Resignation auf 1 Hufe Zinsgut zu Ditfurt an das Kloster Ilsenburg.

Nos Albertus dei gratia Halberstadensis ecclesie episcopus tenore presencium recognoscimus publice protestantes, quod discretus vir Conradus dictus Kroch, ciuis in Halberstad, et sui filii in nostra presencia constituti magistro Conrado de Winningstede, nostro officiali presente, ac aliis honestis viris presentibus mansum vnum situm in campis Ditforde prope Halberstat¹, quem hactenus ab ecclesia in Ilseneborch tenuerunt, eiusdem ecclesie abbati et conuentui libere resignauerunt tali condicione adiecta, quod idem Conradus solus predictum mansum cum omni vtilitate sua tantum vite sue temporibus obtinebit et antiquum censum, scilicet octo solidos nouorum denariorum in festo beati Galli de eodem manso quamdiu viuit annis singulis debet persoluere integraliter et complete; post mortem vero predicti Conradi idem mansus cum omnibus suis fructibus ad prefatam ecclesiam in Ilseneborg integraliter reuertetur, ita eciam, quod sui filii et vxor siue heredes nichil iuris in ipso manso debent sibi nec poterunt vendicare. Huius rei testes sunt: honorabiles viri Geuehardus de Werningerodhe, Wlradus de Hesnen, Bertoldus de Kranecuelt, nostre ecclesie Halberstadensis canonici, et Johannes de Hartesrodhe, Geuehardus de Slage, Hinricus custos ecclesie sancte Marie ciuitatis eiusdem canonici, cum aliis plurimis fide dignis. In quorum omnium euidens testimonium nos rogati nostro proprio et nostri officialis et Conradi filii supradicti Conradi ciuis Halberstadensis dicti Kroch, canonici ecclesie sancte Marie, sigillis presencia fecimus communiri.

Datum anno domini m°ccc°xv° feria sexta ante dominicam Letare.

Urschrift, deren beide Siegel mehr oder weniger beschädigt sind, im Königl. Staats-Archiv zu Magdeburg s. r. Ilsenburg Nr. 73.

Copialbuch Bl. 37.

1) *Das wüste Holtemmeditfurt.*

1315, August 10. 209.

Heinrich, Abt zu Ilsenburg bekundet, dass der Spittler Baldewin für 70 Mark von den Grafen Albrecht und Friedrich zu Wernigerode 3 Hufen in Mulmke zum Hospital erkauft habe.

Nos Hinricus dei gracia abbas monasterii in Ilsenebûrch recognoscimus vniuersis Christi fidelibus tenore presencium et pupblice profitemur, quod cum dominus Baldewinus hospitalarius nostre ecclesie sua prouidencia in officio sibi commisso quandam summam pecunie collegisset, fecit ut debuit et eam in vsus elemosinarum hospitalis, quarum prouisor fuerat, expendit et a nobilibus viris dominis Alberto et Frederico, comitibus in Wernigherode, cum consensu heredum ipsorum legitimorum pro lxx marcis puri argenti tres mansos sitos in campo Mulbeke cum omnibus suis pertinenciis soluentes quadraginta et quinque maldaria, medietatem tritici et medietatem auene, taliter comparauit, quod hec annona in vsus nostri hospitalis, de quo hec pecunia congregata fuerat, et ad vestimenta pauperum prout se extendere poterit annis singulis conuertetur. Hec autem secundum iam dictum modum sic statuta decreuimus inuiolabiliter obseruari et predicta ad prenotatum officium perpetuo pertinere, volentes ut hospitalarius noster quicunque fuerit tamquam verus et legittimus amninistrator ea teneat, possideat et dispenset. In cuius rei euidens testimonium presens scriptum dedimus sigilli nostri appensione firmiter communitum.

Datum anno domini m°ccc° quintodecimo in die beati Laurencii.

Urschrift mit erhaltenem Abtsxiegel (vgl. Taf. II. Nr. 8) im Königl. Staats-Archiv zu Magdeburg s. r. Ilsenburg Nr. 74.
Copialbuch Bl. 20.

Braunschweig, 1316, März 27. 210.

Albrecht Abt, Heinrich Prior, Konrad d. J. v. Werre, Ditmar v. Hardenberg, Br. Thilo gen. Grote Vorsteher und der ganze Convent des Kl. Ilsenburg verkaufen gemeinschaftlich dem Eilard Boneken, seiner Frau Elisabeth, Dencko Eilards Knecht, seiner Nichte Adelheid, Gerhard Peperkeller, dessen Mutter Elisabeth und Schwester Gertrud, sowie Heinrich Stapel, Bürger zu Braunschweig, für 140 Mark Silbers die Einkünfte von 16 Mark aus dem Klosterzehnten zu Rohrsheim auf Wiederkauf und werden der Dechant und die Privilegienbewahrer des Stiftes St. Blasii zu Braunschweig zu Gewährleistern dieses Verkaufs bestellt.

[N]os dei gracia Albertus abbas, Henricus prior, Conradus de Werre iunior, Thitmarus de Hardenherghe, frater Thilo dictus Magnus, prouisores vna cum abbate, totusque conuentus monasterii in Lseneborch, Halberstadensis dyocesis, recognoscimus, quod communi consensu et beneplacito vendidimus dilectis nobis Eylardo Boncken, vxori sue Elyzabet, Denckoni seruo Eylardi, Alheydi nepti sue, Gherardo Peperkellere, Elyzabet matri, Ghertrudi sorori sue ac Henrico Stapel, burgensi in Bruneswic, et eorum heredibus pro centum et quadraginta marcis puri argenti in vsus nostri claustri conuersis redditus sedecim marcarum Brvneswicensis valoris tollendarum in decima nostra Rorsum, que annis singulis ipsis Bruneswic a nobis in festo beati Martini omni dilacione postposita persoluentur. Dicti vero burgenses ex speciali gracia nobis facta fauorabiliter nobis indulserunt, quod possumus antedictos redditus ab ipsis vel suis heredibus reemere, quandocunque nobis placuerit, dummodo anno dimidio ipsis predixerimus pro pecunie summa supradicta. Si vero qualitercunque et vndecunque contingeret, quod predictas sedecim marcas sic non solueremus, tunc inmediate post mensem ab ipso die sancti Martini computandum decanus seu conseruatores priuilegiorum ecclesie sancti Blasii in Bruneswic, apud quos literas nostras super proprietate et possessione decime nostre in

Rorsum deposuimus, easdem literas sine omni recusatione ac contradiccione presentabunt Eylardo et Gherardo ac aliis personis iam premissis, transferendo nostro nomine per eandem presentacionem literarum in ipsos ius, auctoritatem et plenam potestatem vendendi eandem decimam in Rorsum cuicunque voluerint, et de eadem venditione recipiendi centum et quadraginta marcas cum defectu, si quem demonstrare poterunt, occasione solucionis pecunie supradicte. Et nos eandem venditionem ratificabimus et super hoc emptoribus eiusdem decime dabimus patentes literas sigillis nostris sigillatas. Adicimus etiam, quod si aliquis capitulum vel aliquos de capitulo ecclesie sancti Blasii predicte de presentacione predictarum nostrarum literarum postmodum incusaret, de talibus incusationibus volumus eos eripere et ipsis satisfacere satisfactione debita et condigna. In quorum omnium euidens testimonium sigilla nostra duximus presentibus patenter apponenda. Testes etiam sunt: Hermannus de Ursleue, Henricus Enghelardi, Rodolues (!), Rodolfus de Kalue, Ludolfus Osse, Johannes Roseko, Johannes Oldendorp in Ydagine (!), et plures alii.

Datum et actum Bruneswic anno domini m°ccc°xvi° sabbato ante dominicam Iudica.

Alte Abschrift aus dem 14. Jahrhundert in dem Copialbuch sancti Blasii in Braunschweig auf Pergament im Herzogl. Landes-Haupt-Archiv zu Wolfenbüttel Bl. 52ᵇ. Gleichseitige Bezeichnung: litera conuentus in Ilsenburg super decima in Rorsem et indempnitate etc.

Avignon, 1317, Juni 27, pont. 1. 211.

Papst Johanns Verordnung an den Scholasticus zu U. L. F. in Halberstadt, diejenigen, welche die Zinsen und Abgaben an das Kloster Ilsenburg aufhalten, durch Kirchenstrafen zur Ordnung anzuhalten.

Johannes episcopus, seruus seruorum dei, dilecto filio scolastico ecclesie sancte Marie Halberstadensis salutem et apostolicam benedictionem. Ex parte dilectorum filiorum abbatis et conuentus monasterii in Ilsyneborch, ordinis sancti Benedicti, Halberstadensis dyocesis, nobis extitit intimatum, quod nonnulli clerici et ecclesiastice persone, tam religiose quam seculares, eciam in dignitatibus et personatibus constitute, nec non comites, barones, nobiles, milites et alii laici Halberstadensis ciuitatis et dyocesis, qui terras, domos, possessiones et alia bona immobilia sub annuo censu seu redditu a monasterio ipso tenent, censum seu redditum huiusmodi dictis abbati et conuentui, ut tenentur, exhibere non curant, quamquam terrarum et aliorum bonorum premissorum pacificam habeant possessionem et fructus cum integritate percipiant earundem; propter quod dictis abbati et conuentui graue imminet preiudicium dictoque monasterio non modicum detrimentum. Quare iidem abbas et conuentus nobis humiliter supplicarunt, ut de oportuno eis remedio super hec subuenire paterna sollicitudine curaremus; quocirca discrecioni tue per apostolica scripta mandamus, quatenus, si est ita, dictos clericos personas, comites, barones, nobiles, milites et alios, qui censum seu redditum memoratum prelibatis abbati et conventui exhibeant integre ut teneantur, monicione premissa per censuram ecclesiasticam appellacione remota preuia racione conpellas prouiso, ne in terras comitum, baronum et nobilium excommunicacionis uel interdicti sentenciam proferas, nisi a nobis super hoc mandatum receperis speciale. Testes vero qui fuerint nominati, si se gracia, odio uel timore subtraxerint, censura similiter appellacione cessante conpellas veritati testimonium perhibere[1].

Datum Auinione v kalendas Julii, pontificatus anno primo.
Copialbuch Bl. 4 b.
Johannes XXII. wurde 1316 5. Sept. gekrönt, die Urkunde ist also aus dem Jahre 1317.
1) *Die Hdschr. hat irrthümlich (abgekürzt) prohibere.*

Halberstadt, 1320, Juni 8. 212.

Bericht Bischof Albrechts von Halberstadt an den Papst Johann XXII., dass die Streitigkeiten zwischen den Grafen zu Wernigerode und dem Kloster Ilsenburg beigelegt seien, und daher die über sie verhängte Excommunication aufzuheben, dass aber die Grafen, wegen ihres Alters, solche nicht selbst auswirken könnten.

Sanctissimo in Christo patri ac domino suo, domino Johanni, sacrosancte Romane ecclesie summo pontifici, Albertus, dei gratia Halberstadensis ecclesie episcopus, cum orationibus in Christo sinceris deuota pedum oscula beatorum. Vestre sanctitatis dominationi notum esse cupimus per presentes, quod omnis controuersia, que inter nobiles viros Albertum et Fredericum comites de Werningherode et eorum complices parte ex vna, et .. religiosos viros .. abbatem et conuentum monasterii in Ylseneburch, ordinis sancti Benedicti, nostre dyocesis, vertebatur ex altera super spoliis notoriis, iniuriis et infestationibus, ob honorem sedis apostolice et reuerentiam, amicis predictorum comitum mediantibus, amicabiliter est sopita et quod .. abbas et conuentus predicti ad suum monasterium Ylseneburch possessionibus et aliis rebus et bonis suis sunt libere restituti, cum refusione dampnorum et satisfactione debita et condigna, sicut in presentia nostra constituti, coram multis viris fide dignis et ydoneis publice sunt confessi. Vnde, cum predicti comites post compositionem [sol]utam[1] nobis et ecclesie nostre sint magna familiaritate astricti, se obsequiosos et seruiles in omnibus exhibentes, omnem voluntatem et utilitatem nostram fauorabiliter prosequendo, vestre paternitatis excellentiam, cum humilibus et resipiscentibus venia non debeat denegari, maxime dum sedes apostolica omnibus consueuerit esse gratiosa, petimus precibus studiosis, quatenus antedictos comites et eorum complices ab excommunicationum et aliorum processuum sententiis de solita benignitate et paterna misericordia dignemini absoluere propter deum, vt per absolutionem ipsis inpensam omni dissensionis materia sublata et fomite omnis rancoris exstincto, tranquillitatis et concordie vnitas inter nos et predictos comites inuiolabiliter obseruetur, et quod .. abbas et conuentus predicti monasterii in Ylseneborch per absolutionem obtentam pacifica deinceps gaudeant possessione bonorum suorum et in reconpensam dampnorum suorum pro iniuriis et dampnis perpessis digna beneficia gratiosius apud supradictos comites consequantur. Verum quia sepedicti comites iam sunt in senili et etate prouecta constituti, etiam quod propter malum statum terre et viarum discrimina non possunt visitare et accedere sedem apostolicam propriis in personis, vestre paternitatis misericordie duximus supplicandum, vt alicui in partibus nostris auctoritatem vestram dignemini committere, qui predictos comites cum eorum conplicibus absoluat a sententiis, quibus ligati existunt, et eos reformet ecclesie vnitati.

Datum Halberstat anno domini m°ccc° vicesimo, vi° ydus Jvnii.

Urschrift auf Pergament mit gut erhaltenem Siegel Bischof Albrechts.

1) *Das* sol- *ist blosse Conjectur. Es steht:* ?positoēm *utam.*

1320, October 3.   ·   213.

Bernhard von Plötzke giebt auf Bitten Albrechts von Zehringen das Eigenthum des von diesem zu Lehn gehabten Vogtkorns und der Herbstbede zu Aderstedt dem Kloster Ilsenburg.

Vniuersis Christi fidelibus hanc literam inspecturis cupimus fore notum, quod nos Bernhardus miles de Plozek omni iuri, quod in altero dimidio choro tritici, quod vulgariter voghetkoren dicitur, de duodecim mansis in Aderstede et triginta solidos Cotoniensium denariorum in festo purificacionis sancte Marie dandis, qui vulgo herfstbede dicuntur, in eadem villa habere dinoscimur, ad peticionem Alberti militis dicti de Zerynge, qui predicta bona a nobis tenuit in pheodo, domino abbati in Ilsyneborg et suo conuentui cum omnibus nostris heredibus penitus renunctiamus et perpetuo resignamus. Huius rei testes sunt: Thydericus de Weterlynge, Hermannus Croch milites, Fricco de Hekelynge et Beteko Wynke famuli, ceterique plures fide digni. In quorum omnium euidens testimonium presentem paginam conscribi fecimus et sigillo nostro fecimus communiri.

Actum et datum anno domini m°ccc°xx° feria quarta post festum beati Michaelis archangeli.

Copialbuch Bl. 9.

Wernigerode, 1320, Nov. 22. 214.

Die Grafen Friedrich und Gebhard Gebr., und Konrad, Gebhard, Albrecht und Walter Gebr. zu Wernigerode geben dem Kloster Ilsenburg die entzogenen Güter zurück und zum Ersatz des zugefügten Schadens 5 Hufen bei Wollingerode und Backenrode und das Ritters- und Sudenholz.

In nomine domini amen. Nos dei gratia Fridericus et Gheuehardus fratres, nosque Conradus, Gheuehardus, Albertus et Walterus fratres et comites in Weringerode omnibus ecclesie fidelibus hanc paginam intuentibus salutem. Nouerint vniuersi, quorum interest aut quibus nosse fuerit oportunum, qualiter ad exhortacionem nostrorum amicorum, et precipue ob reuerenciam sedis apostolice, religiosis viris et dominis, nobis in Christo dilectis, Alberto abbate, Henrico priore, totoque conuentu monasterii in Ilseneborch, ordinis sancti Benedicti, Halberstadensis dyocesis, bonis eorum ac possessionibus a nobis libere restitutis, quedam bona super refusione dampnorum suorum et satisfactione aliquali, eisdem dare decreuimus, quinque mansos cum proprietate circa Wolingerode et Backenrodo sitos cum omnibus suis attinentiis ac vsibus tam in campis quam in pratis ab omni iure aduocacie, peticionum, inquietacionum seu vexacionum a nobis quarumlibet, nec non aliquas siluulas, des Ridders holt vvlgo nuncupatas cum proprietate et ibidem sitas, quibus in vnum computatis, pro centum et triginta marcis puri argenti liberos dimittimus et solutos. Item adhuc aliam siluam vvlgariter Suden nuncupatam abbati, conuentui et monasterio antedicto donamus pro centum et quinquaginta marcis puri argenti computando libere possidendam. Preterea obligamus nos et presentibus firmiter obligamur abbati, conuentui et suis successoribus in futurum, quod ipsos in possessionibus predictorum mansorum et siluarum warandabimus, quociens necesse habuerint et cum ab eisdem fuerimus requisiti. Ista igitur omnia iam enumerata siluulas et bona huiusmodi prefato abbati et suis monachis consensu heredum nostrorum mutuo volumus in perpetuum commanere, renunciantes expresse omni iuri per presentes predictorum bonorum, mansorum et siluarum cum proprietate ac fructuum eorundem, quod nobis posset in ipsis conpetere in presenti et nostris heredibus in futurum. Ne igitur super ista solucione siue donacione aliquis obliuionis seu calumpnie scrupulus in posterum a nostris heredibus valeat suboriri, presentem litteram inde conscriptam sepedicto abbati, conuentui et monasterio in Ilseneborch sigillorum nostrorum munimine tradidimus communitam.

Acta et data sunt hec in ciuitate Werningerode anno domini millesimo trecentesimo vicesimo in die beate Cecilie virginis ac martiris.

Urschrift auf Pergament, von deren sechs Siegeln nur noch das des Grafen Albrecht lose beiliegt (vgl. Abbildung auf Tafel VI. Nr. 38), im Gräfl. Hauptarchiv zu Wernigerode.

Eine zweite Ausfertigung mit noch drei von den einst vorhandenen 6 Siegeln (2—4 fehlen) im Königl. Staats-Archiv zu Magdeburg s. r. Ilsenburg Nr. 96. Abschrift auf Papier aus dem 15. Jahrh. Bl. 85, 2 im Gräfl. H.-A. zu W. Vgl. Notiz: Braunschw. Anzeigen 1746 Sp. 2033 f.

Avignon, 1321, April 6, pont. anno 5. 215.

Papst Johann II. Befehl an den Dechant zu St. Blasius in Braunschweig, die Klagen des Ilsenburger Klosters gegen Johann von Neu-Gatersleben wegen Beraubung und Brand zu entscheiden.

Johannes episcopus, seruus seruorum dei, dilecto filio .. decano ecclesie sancti Blasii in Brunswich', Hildesemensis diocesis, salutem et apostolicam benedictionem. Conquesti sunt nobis dilecti filii .. abbas et conuentus monasterii in Ilseneborch, ordinis sancti Benedicti, Halberstadensis diocesis, quod Johannes dictus de Nouo Gatersleue miles, Magdeburgensis diocesis, associatis sibi quibusdam suis in hac parte complicibus ad quasdam domos ipsius monasterii manu armata hostiliter accedentes ipsas incendio concremare ac pannos lineos et laneos et nonnulla alia bona ipsorum abbatis et conuentus secum asportare nequiter presumpserunt in ipsorum abbatis et conuentus preiudicium et grauamen. Ideoque discretioni tue per apostolica scripta mandamus, quatinus partibus conuocatis audias causam et appellatione remota debito fine decidas, faciens quod decreueris per censuram ecclesiasticam firmiter obseruari. Testes autem qui fuerint nominati, si se gratia odio uel timore subtraxerint, censura simili appellatione cessante compellas ueritati testimonium perhibere.

Datum Auinione VIII ydus Aprilis, pontificatus nostri anno quinto.
Urschrift, an einzelnen Stellen durch Feuchtigkeit etwas angefressen, mit Bleibulle s. r. Ilsenburg Nr. 75 im Königl. Staats-Archiv zu Magdeburg.

Auf der Bulle: IOHANNES · PP · XXII. Auf der Rückseite der Bulle steht von gleichzeitiger Hand: R · Bull Gerhardo de Rostoch, *darüber Hdschr. vom Ende des 15. Jahrhunderts:* Conradus de Bremis.
Copialbuch Bl. 5.

Das 5. Jahr der Regierung Johannes des XXII. war das Jahr vom 5. Sept. 1320 bis dahin 1321; aus dem letztern ist also diese Urkunde.

Avignon, 1321, April 6. 216.

Papst Johann XXII. Befehl an den Scholasticus des Stifts U. L. Frauen zu Halberstadt, die Klagen des Ilsenburger Klosters gegen die Ritter Hermann von Werthern, Gebhard v. Weferlingen und den Knappen Gerhard v. Werthern wegen Beraubung und Brand zu entscheiden.

Johannes episcopus, seruus seru[orum dei], dilecto filio . . scolastico ecclesie sancte Marie Halberstadensis salutem [et apostolicam bene-

dictionem]. Conquesti sunt nobis dilecti filii abbas et conuentus monasterii in ...... [ordi]nis sancti Benedicti Halberstadensis ..... Hermannus de Werderen, Geuebardus ...... Weuerlinge milites et Gerardus de Werderen armiger dicte ...... associatis sibi quibusdam in hac parte complicibus ad quasdam domos ipsius monasterii armata manu hostiliter accedentes ipsas incendio concremare ac pannos lineos et laneas et nonnulla alia bona ipsorum abbatis et conuentus se[cum asportare] nequiter presumpserunt in ipsorum abbatis et conuentus p ...... [discretioni tue] ... [apostolica] scripta mand[amus], [quatenus partibus] ...... appellatione remota debito fine [decidas fa ..... quod decreueris] ...... firmiter obseruari. Testes .... censura simili appellatione ......
...... VIII Idus Aprilis, ... pontificatus nostri anno .....

Urschrift, zum grossen Theil vermodert, im Königl. Staats-Archiv zu Magdeburg s. r. Ilsenburg Nr. 76°. Bleibulle nicht mehr vorhanden. Ein Theil des Textes ist durch die vorhergehende Urkunde leichter zu lesen. Zeit und Inhalt wird durch eine hinter der vorhergehenden Urkunde im Ilsenburger Copialbuch befindliche Notiz (Bl. 5 daselbst) festgestellt: Johannis Pape XXII conquestus super spoliis et incendiis contra dictos de Werderen et Weuerlingenn eisdem verbis ut supra, loco et tempore ut supra.

1321, Mai 17. 217.

Das Jungfrauenkloster Abbenrode verkauft dem Kloster Ilsenburg für 18³/₄ Mark eine Mark jährlich, welche der Propst an dem Walde Tammenau hatte, auf Wiederkauf.

Nos Bertoldus dei gracia prepositus, Johanna abbatissa, Rickaza priorissa totusque conuentus ecclesie sancti Andree in Abbenrode omnibus Christi fidelibus tam presentibus quam futuris, ad quorum noticiam presencia scripta deducta fuerint, cupimus fore notum, quod reuerendi patres ac viri sanctitate religionis honorabiles, dominus Albertus abbas monasterii in Ylseneburch, Hinricus prior totusque conuentus eiusdem loci vnam marcam vsualem, quam domino Bertoldo preposito nostro ac vniuerse communioni nostre in quadam silua Tammenowe (Taimenowe) wlgariter nuncupata pro decem et nouem marcis vsualis argenti fertone minus vendiderunt proprietatis tytulo possidendam. Hanc condicionem nichilominus inserebant, videlicet, quod prefatam marcam monasterio predicto Ylseneborch appropriatam quandocunque ipsis placuerit ac deo dante ad pinguiorem statum peruenerint reemendi a nobis habere debent et habebunt liberam facultatem pro pecunia memorata, occasione qualibet postergata. Ne autem huiusmodi contractus decursu temporum seu mutacione personarum a quoquam valeat infirmari, nos Bertoldus prepositus et conuentus predicti sigilla nostra presentibus duximus apponenda.

Datum anno domini m°ccc°xxi° dominica qua cantatur cantate domino.

Urschrift auf Pergament mit Bruchstück des Propstsiegels im Königl. Staats-Archiv zu Magdeburg s. r. Abbenrode Nr. 35.

1322, Juni (7—12). 218.

Das Kloster Ilsenburg verschreibt dem Propst Ditmar zu Drübeck für 20 Mark Hauptsumme 2 Mark aus 5½ Hufen zu Mulmke, welche Balduin v. Dike (de Piscina) angekauft hat, die aber nach seinem Tode dem Kloster, gegen Feier seiner Jahrszeit und Haltung von Messen, wieder zufallen sollen.

In nomine sancte et indiuidue trinitatis amen. Cum nichil sit in humana condicione, quod perpetuo stare possit, propter labilem hominum memoriam restat, ne hoc, quod nunc agitur, illo modo infirmetur, testibus ac scripturarum caractere[1] fulciatur. Nos itaque, Albertus dei gracia abbas monasterii in Ilsyneborch totusque eiusdem loci conuentus ad vniuersorum noticiam, quorum interest vel quibus saltem[2] nosse oportunum fuerit, deducimus per presentes, quod honorabili viro domino Dithmaro preposito conuentus in Drubeke, confratri nostro predilecto, de vnanimi consensu nostri capituli pro viginti marcis vsualis argenti, nobis ad quoddam indigencie periculum remouendum beningniter traditis, vendidimus et assignauimus duarum marcarum vsualis argenti redditus annuos de bonis nostris in Mulbeke sitis, videlicet quinque mansis cum dimidio, quos pie memorie dominus Baldewinus de Piscina nostre ecclesie comparauit, quamdiu vixerit percipiendos; terminus autem solucionis pecunie pensionis iamdicte erit in festo beati Martini secundum bonam terre consuetudinem approbatam. Prenominato igitur domino Dithmaro debitum vniuerse carnis exsoluente ad nostram ecclesiam dicta prouentuum pecunia reuertetur libere, sub hac forma videlicet, quod vna marca ad anniuersarium ipsius defuncti remaneat annis singulis peragendum, reliquam vero diligenti ordinacione prehabita tradidit ad altare sancti Michaelis in portico nostro constructum et cuicumque illud commissum fuerit ibidem dicat tres missas in qualibet ebdomade[3], vnam scilicet de domina nostra, aliam de beatis apostolis Symone et Juda et terciam in memoriam omnium fidelium defunctorum. Hec autem omnia vt prescribitur quicumque amministrator bonorum fuerit, premissorum racionabiliter prouidebit. Huius rei testes sunt: Dithmarus de Hardenberghe, frater Thidericus, confratres nostri; dominus Fredericus dictus de Sehusen, Ludolphus Lammespringe clerici, et alii quam plures fide digni. In quorum omnium euidenciam pleniorem nos Albertus abbas et conuentus supradicti sigilla nostra presentibus duximus apponenda. Nos vero Dithmarus prepositus in Drubeke prefatus huiusmodi ordinacionem gratam et ratam habentes[4].

Anno incarnacionis dominice m°ccc°xxii in septimana trinitatis.

Copialbuch Bl. 20.

1) *Die Hdschr. caractare.* — 2) *Hdschr. saltim.* — 3) *Hdschr. ebdomada.* — 4) *Die Bestätigungsformel ist unvollständig.*

Langenstein, 1326, Juli 11. 219.

Albrecht, Bischof von Halberstadt, bestätigt die Reinhardsche Schenkung der Novalzehnten (Nr. 12).

In nomine sancte et indiuidue trinitatis Albertus dei gracia Halberstadensis ecclesie episcopus omnibus inperpetuum. Commissi nobis officii debitum nos mouet et inducit, vt non solummodo curis continuis et meditacione assidua commodis et profectibus ecclesiarum nobis suffraganciuin in domino intendamus, immo ad subueniendum eciam eis beneficiis quibus possumus nos vrget et conpellit. Hinc est, quod notum facimus vniuersis Christi fidelibus tam presentibus quam futuris, quod nos iustis causis et meritis deuocionis dilectorum in Christo Dytmari abbatis tociusque conuentus Ilseneburgensis ecclesie moti et inducti omnia priuilegia eidem ecclesie data et concessa per predecessores nostros, scilicet Reynhardum et alios, que vidimus, legimus et examinari fecimus super decimis noualium innouamus, approbamus et presentibus confirmamus, dantes eidem ecclesie super hoc has literas nostri sigilli appensione munitas. Huius autem nostre confirmacionis testes sunt: Barnam de Wenden canonicus ecclesie nostre, magister Bruno officialis curie nostre, Johannes plebanus in Osterwich et Johannes de Romesleue, Lippoldus Hoye milites, et alii quam plures fidedigni.

Actum et datum Langhenstene v° ydus Julii anno domini millesimo trecentesimo vicesimo sexto.

Urschrift mit beschädigtem Siegel im Königl. Staats-Archiv zu Magdeburg s. r. Ilsenburg Nr. 76.
Copialbuch Bl. 5ᵇ.

(1326.) 220.

Aufzeichnung über einen für 27 Mark löthigen Silbers wiederkäuflichen Zins von drei Mark Geldes, den das Kloster Ilsenburg an Deneke vom Spital, einen Braunschweiger Bürger, zu zahlen hat.

Deneke vanme spitale hevet III marc geldes tho Ylseneborch, de schal he upnemen de wile he levet. Wanne he stervet, so gat two af met eme, unde de dridden marc de schal Aleke van Muden sin nichtele upnemen tho erme live, unde wanne se stervet, so wert se ok los den van Ylseneborch. Desse sulven dre marc geldes de mogen de van Ylseneborch wederkopen, offte se willet, umme xxvii marc lodiges silveres, unde Deneke de schal bruken siner wisheyt met Eylardes wedewen unde Gereken Peperkellere.

Erstes Degedingbuch der Altstadt Braunschweig Bl. 81. Die Zeit ergiebt sich aus dem Zusammenhang der Einschreibungen.

1327, März 21.   221.

Dietrich und Heinrich, Knappen, Gebrüder v. Bek, verzichten zu Gunsten des Klosters Ilsenburg auf alle ihre Rechte an neun Morgen Landes zu Schauen, welche Eckebrecht von Schauen dem Kloster geschenkt hat.

In nomine domini amen. Nos Thidericus et Henricus famuli dicti de Bec fratres notum esse cupimus Christi fidelibus vniuersis presentibus publice protestantes, quod Ecbertus de Scowen et Henricus de Scowen suus filius, ciuis in Osterwich, et eorum heredes quorum intererat nouem iugera sita in campis Scowen cum omnibus suis attinenciis libere donauerunt ecclesie Ilseneburgensi perpetuo possidenda, cedentes coram nobis possessioni eorundem, omneque ius, quod in eisdem habuerunt, plene in predictam ecclesiam transtulerunt. Que quidem iugera prefati Ecbertus et Henricus et eorum progenitores cum plena libertate et iure quiete quondam possederant, non teuentes eadem ab aliquo domino; postmodum vero in nos transtulerunt eorundem agrorum proprietatem et dominium seu ius inpheodandi eadem iugera a nobis recipiendo in pheodo et tenendo. Nos quoque ad preces predictorum Ecberti et Henrici supradictorum agrorum proprietatem et dominium seu ius inpheodandi et vniversaliter[1] omne ius quod in ipsis nobis aut nostris heredibus competiit aut competere poterat aut in presenti competit vel in futurum posset competere, cum plena libertate, sicut ad nos deuenit, dedimus et nunc donamus inperpetuum predicte Ilseneburgensi ecclesie et in ipsam transferimus, nichil iuris nobis aut nostris heredibus in eisdem penitus retinendo, mittentes venerabilem dominum Dithmarum, prefate ecclesie Ilseneburgensis abbatem, in possessionem tocius nostri iuris predicti per traditionem presencium literarum, per quam etiam volumus nostram donationem seu translationem fore irreuocabilem et perfectam. Renunciamus insuper omni exceptioni seu beneficio iuris et facti legum seu canonum, quibus prefata nostra donatio seu translatio posset rescindi vel reuocari in toto vel in parte aut quomodolibet infirmari, promittentes nichilominus per presentes, quod prefate ecclesie abbatem et ipsam ecclesiam sicut iustum fuerit warandare debebimus, quandocunque et vbicunque et quociescunque ipsis necesse fuerit super premissis agris et iure per nos dato et quandocunque et vbicunque fuerimus requisiti. Huius nostre donationis et omnium suprascriptorum testes sunt: Johannes quondam iudex in Osterwich, ciuis ibidem, Bernhardus Myen et sui filii Albertus et Bernhardus, Hermannus de Odorp, Thidericus et Hennighus Benedicti, morantes in Scowen, testes ad premissa vocati specialiter, et quam plures alii fide digni. Ne igitur suprascripta retrahantur in irritum aut in dubium, sigillorum nostrorum appensione communimus presens scriptum.

Datum anno domini millesimo ccc°xx° septimo, xii° kalendas Aprilis.
Urschrift mit zwei beschädigten Siegeln im Königl. Staats-Archiv zu Magdeburg s. r. Ilsenburg Nr. 77.
1) *Hdschr.* vir.

1328, Febr. 24. 222.

Schiedsrichterliche Entscheidung des Abts Ditmar von Ilsenburg, des Propsts zu Abbenrode und des Priors zur Himmelpforte in den Streitigkeiten zwischen der Aebtissin zu Drübeck und dem Pfarrer daselbst, dass alles Gesinde auf dem Hofe und bei den Klosterjungfrauen, das keine Präbende besitzt, mit Ausnahme der beiden Klostermeier zur Parochie der Pfarrei gehören sollen, nebst noch andern Bestimmungen dieser Art.

Datum in vigilia s. Mathie apostoli m°ccc°xxviii°.

Urschrift mit Siegelfragmenten. Gedr.: Urkdb. von Drübeck Nr. 71.

Langenstein, 1328, Mai 25. 223.

Albrecht, Bischof zu Halberstadt, gestattet, dass der Abt zu Ilsenburg Klostergüter zur Tilgung der Schulden verpfände.

Albertus dei gracia Halberstadensis ecclesie episcopus venerabili viro .. abbati monasterii in Ylseneburg sinceram in domino caritatem. Vt pro solutionibus debitorum monasterii vestri et subsidio nobis et ecclesie nostre faciendo obligationes et inpingnorationes temporales secundum tenorem commissionis per capitulum in Ylseneburch vobis alias facte facere possitis, vobis presentibus indulgemus.

Datum Langensteyn anno domini m°ccc°xxviii° feria quarta in septimana penthecostes.

Urschrift auf einem kleinen Pergamentstreifchen im Königl. Staats-Archiv zu Magdeburg s. r. Ilsenburg 78. Das an einem Pergamentstreifchen angehängt gewesene Siegel ist nicht mehr vorhanden.

1328, Juli 16. 224.

Albrecht, Bischof zu Halberstadt, gewährt dem Domcapitel daselbst die freie Verfügung über die Dombaumeisterei und eignet ihm fünf Mark vom Kloster Huysburg und acht Mark vom Kloster Ilsenburg (viii marcis, que a monasterio in Ilseneborch annis singulis solvi et percipi consueverunt) *zu.*

Datum anno domini m°ccc° vicesimo octavo, xvii kal. Augusti.

Vgl. die Urkk. v. 26. August, 29. October 1309, 25. bis 27. Mai 1310 und oben Nr. 202 v. J. 1312.

1328, October 22. 225.

Ulrich, Graf zu Regenstein, giebt dem Kloster Ilsenburg das Eigenthum einer Hufe auf dem Felde Odorp, die Hoyer von Sehlde zu Lehn hatte.

We Olrich von der gnade godes greue tho Regbensten don witlic alle den, de dissen bref hören ofte sen, dat we mit witscap vnde vulbort Siuerdes vnde Hinrikes, vnser brödere, vnde Metten von Keuerenberch, vnser süster, vnde al vnser eruen hebben gegeuen vnde geuet in dissem breue deme abbede vnde deme kouente des godeshuses tho Ylseneborch den egbendom ouer ene boue vp deme velde tho Odorp, de Hoyer von Selde von vs batde to rechteme lene vnde se vs redelike vpgelaten heuet mit alleme rechte vnde vryheit, vnde willet des ere rechte were wesen in allen steden, dar is en nod is, vnde hebben en des vp en orkvnde dessen bref gegeuen bevestet mit vnseme ingesegele.

Dat is gheschen na godes bort drittenhundert jar in deme acht vntvintigesten jare in sente Severis daghe.

Urschrift auf Pergament, das Siegel etwas beschädigt.

1329, Mai 18. 226.

Das Kloster Ilsenburg weist die Zinsen von 5 Hufen zu Hollemmeditfurt zur Feier der Jahreszeit des Vikars Dietrich von Wellede zu U. L. F. in Halberstadt an, welcher dem Kloster 10 Mark zu diesem Behuf vermachte, wozu seine Testamentarien 2 Mark zugelegt haben.

In nomine domini amen. || Nos Dithmarus dei gratia abbas, Conradus prior totusque conuentus monasterii in Ilseneburgh omnibus inperpetuum. Quoniam labilis est hominum memoria, racionis ordo deposcit et ius exigit, ut ea que geruntur in tempore, ne simul cum decursu temporis in obliuionem transeant, scriptis auctenticis et testibus ydoneis perbennentur. Hinc est, quod ad vniuersorum noticiam tam presentis temporis quam futuri volumus peruenire, quod cum bono memorie magister Thidericus dictus de Wellede sacerdos, ecclesie sancte Marie Halberstadensis perpetuus vicarius, pia deuocione erga nostram congregationem et monasterium nostrum affectus, nobis in testamento suo legasset ac dedisset decem marcas puri argenti, ad quas discreti viri dominus Fredericus de Dithuorde, dominus Hinricus dictus Spiringh canonici, nec non Johannes sacerdos de Eringben, perpetuus vicarius ecclesie sancte Marie supradicte, existentes salemanni ipsius magistri Thiderici, duas marcas puri argenti de rebus suis mobilibus addiderunt, ad conparandum redditus perpetuos pro consolacione seu seruitio nostro conuentui in suo anniuersario ministrando. Nos vero, desiderio suo et anime sue saluti satisfacere inquantum possumus cupientes, de vnanimi consensu et tocius nostre congregacionis sufficienti deliberacione prehabita, recepta eadem summa scilicet duodecim marcis puri assignamus et incorporamus custodie ecclesie nostre nec non personis qui pro tempore fuerint custodes nunc et inperpetuum duo talenta nouorum denariorum Halberstadensium recipienda singulis annis sequenti die beati Galli in foro annuali ciuitatis Hulberstadensis, de quinque mansis sitis in campo ville Holtempnedithuorde ad nostram ecclesiam spectantibus, de quibus custos ecclesie nostre prenotate qui pro tempore fuerit dabit marcam cum dimidia usualis argenti, de quinque fertonibus nostro conuentui secundum consuetudinem seruiciorum ministrandorum scruicium seu procuracionem in anniversario magistri Thiderici prelibati faciet solempniter et conplete. Ad quem peragendum pro sua deuocione ad nostram ecclesiam habita inperpetuum esse volumus obligati, de residuo autem fertone idem custos lumen et elemosinam pauperibus tenebitur elargire. Vt autem hec nostra donacio et incorporacio ac omnia suprascripta, prout sunt expressa, inconwlsa tam a nobis quam a nostris successoribus permaneant, presentia scripta exinde confecta, vnum custodi ecclesie nostre et aliud dictis salemannis nostri simul et capituli nostri sigillorum inpressionibus communita, ad cautelam tradere decreuimus firmiorem. Huius rei testes sunt: honorabiles viri domini Thidericus decanus, Hermannus scolasticus, Vippertus Speculum, Guncelinus de Dithuorde, canonici ecclesie sancte Marie supradicte; Albertus Speculum, Gyuehardus de Werstede, Conradus dictus Kage, Henninghus de Quenstede milites; Conradus Speculum, Konemannus de Winningstede, Rodolfus de Scowen, Olricus Diues, Fredericus de Serichstede famuli, et alii quam plures tam clerici quam laici fide digni.

Actum et datum anno domini m°ccc°xxix°, xv° kalendas Junii.

Urschrift auf Pergament, im Gräfl. H.-Arch. zu Wernigerode, an mehreren Stellen vermodert, die Siegel fehlen. Eine zweite mit sehr gut erhaltenen Siegeln im Königl. Staats-Archiv zu Magdeburg s. r. Ilsenburg Nr. 78ᵇ.

1331, Januar 14. 227.

Die Gebrüder Heinrich und Dietrich von Bek und Johann von Dingelstedt geben ihre Ansprüche auf einen Zehnten von 12 Morgen zu Südschauen im Batennest zu Gunsten des Klosters Ilsenburg auf.

Nos Thidericus et Henricus dicti de Bec fratres ac Johannes de Dighelstede famuli recognoscimus publice per presentes, quod cum inter venerabilem et religiosos viros dominos .. abbatem ac conuentum monasterii in Ilseneborch ex vna et nos parte ex altera dissensio verteretur super decimationibus duodecim iugerum sitorum in campis Sutscowen in loco qui dicitur Batennest, nos ad informationem bonorum virorum dictis dominis .. abbati et conuentui cessimus et presenti scripto cedimus in decimationibus eisdem, renunciantes pro nobis et

nostris posteris omnibus iuri, vsui, actioni seu inpeticioni, que nobis
aut nostris posteris conpeteret aut conpetere posset quouis titulo in
eisdem aut occasione earundem. Cuius facti testes sunt: Johannes
Benedicti, Albertus et Henricus et Christianus filii quondam Bernhardi
Myen, Henricus Opilio manentes in Scowen, et alii plurimi fide digni.
In cuius testimonium nos Thidericus et Henricus de Bec supradicti
sigilla nostra appendimus huic scripto. Ego vero Johannes de Dighelstede, cum proprio sigillo careara, sigillis vtor et contentor in presenti
negotio Thiderici et Henrici de Bec premissorum.

Datum anno domini m°ccc°xxxi° in crastino sancti Remigii episcopi.

*Urschrift mit fragmentarischen Siegeln im Königl. Staats-Archiv zu Mag-
deburg, s. r. Ilsenburg Nr. 79.
Copialbuch Bl. 29b.*

1331, August 20. 228.

*Zeugniss des Klosters Ilsenburg über eine dem Kloster Abben-
rode verpfändete, dem Litonen „Domhere" zu Veckenstedt gehö-
rige Hufe zu Berdingerode.*

Nos Dithmarus dei gracia abbas, Conradus prior totusque conuentus
monasterii in Ilseneborch publice recognoscimus per presentes, quod
coram nobis Dithmaro abbate predicto, presentibus Conrado priore
antedicto et Bertoldo custode nostre ecclesie, nec non hominibus litonibus
nostre ecclesie et scabinis, qui nostris iudiciis super bonis censualibus
et litonicis secundum antiquam et approbatam consuetudinem adesse
solent, quidam dictus Domhere manens in Veckenstede et sui filii pro-
testabantur publice, quod ipsi vnum mansum situm in campis Berdi-
gherode, quem idem domhere a nobis censuali iure tenuit, cuius
proprietas seu verum dominium ad nostram ecclesiam pertinere dinoscitur, in pignus tradiderint ecclesie in Abbenrode pro novem marcis
puri argenti, pro eadem summa per ipsos aut ipsorum heredes cum
voluerint redimendum. Ex parte vero dicte ecclesie in Abbenrode
constitutus ibidem honorabilis vir dominus Johannes prepositus eiusdem
vna cum prouisoribus ipsius ecclesie conuersis recognouit pro ipsa
ecclesia antedicta, quod ipsa ecclesia teneret et tenere deberet dictum
mansum titulo pignoris, quem dictus Domhere aut sui filii vel ipsorum
heredes poterunt redimere pro summa tradita ipsi Domheren pro ipso
manso. Super qua summa cum consensu vtriusque partis prefate
taliter fuit concordatum, quod qui ipsum redimere voluerit antedictam
summam, scilicet nouem marcas puri argenti, dicte ecclesie in Abbenrode sine diminutione aliqua soluet. Et si ex parte ipsius ecclesie
probari poterit, quod dictus Domhere maiorem summam pro manso
receperit, redimens totam summam soluet et sic recuperabit ipsum
mansum. Medio tempore ecclesia in Abbenrode ipsum mansum pacifice
possidebit, obligauitque dictus dominus Johannes prepositus dictam
suam ecclesiam ad soluendum nobis et nostre ecclesie de eodem manso
solui solidam pensionem, videlicet annis singulis vnum fertonem vsualis

argenti, quamdiu ipsa ecclesia in possessione tenuerit ipsum mansum. In quorum omnium euidens testimonium et approbationem sigilla nostra presentibus duximus appendenda.

Datum anno domini millesimo trecentesimo tricesimo primo feria tercia post assumptionem sancte Marie virginis.

Urschrift in den Bruchstellen theilweise verletzt mit ziemlich gut erhaltenem Abtsiegel (s. Taf. II Nr. 9) im Königl. Staats-Archiv zu Magdeburg, s. r. Abbenrode Nr. 42. Das Conventssiegel ist nicht mehr vorhanden. Auch in Copialb. CIV, Bl. 1144 im Königl. Staats-Archiv zu Magdeburg.

1331, September 11. 229.

Das Kloster Abbenrode bekennt die Lösung an der von einem „Domherr" genannt zu Veckenstedt pfandweise erhaltenen Hufe zu Berdingerode, Ilsenburger Zinsgut, gegen 9 Mark gestatten zu wollen.

Nos dei gratia Johannes prepositus, N abbatissa, N priorissa totusque conuentus sanctimonialium in Abbenrode publice recognoscimus in hiis scriptis, quod vnum mansum situm in campis Bordigherod, cuius proprietas et census ad Ilsyneburgensem ecclesiam pertinet, tenemus in pignore a quodam dicto Domhere manente in Veckenstede et suis filiis, quem ipsi aut ipsorum posteri seu ad quos post ipsorum obitum idem mansus deuoluetur poterit redimere sub hac forma: quicunque voluerit redimere, soluet novem marcas puri argenti nostre ecclesie, quas dictus Domhere se recepisse recognouit; et si ex parte nostre ecclesie probari poterit ipsum plus recepisse, in reempcione totum persoluetur. Ceterum pro tempore, quo ipsum mansum per nos tenere contigerit, ecclesie in Ilsyneburch pensionem de manso debitam, scilicet vnum fertonem nigri argenti, annis singulis persoluemus. In cuius testimonium sigilla nostra appendimus huic scripto.

Datum anno domini m°ccc°xxxi° feria sexta post festum natiuitatis sancte Marie virginis.

Copialbuch Bl. 10ᵇ.

Plötzkau, 1332, Januar 6. 230.

Die von Plötzke übergeben in Erfüllung der nicht vollständig prompten Verträge mit ihrem Grossvater (Nr. 81. 107. 108.) das Eigenthum einiger Lehnstücke der Aderstedter Vogtei dem Kloster Ilsenburg.

In nomine domini amen. Nos Bernhardus, Fredehelmus et Rychardus, nec non Fredericus et Otto de Plozke fratres, famuli, ad vniuersorum presencium et futurorum noticiam peruenire cupimus, prosencium iudicio publice protestantes, quod cum olim bone memorie Hinricus auus noster et Bernhardus frater eius dicti de Plozke pro aduocacia in Aderstede super bonis Ilsyneburgensis ecclesie a domino Hinrico, tunc temporis abbate eiusdem, quaudam pecunie summam redempcionis nomine recepissent promisissentque, se velle mittere feodotarios infeodatos de bonis eiusdem advocacie ad abbatem predictum ad recipiendum ab ipso beneficia huiusmodi titulo pheodali, ac deinde ipsam aduocaciam illustribus principibus felicis recordationis dominis Alberto, Alberto et Johanni ducibus Saxonie, a quibus eandem in feodo tenuerant, ob respectum predicti abbatis libere resignassent, dictaque aduocacia post hoc ad prodictam ecclesiam Ilsyneburgensem fuisset translata per donacionem principum predictorum, promissioque suprascripta de pheodotariis mittendis ad abbatem interueniente negligencia in parte scilicet quo ad quatuor choros non fuisset perducta debitum ad effectum, ne occasione negligencie racionabile factum suprascriptum perfectionis careat complemento, nos requisiti a venerabili domino Dithmaro abbate Ilsyneburgensis ecclesie supradicto, oosdem quatuor choros, quos strenui milites Bernhardus de Nygeuburch duos choros tritici cum dimidio et Hinricus dictus Gryse vnum chorum cum dimidio eiusdem frumenti a nobis tenent in pheodo de bonis dicte aduocacie, quod vulgariter voghetkoren dicitur, ipsis solui solitos, de aduocacia memorata prefato domino Dithmaro abbati nec non conuentui monasterii in Ilsyneburch resignamus, restituimus et donamus et in ipsos transferimus cum omni iure, proprietate seu dominio, titulo aut vtilitate, que ad nos in ipsis a progenitoribus nostris deuenerunt, aut nobis in ipsis quouis modo conpetere videbantur, cedentes possessioni in ipsis habite dominum abbatem et conuentum dicti monasterii in corporalem possessionem mittimus eorundem per tradicionem presencium litterarum, nichil nobis aut nostris posteris in eisdem iuris neque, facti penitus reseruando, in salutem animarum predictorum nostrorum carorum Hinrici et Bernhardi et aliorum nostrorum progenitorum pariter et nostrarum, renunctiantes exceptionibus, defensionibus, contradictionibus iuris et facti, quibus possemus dictam nostram donacionem, cessionem, resignacionem seu translacionem irritare aut dictum dominum abbatem seu conuentum siue homines uel bona dicti monasterii super premissis aliqualiter molestare, prebentes et prebituri predictis dominis iustam et veram warandiam super premissis quando et quociens et vbi fuerimus requisiti. In quorum euidens testimonium omnium premissorum nos Bernhardus et Vredehelmus pro nobis sigilla nostra ad firmiorem roboris firmitatem presenti scripto duximus apponenda. Nosque Rychardus, Fredericus et Otto, cum sigilla propria non habeamus, sigillis nostrorum fratrum seniorum iam nominatorum gaudere volumus ad premissa. Testes vero huius facti sunt: dominus Hermannus de Wedherde, Bernhardus de Nygenborch, Albertus de Czerynge, Rychardus de Vrose, Konemannus de Hoym milites; Gherhardus de Wederde, Albertus Bock et Thidericus Speygel famuli ad hoc specialiter vocati, et alii plures fidedigni.

Datum Plozke anno domini m°ccc°xxxii° sancto die epyphanie.
Copialbuch Bl. 9ᵇ.

1332, Januar 8. 231.

Die von Plötzke weisen einige Lehnsleute der Aderstedter Vogtei mit ihren Lehnen nach Ilsenburg.

Bernhardus, Fredehelmus et Rychardus nec non Fredericus et Otto dicti de Plozke fratres, famuli strenuis militibus Bernhardo de Nygenburch ac Hinrico dicto Grisen bone voluntatis sincerum affectum. Nobis et omnibus, quorum interest, presentibus declaramus, quod proprietas seu verum dominium quatuor chororum tritici de advocacia in Aderstede nobis solui consuetorum, quos a nobis iu feodo attenus (!) tenuistis et tenetis, ad venerabilem dominum Dithmarum abbatem et suos successores in perpetuum nec non conuentum in Ilsyneburch pertinet pleno iure, quod predicto domino abbati et conuentui cessimus cum omni iure, quod habuimus in premissis quatuor choris, et in ipsis quomodolibet habere videbamur. Quare vos ad predictum dominum abbatem remittimus per presentes, vt eosdem quatuor choros ab ipso recipiatis eodem quo a nobis tenuistis titulo possidendos ipsique respondeatis tanquam vero domino de eisdem, absoluimusque vos a debito homagii aut cuiuslibet alterius obligacionis, qua nobis racione supradicti feodi fuistis aut esse videbamini aliqualiter obligati. In cuius testimonium sigilla nostra presentibus sunt appensa.

Datum Plozke anno domini m°ccc°xxxii°, vt idus Januarii.

Copialbuch Bl. 9b.

Aderstedt, 1332, Januar 10. 232.

Bernhard, Ritter von Nienburg, überlässt für 15½ Mark zwei Scheffel Weizen Vogteikorn zu Aderstedt dem Kloster Ilsenburg.

In nomine domini amen. Notum sit omnibus, quorum interest aut quibus nosse fuerit oportunum, quod ego Bernhardus de Nygenburch miles cum consensu vxoris mee ac filiorum meorum Johannis, Hinrici, Bernhardi et Arnoldi et omnium aliorum meorum heredum resignaui libere tercium dimidium chorum tritici, quod vulgariter voghetkorn nuncupatur, Bernhardo, Fredchelmo, Frederico, Richardo et Ottoni[1] fratribus de Plozeke ad manus venerabilis domini Dithmari abbatis et sui conuentus in Ilsyneburch, receptisque ab eodem abbate nomine suo ecclesie quindecim marcis cum dimidia Stendaliensis argenti, vendidi ipsi et sue ecclesie de predicto tritico duos choros tritici mihi annuatim solui solitos in villa Aderstede, et de mansis eiusdem ville, quos tenui in pheodo a dominis de Plozeke suprascriptis, in quorum proprietate ipsi cesserunt domino abbati et suo conuentui in Ilsyneburch memoratis, misique ac mitto per has presentes litteras predictum dominum Dithmarum abbatem ac suum conuentum nec nou procuratores dicte Hilsyneburgensis ecclesie cum omni iure et vtilitate ad perceptionem predictorum fructuum duorum chororum tritici, qui mihi aut meis heredibus conpetunt aut possent conpetere in eisdem in corporalem possessionem, nichil mihi iuris aut facti vel meis heredibus siue posteris reseruando, prebens et prebiturus ipsis dominis abbati et conuentui supradictis iustam et veram warandiam, quando et quociens et vbi fuero requisitus. Nosque Johannes et Hinricus, nec non Bernhardus et Arnoldus, veri heredes et filii domini Bernhardi de Nygenburch militis, nostri patris, predictam venditionem, resignacionem et renunctiacionem de nostro consensu et etiam sciencia factam approbantes et ratam et gratam perpetuo habentes, renunctiamus una cum patre nostro domino Bernhardo predicto omni iuri et facto, quod nobis possemus in premissis duobus choris tritici antedictis aliqualiter vendicare, omnique contradictioni, recusacioni, excepcioni uel defensioni si quibus vti possemus de iure uel de facto ad premissa irritanda uel aliquatenus infringenda. In quorum omnium euidens testimonium et permanenciam perpetuam ego Bernhardus miles de Nygenborch supradictus pro me et meis filiis et aliorum omnium quorum interesse poterit, nec non maioris roboris firmitatem sigilli mei inpressione communiri feci presens scriptum. Nosque Johannes et Hinricus, nec non Bernhardus et Arnoldus fratres, sepedicti domini Bernhardi de Nygenburch filii, sigilli patris nostri contentamur et profitemur, nos contentari in premissis. Testes vero premissorum sunt: Thidericus de Warmstorpe, Gheuehardus de Zpron, Hinricus Grise, Johannes Croch, Albertus de Zeringe, Richardus de Vrose, Conemannus de Hoym milites, Gherardus de Wederde, Heyne Gruddyng, Tidericus de Allenborch, Albertus Bock et Johannes de Lepeniz famuli ad hoc specialiter vocati et rogati, et alii plures fide digni.

Actum et datum in curia Aderstede anno domini m°ccc°xxxii° in die sancti Pauli primi heremite.

Copialbuch Bl. 9.

1) *Die Hdschr.:* Ottone.

1332, März 27.   **233.**

Friedrich, Konrad und Konrad, Konrads Sohn, Grafen zu Wernigerode, geben dem Kloster Ilsenburg 1½ Hufe und einen Hof zu Zilly für eine Jahrszeit Graf Friedrichs und aller Grafen zu Wernigerode mit Messen, Spenden und einer Collation.

We Frederich. Conrat vnde Conrat, greven Conrades sone, von der genade godes greuen von Wernigerod, bekennen des in disseme yeghenwarden breue, dat we myt willeger volbort al vnser rechten erven hebben gegeuen vnde geuen in disseme breue den gheystliken lvden deme abbede vnde deme kovente to Ylseneborch vnde erme godeshuse anderhalve hvue op deme velde to Czyllinge vnde enne hof in deme dorpe myt deme eghendome myt aller nvt, myt aller vriheit, myt alleme rechte vnde myt aldeme dat dar to hort an velde vnde ok an dorpe vnde vortygen alles rechtes, des we dar an hadden oder ymber mer hebben móchten, vnde setten se in de were vnde we willen des gudes ere rechte were syn vnde willen se vntweren rechter ansprake, swen se des bedorvet. Dyt gut hebbe we on gegeuen dor god vnde vor vnse sele, vnde se scolen op den dach alse vnse greuen Vrederykes jartyt is vnse vnde al dere, de in der herschap von Wernygerod vorstorven syn, jartyt beghan erlyken myt vigiligen, myt missen, myt commendacien, vnde mit anderem erem bede. Dyt gut scal vore stan de sekmester de de kappellen vnser Vrowen in dome cruzegange heuet. He scal dat gut vt don, de gulde alle jar in nemen vnde scal vnse jartyt dar af began alsus. He scal sylue myt synes abbedes orloue nemen enne werverding vor syn arveyt vnde scal dor god alle wekenlikes lesen ene selmissen vnde vnser vndo vnser elderen vlytlyken gedenkken; he scal ok des silven daghes gheuen ene halvo mark wersylueres to den almosen armen lyden, von dem anderen scal he to reventere des syluen daghes den herren en denest don vnde scal en goven gose eder ander gyt bor, worste, vnde twygerleye vlesch, gesoden vnde ghebraden; wert dar wat over, dat scal he mede dolen den seken herren[1], des bedorven. Dyt wille we alsus hebben vnde bidden dor god vnde dor vnse denst, dat dyt alsus blyue vnde stede gehalden werde. Op ene openbaren betvginge disser ding hebbe we dissen bref ghegeven, de myt vnsor aller tohangenden yngeseghelen is bevostent.

Dyt geschach vnde ward bescreven na der bort goddes dvsent jar dre hvndert jar in deme twey vnde drittegheslen jare des neysten vridaghes vor mytvasten.

Urschrift im Königl. Staats-Archir zu Magdeburg s. r. Ilsenburg Nr. 80. Die Siegel sind nicht mehr vorhanden. Eine Abschrift, in welcher die alterthümliche Orthographie sehr erneuert ist und mit Auslassungen im Ilsenburger Copialbuch Bl. 36. Bei den letzten Zeilen der letzteren hat dieselbe Hand bei der Fleischrorschrift bemerkt: Sed non est nobis imitanda regula talis, nam votum obstat et fructus annui desunt.

1) de *fehlt*.

1333, März 25. 234.

Ditmar, Abt zu Ilsenburg, giebt eine von Ulrich, Grafen zu Regenstein, seinem Kloster geschenkte Hufe zu Odorp wieder an das Jungfrauenkloster Waterler.

Nos Dithmarus dei gracia abbas in Ilseneborch ad omnium, quorum interest, noticiam deducimus per presentes, quod cum consensu totius nostri conuentus vnum mansum situm in campis Odorpe a nobili viro Olrico comite de Reghenstene donationis titulo in nos et nostram ecclesiam translatum, quem Hogerus de Solede a predicto comito quondam tenuerat in feudo, donamus ecclesie sanctimonialium in Waterlere cum omni iure et proprietate, que nobis ratione donationis nobis facte competere poterat in eodem, transferendo in honorabilem virum prepositum ac religiosas abbatissam et conuentum ibidem dictum mansum, sicut ad nos dinoscitur peruenisse. In testimonium euidentius et cautelam predictorum preposito, abbatisse et conuentui litteras predicti Olrici comitis super donatione nobis facta uobis tradita duximus contradendas. Cuius facti testes sunt:[1] Erembertus sacerdos, capellanus noster, Georgius de Dinghelstede famulus, Thidericus, rector scholarium nostrorum, et alii plurimi fide digni. In cuius etiam euidentiam nostrum sigillum appendimus huic scripto.

Datum anno domini m°ccc°xxxiii in die annuntiationis dominice.
Abschrift im Copialb. v. Waterler im Gräfl. Haupt-Archiv zu Wernigerode. Bl. 7. Eine andere Abschrift im Cop. CIX, S. 22 im Königl. Staats-Archiv zu Magdeburg.

1) Sunt *fehlt in der Abschrift.*

1333, März 25. 235.

Albrecht, Bischof von Halberstadt, willigt in die vom Abt Ditmar zu Ilsenburg geschehene Schenkung einer Hufe zu Odorp an das Kloster Waterler.

We Albrecht, van der goddes gnade bischop des goddeshuses to Halberstat, bekennen an disseme gegenwerdegen briue vnd don withlich alle den, di dissen brif ansen, vnd oppenbaru alle don, den he hort an to sende, dat abbat Dithmar vnd de conuent to Ilseneborch mit vnseme willen heueth gelaten vnd gegeuen deme clostere to Waterlere in vnseme biscopdome eyne houe an deme velde to Odorp, de Hoyer von Selden hadde von deme edellen herren greuen Olriche von Regensten. De vor benanden houe also, so deme abbede vnd deme vorgesprokenen clostere to Ilseneborch geeyghenith is von deme edellen vor genanden herren, greuen Olriche von Regheusten, also se an sinen breuen moghen bewisen, also laten se vnd geuen de vor benomden houe mith alleme eyghene vnd alme rechthe, dat se dar an hadden, mit godeme willen. In eyne oppenbarunge disser vorgesprokenen scrift vnd alle tuyuel buthen besclothen werde vnd boser lude rede kif, so geue we bischop Albrecht vorgenande vnsen vollenkomen willen dartů. Vnd up dat disse vorbescrevene rede stede vnd ganz bliue, so hebbe we dissen bref beinghesegelt vnd bevestent mit vnseme inghesegele.

Vnd disse bref is gegheuen von goddes borth dusent jar drihundert jar in deme driendrithegbesten jare an deme dagho der bodeschofth goddes.

Urschrift mit anhangendem fragmentarischem Siegel.

1342, Mai 16. 236.

Das Kloster Ilsenburg überlässt wiederkäuflich dem Heise Pellel 2½ Hufe Landes in der Erkstedter Flur.

Nos dei gracia Dithmarus abbas, Bartoldus prior totusque couuentus monasterii in Ylseneborch in hiis scriptis recognoscimus publice protestantes, quod discreto viro Heysoni dicto Pellel et vxori sue Johanne eorumque veris heredibus et Hintzoni necnon Borchardo, filiis Henningi Pellel, felicis recordacionis, vendidimus de communi consensu duos mansos et dimidium, sitos in campis Erkstede pro viginti quinque marcis argenti vsualis, sub hac forma, quod infra sex annos a festo sancte Walburgis preterito proximo conputandos reemendi predictos quando nobis placuerit habebimus potestatem pro pecunia eiusdem quantitatis, ita tamen, quod huiusmodi reempcio est in prefato festo sancte Walburgis facienda, qua facta predicti emptores, aut quicunque ipsorum vice predictorum mausorum possessor extiterit, fructus de agris seminatis in proximo festo sancti Martini tunc futuro percipient ac deinde predicti mansi pleno iure ad nos et nostram ecclesiam reuertentur et libere pertinebunt. Si autem infra prediffinitum tempus predictos mansos uon reemerimus, extunc a nobis aut quocunque pro tunc nostri monasterii abbate existente prefatis emptoribus aut eorum veris heredibus in feudum dari debent mansi predicti jure perpetuo possidendi. Quicunque vero predictorum mansorum exnunc possessor exstiterit, annis singulis in festis sancti Galli triginta denarios Halberstadenses nostre ecclesie persoluere tenebitur de eisdem nomine pensionis. In quorum euidens testimonium prefatis emptoribus presentem literam dedimus nostrorum sigillorum munimine roboratam.

Datum anno domini m°ccc°xl° secundo, xvii° kalendas Junii.

Urschrift mit anhangenden Fragmenten beider Siegel (vgl. Taf. II, 9 und IV, 29) im Königl. Staats-Archiv zu Magdeburg, s. r. Ilsenburg Nr 81. Abschr. im Copiar. des Johannisklosters zu Halberstadt auf der Universitätsbibliothek zu Jena Bl. 56ᵇ.

1342, November 8. 237.

Gerhard von Wederde bekennt, dass er in dem Verkauf seiner Herrschaft und Rechte an den Grafen Bernd von Anhalt die zu Aderstedt nicht mit eingeschlossen, und dass an den Lehnhöfen zu Osmarsleben Niemand ein Recht habe als das Kloster Ilsenburg.

Ek Gherhard riddere von Wederde gheheiten bekenne in disme opemen breue vor mek vnd vor mine eruen, dad ek an der herscop vnd an den rechten, die ek hebbe verkoft mim hern greue Bernde von Anhald, nicht en hebbe ghelaten noch verkoft au dem houe to Aderstede vnd an dem dorpe noch an al dem gude dad dar tho hort, dad dem abbede von Ylseueborch vnd sime kouente hort; went wi dar nû nen recht an hebben ghehat an bede noch an denste, vnd ok des nû en deden. Och hadde hie os wol ghelegheu dor vser vordernisse willen houe höue (!) in dem dorpe to Ostuerdeslebe¹ vnd in anderen dorpen, dar bekenne we nemanne wht an wenne wen he dar mede begnadet vnd beleynet, die mach dar recht to hebben vnd anders neman. To eyner bethugnisse disses ding hebbe we dissen bref ghevestenet med vsme inghesegehle na goddes bort drittenhundert jar jn dem twei vud vertigbesten jare des dinsdaghes vor sinte Martines daghe.

Urschrift mit ziemlich undeutlich gewordenem Siegel im Königl. Staats-Archiv zu Magdeburg s. r. Ilsenburg Nr. 81ᵇ.
Copialbuch Bl. 8.
1) *Im Copialbuch:* Osterdesloue.

1346, October 26. 238.

Ditmar, Abt und der Konvent zu Ilsenburg verkaufen wiederkäuflich für 3½ Mark Gefälle zu Dettum und Ingeleben an Pfarrer und Aelterleute zu Wattersum (Watzum), wofür Ersterer die Verpflichtung übernimmt, wöchentlich für den Pfarrer Ludelef König zu Gardelegen eine Seelmesse zu lesen.

Wir Ditmar abbett vnde Bartoldt prior vnd die gantze conuent des closters Ilsenborg bekennen offenbar in diesem brieffe, das we hebben vorkoft mitt eintrechtigem willenn vnd mitt gantzer vulbordt alle der, de dar tho rechte vulbordt to geuen scholdenn, deme parnere tzu Wattersem vor virdebalbe lodege marck Brunschwikescher wichte vnd witte, de os al betzalt sindt vnd in vnsers closters nutz gekartt sindt, achte schillinge geldes in einer huue to Dettene, de gift men alle jhar to sancte Thomasenn tage des apostolen, vnde twene schillinge geldes in veer hounen to Ingeleue, de gieft men alle jhar tzu sancte Gallen dage. Diessen sulnen tins mogen wie wedder kopenn alle jhar vor die vorbenanten vyerdehalven marck, vnd wen wie das don willet, dat scbollen we dem parnere to Wattersum vnd den allerluden des suluen gottesbneses vor wethen latenn to middensommere vnd darnach to dem negsten Michels dage scbolle we one de vorsprokenen verdehalven marck betalenn ane jenigerhande binder oder vortog; ock scbal der parner tzu Wattersum vor de vorbenombden gulden holden aller wekeliges eyne shelmissenn to heile vnd tzu troste hernn Ludelenes sbele Konniges, de ichteswanne parnere was tho Gardelege. Wanne de parnere to Wattersum dere missen nicht holden en woll, so bebbett de allerlude vullemacht, das se dat geldt keren mogett in einen anderen prester, der de missen holde, alse hier beschreuen iss. Das alle diese dinge stede vnd veste gebolden werden, des iss dieser brieff besegilt mitt vnserm ingesiegill des abbedes vnde des connentes vorbenombtt.

Dis iss geschein na der bordt gottes drittenhundertt jbar in dem sessvndvertzigstenn jhare des negesten donnerstages vor Simonis et Jude der hilligen apostolenn.

Abschrift aus der Mitte des 16. Jahrh.

1347, October 16. 239.

Ulrich, Mönch zu Ilsenburg, genannt Scherbke (vgl. d. nächste Urkunde), Pfarrer in Oschersleben, schenkt der Kirche S. Servatii in Quedlinburg ½ Hufe zu Orden.

In nomine domini amen. Ad noticiam omnium, quorum interest et quibus nosse oportunum est seu erit, ego Olricus, monachus monasterii Ylsenborch et plebanus in Ossersleue, dictus Scerbeko[1], volo pervenire, quod ad preces strenui militis et famosi Hinrici, dicti de Atesleue, et aliis causis rationabilibus inductus, ius proprietatis, quod habeo et hactenus habui in dimidio manso, sito in campo Orden, quod ius ad me pertinet et pertinuit iure hereditario successionis, donaui ecclesie sancti Seruacii in vrbe Quedeliuborch; et idem ius transfero ad eandem ecclesiam et dono sollempni donacione dicte ecclesie per presentes litteras, sigillatas meo sigillo. Et ad maiorem euidenciam premissorum has litteras effeci sigillo honorabilis domini mei abbatis in Ylsenborch sigillari patenter.

Datum anno domini m°ccc°xlvii° in die sancti Galli abbatis gloriosi.

Nach der Urschrift gedruckt v. Erath C. D. S. 476 f.

1) *Bei v. Erath wohl nur rerdruckt: Snerbeke.*

Quedlinburg, 1347, November 10. 240.

Der Ritter Heinrich von Athensleben verkauft ½ Hufe zu Orden, die er von dem Mönch Ulrich zu Ilsenburg zu Lehn trug, dem Bürger Friedrich v. Radisleben in Quedlinburg und entsagt allen Rechten daran.

In nomine domini amen. Ad noticiam omnium, quorum interest seu intererit, ego Hinricus miles de Atesleue cupio peruenire, quod dimidium mansum, situm in campo Orden, quem de manu religiosi viri ac virtuosi domini Olrici, monachi in Ylseborch, dictus Scerbeke, tenui iure pheodali, iusto pretio mediante vendidi, de consensu heredum meorum, videlicet filiorum meorum Bussonis et Olrici, Frederico dicto de Radesleue, opidano in Quedelinborch, qui eundem dimidium mansum de manu mea iure tenuit censuali. Hac de causa dictum dimidium mansum coram vobis domino meo, Olrico, monacho in Ylsenborch, dicto de Scerbenke, resigno, vna cum filiis meis predictis et omni iuri, quod in prelibato dimidio manso habeo et habui, renuncio per presentes litteras sigillatas meo sigillo.

Datum Quedelinborch anno domini m°ccc°xlvii° in vigilia sancti Martini episcopi et confessoris gloriosi.

Nach der Urschrift — jetzt Orden Nr. 2 im Kgl. Staats-Archiv zu Magdeburg — gedruckt bei v. Erath Cod. dipl. Quedl. S. 477. Das Siegel das. abgebildet Taf. 37 Nr. 12.

1350, Juli 25. 241.

Bernd von Werre lässt dem Abt zu Ilsenburg eine Hufe Landes vor Osterwick auf.

Ek Bernd van Werre bekenne openbare in dissem breue alle den de eme horen, lesen eder seen, dat ek hebbe vpghelaten vnd vortyge ener houve landes, de licht vor der Stad to Osterwic vppe dem velde to Westerkek (!), de ek to lene hadde van minem heren dome abbede vnd van sinem goddeshusz to Ylzenborch, vnd betughe dat mid minem ingheseghele.

Vnd isz gheschen na goddes bord dritteynhundert jar in deme veftigesten jare in sente Jacops daghe des hilghen apostolen.

Urschrift, deren Siegel nicht mehr vorhanden ist, im Königl. Staats-Archiv zu Magdeburg s. r. Ilsenburg Nr. 62.

Ilsenburg, 1354, Januar 28. 242.

Das Kloster Ilsenburg verkauft wiederkäuflich an den Kellner Ludwig zu Halberstadt und die Testamentarien Heinrich Spirings im Stift U. L. Frauen zu Halberstadt 7½ Mark jährlich aus dem Zehnten zu Ballersleben für 94 Mark weniger einen Vierding reinen Silbers.

Nouerint omnes et singuli, quorum interest seu quibus nosse fuerit oportunum, quod cum nos Dythmarus dei gracia abbas, Bertoldus prior ac totus conuentus monasterii sanctorum Petri et Pauli appostolorum in Ylseneborch, Halberstadensis dyocesis, ob certas necessitates dicti nostri monasterii fructus vniuersos decime nostre de campis et villa Ballersleue, prefate dyocesis, tollendos ac percipiendos annis singulis vendidissomus honorabilibus viris[1] preposito et conuentui canonicorum regularium monasterii montis sancti Georgii prope Goslariam[2], Hildensemensis dyocesis, pro centum marcis puri argenti, quas in vtilitatem ipsius monasterii nostri profitemur nos vtiliter conuertisse, foretque contractui huiusmodi ex conuencione appositum et adiectum, quod si aliquo casu quocunque anno in percepcione fructuum impedirentur predictorum, decem marcas puri illo anno ipsis ad diem beati Mychahelis soluere teneremur, maneute, nobis nychilominus facultate recolligendi et reuocandi ipsos fructus seu redditus ad jus pristinum nostrum per restitucionem precii supradicti. Cumque dicti prepositus et conuentus aliquibus annis ex contractu premisso in percepcione dictorum fructuum et reddituum extitissent, iuxta reseruatam nobis rescindendi ut premittitur facultatem eisdem consencientibus et acceptantibus centum marcas predictas, quas ab ipsis nomine precii supradicti reciperamus (!), restituimus cum effectu nobis melius provisuri, sicque ipso rescisso contractu ac prefata decima ad ius nostrum pristinum reuocata, ad quod honorabilis vir dominus Lodewicus cellerarius Halberstadensis ecclesie, exsecutor vltime voluntatis domini Hinrici dicti Spiringh[3] senioris, olim canonici sancte Marie Halberstadensis, nonaginta quatuor marcas puri argenti minus fertone nobis tradidit nomine exsecutorum[4] dicte voluntatis nobiscum ut sequitur contrahendo. Tractatu et deliberacione[5] inter nos et ipsum prehabitis ac omnium quorum intererat accedente consensu voluntario et expresso vendidimus eidem pro prefatis nonaginta quatuor marcis minus fertone in vtilitatem nostram et dicti monasterii taliter iam conuersis, redditus annuos septem marcarum et dimidie marce dicti puri argenti de fructibus prefate decime ipsi exsecutori ac quibuscunque post ipsum in prefata ecclesia sancte Marie mediate vel immediate exsecutoribus prefate voluntatis in ciuitate Halberstat ad diem beati Martini annis singulis persoluendos. Quos ⁶ si forsan, quod absit, aliquo annorum propter sterilitatem terre, grandinem, gwerram vel quancunque inhibicionem seu alio quocunque casu fortuito faciente soluere⁷ non poterimus fructibus de eisdem, de aliis bonis nostris solucionem ipsorum faciemus. Addicimus quoque premissis, quod quolibet annorum ad diem beate Margarete virginis prefato domino Lodewico exsecutori et quibuscunque sibi in dicta exsecucione succedentibus, ut securiores existant de soluendis dictis redditibus, ut premittitur, de prefatis fructibus⁸. Si tamen aliquis casuum predictorum non restiterit, alioquin de aliis bonis nostris caucionem ydoneam faciemus, eaque non facta non intromittemus nos aliquo modo per nos vel per alios de collectione fructuum predictorum. Nec ipsos abstinentes ab eadem, a solucione, dictorum reddituum erimus absoluti. Insuper ad hec omnia⁹ et singula nos obligando predictis domino Lodewico et sibi succedentibus necnon honorabilibus viris dominis decano et capitulo dicte ecclesie sancte Marie, quorum interest, promisimus fideliter et per presentes promittimus, eadem seruare attendere et cum efficacia adimplere nichilque in contrarium facere vel attemptare per nos vel submissam personam, directe vel indirecte, verbo vel facto, publice vel occulte, non obstante iussione vel prohibicione cuiuscunque persone ecclesiastice vel mundane cuiuscunque condicionis, status vel dignitatis existentis, eciam si pontificali prefulgeat dignitate, saluo tamen eo nobis, vt quando de restituendis dictis nonaginta quatuor marcis minus fertone per nos seu ex parte nostri denunciatione eis ad diem natiuitatis domini facta fecerimus solucionem ipsarum eisdem in ciuitate Halberstat ad diem pasche deinde proxime venientis, huiusmodi contractus empcionis et vendicionis reddituum penitus sit rescisus. Testes huius rei sunt: dominus Ghumpertus¹⁰ cellerarius Magdeburgensis et canonicus Halberstadensis, dominus Bernhardus de Schulenborch, canonicus Magdeburgensis et Halberstadensis, dominus Conradus, rector ecclesie sancti Stephani in Dinghelstede, dominus Johannes de Gandersem, perpetuus vicarius sancte Marie¹¹ Halberstadensis, et quam plures alii fide digni. In quorum omnium euidens testimonium nos Dythmarus abbas et conuentus predicti sigilla nostra presentibus duximus apponenda.

Datum Ylseneborch, anno domini millesimo tricentesimo quinquagesimo quarto in octaua Agnetis virginis gloriose.

Urschrift gegen 30½, Neuzoll breit, 21⅛ hoch auf Pergament mit anhangenden gut erhaltenen Siegeln, im Königl. Staats-Archiv zu Magdeburg s. r. Stift b. Mariae zu Halberstadt Nr. 496. Eine zweite Ausfertigung (b) mit breiterem Rande und etwas grösserer Schrift, gegen 40 Neuzoll breit, 26½ hoch, ebenfalls mit gut erhaltenen Siegeln, ebendaselbst Nr. 497. Die Abbildung des Siegels des Abts Ditmar s. Nr. 9 auf Taf. II, des Conuents IV, Nr. 29.
1) *Die Ausfertigung a hat noch dominis.* — 2) *Die Ausfert. b hat bei Georgii und Gosl. grosse, a kleine Anfangsbuchstaben.* — 3) *Ausfertigung b hat Spirig.* — 4) b *exsecutoris.* — 5) b *deliberatione.* — 6) *Die Ausfertigungen a und b unterscheiden sich dadurch, dass erstere am Ende mehrfach langgezogenes, letztere rundes Schluss-s hat.* — 7) b *Soluere.* — 8) *Es fehlt in beiden Ausfert. ein Verbum zu* quod. — 9) b *Omnia.* — 10) *Bei a kl. Anfangsbuchstabe.* — 11) b *kleiner Anfangsbuchstabe.*

1358, Juni 24.   243.

Lippold, Abt zu Ilsenburg, bestätigt die Bewidmung der Kirche zu Lentz seitens des Fritze Reyne mit einem Morgen in allen Feldern zum Behuf eines Seelgeräths unter Vorbehalt des Wiederkaufsrechts.

Wye von der gnade godes Lippold abbet to Ylseneborch don wytlych vnde bekennen alle den, de dissen bref seyn oder horen lezen, dat we hebben ghewlbordet vnde ghestedeget eyne gaue vnde selegerede, dat Vritze Reyne ghedan vnde ghegeuen heft vor syne sele sente Nycolaus, deme houetherren to Lentz, eynen morghen in allen veldem myt disseme vndersceyde, dat we oder vnse nakomelynge moghen alle jar de dre morghen wedder kopen vor eyne halue Brandeborgesche mark, wan dat nye af is. Disser sake tůghe sint: her Wyprecht, perrer to Osuerdesleue, vnde Johans von Werle vnde her Heydeke vnde broder Hoyer vnde her Johans perrer von Lentz.

Ghegeuen na goddes bort dusent jar drehundert jar imme achtende vnde veftegesten jare imme daghe sente Johannis baptisten.

Urschrift auf Pergament mit anhangendem parabolischem Siegel im Herzogl. Anhalt. Hof- und Staats-Archiv zu Zerbst. Die Umschrift des wenig beschädigten Siegels des Abts Lippold, das in Grösse, Gestalt und Zeichnung dem auf Tafel II, Nr. 9 abgebildeten des Abts Ditmar durchaus ähnlich ist, lautet, soweit sie noch lesbar ist: S' LIPPOLDI ...... CIA ABBATIS IN ILSENEBORCH. *Eine Abschrift im Copialbuch des Klosters Kölbigk im Archive zu Zerbst.*

Langenstein, 1364, Mai 11.   244.

Ludwig, erwählter und bestätigter Bischof zu Halberstadt, willigt in den Verkauf des Zehnten zu Ballersleben von Seiten des Klosters Ilsenburg an das Stift U. L. Frauen zu Halberstadt.

In nomine domini amen. Pensata fragilitate humana prouida decreuit antiquitas acta hominum, ne diuturnitate temporum obliuioni subiacere ualeant, literarum testimoniis roborari. Eapropter nos Lodewicus, dei et apostolice sedis gratia Halberstadensis ecclesie electus et confirmatus, ad noticiam omnium tam presencium quam futurorum, maxime quos infrascriptum tangit negocium uel tangere poterit quomodolibet in futurum, clare deducimus per presentes, quod in nostra constituti presencia honorabiles et religiosi viri domini Wypertus abbas, Johannes prior et Hinricus thesaurarius suo et tocius conuentus ecclesie iu Ylseneborch, monachorum ordinis sancti Benedicti, nostre dyocesis, nomine allegantes et proponentes coram nobis diuersorum onera debitorum, quibus a longis retroactis temporibus propter multas gwerras et pressuras in patria ventilatas ac alias multiplices causas ineuitabiles ipsi et eorum ecclesia fuerant pregrauati[1], nec aliunde quenquam erepcionis modum poterant invenire, quam ut decimam in campis et villa Ballersleue[2] prope Boddytfordo[3], quam eadem ecclesia in Ylseneborch hucusque tenuit libere et possedit nostre dyocesis expouerent vendicioni, quam decimam venerabilibus viris, nobis in Christo dilectis .. decano et capitulo ecclesie beate Marie Halberstadensis iusto vendicionis et empcionis tytulo interueniente cum omni iure, fructu et vtilitate, quibus eam habebant, vendiderunt, pecuniamque huiusmodi vendicionis, prout inter dictos tam venditores quam emptores conuentum fuerat, per testamentarios felicis memorie domini Johannis de Getelde, quondam canonici dicte ecclesie beate Marie, qui ipsam pecuniam pro sue ac suorum progenitorum auimarum salute intra eandem beate Marie ecclesiam in pios vsus conuertendam in sua vltima voluntate legauit, prefatis .. abbati et ecclesie in Ylseneborch integre solutam et in vsus necessarios eiusdem ecclesie et maxime in redempcionem cuiusdam decime pro certa pecunie quantitate et sub pena perpetue priuacionis ipsius decime, licet contra ius si ea certo termino assignato et in breui aduenturo non redimeretur per abbatem et ecclesiam predictos obligate conuerterunt nobisque ... abbas et conuentus memorati, ut huiusmodi vendicioni et ipsius amminiculis nostrum adhibere dignaremur consensum ac ipsam auctoritate ordinaria confirmare humiliter supplicarunt, vnde nos causis nobis expositis veris legitimis et racionabilibus atque exaudibilibus inuentis, cum eciam sacri canones in casu necessitatis ineuitabilis alienaciones rerum ecclesiasticarum admittant et ut ecclesie sue meliora prospicere periculaque multo maiora ... abbas et conuentus predicti ualeant euitare, piis supplicacionibus eorum annuentes, dictam vendicionem ut premittitur factam auctoritate ordinaria ratificamus, confirmamus et in dei nomine presentibus approbamus, concedentes et indulgentes auctoritate qua supra eisdem omne ius et proprietatem seu eciam fructum et vtilitatem, quem prefata ecclesia in Ylseneborch in decima prenotata tam annonali quam carnali decima in campis et villa prenotata habebat, transferendi in .. decanum, capitulum et ecclesiam beate Marie predictos cum omni iure, fructu et vtilitate, que in predicta decima ecclesie in Ylseneborch memorate hactenus conpeciit uel conpetere posset in futuro, renunciandi et a se abdicandi, ac ut iuris est, pro se suisque successoribus perpetuo abiurandi et in sepedictos .. decanum et capitulum ecclesie beate Marie transferendi et eos in corporalem possessionem mittendi plenam et liberam potestatem. In quorum omnium testimonium et robur perpetuum ex certa nostra scientia presentem literam sigillo nostro fecimus communiri.

Acta in castro Langhensteyn anno domini millesimo tricentesimo sexagesimo quarto feria sexta proxima post festum sancti Johannis ante portam latinam. Testes huius sunt: domiuus Borchardus prepositus ecclesie Nuenburgensis necnou domini Ludolphus de Wackersleue, Hinricus de Sunnenborne, canonici ecclesie sancti Pauli in Halberstat, et dominus Petzolt de Oltzen miles, et quamplures alii fide digni ad premissa specialiter vocati et rogati.

Urschrift auf Pergament mit anhangendem parabolischem Bischofssiegel im Königl. Staats-Archiv zu Magdeburg s. r. Stift b. Mariae 526.
1) *Die Hdschr.:* pregrauata. — 2) *Wüstes Dorf bei Ditfurt an der Bode.* — 3) *Das heut. Ditfurt a. d. Bode.*

Ilsenburg, 1364, Juni 30. 245.

Das Kloster Ilsenburg verkauft dem Stift Unser Lieben Frauen zu Halberstadt zum Testament Johanns von Gittelde den Zehnten zu Ballersleben mit allem Zubehör.

In nomine domini amen. Mundus preterit et mundane simul pretereunt actiones. Ne igitur que ab homiuibus aguntur, presertim cum vrgens necessitas et euidens vtilitas id exposcit, cum mundo labili labantur, expedit ea scripturarum testimoniis perhennari. Hinc est quod nos Wypertus dei gratia abbas, Johannes prior et magister infirmorum, Hermannus hospitalarius, Henricus thesaurarius, Conradus camerarius totusque conuentus monasterii Ylseneburgensis, ordinis sancti Benedicti, Halberstadensis dyocesis, ad noticiam omnium et singulorum tam presentium quam futurorum, et maxime quos infrascriptum tangit uegotium vel tangere poterit quomodolibet in futurum, deducimus lucide per presentes, quod cum nos nostrumque monasterium iam dictum a longis retroactis temporibus grauibus, periculosis et quoddammodo intolerabilibus debitorum oneribus fuerimus oppressi, tam ratione mutui, quam ratione reddituum annorum plurimorum propter multiplices gwerrarum pressuras in patria motas per nos et nostros predecessores venditorum, nec bona mobilia que alienare, nec immobilia, que sine magno periculo impignerare possemus, nobis exstabant, et licet pluribus tractatibus super euasione et liberatione huiusmodi debitorum per nos habitis et specialiter super redemptione decime ville maioris Lochten ecclesie nostre plus vtilis per nos pro exigua pecunie quantitate respectu valoris ipsius sub pena perpetue priuationis eusdem, si eam breui tempore aduenturo non redimeremus, famoso viro Bodoni de Saldere famulo obligate, nec non super redemptione reddituum annorum septem cum dimidia marcarum puri argenti per nos in decima ville Ballersleue infrascripte venditorum omnis vie et modi nobis penitus defecerunt. Tandem potius modicum decreuimus dampnum eligendo subire, quam incurrere multo maius, tractatibus sollempnibus et diligentibus intra nos capitulariter pluribus habitis, decimam totam ecclesie nostre predicte cum vniuersis et singulis fructibus omnium camporum et agrorum, necnon arearum, domorum, seu aliorum locorum ville Ballersleue prope Bodditforde vndecunque ibidem in blado seu annona ac animalibus seu rebus quibuscunque cuiuscunque quantitatis, qualitatis, speciei vel generis consistentibus, de quibus decima dari hactenus fuit et est consuetum, prout ad nos et nostram ecclesiam predictam hucusque pertinuit et spectabat, honorabilibus viris dominis Johanni decano, totique capitulo ecclesie beate Marie Halberstadensis ex speciali ratihabitione, indulto, confirmatione et approbatione venerabilis in Christo patris ac domini nostri domini Lodewici Halberstadensis dei et apostolice sedis gratia electi et confirmati ac nostrorum omnium et singulorum, quorum intererat, accedente voluntate vnanimi et consensu pro ducentis et sedecim marcis argenti puri et examinati in subsidium debitorum predictorum integre per .. testamentarios felicis recordationis domini Johannis de Getelde,

quondam canonici dicte ecclesie beate Marie, qui ipsam pecuniam pro
sue ac suorum progenitorum animarum salute intra eandem beate Marie
ecclesiam in pios vsus couuertendam in sua vltima voluntate legauit,
subueniendo nobis caritatiue solutis et in usus prenotatos ac alios
ecclesie nostre predicte vtiles et necessarios conuersis, in recompensam
huismodi caritatiue subuentionis tradidimus iusto traditionis fraterne
caritatis titulo interueniente, transferentes nichilominus per presentes
decimam predictam cum omni iure, proprietate, fructu et vtilitate in
persona dominorum decani et capituli memoratorum in ecclesiam beate
Marie predictam, et dantes eisdem et¹ non aliis et suis in ipsa ecclesia
successoribus perpetuis futuris temporibus plenam auctoritatem et ius
quolibet anno exigendi, recipiendi, leuandi et tollendi fructus decime
omnium camporum, agrorum, arearum, domorum seu aliorum locorum
ville Ballersleue prenotate, prout bucusque ad nos et nostram ecclesiam
pertinet et pertinnit ab antiquo, nichil nobis et ecclesie nostre prefate
ac successoribus nostris in ipsa decima iuris penitus reseruantes. Sed
vt inde per .. testamentarios predictos et eorum in hac parte successores perpetuis futuris temporibus animarum predictarum salus et
remedium in ipsa beate Marie ecclesia procuretur, insuper .. decano,
capitulo, testamentariis et ipsorum successoribus ac ecclesie beate Marie
prefatis et aliis quibuscunque, quorum interest vel intererit, promisimus
et presentibus promittimus, quod a cuiuscunque impetitione ac molestia
eisdem forsitan facta vel facienda, illata seu inferenda quocunque tempore super decima et suis vsibus predictis seu occasione ipsorum eri-
piemus eosdem indempnes et de enictione ipsorum eis cauebimus cum
effectu, quotiens, vbi et quando fuerit oportunum. Preterea nos ..
abbas .. prior .. hospitalarius .. thesaurarius .. camerarius totusque
conuentus monasterii Ylseneburgensis predicti. pro nobis ac toto nostro
conuentu memorato et ex eorum speciali mandato promisimus et presentibus bona fide promittimus, omnia et singula premissa rata firma
et inconwlsa velle seruare, nec verbo nec facto publice vel occulte
per nos aut nostros successores per alium vel alios directe vel indirecte vllo vmquam tempore quomodolibet contrauenire et quod literas
nobis et ecclesie nostre predicte super huiusmodi decima datas siue
concessas dominis .. decano et capitulo predictis presentare parati
essemus, nisi quod nobis et ecclesie nostre prenotate per ipsas literas alia bona et decime sunt largite, renunciantes tamen specialiter et expresse dictis literis quoad decimam prescriptam et easdem
literas quod ad hunc articulum ipsam decimam concernentem quoad
vsum commodum et vtilitatem nostram et ecclesie nostre predicte repu-
tamus et volumus esse mortuas penitus et sublatas, nec ab vllo vmquam
tempore vti nos velle, sed ipsas literas quoad vsum commodum et
vtilitatem ecclesie beate Marie sepedicte reseruare, et eas domino ..
decano et capitulo memoratis vbi, quando et quotiens opus fuerit exhibere,
vt traditionem nostram prescriptam eisdem per nos, vt premittitur, factam eo melius valeant tempore necessario declarare, etiam bona fide
promittimus per presentes, renunciauimus insuper et presentibus libere

et voluntarie renunciamus omni iuris auxilio canonum et legum necnon omni iuri, exceptioni et defensioni, que nobis et dicto nostro monasterio contra premissa seu aliquod premissorum forsan possent quomodolibet suffragari, et specialiter restitutioni in integrum ac iuri dicenti generalem renunciationem non valere. In quorum omnium et singulorum testimonium et euidentiam pleniorem ac robur perpetuum nos Wypertus abbas .. prior et conuentus sepedicti sigilla nostra huic litere inde confecte duximus apponenda.

Actum et datum in eodem nostro monasterio et loco capitulari, totoque nostro conuentu propter hoc specialiter congregato anno domini m°ccc°lxiiii° in die commemorationis beati Pauli apostoli, presentibus honorabilibus, discretis et famosis viris dominis Hermanno de Bulczingesleue scolastico, Lippoldo de Werle, Peregrino, ecclesie Halberstadensis, Henrico de Sunnenborne, Ludolfo de Wackersleue, ecclesie sancti Pauli Halberstadensis canonicis, necnon Fritzone de Quenstede milite, Geuehardo dicto von dem Slage et Erico dicto Bromes famulis, et quam pluribus aliis fidedignis pro testibus ad premissa vocatis specialiter et rogatis.

Urschrift auf Pergament, über 49 Neuzoll breit, 31 hoch mit sehr gut erhaltenen Siegeln an grünseidenen Schnüren im Königl. Staats-Archiv zu Magdeburg unter Stift B.M. Virg. Nr. 525. Abt Wiprechts Siegel ist abgebildet auf Tafel II, Nr. 10.

1) *Viell. nec.*

Ilsenburg 1364, Juni 30. 246.

Transsumpt von Bischof Burchards II. zu Halberstadt Bestätigung des Klosters Ilsenburg und Begabung desselben mit vielen Gütern, worunter der Zehnte zu Ballersleben. D. Quedlinburg III. Non. Maji 1086 (vgl. oben Nr. 6).

In nomine domini amen. Anno natiuitatis eiusdem m°ccc°lx° quarto vltima die mensis Junii hora terciarum vel quasi, indictione secunda, pontificatus sanctissimi in Christo patris ac domini nostri domini Vrbani diuina prouidencia pape quinti anno secundo, in mei, notarii publici et testium subscriptorum, presentia constituti religiosi viri dominus Wipertus abbas ceterique officiati ac totus conuentus monasterii in Ylseneburch, Halberstadensis dyocesis, produxerunt et legi fecerunt quandam litteram donationis et largitionis decimarum et aliorum reddituum dicti monasterii. Erat autem ipsa littera sigillata vno sigillo rotunde figure et ipsi littere affixo et non appenso et erat in ipso sigillo quasi dimidia ymago schulpta habens in manu dextra baculum pastoralem, et in circumferentia ipsius sigilli hec littere legebantur: S. Burchardi Halberstadensis ecclesie episcopi. Tenor vero ipsius littere fuit et est talis: Notum sit omnibus tam presentibus quam futuri temporis fidelibus, quod ego secundus Borchardus Halberstadensis ecclesie episcopus Ylsencburgense cenobium, quod religione destitutum inveni, in honore apostolorum Petri et Pauli reparauerim et in monastica religione in perpetuum consecrauerim, nunc igitur locum pro anime mee, predecessorum successorumque meorum remedio prediis, decimationibus aliisque redditibus aucmentare curaui. Dedi enim Aderstide curtim cum omnibus apendiciis suis, cuius etiam priuilegium a domino Hinrico quarto rege acquisitum ipsi loco contuli. Dedi insuper in Aschar. xxii mansos, in Meringhen x mansos, in Swickerstorp v mansos, in Domensleue i mansum, in Badesleue v mansos, in Schepenstide octo mansos, in Pisekendorpe ii mansos, in Audesleue iiii^{or} mansos, in Rotmersleue v mansos, iu Ighelcue octo mansos cum decimatione eiusdem ville, in Abbenrode xv mansos et $^1/_2$ mansum, in Bethencsheim iu mansos, in Anderbeke i mansum. Decimaciones vero subternotaui in Ballersleue, in Korsum, in Drubeke, in Aldenrode, in Thurwardingberode, in Tamrode, in Tzerdingherode, in Vresleue. Et hec bona ipsi ecclesie omni permaneant euo, hanc cartam inde conscriptam bannoque firmatam proprio sigillo iussimus insiguiri. Data tertia nonas Maii, anno dominice incarnationis m°lxxxvi° indictione octaua. Actum Quedel. in dei nomine amen. Qua littera producta et perlecta dicti dominus abbas ceterique officiati ac totus conuentus monasterii predicti mihi notario litteram predictam presentauerunt et mandauerunt, vt eam circumscriberem et[1] publicam formam redigerem, quod feci et in hanc publicam formam redegi.

Acta sunt hec in loco capitulari dicti monasterii in Ylseneburch anno, mense, die, hora, indictione et pontificatu quibus supra, presentibus discretis viris domino Johanne de Stalberghe, perpetuo vicario ecclesie beate Marie virginis Halberstadensis, Eghardo Hütze de Frislaria et Johanne Pretest clericis Moguntinensis et Halberstadensis dyocesis, testibus ad premissa vocatis specialiter et rogatis.

(*Notariats-Zeichen.*) Et ego Hermannus de Bertensleue, clericus Halberstadensis dyocesis publicus imperiali auctoritate notarius, dicte littere productioni, lectioni, presentationi, requisitioni nec non omnibus et singulis premissis vna cum prenominatis testibus presens interfui eaque sic fieri vidi et audivi propria manuque scripsi et in hanc publicam formam redegi meisque nomine et signo solito et consueto signaui rogatus et requisitus in testimonium euidens omnium premissorum.

Urschrift auf Pergament im Königl. Staats-Archiv zu Magdeburg s. r. Stift b. Mar. zu Halberst. Nr. 527. Aufschrift: Instrumentum super decima in Ballersleue. Geitelde. *Letzterer Name von einer andern Hand.*

1) in *ist ausgelassen.*

1372, Mai 31.

Anno, Abt zu Ilsenburg, belehnt seine Oheime Bosse und Kurt von der Asseburg und Gumprecht von Wanzleben mit des Klosters Besitzung zu Seehausen in der Magdeburgischen Börde.

We Anne von der gnado goddes abbet to Ilseneborch bekennen openbare in desseme breue, dat we hebben begnadet wse ome Bossen vnde Corde von der Asseborch vnde Gumprechte von Wanczleue medo alsodaneme gude, alse wse kloster vnde we hebben to Sehusen in der¹ Magdeborgheschen borde, vnde willen des ere were wesen, wûre vnde wanne one des nod is, vnde hebben des to eyner betûghinge vse² ingheseghel an dossen bref ghehenget, de ghegheuen is na goddes bord dretteyn hundert jar in deme twen vnde seuontigbesten jare des mandages na sûnte Vrbanus daghe.

Urschrift auf Papier mit anhangendem, wenig beschädigtem parabolischem Siegel des Abts (vgl. Tafel II, Nr. 11) im Gräflich von der Asseburg-Falkensteinschen Archive zu Meisdorf.

1) *Hinter der steht meyl: offenbar wollte dem Schreiber der Urk. das volksmundartlich zusammengezogene meyborgeschen (meydeborgeschen) aus der Feder fliessen. —* 2) *Erst war vsen geschrieben, doch ist das n unmittelbar nach der Niederschrift verwischt.*

1376, December 13. 248.

Abt Anno und das Kloster Ilsenburg vertauschen zwanzig Groschen Zinses von einem Hofe und drei Viertel Landes zu Bullenstedt gegen sechs Morgen zu Aderstedt an das Kloster Kölbigk, das noch eine Brandenburgische Mark hinzugiebt.

Wy her Anne von der ghenade goddes abbit vnd dat capittel ghemeyne des heiligen ghodeshuses tue Ylzenbûrch bekennen in dissme oppene briue vor alle den, dy ym syn, horen yder lesen, dat wy eyndrechtliken vnde myd ghuden willen vnde myd vorbedachten mude hebbn vtghewesselet vnde redeliken ghewesselet myd deme ghodeshuse tue Kolbeke twintich krosghen jerlikes tynses, dy wy hebben gehad in velde vnde in dorpe tue Bullenstede von eyme hove vnde von dren voyrndel landes, dat Hans Schek von vns het tue lene ghedad, wy ghenczliken vortyen vnde vplaten hebben deme vorgenanten ghodeshuse tue Kolbeke myd alleme rechte, alse wy it vore in lene vnde in weren hebben ghehad. Vnde vor dy ergenanten twintich groschen hebben uns dy erbarn her Gregorius provist vnde dat ghemeyne capittel tue Kolbeke ghegheven vnde wedder upghelaten ses morgen landes in dome velde vnde vor deme dorpe tue Aderstede myd al deme rechte, alse sy dy vore hebben ghehad; unde dartue so hebben sy vns ghegeven eyne Brandeburssche mark, der wy myd vruntschafft von ym wol betalet synt. Dat disse wesselunge von vns vorgenanten her Annen abbyt vnde capittel gemeyne des closteris tue Ylsenburch vnde von vnser nachkomelingon stede vnd ghancz worde ghehalden an allerleye argelist, inval vnde wedderspraake, so hebbe wy dissen briff besegelet laten myd vnsen anghehangeden ingesegelen der ebbedye vnde des ghemeynen capitteles. Thuge disser dinge synt dio erbarn lude her Loduwich perrer tue Osuerdesleue, her Curd Smalenbrink, her Hermen Smed perrer tue Ghusteyn, vnde mer trewer lude, den men wol gelouen mach.

Ghegeuen na goddis gebort dusent jar vnde dryhundert jar in deme seuundeseuentichtigen jare, in deme dage der heyligen jungvrowen sente Lucien.

Urschrift auf Pergament im Herzogl. Haus- und Staats-Archiv zu Zerbst; an Pergamentbändern angehängt gewesen zwei Siegel, die aber nicht mehr vorhanden sind. Eine Abschrift im Kolbigker Copialbuch S. 35—37 in demselben Archive hat die Urkunde zum Jahre 1377 (genen nach gota gebort dusent dreihundert in dem sonen vnd senentigsten jare in deme dage der hilligen junckfrwen sancte Lucie). Es ist dies offenbar nur ein Versehen der auch sonst ungenauen und flüchtigen Copie aus dem 16. Jahrhundert. — So ist im Anfang hinter 'gemeine' das Wort 'capittel' ausgelassen, st. Hans Schek hat sie Hans Kock und den Namen Smalenbrink zeigt sie ganz entstellt. Da sie, abgesehen von dieser Fehlerhaftigkeit, ein nicht unmerkwürdiges Beispiel von der Umwandlung der Sprache und von der Freiheit darbietet, mit welcher man in fruherer Zeit Urkunden abschrieb, so möge kurz auf einige Unterschiede hingewiesen werden. Vorkommende Eigennamen lauten in ihr: Annas, Ilsenborch, Colbeck, Lodowig, Oschmerschleue, Bradenburgische; statt krosghen lesen wir grossaen, st. veyrndel verndel. Aber auch wesentliche sprachliche und syntaktische Verschiedenheiten finden statt. Die Abschr. hat mit gudem willen vnd mit vorbedachtem mode; statt: vor alle den, dy ym syn, hat sie: vor alle, de den sehen; statt: vortyen unde oplaten — vortict vnd vpgelaten; statt: myd al deme rechte – mit aller gerechtigkeit, und weiter unten: mit alle deme rechte. Diese Abweichungen sind offenbar nicht aus einer abweichenden zweiten Ausfertigung zu erklären.

1383. 249.

Nachricht von dem wiederkäuflichen Verkaufe einer Hufe in Bärwinkel vom Kloster Ilsenburg für 10 Mark an Kurt von Sölde.

In Berwinkel fuit anno m°ccc°lxxxiii°, alias dritteynhundert jar in dem dreu vnde achteghesten jare, venditus vnus mansus Corde van Solde et suis heredibus, quem redimere possumus pro x weremark, reempcione pronunctiata ad quartam anni ante solucionem. Inquiratur, quisnam habeat.

Copialbuch Bl. 1.

1384, Februar 27. 250.

Das Kloster Ilsenburg giebt dem Jungfrauenkloster zu Hedersleben für 28 Mark Geldes, welche letzteres dem Bürger Johann v. Oldenrode zu Halberstadt zahlte, eine Hufe in Schwanebeck und 2 Mark jährlichen Zinses aus des Klosters Ilsenburg Hebungen in Hedersleben.

Nos Anno dei gratia abbas, Hinricus prior, totusque conuentus monasterii in Ilsenborch publice recognoscimus in his scriptis, quod honorabilis vir dominus prepositus, abbatissa totusque conuentus sanctimonialium in Hedesleue soluerunt et quitauerunt viginti octo marcas usualis argenti nomine conuentus et monasterii nostri predicti, in quibus obligati fuimus pro diuersis debitis Johanni de Oldenrode, civi in

Halberstadt, olim nostro hospiti, et suae vxori Allenae nec non suis veris heredibus. Pro quibus viginti octo marcis dictus dominus prepositus, abbatissa et conuentus in Hedesleue a nobis acceptauerunt unum mansum in Schwanebeck et duas marcas annuae pensionis supradicti argenti de bonis, prouentibus ac censu nostro in Hedesleue, quam pensionem ipsis assignamus et dimittimus de nostro communi consensu cum omni iure tollendam, quousque dicta bona ab ipsis reemere possimus, quod eisdem notum faciemus per quartale unius anni ante festum beati Johannis baptistae et in eodem festo antedicto pecuniae, videlicet viginti octo marcarum, solutionem faciemus, qua facta memorata bona libere ad nostram ecclesiam reuertentur. In cuius rei testimonium sigilla nostra, videlicet abbatis et conuentus in Ilsenborch, presentibus sunt appensa.

Datum anno millesimo trecentesimo octuagesimo quarto, sabbatho ante dominicam qua cantatur invocavit me.

Abschrift im Cop. XLVIII, Bl. 41ᵇ im Kgl. Staats-Archiv zu Magdeburg.

1384, Juli 11. 251.

Anno Abt, Heinrich Prior, Heinrich Küster, Nikolaus Siechenmeister und das Kloster Ilsenburg verkaufen wiederkäuflich eine Hufe im Felde zu Watzum, welche die Bär vom Kloster zu Erbzins hatten, nebst Zubehör für 11 löth. Mark Braunschweig. dem Reiner v. Ahlum, ewigen Vicarius zu S. Blasii in Braunschweig, der diesen Zins zu einer ewigen Lampe im letztgenannten Stift oder zu seinem Jahrgedächtniss verwenden will.

Van der gnade goddes we Anno abbet, her Hinrik prior, her Hinrik custer, her Nicolaus sekmester vnde de ghemeyne conuent des closters tho Ylseneborch bekonnen oppenbar in dessem breue vor vns vnde vnse nakomelingbe, dat we hebben vorkoft eyne houe vppe dem velde tho Watterům[1], de de Beren von vns tho eruemetynse hadden, de heft in iowelk velt neghen morghene, an der wyssche seuen swat grazes, an der wedebinnen eyn swat grazes vppe dem kerkhoue, eyn buttenblek, an holte, an weyde, an weghen, an vnweghen, vnde alle dat, dat dar tho hort, vor eluen lodeghe mark Brunswikesscher wichte vnde witte her Reynere van Adenum, eynem ewighen vicariuse tho sente Blasiuse in der borch tho Brunswik, vnde hebben on in de were ghesat der houe tho brukende vnde al des, dat dar tho hort, also hir vorscreuen steyt. De suluen houe lecht he tho eyner ewighen lampen tho dem altare Jacobi maioris darsulues in der borch tho Brunswik edder tho siner jartid an goddes ere, wur he des tho rade wert. Ok so beholde we vnde vnse closter den willen vnde de gnade, dat we vnde vnse nakomelinghe moghen de suluen vorscreuene houe wedder kopen mit orem willen alle jar vor de suluen eluen vorsprokenen mark lodeghes suluers tho Brunswik tho betalende den, de de lampen vorstan, edder wûr he dat tho siner jartid lecht. Dat we dit ome, vnde we dessen href mit sinem willen hebben, stede vnde vast holden willen, so hebbe we dessen bref hezeghelt mit vnses abbetes vnde des conuentes inghezeghelen.

Na goddes bord dritteynhundirt jar in dem ver vnde achteghesten jare an sente Margharethen daghe der hilghen juncvrowen.

Urschrift mit beschädigten Siegeln im Herzogl. Landes-Haupt-Archiv zu Wolfenbüttel s. r. Stift S. Blasii. Das Siegel Abt Annos Taf. II, Nr. 11, des Conuents Taf. IV, Nr. 29.

1) *Pfarrdorf Watzum im Amtsgerichte Scheppenstedt.*

1385, April 8. 252.

Konrad und Dietrich, Grafen zu Wernigerode, befreien den Hof des Jordan Werner zu Ilsenburg von der Vogtei.

Von der gnade goddes we Cord vnde Dyderk, greuen to Wernigrode, vnde vnse eruen bekennen in disseme opene breue, dat we vry gheuet von allerleyghe voghetdyghe den hoff, de Jordens Werners hadde gheweyst, de lyt by deme bleke to Ilsenneborch, dorch god vnde dorch beyde willen her Hermens von Meydemes vnde dorch vnser sele willen vnde dorch vnser elderen sele willen. Dat we vnde vnse eruen dit stede vnde ghans holden willen, dat betughe we myd vnsen inghesegheleu, de we wytliken hebben an dyssen breff ghehenghet; vnde is gheschen na goddes bort dretteynhundert jar in deme viue vnde achtighesten jare des sonauendes vor quasi modo geniti, dat is des ersten sondaghes na paschen.

Urschrift mit beschädigten Siegeln im Königl. Staats-Archiv zu Magdeburg s. r. Ilsenburg Nr. 83.
Copialbuch Bl. 15.

1385, Mai 1. 253.

Revers des Klosters zu Hedersleben gegen das Kloster Ilsenburg über den Kauf von vier Mark jährlicher Zinsen aus Vallersleben.

We Anno prouest, Gerdrud van Dytforde ebdesche, Kunnegund priorinne vnd de gantze samnunghe des closters to Hedesleue bekennen openbar in desszem breue alle den, de ene seen edder horen lesen, dat we hebben afkoft ver mark were geldes jarlikes tynses an alle deme gude in velde vnd in dorpe to Vallersleue mit aller nud vnd toboringhe van dem ernwerdegen in gode vader vnde hern hern Annen abde, hern Hinrik priore vnd der ganczen samnunghe des closters to Ylseneborg, also sie dat ghehadd hebbenwante an desser tyd, vnd bysundirn to liuen, vnd nicht wedder to kopende de wile Margareta van Leuede clostervruwe to Hedesleue leuet, vor achte vnd twintich lodeghe mark

Halberst. wichte vnd were, de we ene vul vnd al betalet hebben. Wanne auer de vorbenomde Margareta van Leuede vnser clostervruwe afgeyt, so mogen de benanten hern abbet vnd prior vnd de samnunghe dat beuante gud mit demo tynse vnd aller tobehoringhe vns wedder afkopen vor achte vnd twintich lodege mark wichte vnd were vorbescreuen, in desszer wise, deste sio vns den wedderkop, wanne sie dat dûn willen, to vorne vorkundigen oppe de wynachten vnd geuen vns deune edder vnsen nakomelingen achte vnd twintich lodege mark siluers, dat vns genûghe; vnd wanne sie dat ghedan hebben, so schal ene dat gud to Vallersloue van vns ledich vnd los sin also vore. Des to boter wissenheyt vnd bewaringhe, dat we alle desse stukke stede vnd gantz halden willen, so hebbe we Anno prouest, Gerdrud ebdesche, Kunnegund priorinne vnd de gantze samnunge des closters to Hedesleue den beuanten hern to Ylseneborg, dessen bref geuen besegelt mit vnsen ingesegelen, de ghegeuen is nach goddes bord dretteynhundert jar in deme vif vnd achtentigesten jare in sento Walburge dage der hilgen juncvrouwen.

Urschrift, an welcher noch das zweite Siegel fragmentarisch hängt, während das erste abgefallen und verloren gegangen ist, im Königl. Staats-Archiv zu Magdeburg s. r. Ilsenburg Nr. 84.
Vgl. Braunschw. Anz. 1746 Sp. 2034.

Rom, Lateran, 1390, Febr. 5, pont. I. 254.

Papst Bonifacius IX. nimmt das Kloster Ilsenburg und dessen Güter in seinen Schirm.

Bonifacius episcopus, seruus seruorum dei, dilectis filiis abbati et conuentui monasterii de Ilsyneborch, ordinis sancti Benedicti, Halberstadensis dyocesis, salutem et apostolicam benedictionem. Cum a nobis petitur, quod iustum est et honestum, tam vigor quam ordo exigit racionis, vt id per sollicitudinem officii nostri ad debitum perducatur effectum. Eapropter, dilecti in domino filii, vestris iustis postulacionibus grato concurrentes assensu, personas vestras et locum, in quo diuino estis obsequio mancipati cum omnibus bonis, que in presenciarum racionabiliter possidet aut in futurum iustis modis prestante domino poterit adipisci, sub beati Petri et nostra protectione suscipimus, specialiter autem decimas, prata, pascua, nemora possessiones et alia bona vestra, sicut ea omnia iuste et pacifico possidetis, vobis et per vos monasterio vestro auctoritate apostolica confirmamus et presentis scripti patrocinio communimus, salua in predictis decimis moderacione concilii generalis. Nulli ergo etc. Si quis autem etc.

Datum Laterani nonas Februarii, pontificatus nostri anno primo.
Copialbuch Bl. 2[b]*.*
Bonifacius VIII. wurde 1294 den 24. Decbr. erwählt, consecrirt erst am 2. Januar 1295, daher müsste diese Urkunde sehr schnell ausgefertigt sein; dagegen wurde Bonifacius IX. im Anfang November 1389 erwählt und gekrönt und daher ist diese Urkunde wahrscheinlich eher von ihm und also vom 5. Febr. 1390.

1391, Februar 10. 255.

Anno Abt und das Kloster Ilsenburg genehmigt, dass Hans Rike, Bürger zu Osterwieck, zwei Hufen Landes vor der Stadt an die Vicarien zu S. Bonifacii in Halberstadt verkauft.

We Anne van der gnade goddes abbet vnd dat ghantze cappittel ghemene des closters to Ilsenborch bekennen openbare in dessem breue, dat Hans Rike, borgher to Osterwic, vnd syne eruen hebben vorkoft tv houe landes vor der stad to Osterwik den wickuriessen to sente Bonifacius to Halberstat vor eyn vnd twintich mark lodighes suluers an eynem verdingk, dar vnse goddeshus ane hefft alle jar to tinse seuedehalf lodich lot. Dissen tins scullet vns de vorghenanten vickarii alle jar gheuen oppe sente Mertens dach vnd we willet des ghudes ere rechte were wesen wur se des bedoruen. Vortmer hebbet vns de vorghenanten vicarii to sente Bonifacius de gnade ghegeuen, dat wo na ses jaren alle jar moghen wedder kopen de tv hone, so we en dat vorkundeghen to sente Johannes daghe to middensommer to voren vnd gheuen en in der stad to Halberstat eyn vnd twintich lodighe mark suluers an eynen vordingk oppe sonte Michahelis dach, de denne neghest to komene is. Wanne we dat ghedan hebben so sint de tv houe vnses goddeshuses leddich vnd los, so me denne den lesten tins ok vt gheue alseme in den voren jaren het ghedan. Tughe disser dingk sint: Hermans der Wedewen, Cord Kenseler (Keuseler?) vnde Hinrik Voghelstorp, borgher to Halberstat. To eynem orkunde dissor ding stode vnd veste to holdende, so hebbe hebbe (!) we vorbenomeden abbet vnd cappittel dissen bref bosegheld myt vnsen anghehengeden ingheseghelen.

Vnd is gheschen na goddes bord dusent jar vnd drehundert jar in deme en vnde neghenteghesten jare in sente Scolastiken daghe der hilgben jncvrowen.

Urschrift, an welcher das Siegel Abt Annos noch hängt, das Konventssiegel aber nicht mehr befindlich ist, im Konigl. Staats-Archiv zu Magdeburg s. s. Ilsenburg Nr. 85.

Gröningen, 1393, Novbr. 14. 256.

Ernst, Bischof von Halberstadt, beauftragt, nachdem er die Wahl des Conventualen Nicolaus als Nachfolger Annos zum Abt des Klosters Ilsenburg von Seiten des Convents nach reiflicher Erwägung bestätigt hat, den Dechanten der Stiftskirche zu Wernigerode, denselben in die Abtswürde und deren Gerechtsame einzusetzen.

(Ernestus episcopus Halberstadensis) Nicolaum eloctum in abbatem Ilsinobnrgensem anctoritate ordinaria, qna fungitur, approbavit, autorisavit et confirmavit et munus confirmationis ei imposuit omniaque ei commisit, ut monasterio laudabiliter praesit ot prosit, mandavitque decano ecclesiae in Werningerode[1], ut praefatnm Nicolaum in possessionem corporalem, effectualem et realem dictae abbatiae eiusque iurium et pertinentiarum intromittat² atque realiter et cum effectu introducat.

Actum Groening anno m°ccc°xciii° feria sexta post diem beati Martini.

Auszug bei Engelbr. chronol. abb. Ilsineb. bei Leibniz SS. III, 688, Leuckfeld ant. Poeld. 234 f.

1) *Leibn. p. 688 Wernigerode.* — 2) *Leuckfeld a. a. O.* intromittant und inducant.

1393, December 4. 257.

Nikolaus Abt zu Ilsenburg, bekennt, dass er den Heinrich Kirchhof, Bürger zu Braunschweig, zu rechtem Mannlehn belehnt habe mit dem Zehnten über den Sedelhof zu Evessen und zwar dergestalt, dass wenn Kirchhof auf dem Hof eigenen Rauch und Kost hätte, er den daran dem Stifte zuständigen Zehnten mit Ausnahme des Schafzehnten innebehalten solle.

Van der gnade goddes we her Clawes abbet des stichtes to Ylseneborgh bekennet openbare in düssem breûe (!) vor vns (!) vnde vnse nakomelingen, dat we belenet hebbin to enem rechten manliken lene Hinrike Kerchoûe borgere to Brûnswik vnd (!) deme tegheden ouer den sedelhof to Euesem¹ in dusser wise, wen de suluekinek Kerchof [o]ffte sin eruen in dem vorghescreuen hoûe wonden edder dar eghenen rok offte koste hedden, so scholden se den tegheden van vnses stichtes weghen, de dar velle oppe dem houe, inne beholden ane schap vnde des suluen bruken. Des to bewisinge hebbe we vnse ingesegel witliken ghehenget laten an dussen bref.

Vnde is gheschen na goddes bort xiii° jar in dem lxxxxiii jare in sente Barberen dagh.

Urschrift mit wenig beschädigtem parabolischem Siegel, das Pergament links etwas angefressen, im Herzogl. Landes-Haupt-Archiv zu Wolfenbüttel, s. r. Kreuzkloster (zu Braunschweig). Abbildung des Abtsiegels s. Nr. 12 auf Taf. II.

1) *Pfarrdorf Evessen im Amtsgerichte Scheppenstedt.*

Wegeleben, 1397, Juli 25. 258.

Ernst, Bischof von Halberstadt, beauftragt, nachdem er die von Seiten des Ilsenburger Convents geschehene Wahl Ludwig Bögelsacks zum Abt des Klosters auf geschehenes Gesuch gebilligt und bestätigt hat, den Dechanten des S. Silvestristifts zu Wernigerode, sich mit dem neu erwählten Abt nach Ilsenburg zu begeben und ihn in seine Würde und deren Rechte factisch einzusetzen.

(Ernestus episcopus Halberstadensis) providum virum dominum Ludovicum Bogelsack abbatia per obitum Nicolai abbatis vacante a fratribus in patrem et abbatem corde et concorditer electum confirmavit, praecepitque, ut ei [1] debitam praestent obedientiam, mandans insuper [2] decano ecclesiae sancti Silvestri in [3] Werningerode, ut cum novo illo abbate monasterium Ilsineburgense accedat ipsumque in possessionem dictae abbatiae realem auctoritate episcopi introducat.

Actum Wegeleben anno m°ccc°xcvii° ipso die beati Jacobi apostoli.

Auszug in Engelbr. chronol. abb. Ils. bei Leibniz a. a. O. S. 888, Leuckf. a. a. O. S. 235.

1) *Leuckf. hat noch* abbati. — 2) *Leuckf.* igitur. — 3) *Leuckf.* Sylvestrini W.

1397, September 28. 259.

Hans Stesies giebt dem Kloster Ilsenburg sein Erbrecht an den Gütern Heinrichs von Hessen, namentlich den Zehnten zu Thiderzingerode.

Ek Hans Stesies knecht bekenne openbar in dissem breue vor alle den, de on seen edder horen lesen, dat ek dorch god, dorch Hinrikes sele von Hesnem, dorch myner eldern sele vnde dorch myner eygen sele salicheyt willen hebbe los gelaten deme clostere to Ylsenborch de penninghe, de mek aughestoruen syn vnd ansteruen moghen von Hinrikes weghon von Hesnem, deme god guedich sy, des erue ek byn, dat ek wol bewysen mach, dar Hinrikes von Hesuemes wedewe or leuedaghe noch van heft den tegheden to Dyderczingrode. Dat al disse ding van mek vnde von al mynen eruen stede vnde gantz gheholden werden an allerleye arghelist, des hebbe ek deme clostere to Ylsenborch ghegeuen dissen bref beseghelt myt mynem ingheseghelo. Vnde to eyner betern bewaringhe, so hebbe ek Hans Stesies ghebeden den rad der stad to Werningherode, dat se to eyner betuchnisse henghedon or inghesegel by myn inghosegel an dissen brof, de ghoscreuen is na goddes bord dusent jar drehundert jar in deme seuen vnde neghentigesten jare in synte Mychaelis auende.

Urschrift auf Pergament, oben etwas vermodert; die Siegel fehlen.

1399, Februar 4. 260.

Abt Ludwig und das Kloster Ilsenburg verkaufen den Testamentarien Albrecht Schenks, verstorbenen Kellners am Dom zu Halberstadt, 3½ Hufen Landes zu Severthusen bei Derenburg.

We Lodewich van der gnade goddes abbet, Henrik prior, Henrik kustere, Boltesberg hospiteler, Henrik sekmester, Cord kemerer vnde de gantze couent des closters to Ylseneborch des orden sente Benedictus bekennen openbar in dessem breue vor vns vnd vnse nakomelinge alle den, de on seen eder horen lesen, dat we mit wolbedachten mode ondrechtliken dorch vnses closters nod willen hebben vorkofft vnde vorkopen rcdeliken vnde rechtlfken den vorsichtigen wisen heren hern Albrechte van Adenem vnde hern Henrike van Orden, vicariesen to dem dome to Halberstad, vnde oren saluden to deme testamente hern Albrechtes Schenken, de ichteswanne kelner was to dem dome to Halberstad, deme god gnedich si, vnde weme dat selue testament beuolen worde, verdehalue houe landes, de vnses closters eygene vry ledich vnde los sin, de dar belegen sint op dem velde to Seuerthusen vor der stad to Derneborch, vnde vorkopen on de in velde vnde in dorpe mit alle deme rechten, dat dar to hort, vor twey vnde twintich lodige mark Halberstadesscher wichte vnde were, de vns gentzliken vul vnde al wol betalt sin na vnsem willen vnde we de in vnses closters nud vnde vromen gekart hebben. Vnde desses seluen gudes hebbe we driddehalue houe geloset vor teyn lodige mark der vorgenanten wichte vnde were van hern Peter van Werningerode vnde sinen saluden, dar se on vor stûnden. Desser seluen verdehaluer houe landes schulle we vnde willen den vorbenomden heren oren saluden vnde weme dat ergenante testament hern Albrechtes Schenken beuolen worde, rechte weren wesen wur vnde wanne on des nod is, vnde setten se in eyne rowelike were mit dessem breue der seluen verdehaluer houe landes, also dat se der mogen bruken vnde se to tinse mogen don, weme se willen vnde den tins dar van alle jarlikes roweliken opnemen to sente Mertens dage, alse men den plecht to geuende. Ok so hebben vns vnde vnsem closter de vorbenomden heren den willen gewist, dat we vnde vnse nakomelinge de seluen verdehalue houe landes alle jarlikes mogen weder kopen vor twey vnde twintich lodige mark der vorgenanten wichte vnde were, vnde wanne we eder vnse nakomelinge dat don willen, dat schulle we eder vnse nakomelinge vnde willen den ergenanten heren, hern Albrechte van Adenem vnde hern Henrike van Orden, oren saluden, eder weme dat selue testament hern Albrechtes Schenken beuolen worde, tovorn vorkundigen to sente Johannes dage to middensomer vnde geuen on denne de twey vnde twintich lodige mark weder op vnser leuen Vrowen dach lechtmissen, de darna negest to komende is, vnde den tins, de on denne to sente Mertens dage van denseluen verdehaluen houe vore bedaget were, den scholde we on ok roweliken volgen vnde op nemen laten. Vnde wanne we eder vnse nakomelinge den vorgenanten heren eder oren saluden de twey vnde twintich lodige mark weder geuen hedden, alse vorgescreuen is, so schullen de vorbenomden verdehalue houe landes vnses closters weder ledich vnde los sin. Alle desse vorscreuen stucke vnde artikele vnde orer eyn iowelk bisunder loue we Lodewich abbet, Henrik prior, Henrik kustere, Boltesberg hospiteler, Henrik sekmester, Cord kemerer vnde de gantze couent des closters to Ylseneborch des orden sente Benedictus vor vns vnde vnse nakomelinge den vorgenanten heren hern Albrechte van Adenem vnde hern Henrike van Orden, vicariesen to dem dome to Halberstad, vnde oren saluden to dem testamente hern Albrechtes Schenken vorbenomd vnde weme dat selue tastament beuolen worde, stede vast vnde vnvorbroken to holdene in guden truwen ane allerleye argelist, inval vnde hinder. Vnde geuen on des vor vns vnde vnse nakomelinge to eynem orkunde vnde bekantnisse dessen breff besegelt mit vnses abbetes vnde mit vnses couentes ingesegelen, de geuen is na goddes bord dritteynhundert jar in deme negen vnde negentigesten jare des dinsedages na vnser leuen vrowen dach to lechtmissen.

Urschrift mit sehr gut erhaltenen Siegeln des Abts und Convents im Königl. Staats-Archiv zu Magdeburg s. r. Ilsenburg Nr. 86. Die Abbildung von Abt Ludwigs Siegel s. Nr. 13 auf Taf. II, des Convents auf Taf. IV, Nr. 29.

1401, Juni 15. 261.

Das Kloster Ilsenburg verkauft dem Simon-Judas-Stift zu Goslar 5 zehntfreie Hufen zu Grossen-Lochten und seinen Meierhof daselbst, wie solches die Schütten gehabt haben, für 40 Mark Silber wiederkäuflich.

Van der gnade goddes we Lodewich abbed, Cord prior vnde de ghemene conuent des closters to Ylseneborch bekennet openbar in disseme openen breue vor vns vnde vnse nakomelinge, dat we myt wolbedachtem mÖde vnde eyndrechtliker vulbord vnser aller hebbet vorkoft rechtes vnd redelkes kopes den erbaren heren deme dekene vnde capitele der kerken sente Symonis vnde Jude to Goslar viff böue landes tegetvry gheleghen vppe deme velde to groten Lochten vnde vnsen meyerhoff gheleghen in deme suluen dorpe, de darto hort, myt aller slachten nüt vnde tobehoringhe in holte, in velde, in watere vnde in weide vnde myt alleme rechte, alse dat belegen is butem (!) deme dorpe vnde dar en bynnen, dat ghehad hadden gheheten de Schutten. Hirvor hebbet se vns ghegheuen vnde wol betalt veirtich lodige mark suluers Brunswikescher witte vnde wichte, de we witliken ghekart hebbet in vnses godeshuses nüt, also dat we dat sulue gud myt deme ghelde eyn del ghelediget hebbet. Disse viff höue landes tegetvry vnde den hoff myt aller tobehoringe, alse vorscreuen steit, hebbe we den vorbenomeden heren gheantwordet ledich vnde los in öre hebbenden vpnemenden rowelken were, also dat se dat hebben vnde des gensliken gebruken schullen vnde mögen alse ander örer kerken gude, vnde sek dat nütte maken, alse se vorderst moghen. Vnde we vnde vnse nakomelinge willet des öre rechte were wesen, wur ön des not is vnde dat van vns geeischet wert. Ok so hebbet se vns de macht ghegeuen, dat we eder vnse nakomelinge na vorlopinge disser eirsten tokomenden ses jare dat vorbenomede gud moget weder kÖpen, welkes jares we denne willet, vor veirtich lödige mark der vorscrenen witte vnde wichte, auer dat scholde we vnde wölden ön witliken vore vörkundigen in vnseme openen beseghelden breue bynnen den eirsten achte daghen na sente Mychahelis daghe: vnde wanne de vorkundinge also gheschen were, so scholde we vnde wölden in der negesten paschewekene darna ön veirtich lödige mark suluers Brunswikescher witte vnde wichte betalen in der stad to Goslar, also dat we vppe jowelke mark Goslerscher wichte weghen eyn halff lot, alse sek dat ghebörd, na Brunswikescher wichte ane hinder vnde schedelik vortoch, vnde wanne we de betalinge also ghedan hedden, so were vnse dat vorbenomede ghud wedder ledich vnde los. Auer dat negeste tokomende nyge na deme suluen paschen, alse de betalinge schege, scholden de vorbenomeden heren denne nochten vpnemen, darvmme dat se dat erste nyge, alse se an dat gud quemen, nicht vp en nemen.

To eyner openbaren bekantnisse disser dinge, dat we de stede vnde wol holden willen, des hebbe we vnse der ebbedye vnde conuentes ingezegele witliken ghehengt an dissen breff, de ghegeuen is na godes bord veirteynhundert jar vnde darna in deme eirsten jare in sente Vitus daghe des hilghen mertelers.

Urschr. auf Pergament, das zweite Siegel am Rande etwas verletzt. Vgl. Taf. II, 13 und IV, 29.

1401, 26. Juni. 262.

Ludwig, Abt, und das Kloster Ilsenburg bekunden den Kauf einer vollen Hufe zu Wienrode von Seiten der Gebrüder Kurt und Heinrich Las von Ludeke Schmidt.

We Lodewich von goddes gnaden abbet des stichtes to Ylseneborch, Conrat prior vnde de ganse saminghe der heren to Ylseneborch bekennen openbare in dissemen jeghenwerdighen breue alle den, de one horen lesen edder seen, dat de erbar wise man her Cord Las vnde her Hinrik Las, sin broder, hebben afghekoft redeliken vnde rechtliken vor verdehalue lodeghe mark Ludeken Smede vnde Alheyde, siner eyliken husurowen, vnde al eren eruen vnde alle den, de darto horen moghen, ene houe vultalich vppe deme velde to Wighenrode mit aller tobehoringhe an velde vnde an dorpe, vnde de sulue houe is half thegetvri alzo wolwitlik is, dar de sulue Ludeke Smet vnde Alheyt sin husurowe heft vns vnde vsen vorvarden af gheghenen alle jar seuen vnde twintich Halberstedsche penninge edder en punt wasses. Vnde de sulue Ludeke Smet vnde Alheyt sin husurowe hebben vor vns ghewesen vnde hebben dusse suluc houe vphelaten vnde der aftichte ghedan vor sek vnde vor al ore eruen vnde vor alle de, de darto behorich mochten wesen, mit handen vnde mit munden vullenkomeliken mit gudem willen vnde bekanden dar vor vns openbarliken disse vorbenomeden Ludeke vnde Alheyt, dat se dar vor hedden vpghenomen verdehalue lodeghe mark, de ene al vnde reydeliken wol betalet weren von dissen vorbenomeden hern Corde Lasse vnde her Hinrike, sinem brodere, vnde we hebbet se in de were ghesat vnde de houe gheantwordet vnde willen ere rechte weren wesen vnde sin, wur vnde wanne on des not. Hir vmme so schulle se vnde willen disse vorbenomeden her Cord Las vnde her Hinrik, sin broder, edder we dissen bref hedde mit erem guden willen edder weme se de houe leten edder vorkoften, vns edder vseme nakomelinghe alle jar gheuon vppe sente Gallen dach seuen vnde twintich Halberstedesche penninghe edder en punt wasses, to ener bekantnisse, dat dat closter to Ylseneborch eghendom daran heft. Disses to enem orkunde vnde to ener witliken bekantnisse, dat alle disse stucke werden stede vnde vast gheholden von vns vnde von vsem nakomelinghe vnde von der samminghe der heren to Ylseneborch, so hebbe we abbet Lodewich dissen bref besegheit witliken mit vnsem ynghesegele, dat an dissen bref ghehenghet is.

Na der bort goddes vertenhundert jar in deme ersten jare in[1] sente Johannes et Paulus daghe der hilghen mertelere.

Urschrift mit wenig beschädigtem Abtssiegel im Königl Staats-Archiv zu Magdeburg s. r. Ilsenburg Nr. 88.
Auf der Rückseite steht von ganz verschiedenen Handschriften des 15. Jahrh.:
vp I honelandes vp dem felde to Wygenrode.
Rechts davon:
Cappellanis et scholaribus detur omni anno ad memoriam domini Conradi Las, prepositi in Stoterlingborch, I lot.
Abschrift in Cop. LX^a Bl. 23 u. 74^b im Königl. Staats-Archiv zu Magdeburg. Gedruckt nach der Abschrift bei v. Schmidt-Phiseldeck, Slötterlingenb. Urkdb. Nr. 169.

1) *Auffallender Weise haben Urschrift und Abschrift: ersten ene jare na in a. J. et P. d.*

1401, December 21. 263.

Ludwig, Abt, und das Kloster Ilsenburg genehmigen die Verpfändung einer Hufe Landes zu Remlingen von Seiten Gödekes von Senstidde an Henning Woyge, Bürger zu Braunschweig.

Van godes gnaden we her Lodewich abbet vnde dat ghantze capitl (!) des closters tho Ylzeneborch bekennen openbare in dussem breue vor vns vnde vnse nakomelinghe, dat Hans Ghodeken van Sénstidde[1] vnde syne eruen myt vnser witscop vnde vulbort hebben ghesat vnde verpendet vnde in de were ghelaten Henninge Woygen, borghere to Brunswich, vnde synen eruen vnde deme oder den, de dussen breff hefft eder hebben myt orem guden willen, vor dre lodighe mark Brunswikescher witte vnde wichte eyne houe landes, de beleghen is vppe deme volde to Remmelinge[2] vnde gheheten is de Ghodeken hoūe myt aller nvt vnde tobehoringe in velde vnde in dorpe, dar we vnde vnse closter an hebben sosteyn schillinge tynses nyger Brunswikescher penninghe yarliker ghulde. Ok mach Hans Ghodeken eder syne eruen dusse suluen houe landes vnde dat dar to hort na dussen neysten dren jaren van on weder losen alle jar vppe wynnachten wanne se willen vor dre lodige mark der vorgescreuen witte vnde wichte vnvorteghen vnses vorgescreuen tynses an der suluen houe.

Dusser ding to eyner bekantnisse vnde bewysinge hebbe we her Lodewich vorgenomet vnser ebbedige ingesegil vor vns vnde vnse capitl vnde vnse nakomelinge gehengit an dussen breff, de gegheuen is na godes bort dusent vnde verhundert jar darna in dem ersten jare to sante Thomas dage des hilgen apostolen.

Urschrift mit beschädigtem Siegel im Königl. Staats-Archiv zu Magdeburg s. r. Ilsenburg Nr. 89.
1) *Seinstedt, Pfarrdorf im Kreisamt Wolfenbüttel. — 2) Pfarrdorf Remlingen im Kreisamt Wolfenbüttel.*

1401, Freitags ..... 264.

Kurt, Graf zu Wernigerode, vergleicht das Kloster Abbenrode mit dem Kloster Ilsenburg wegen zwölf Malter Roggen jährlicher Zinsen, die das letztere von dem ersteren zu fordern hat.

Wy greue Cord van der gnade goddes here to Werningherode bekennen in dussem breue, dat vor vns sint ghewest de erbaren heren her Lodewich abbet to Ylseneborch mid sinen heren vp eyne sid vnde her Johan, ichteswanne perner to Here, eyn vormunde nv to tiden des closters to Abbenrode, vor sig vnde von der ebbedischen der ghemeynen Juncfrowen weghene dar sulues to Abbenrode vp ander sied vmme schelinghe vnde twidracht, de se vnder sek langhe tid ghehad hedden vmme twelf molder rogghen, de de van Abbenrode den heren van Ylseneborch alle jar gheuen scolden, so de breue vd wiseden, de vnse vader greue Cort saligher dechtnisse dorch bede willen des prouestes vnde der ebbedischen to den tiden dar ouer ghegheuen hebben, vnde langhe tyd wente an dessen dag vor deme erwerdighen heren heren Bertolde, abbeto (!) to sunte Egidii to Brunswich ghekregen hebben, dat de erwerdighe in gode vader vnde abbet to Koningheslutter deghedinghe twischen beyden syden begrepen hebbe in wise so hirna ghescreuen steit, de vor vns vrontlike ghehandelt vnde gensliken mit guden willen gheenet sien, dat on an beyden siden ghenoghet, vnde hebben eren krich dar vp neder gheslaghen an suliker wis, also dat her Lodewich abbet to Ylseneborch sine heren vnde by sunder her Siuert Herstidde, kemerere des suluen closters, hebben angheclaghet de vormunde prouest vnde ebbedischen vnde ledemate ghemeyneliken des closters to Abbenrode alle jarlikes to gheuende twelf malder rogghen in er kemerige, de se en scholden gheuen hebben van ackere vnde von guden des closters to Abbenrode alle jarlikes, so se spreken von breue weghene de se hedden, des hebben se sig vor vns vordreghen, dat dat closter to Abbenrode vnde ere vormunden hebben on gegheuen twolf mark Halberstadescher weringhe eynes verdinghes min an redem ghelde, dat on ghenoghet, also in den deghedinghen begrepen is. Hir vmme scullen de heren to Ylseneborch abbet sine heren vnde besunder de kemerere deme clostere to Abbenrode alle de breue, de wy vnde vnse elderen edder de prouest, ebbedische vnde honemester beseghelt hebben, one wedder gheuen, de desse twelf molder rogghen an langhen. Wer ok dat dusse ansprake vorniget worde, mid breuen odder mit worden odder wodane wis sek dat erhoue, dede anlangheden desse vorschreuen ansprake der twelf malder rogghen vnde dat dar vorseten is, des schal desse breef allerleyge stucke de gheschen sint vnde breue de ghegheuen sien vnde noch vpstan mochten von dessen twelf molder rogghen al mid enander deleghen vnde doden vnde dar mede allerleige argbelist. Al desse vorschreuen stucke vnde artikele mid enander vnde on juwelik bisunder bekenne wy greue Cord to Werningherode, abbet Lodewich vnde de ghemeyne capittel to Ylseneborch, Johann vormunde des closters to Abbenrode vnde de ebbedische gheheten Ylsebe von Jerxsem vnde de ghemeyne samelunghe alle mid enander vppe beyden siden vnde louen se stede vnde vast to holdene in ghuden truwen ane jenigerleyge nigevunde vnde list. To ener betughinghe dusser vorschreuen stucke hebbe wi greue Cort to Werningherode vmme bede willen to beyden siden dussen breef ghesterket mid vnsen inghesegbele, des to eyner bekanntnisse hebbe wy abbet Lodewich mit vulbort vnses capittels ghemeynlike dessen breef gheuestent mit vnsem inghesegbele der ebbedige vnde des capittels to Ylseneborch bi vnses heren van Werningherode ingheseghele. Hir ouer vnde an sin ghewest vnde is witlik Alberte domproueste to Halberstad vnsen broder, heren Corde dekene vnde heren Hinrike Stenhuse canonik dar sulues vnde heren .... de perner to groten Qwenstede vnde vicario to dem dome to Halberstad vnde is gheschen na godes bort dusent jar veerhundert jar vnde en jar des fridaghes ...... me .. daghe.

Urschrift, deren drei Siegel nicht mehr vorhanden sind, und deren letzte Zeilen theilweise stark abgeblasst und durch das angemoderte Pergament stellenweise unleserlich sind, im Königl. Staats-Archiv zu Magdeburg s. r. Ilsenburg Nr. 87.

1402, Juli 25. 265.

Alert von Borchdorf giebt dem Kloster Ilsenburg das Eigenthum seiner allodialen 4 Holzflecke und 1 1/2 Hufe bei Wollingerode, die zu dem Allerstein gehören und Hans Stesies von ihm zu Lehn hat, zu Messen.

Wytlik sy allen den,[1] dussen breff seen, horen lesen edder lesen, dat eck Alert van Borchtorpe vnde myne rechten eruen hebben gegeuen dorch godt vnde myner olderen, dorch myner eruen vnde dorch aller louygen sele salicheyt heren Lodewyge, abbete tho Ilsyneborch, vnde synem kloster darsulnest vnde alle synen nakommen voer holtblecke vnde anderhalue hoffen by dem dorpe tho Wollyngrode, de de horen tho deme Allersteyne, de Hans Stysies van meck hadde vnde eck van neymande heren hadde, noch alle myne elderen, wen van deme ryke: myt dussen veer holtbleken schal de abbeth doen vnde syne nakomelynge aller louygen selen besthe, also dat he alle jar tho veer tyden de sampnynge tho Ilsyneborch in der capellen sunthe Michaelis des auendes tho der vigilien, des morgens tho der selemysse hebben schall, vnde schall yo dem personen, de dar jegenwerdich ys, geuen twene pennynge vnde se schullen alle flytigen in orem bede vnser vnde vnser eruen denken. Dat wy duth myt ome vnde synem closter gedogedynget hebben dare synt ouer geweszen her Syuert van Rottyngen rydder, Erick Robil, Hans Schenke knechte, vnde ander vele guder lude. Ock hebbe ek Alert dorch ewyger betuchnysse wyllen myner vnde myner eruen dusser gyfft vnde dechtnysse myn ingesegoll hengen lathen an dussen breff, de geuen ys na godes borth veertheyn hundert jar darna ime anderen jare in sunthe Jacops daghe.

Auscultata est presons huiusmodi prescripta copia per me Henricum Spangen, clericum Hildesiensis diocesis publicum sacra imperiali auctoritate notarium, et concordat cum suo vero originali sigillato, quod hac propria mea manu attestor.
Copialien der Urkunden über die Wollingeröder Güter Bl. 3b.
1) *In der Abschr. fehlt* de.

1402, November 23. 266.

Hans Stesies giebt vier Holzflecke und anderthalbe Hufe bei Wollingerode an das Kloster Ilsenburg.

Ik Hans Stesies vnde myne rechten eruen bekenne in dusseme opene breue, dat her Lodewich abbet to Ylsoneborch vnde dat gantse closter dar sulues mynen vnd myner eruen willen hebben ghemaket, dat ik dorch got vnde dorch myner eldern sele willen hebbe deme clostere to Ylseneborch ghelaten eweliken vnde fmermer vir holtblecke vnde anderhalue hoﬁe by deme dorpe to Wolingerode, de de horden to domo Allerdestene, vnde ik hadde dat vorbenomede gut von Alerde von Borchdorpe to eneme menlikeme lene. Dat ene holt dat lid vnder deme Alerdestene, dat ander bi deme Seneboke[1], dat dridde by deme stighe, dy von der Stapenborch[2] gheyt to Wolingerode, dat virde by deme crûseweghe boben Veckenstede. Disser vorbenomed vir holtbleke ande anderhaluer hoﬁe wil ik vorbenomed Hans vnde myne eruen des vorbenomeden closteres to Ylseneborch ewelike rechte ghewere sin; dar loue ik vorbenomede Hans Stesies in disseme ieghenwardigen breue, dy beseghelt is mit des prouestes ingesegel von Stoterlingenborch vnde her Bertoldes, des perrers[3] von der Vinenborch[4] vnde to lutteken Lochten. Vnde wi her Cûrd Las, prouest to Stoterlingenborch, bekonnen openbar in dusseme breue, dat wy dorch bede willen Hans Stesies vnser ynghesegel hebbet ghehenget an dussen bref.

Na goddes bort virteynhundert jar in deme anderen jare in sunte Clemens daghe.

Urschrift im Königl. Staats-Archiv zu Magdeburg s. r. Ilsenburg Nr. 90. Beide Siegel sind nicht mehr vorhanden. Auszug Copialbuch Bl. 1 und eine Abschrift unter den Abschriften Wollingerödischer Urkunden Bl. 4 im Gräﬂ. Haupt-Archiv zu Wernigerode. Letztere ist vidimirt: Auscultata est presens huiusmodi prescripta copia per me Henricum Spangen, clericum Hildesiensis diocesis publicum sacra imperiali anctoritate notarium. Et concordat cum suo vero originali sigillato, quod hac propria mea manu attestor.

Notiz: Hans Stesies dedit paruam decimam inter Ilsam et montem Saxonum in opposito Vekenstede et 1½ mansos in campo Wolyngerode... babnit in phendum a dictis de Borchtorpe, cum quorum consensu heo donacio facta est, ita tamen, quod quatuor vicibus in anno fiat memoria eorum cum vigilia et missa defunctorum ad altare sancti Mychaellis, quod quondam fuit in porticu. *Copialb. Bl. 1.*

1) *Copialbuch Bl. 1* Steneboke. — 2) *Die Abschrr. v. Ende des 15. Jahrh.* Stapelborch. — 3) *Die Hdschr. perres.* — 4) *Pfarrdorf Vienenburg im Hildesheimschen.*

1402. 267.

Nachricht von dem wiederkäuflichen Verkauf dreier Hufen zu Minsleben, von Aschwin von Minsleben an Johann Strump und Dietrich von Eimbeck für 10 Mark, unter Vorbehalt der ebenmässigen Einlösung durch das Kloster Ilsenburg.

Sub abbate Lodewico anno m°cccc°ii° venditi sunt tres mansi in campo Mynsleue domino Johanni Strump et domino Diderico de Embeke et Staucl et suis testamentariis per Asschwinum de Mynsleue, ita tamen, quod prefatus Asswinus uel sui heredes uel monasterium Ilsyneburgense poterunt singulis annis redimere huiusmodi tres mansos intimatione facta Johannis baptiste et solutis teyn lodige mark Halberstadensis warundie super festo natiuitatis domini proxime futuro. Inquiratur a Ludewico de Mynsleue, an tales sint, de quibus Verndel dat i talentum. Litteram reuersalem sigillauit dominus Conradus decanus Werningerodensis.

Copialbuch Bl. 17ᵇ.

1403, April 25. 268.

Das Kloster Ilsenburg bekundet, dass Heinrich von Puttensen der Jüngere, Vicar am Dom zu Halberstadt, mit den dem Kloster auf 9 Viertel Landes zu Schwanebeck hergeliehenen 5 Mark im Kloster die Feier seiner Jahreszeit gestiftet habe.

Wye Lodewich von goddes gnade abt, Cord prior, Hinrich custer, Boltesberch spetteler, Syuerd kemerer, Hinrich sekmester vnde de gancze samninghe des goddeshuses tho Ylseneborch bekennen vnde betughen openbar in dusseme breue vor alle den, de on seen oder horen lesen, dat de bescheden here her Hinrich van Pattensen de junghere, vicarius tho deme dome tho Haluerstad, von vnseme goddeshuse in vorjaren von hern Annen von Oberghe, vnsem vorvaren, redeliken vnde rechtliken ghekoft hadde vif vnde twyntich schillinghe Haluerstadescher penninghe jarlikes tynses vor vif lodeghe mark Brunswikescher witte vnde Haluerstadescher wychte an neghen verndel landes, de beleghen sint op dem velde tho Swannebeke vnde vnses goddeshus eyghen synt vnde tho dusser tyd hebben in oren weren Henningh Hogreue tho Haluerstad wonhaftich eyne halue houe, dar he von gift alle jarlikes tho sunte Mertens daghe ses schillinghe, Hinrich Raughe, ok wonhaftich tho Haluerstad, eyne halue houe, dar he von gift vif schillinghe, Albrecht Roleues, wonhaftich tho Swanbeke, dre verndel, dar he von gift neghen schillinghe, Hermen in dem Dale, ok tho Swanbeke, eyne halue houe, dar he von gift vif schillinghe. Desse vif vnde twyntich schillinghe Haluerstadescher penninghe jarlikes tynses hadde de vorgescreuen her Hinrich an den neghen verndel landes tho Swanbecke von vnseme goddeshuse ghekoft redeliken vnde rechtliken, also dat he, syne salude oder we den brif, den we ome dar ouer beseghelt hadden, myd orem

ghuden wyllen hedde, den tyns an deme vorghescreuen ghude hebben
scholden vnde dat ghud lygen wanne des tho donde were, alse langhe
wente wye her Hinrich erghenant vnde synen saluden oder wye den
brif myd orem ghuden willen hedde, de vif lodeghe mark witte vnde
wychtte also vorghescreuen is wedder ghegheuen hedden vnde so scholde
denne dat erghenante ghud vnde tyns vnses goddeshuses wedder ledich
vnde los ghewesen syn, also dat vor was. Des heft de vorscreuen her
Hinrich dorch ghod vnde dorch synen ghuden wyllen vnde oppe dat
dat vorscreuen ghud myd deme tynse nach synem dode weder queme
an vnse ghoddeshus, vns sunderken wyllen dar an ghewyset vnde wye
hebben vns myd ome vruntliken vnde wol vmme dat ghud vnde tyns
voreyneghet vnde vordraghen alsus vnde in dusser wyse, alse hyrua
ghescreuen steyt, dat her Hinrich den vorscreuen tyns an den neghen
verndel landes hebben schal vnde des rauweliken bruken, de wyle dat
he leuet, vnde ok dat sulue ghud lygen, wanne des tho dönde is, alse
he vor ghedan hadde, vnde dar en wylle wye noch nemant von vnser
weghen ok jenegherleye wys an hinderen, sunder wanne de erghenante
her Hinrich af gheyt von dodes weghen, so scal dat vorscreuen ghud
vnde tyns myd allem rechten komen in dat ammecht vnser kemerye tho
eyner ewyghen jartyd vnde memorien des erghenanten her Hinrikes von
Pattensen vnde wat de sulue her Hinrich von Pattensen gheleghen heft,
dar schüllen de suluen lude by blyuen, also dat se tho der tyd neyner
lygynghe bedoruen, also dat vnse kemerer denne vort mer de vorscreuen neghen verndel landes lygen schal, wanne des tho donde is vnde
den tyns van deme ghude alle jarlikes irmanen vnde opnemen vnde
dar wedder von gheuen tho der memorien des erghescreuen hern Hinrekes, de wye schullen vnde wyllen na syme dode alle jarlikes beghan
vp vnseme kore myd vigilyen vnde mit selemyssen, alse des eyn wonheyt is vnde wan we dusse memorien beghan, alse wye alle jarlikes
wyllen vnde schullen, so schal vnse kamerarius vnsen heren ghemeynliken
von den vif vnde twyntich schillinghen jarlikes tynses gheuen neghenteyn
schillingh Haluerstadescher penninghe vnde schal tughen eyn lecht vor
eynen schillingh vnde dat entfenghen, wanne de vigilien betenghet, vnde
laten dat berneu wente des morghens, dat de selemysse vte sy, vnde wat
denne dar blyuet van deme tynse bouen dusse twyntich schillinghe, dat
scal vnse kemerer beholden vor syn arbeyt. Ok hebbe wye vorbenomede
Lodewich myd dem vorbenomeden hern Hinrike von Pattensen vnde
vnseme conuentu vns des voreynet, dat wye oder vnse nakomelinghe, tho
tho der tyd eyn abbeth tho Ylseneborch is, moghen na des vorbenomeden hern Hinrikes von Pattensen dode den vorghescreuen tyns myd
der lygenghe wedder aue kopen, deste wye oder vnse nakomelinghe, de
eyn abbeth tho Ylseneborch is, vnseme kemerere dat tho vorn vorkundeghen op de wynachten vnde betalen de vorbenomeden vif lodeghen
mark witte vnde wichte darna vnseme kemerere op de neysten paschen,
de schal myd den suluen vif marken ghulde kopen myd vnses conuentus
witscop vnde rade. Hyr vmme dat vnse conuent de memorien, de hyr
vorscreuen steyt, de ewyliken schal beghan alsus alse hyr vorscreuen

is, hebbe wye Lodewich abbeth erghenant, Cord prior vnde de gancze samninghe des ergenanten goddeshuses vns myd dem erghenanten hern Hinreke von Pattensen vorenighet vnde vordraghen vmme de vif vnde twyntich schillinghe jarlikes tynses Haluerstadescher penninghe, de he redeliken vnde rechtliken in vorjaren von hern Annen von Oberghe, vnsem vorvarn, vnde von vnse(m) goddeshuse ghokoft hadde. Vnde vppe dat dat dnsse vorscreuen stucke vnde eyn jowelk bysundern deme vorscreuen hern Hinreke von vns vnde vnsen nakomelinghen stede, vast vnde vnvorbroken ane jenegherleye arghelist gheholden werden, so hebbe we ome dussen breff gheuen beseghelet myd vnser ebbedye vnde vnses capittels ingheseghelen.

De gheuen is na goddes bord verteynhundert jar darna in dem drydden jare in sunte Marcus daghe des heylighen ewangelisten.

Urschrift auf Pergament; das erste Siegel ist beschädigt, das zweite fehlt ganz. Das Siegel Abt Ludwigs s. Taf. II, Nr. 13.

1403, Mai 1. 269.

Hans Wegeners und seiner Frau Grete Wiederkaufsverschreibung über 3½ Loth Silbers jährlich von 2½ Hufen Ilsenburgischen Lehngutes zu Reddeber an die Vicarien des neuen Altars der heiligen Drei Könige in der U. L. Frauenkirche zu Wernigerode.

Ek Hans Weghener, Grete myn elike husvruwe vnde vnse eruen bekennen in dussem openе breue, dat we mit willen, witschop vnde vulbord vnses heren, hern Lodewig abdes vnde des ghemenen coueutes des godeshuses to Ilsenborch rechte vnde redeliken hebben vorkoft sestehalf lodich lod geldes jarliker gulde an dreddehaluer hone landes, de de liggen op dem velde to Roddeber, de we hebben to eynem eruen tincze von dem vorscreuen godeshuse to Ilsenborch vor verdehalue lodeghe mark Halberstedescher weringe, de vns wol betalet sint, hern Dyderike Brandis, dem ewighen vicarien des nigen altares der hilgen dre Koninge vnde sinte Johannis des apostolen vnde ewangelisten in vnser leuen Vrnwen kerken to Werningerode, vnde sinen nakomelingen, dat we ome vnde sinen nakomelingen alle jarlikes gheuen schült vnde wilt, edder we de vorscreuen houe heft vnder dem ploghe, oppe sinte Gallen dach ane jengherleye hinder vnde vortoch. Ok so heft de vorbenomede vicarius vnde sine nakomelinge seuedchalf lodich lod tinczes jarliker gulde an dusser suluen eyrghenanten houen von dem godeshuse to Ilsenborch, dat we ok ome vnde sinen nakomelingen schült vnde wilt geuen, edder we de heft vnder dem ploge, alle jarlikes op de vorbenomede tid ane hinder vnde vortoch. Vnde we setten den sůluen hern Dyderike vnde sine nakomelinge in de were des vorscreuen sestehaluen lodegen lod mit craft dusses breues. Ok so moghe we dût sulue sestehalue lodeghe lod geldes wedderkopen alle jarlikes wan vns des ghelustet, wu we dat dem eyrghenanten vicarien edder sinen nakomelighen des vorscreuen altares to vorn vorkundeghen eyn verndel jars oppe sinte Johannes dach to middensomer, vnde dar na op den neghesten sinte Gallen dach gheuen verdehalue lodeghe mark Halberstedescher weringhe mit dem tincze vnde ift dar wat vorseten were. Dusses to eyner bekantnisse vnde betern wissenheyt so hebbe ek Hans Weghener eyrbenomet dem vorghescreuene vicarien hern Dyderike vnd sinen nakomelingen dussen bref beseghelt gheuen mit mynem tohangenden ingheseghele vor mek, Greten myne eliken husfruwen vnde vnse eruen alle, dat ek witliken an dussen breff hebbe ghehenget laten.

Na der bord godes veyrteynhundert jar in dem drodden jare in sinte Walburghes daghe der hilgen juncvrowen.

Urschrift mit anhangendem Siegel im Königl. Staats-Archiv zu Magdeburg s. r. Ilsenburg Nr. 91. Das Siegel s. abgeb. Taf. VII, Nr. 49.

1403, Mai 12. 270.

Heinrich, Bischof von Salona, Weihbischof B. Rudolfs von Halberstadt reversirt sich gegen Abt Ludwig und das Kloster Ilsenburg wegen eines ihm von Letzterem auf Lebenszeit geliehenen Buches de pontificalibus.

Hinricus, dei gracia episcopus Salonensis, vicarius in pontificalibus venerabilis domini Rodolfi Halberstadensis ecclesie episcopi, cunctis presencia visuris uel audituris cupimus fore notum, quod reuerendus dominus Lodewicus abbas in Ylsenborg sincero karitatis affectu librum pontificalium actionum nobis accomodauit temporibus dumtaxat uite nostre. Promittimus ergo presentibus in uerbo ueritatis data fide, quod dictum librum nullo modo alienabimus, sed tempore suo, cum dominus vocare nos ceperit, cum fenore magno graciarum remitti faciemus sine dolo quocunque seu fraude in locum suum, premissa omnia et singula sigilli nostri appensione roborando.

Datum anno domini millesimo quadringentesimo tercio in die beatorum martirum Nerei et Achillei.

Urschrift theilweise durch Feuchtigkeit verwaschen mit verletztem Siegel im Königl. Staats-Archiv zu Magdeburg, s. r. Ilsenburg Nr. 92.

1404, Juni 24. 271.

Das Kloster Ilsenburg bekennt, dass mit seiner Erlaubniss Bartold Rosenthal 3 Hufen und 3 Höfe Ilsenburgisch Zinsgut zu Berssel an die Murschälle von Rössing verkauft habe und erlässt denselben diesen Zins.

Van godes gnaden we her Lodewich abbed tho Ilsyneborch, her Cord prior, her Boltesberg spetteler, her Hinrik kuster, her Hinrik sekemestere, her Diderik kemerer vnde de meyne conuent darsulues bekennet openbar in dussem breue vor vns vnde vuse nakomelynge, dat here Syuerd ryddere, Dyderik knape brodere van Rottynge, marschalke des stichtes tho Halberstad, hebbet myd vnser witschopp vnde willen aue kofft Bartolde Rosendale, anders gheheten Kneyffel, dre houe landes vnde dre houe beleghen in dem dorpe vnde vppe dem velde tho Bersle, dar vnse ebbedye an eynner houe vnde an eynnem houe tynsz hefft vnde vnse kemmerye an den twen houen vnde an den twen hôuen tynsz, also dat sek van alle den houen vnde hôuen de tynsz loppt vppe eynne halue mark Halberstedescher werynge jarliker gulde. De vorgenante haluen mark jarliker gulde hebbe wy vmme vordernisse vnde gunst willen dussen benomeden van Rottinge vnde oren eruen gheluten, also dat so vns den tynsz nicht en dornet gheuen sundere se moghet des landes vnde der hôue ghebruken tho orem behoue, de wile dat de ergenante here Syuerd vnde Dyderik beyde edder orer jowelk leuet. Doch so hebbe we den wilkore vnde dat recht dar ane beholden, dat we dusse vorscreuen halue mark oren eruen moghet wedder affkopen vor sesz lodighe mark Halberstedescher witte vnde wichte, welkes jares we willet; vnde wanne we dat don willet, dat schulle we dar vore vorkundighen in den heren daghen tho wynachten vnde na der vorkundighe vnde betalynge alse vorschreuen steyt van vns nicht gheschen en were, so schullet der genanten van Rottinge eruen des benomeden gudes bruken in aller wys also vorschreuen is. Vnde wann de betalynge also scheen were, allike wol is de beterynge dusses benomeden gudes der ergenanten van Rottinge eruen. Welden der morgenanten van Rottinge eruen des gudes suluen nicht bruken, so mochten se dat van sek don edder vorlaten, weme se wolden, de vns vnsen tynsz daraff gheuen. Dat scholde syn myd vnsem guden willen vnde deme wolde we dat tho staden vmme orer bede willen. Alle dusse vorschreuen stucke vnde artikel loue wy vorgenanten de abbed van Ilsyneborch, de priore, spetteler, custer, sekemestere, de kemmere vnde de ghemeyne conuent dar sulues alle benomed vor vns vnde vnse nakomelynge dussen genanten heren Syuerde vnde Diderike van Rottynge vnde oren eruen in guden truwen stede vnde vast to holdene ane arghelist. Vnde we genanto her Lodewich abbed hebbet dusses tho bekantnysse vnse inghesegel witliken ghehenget laten an dussen breff, vnde wy de mene conuent hebbet vnses conuentes ingesegel by vnses genanten heren des abbedes ingesegel ok witliken ghehenget an dussen breff.

Ghegheuen na goddes bord veerteyn hundert jare in dem verden jare in sunte Johannis daghe des dopers tho myddensommere.
Copialbuch Bl. 30.

1404, Juli 2.   **272.**

Siegfried Ritter und Dietrich Knecht, Gebrüder von Rössing, Marschälle des Stifts Halberstadt, bekennen, dass ihnen Abt Ludwig und das Kloster Ilsenburg besondere Geneigtheit und Freundschaft am Zinse von 3 Höfen und 3 Hufen zu Berssel, erzeigt haben, was sie und ihre Nachkommen wieder verdienen wollen.

    We Siuerd ritter vnde Diderik knecht brodere von [Rott]inge, marschalke des stichtes to Halberstad, we bekennet openbar in dussem breue vor vns vnd vnse eruen, dat de erbare vnse here de abbet von Jlsenborch vnde sin kouent vns hebben sunderliken willen bewiset vnde vruntschop an dem tinse, den se hebben an dren hoůen vnde dren huuen, de se hebben to Bersele, de de Rossendales hadden ghewest, alse de bref vdwiset, de se [vns dar]vp ghegeuen hebben, vnde dat wille we van vsen eruen dem ergenanten vnsem heren dem abbete vnde sinem kouente vnde oren nakomelingen vruntliken af vordenen. Des to eyner openbaren bekentnisse hebben we vor vns vnde vnser eruen vnse ingesegel witliken ghehenget an dessen bref, de gegeuen is na godes gebord verteynhundert jar darna in dem verden jare in vnser leuen vrowen dage visitacionis.

Urschrift durch Feuchtigkeit stark angegriffen und angemodert im Königl. Staats-Archiv zu Magdeburg s. r. Ilsenburg Nr. 92ᵇ. Das ziemlich gut erhaltene Siegel Siegfr. v. Rössings s. abgeb. Taf. VI, Nr. 39. Auch im Ilsenburger Copialbuch Bl. 30ᵇ.

1406.   **273.**

Ludwig, Abt zu Ilsenburg, bekennt, dass er acht ihm von den Bauern zu Mehringen gegebene Mark zur Einlösung eines von seinem Vorgänger Abt Nicolaus verkauften Zinses benutzt und den genannten Bauern gelobt habe, diesen Zins nicht zu verkaufen. Letzterer soll mit 1 „Sleveschen" Pfennig zu St. Martini entrichtet werden.

    Von der gnade goddes we Lodewich abbed tho Ilseneborch bekennen openbar in dusseme breffe vor alle den, de ôn seen eder horen lesen, dat vnser büer von Merynge vns hebben ghegeuen achte mark, dar hebbe we so vele tho ghedan, dat we hebben gheloest den sůluen tyns, den vnse vorvarde abbet Claus vorkoft hadde. Hir vmme hebbe we den sůluen vnsen buren tho Merynge ghelouet, dat we vnde vnse capittel noch vnser nakômelinge den sůluen tyns nicht vorkôpen schullen, vtghenomen Dobbelers hoyue vnde Tyleken Vrundekens hoyue¹. Ok schullen se vns den tyns betalen mit 1 Sleueschen pennynge vppe sinte Mertens dach mit sodeme rechte, alse so den tyns vor pleghen tho geuen oppe sinte Michelis dach. Dat dyt von vns, van vnseme capittele vnde von vnsen nakomelingen stede vnde vast ghehalden werden, des hebbe we ôn ghegeuen dussen besegheld (!) breff myt vnseme inghesegel.

Na godes bord dusent jar veerhundert jar vnde indeme seesten jare.

Urschrift auf Pergament mit anhangendem fragmentarischem Abtssiegel (vgl. Ilsenb. Nr. 13) im Herzogl. Anhalt. Ges.-Archiv zu Zerbst. Aderstedt. I, 3. Nach Einschnitten ins Pergament wäre anzunehmen, dass vorher noch ein Siegel (des Conventes?) angehangen habe. Da das jedoch aus der Urkunde nicht folgt, so ist dasselbe sehr unwahrscheinlich.

1) *Der über dem Texte stehende Zusatz* vtghenomen u. s. f. *ist vom Schreiber der Urkunde hinzugefügt.*

1407, April 25. 274.

Das Kloster Ilsenburg bekennt, von dem Rathe der Stadt Goslar das längere Zeit bei einer dortigen Bürgerin untergebrachte Kirchengeräth von Bündheim ausgeliefert erhalten zu haben, um es für den Gottesdienst im Ilsenburger Münster zu benutzen, und verpflichtet sich, sobald das Bündheimer Kirchspiel besetzt wird, das Geräth wieder dorthin zu liefern.

We Lodewich abbet, Cord prior vnde de gancze samnynge des closters Ilseneborch bekennet openbar in dissem breue, dat we innichliken de erbaren heren börgermester vnde rad der stad Goslar hebben gebeden vmme gherwand vnde gerede, dat in vnse kerken to Büntem gehort, vnde de erlyke vrowe Grete, Brandes Kempen wedewe ôres börgers, lange tiid in beuelinge gehat hadde, dat se os dat volgen leten vnde gönden ôs des to brukende in vnsem münster godde to eren, wenne we hopeden, dat we dar recht to hedden vnde anders nemend. Alzo sanden se dar by de erbaren heren hern Corde Krachte, scolasticum der kerken sünte Symonis et Jude bynnen Gosler, vnde hern Jordene van Beckeren, vicarium darsülues, Hinrik Wildevür, Werner Trosten vnde Tylen Zegere ôres rades kumpane, de dat besegen. Vnde dar was eyn cleyne missâl, eyn kelk, twe vanen, dre gantze gerwant, der weren twey ane stolen, twu alterdwelen, veyr erne lüchtere, eyn wyrokvat[1], twe ampullen, eyn vlasche van eynen haluen koppe, eyn becken myt vpgegotene lüchteren vnd old, was van eyner döpekertzen. Vnde alsed gut was, dat antwerdeden us os, vnne we hebben os tigen se vorwilleköret vnde willeköret in dissem breue: wanne auer god gifft, dat dat vorbenomede kerkspel to Büntem wedder besad werd, vnde dat me goddesdenst dar ôuen wel, so wille we dat sulue gerede edder anderes alzo vele dar wedder bringen van stund, wanne we van deme rade to Gosler dar vmme gemanet werden, alze we doch van rechte schôlden, icht dyt gerede dar nicht en were. Ok so wille we den rad vnde stad to Gosler vnde öre börgere van des vorbenomeden geredes wegen aller ansprake geystliker vnde werltliker entlesten vnde se des schadelos holden. Disses to merer bekantnisso vnde wissenheyt hebbe we ön dissen breff gegeuon besegeld myt vnsen der abbedye vnde conuentes ingesegelen.

Na der bort vnsos heren Cristi dusent veyrhundert jar in dem seuenden jare in sunte Marci dage des hillgen ewangelysten.

Urschrift auf Pergament im Stadt-Archive zu Goslar. Von den beiden Siegeln ist das parabolische des Abts in der oberen Hälfte fragmentarisch, das des Convents ziemlich unverletzt erhalten.

1) *Die Vorlage* wirckvat.

1407, Juni 15. 275.

Der Rath zu Wernigerode bekennt, dass Heinrich von Minsleben vor ihm ausgesagt, dass die vier Hufen Landes, die er vom Kloster Ilsenburg gehabt hatte, wieder abgelöst seien.

We de rad der stad to Wernigrode bekennen openbar in dussem breue vor alle den, de den seen, horen eder lesen, dat vor vns is ghewest Hinrek van Mynsleue vnde het vns bericht, wu he vnde sine eruen hebben ghehat veer houe landes myt aller tobehoringe van deme clostere to Ilseneborch, de beleghen syn up dem velde to Mulbeke, de ome vnde sinen eruen stunden vertigh swarte mark, vude wu de suluen veer houe dat vorbenomde closter vnde her Loddewich, nu to der tid abbet, wedder hebben van Hinreke van Mynsleue vnde sinen eruen ghelost. Ok so hedde de vorbenomde Hinrek van Mynsleue vnde sine eruen van dem vorbenomden closter enen breff ghehat ouer de vorbenomden veer houe landes, vnde den hedden de heren des vorscreuen closters vnde Hinrek van Mynsleue ghelecht myt tzamder hant by Hanse Hüneken in guden truwen vnde den suluen breff hebbe Hans Hüneken vnde Grete sin elike husfrowe vorloren vnde spreken dat by eren waren worden, dat se nicht en wetten, wur de breff ghebleuen sy, eder wů dat he moghe van ene ghekomen syn, dat Hinrek van Mynsleue dyt vor vns vtesproken het, dat ome vnd sinen eruen de veer houe landes wal vnde al afgheloset sint van dem vorbenomden clostere to Ilseneborgh vnde her Loddewighe abbete dar sulues. Des to bekantnisse hebbe we dussen breff vmme beyde willen Hinrekes van Mynsleue vnde Hans Huneken witliken gheuen bezegholt myt vser stad to Wernigrode anhangeden ingheseghele, uppe dat na dusser tid de breff, de ghegheuen was ouer de erscreuen wer (!) houe, nene kraft eder macht mer hebben schulle, sunder dat dusse breff jennen delghe.

Vnde is ghoschen na goddes ghebord dusent jar veerhundert jar in deme seueden jare an sinte Vitis dag des hilgen mertelers.

Urschrift mit beschädigtem Siegel im Königl. Staats-Archiv zu Magdeburg s. r. Ilsenburg Nr. 93.

1409, März 12. 276.

Heinrich, Graf zu Wernigerode, übereignet dem Kloster Ilsenburg den kleinen Zehnten vor dem Sasberge bei Veckenstedt.

Von der gnade ghodes we Hinrik, greue to Werningrode, bekennen openbar in dussem breffe vor alle den, de dussen breff seen eder horen lesen, vnde don witlik, dat we eghent hebben vnde eghenen den erbaren heren dem abbete vnde dem capitele des closters to Ylsenborch den lütteken thegeden vor dem Sasberge to Veckenstede, de de ghewesen hadde Hanses Stesies, den he vor vns vorlaten het vnd vortegen alles rechtes, dat he dar an hadde vnd hebben mochte, vor sek vnde vor sine eruen. Vnde we setten den abbet vnde dat capitel to Ilsenborch in de were dusses erscreuen lütteken thegeden myd krafft dusses breffes ewelken to brukende. Vnde we Hinrik, greue to Werningrode; vorthyen vses rechten des egbendomes des ergnanten thegeden vor vns, vse eruen vnde nakomelinghe vnde willen des ore rechte here vnde were sin vor aller ansprake, wur one des behoff is vnde so dat von vns esschen; vnde we vse eruen vnde nakomelinghe eder nemet von vnser wegene scullen vnd enwillen den abbet vnde dat capitel to Ylsenborch hinderen eder hinderen laten neynerleye wis mid worden eder mit werken an den lütteken thegeden vor dem Sasberghe to Veckenstede, den Hans Stesies von vns to lene hadde vnde vpp gelaten het myd allen rechten vnde tobehoringhe. Dit betüge we Hinrik, greue to Werningrode, myd vnsem ingesegele, dat we witliken an dussen breff hebben ghehenget laten vor vns, vse eruen vnde alle vse nakomelinghe. Vnde hir sin ouer wesen to thügen her Cord von Titlixczen, deken to Werningrode, Hans Oldenrod, vse stadvoget, vnde Ludolffus Kone, vser scriuer, de dussen breff ghescreuen het vnde von vnses hetes wegen besegeld het, vnde vil mer guder lude papen vnde leen. Vnde ok Cord, deken to Werningrode, Hans von Oldenrode, stadvoget dersulues, bekennen dusses breues vnde alle artikel myd eynander vnde hebben des to eyner orkunde vnse ingesegel ghehenget laten an dussen breff bi des edelen vnses juncheren Hinrikes von Wernigrode ingesegel von sines gebetes vnde gebedes wegen.

Vnde is gescheyn na godes bort verteynhundert jar darna in dem negheden jare an sinte Gregorius daghe des hilgen bisscoppes.

Urschrift mit erhaltenen Siegeln im Königl. Staats-Archiv zu Magdeburg s. v. Ilsenburg Nr. 94. Der gewöhnliche Gregoriustag ist der 12. März, der aber gemeinhin als Gregorius papa bezeichnet wird. Gregorius Bischofstag schlechthin ist der 4. Januar.

1413. 277.

Das Kloster Ilsenburg verkauft dem Simon-Judas-Stift zu Goslar den Zehnten zu Grossen-Lochten für 250 Mark wiederkäuflich.

Vonn gottes gnaden wie Heinerick abtt, Cordt prior, Siuert kuster, Boltesbertt hospitaler, Johann seckmeister, Didirick kemmerer vnndt der gantze connent des closters tho Ilsenburgk sante Benedictus orden bekenne offenbar ihn diessem briefe vor vnns vnnd vnnsere nachkomenlinge, dath we entreclichen mitt radt vnd guether vordragk rechtes kopes verkaufft[1] heffen, verkopen vndt bitten mit krafft dusses brieffs denn erbarn hern deme dekene vnd capittele, der kirchen der heiligen apostelen sanct Simonis vndt Jndae tho Goslar vnnseren vndt vnnser gotteshusses eigenen tegeden tho Grossen Lochtene mitt allen nuth vnnd zubehörungen ihm dorpe vnd felde, wu man de benhemen mach, vnndt mit allem recht vor dritthalb hundert lodige margck Brunschweickessicher witte vnnd wichte, de vnns alle vnndt wol bezalett seint, de we vort ihn vnses gotteshuses openbare nutt gebracht hebben, also dath we dussen vorschreuen hern deme dekene vnndt capittel tho Gorsler sechstzig margk bezalett hebben, den kanonicken tho Wernigerode 50 margk, den vicarien vnnser lieben frauen kirchen dho Halberstadt negentich margk, Claus Wese vnndt Heinerich vonn dem Holte 30 margk, dar we den abtten jharlichen gelde mede affgekaufft heffen vnndt zwentzigk margk, die we gegenen vnnsere hern von Halberstadt vor vnnsers Heinerickes abbetes confirmation vnd propration. (!) Dnssen bemeldten tegeden hebbe we obne gentzlichen ibn ohre vpnhemende hebbenden were gantwordett also, datt se des ewelken gebrugen mögen, vndt we willen vnd schnllett des ohre recht were wesen wur vnndt wenne one des nott sie vnd se entleesten vonn alder recht entpereth. (?) Ock hebbet de vorbenomden hern vns den willen vndt vormitbschup[2] gethan, datt we den suluen tegen mogen wederkeuffen.

Copialbuch Bl. 78 eine schlechte Abschrift aus der letzten Hälfte des 16. Jahrhunderts.

Die Urkunde gehört nach dem Revers des Goslarschen Simon-Judas-Stifts vom 11. November 1413 in dieses Jahr.

1) *Es folgen in der Hdschr. noch zwei unverständl. Wörter.* — 2) *So st.* vruntschap.

1413, November 11. 278.

Des Simon-Judas-Stifts zu Goslar Revers über die Wiederkäuflichkeit des verkauften Zehntes zu Grossen-Lochten.

Van goddes gnaden we Hinrek deken vnde dat ganse cappittel der kerken der hilgen apostelen sunte Symonis vnde Jnde to Gosler bekennet openbar in dissem breue, dat we indrechtliken myt ghuder vordacht ghekofft hebben van den erbarn heren hern Hinrike abbete vnde dem gansen conuente des klosters to Ilsenborch den tegheden to

Groten Lochten myt allem rechte vnde tobehoringe vor driddehalff hundert lodige mark suluers Brunsswikscher witte vnde wichte, de we one alle betalet hebben vnde de se in ores klosters nut ghekart hebben. Dessen vorbenanten tegeden to Groten Lochten móghet se alle jar van vns wedderkópen vor driddehalff hundert lodige mark suluers Brunsswikscher witte vnde wichte alse vorder, ifft se vns den kop vorkundigen vnde dat ghelt betalen in aller wise, also de breff vtwiset, den se vns over den tegheden gheghenen hebben; vnde wanne se dat ghedan hebbet, so is de vorscreuen tegede der ergenanten heren van Ilsenborch wedder van vns leddich vnde los ane vnser vnde vnser nakómelinge wedderspráke. Dit loue we on in ghuden truwen stede vnde wol to holdende ane jengerleie argelist vnde we hebbet des to bekantnisse vnses capittels grote ingesegel ghehenget laten an dissen breff.

Na goddes bort vertheyn hundert jar darna in dem drittegeden jare in sunte Mertens dage des hilgen bischuppes.

Urschrift auf Pergament.

1414, März 31. 279.

Heinrich, Abt, Kurt, Prior und das Kloster Ilsenburg verkaufen den Vicarien zu S. Silvester in Wernigerode eine halbe schwarze Mark jährlicher Gülte von einer Hufe Landes zu Schmatzfeld und einer halben Hufe zwischen den Gehölzen für fünf schwarze Mark, und ist dies dieselbe Gülte, welche Ditmar Abt, Bertolt Prior und das Kloster Ilsenburg an Kurt von Minsleben verkauft hatten. Die Hufe hatte ehedem Bernt Meier, jetzt Tile Eldagschen, die halbe Hufe hat Bernt Krul, Bürger zu Wernigerode, unterm Pfluge.

Van goddes gnaden we Hinrik abbed, Cord prior vnde de gantze couent des godeshuses to Ilsenborch bekennet in dissem open breue, dat we eyndrechtliken myt gantzer vulbort vnser aller hebbet vorkofft vnde vorkopet den ewigen vicarien des godeshuses sente Siluesters to Wernigrode eyne halue swarte mark geldes jarliker gulde an anderhalue hóue landes, dede belegen sint de houe vppe dem velde to Smatvelde, de halue houe twischen den holten, vor vif swarte mark, de vns vnde vnsem godeshuse wol betalt sint; vnde is de sulue gulde, dede her Detmer abbed vnde her Bertolt prior vnde de couent vorkofft hadden Corde van Mynsleuen vnd sinen eruen. Dit vorbenomede gud, de houe, hadde ichteswanne vnder dem ploge Bernt Meyger vnde nů Tyle Eldagheschen vnde de halue hóue Bernd Krul, borger to Wernigrode. Disse vorscreuen gulde schult se alle jar opnemen to sente Michelis dage van den, de dat vnder dem plogen hebben, we de sin, vnde wiset se in de were myt craft disses breues. Doch so moge we disse gulde wedder kopen, wan we wilt, also vorder alse we on dat eyn verndel jares to vore vorkundighen vppe sente Johannes dach to middensomere, vnde denne darna neyst to komende vppe sente Micholis dach one ore vyff swarte mark wedder gheuen vnde betalen myt der gulde an hinder eder vortoch. To eyner openbaren bekantnisse alle disser vorscreuen stucke hebbe we on dissen breff besegelt witliken myt vnsen anhangenden ingesegeln.

Vnde is geschên na godes bort verteynhundert jar vnde darna in dem vertegheden jare in dem hilgen palm auende.

Gleichzeit. Abschrift in dem Copialb. der Vicarien S. Silvester zu Wernigerode in der Gräfl. Bibl. Yd. 4. 15ᵇ, desgl. in einem etwas spätern ebdas. Yd. 5. Letztere Abschrift mit verderbter Rechtschreibung.

1414, Juni 15.   280.

Das Kloster Ilsenburg verkauft dem Silvester-Stift zu Wernigerode 4 Mark an dem Zehnten zu Berssel für 50 Mark wiederkäuflich.

Von der gnade goddes we Hinrich abbet, Cord prior, Boltesberch spetteler, Synerd kůster, Johann seykmester, Dyderich kemmerer vnde gantze conuent des closteres tho Ilseneborch bekennen in dissem breue vor vns vnd vnse nakomelinge, dat we eyndrechtliken, recht vnde redeliken vorkofft hebben den erbarn heren dem dekene vnde cappittele sunte Jůrgen vnde sunte Siluesters tho Wernigerode veir lodege mark gheldes jarliker gůlde Halberstedescher weringe an vnssem tegheden tho Bersele vnde an alle vnsem gude, wur we dat hebben, vor vestich lodege mark suluers Goalersche wichte vnde Brůnswikesche witte, de vns wol betalet syn vnde in vnses closters nůd ghekart syn, dat vns genoghet. Disse ver mark gheldes schulle we vnde willen edder vnse nakomelinge, edder de, den we den vorgenanten tegheden vorkopende worden, alle jar gheven vppe sůnte Mertens dach veir lodege mark Halberstedescher weringe den ergenanten heren dem deken vnde cappittele to Wernigerode an jennegherleye arghelist vnde wedderspráke, vorbedinge gheystlik edder werlich, vnde is de erste tyns, vnde willen des ore rechten were wesen, war vnde wan one des nod is. Ok en schul we noch nemet von vnsser weghen des tegheden vnderwinden tho vorende, we en hebben one ore ghelt vorwissent vppe sunte Margreten dach, dat one ghenőghe, wan se dat von vns eschet. Ok so hebbe de gnade beholden, dat we edder vnse nakomelinge disse vorscreuen jarlike gulde wedder kopen moghen alle jar wan vns des gelůstet, so vorder efft we den erbaren heren vorgenant to voren vorkůndegen vppe sůnte Johannes dach to myddensommer, vnde geuen darna vp den neysten sůnte Mertens dach, wan eyn jar vorgangen is, vefftich lodege mark, so vorgescreuen is, mit dem tynse vnde efft dar wad vorseten were in der stad to Halberstad edder Wernigerode, wur dat dem deken vnde cappittele bequemest were. Dat we one dit stede vnde vast holden willen, des to eynem orkůnde so hebbe we Hinrich abbed, Cord prior,

Boltesberch spetteler, Syuerd küster, Johan seikmester, Dyderich kemmerer, de gantze conuent vor vns vnde vnse nakomelinge dissen breff beseghelt myd vnses ahbates Hinrich vnde vnses conuentes ynghesegelen, der we hir alle to hrůken vnde witliken an dissen breff gheheuget laten, de ghegeuen is na goddes bord vertheynhundert jar darna in dem vertegheden jare an sinte Vites dagho des hilghen mertelers.

Urschrift auf Pergament. Das erste Siegel sehr beschädigt, das zweite fehlt ganz. Vgl. das Abtssiegel Taf. II, Nr. 14.

1414. 281.

Hans von Oldenrode, Stadtvogt zu Wernigerode, bezeugt die von Librecht Koch geschehene Ueberweisung eines Vierdings jährlicher Gülte an einem Hause zu Wernigerode an das Kloster Ilsenburg.

Ek Hans van Oldenrode, to dusser tyd stadvoghet tho Werningrode, bekenne in dussem openen breue vor alle den, de one seyn edder horen lesen, dat vor mek is ghewesen her Libbrecht Cok, Hans Cokes sone seliger dechtnisse, vnde heft ghelaten den frede ouer eynen verding gheldes, den he ghehat hadde an Hennig Goltsmedes hüs, de anders gheheten is Lemmershusen, vnde ghewest hadde Ludeken Voghedes, dat gheleghen is an dem horne in der Vogheden straten, den erwerdegen heren, dem ahbede vnde dem cappittel ghemeynliken des closters Ilsenborch, den de vorgnante her Librecht darane ghehad heft vnde up ghebord hefft wente an dusse . . . . . . ch we in dem genanten huse is, de schal den vorgnanten verding gheldes alle jar gheuen uppe sunte Mychels dach an allerleyge hinder vnde vortoch den vorgenanten heren to Ilsenborch, den Ludeke Voghet, dem god gnade, an dem vorgnanten huse vorkoft hefft dem vorschreuen heren Librechte recht vnde redeliken vor droddehalûe lodeghe mark Halberstedescher weringe, den me wedder affkopen mach vor dat genante gelt nach der stad wonheit alle jar, so me dat to vorn verkündeghe eyn verdel jars.

Dat dit vor my ghescheyn is, des tho bekantnisse hebbe ik myn ynghesegel witliken an dussen bref ghehenghet, vnde is gheschen na der bord goddes vertheynhundert jar darna in dem vertegheden jare.

Urschrift auf Pergament, im Bruch ein wenig abgerieben mit beschädigtem undeutlichem Siegel im Königl. Staats-Archiv zu Magdeburg s. r. Ilsenburg 100.

1415, Juni 15. 282.

Heinrich, Abt und das Kloster Ilsenburg verschreiben dem Ludolf Focke, Mönch zu Königslutter, Mette, seiner Muhme, Ilsebe, seiner Schwester, und Heinrich Rosenthal, seiner Schwester Sohn, auf ihre vier Leiber 3½, Pfund neuer Braunschweiger Pfennige und 3 alte Schillinge für 24 löthige Mark Braunschweiger Währung.

We van der gnade goddes her Hinrek abbet, her Cord prior, her Cord spetteler, her Siuerd custer, her Hans sekmester, her Dyderik kemerer vnde de gansze konent des cloters (!) to Ylsengborch bekennet openbar in dyssem breue vor vns vnde vor vnse nakomelinge vnde al den, de en seen vnde horen lesen, dat we hebben vorkoft her Ludolfe Focken monnike to Koningeslutter vnde Metten syner momen, Ylsebe en syner suster vnde Hinrik Rosendale syner suster sonen (!) to orer ver lyuen verdehalff punt nyger Brunswicker pennige vnde dre olde schillige vor ver vnde twintech lodeghe mark Brunswicker werringe, de se vns wol betalet hebben vnde in vnses closters nut synt gekomen in disser wys, dat we weddeschat hebbet gebracht in lyfgeding. Dyssen tyns schullen se vpnemen in dem Brunswikens lande: to Abbenrode Engelke seuen schilling van ener houe, Lange Hinrek seuen schilling van ener houe; to Destede de smet seuen schilling van der houe, Ludeke Oiken seuen schilling van ener houe; to Yngeleue de perner achte schilling van ener houe, Hinrik Weuelinges achte schilling van ener houe, Cord Hermens vrouwe sesteyn schilling van twen houen, Hinrik Hermens vroůwe sees schilling van ener houe, de hogreue veer schilling van ener haluen houe; to Schenig der heren kemerer enen schilling, Tymeke enen schilling; to Helmestede Hillebrant van Haldesleue enen schilling. Desses vorbenomeden tynses schal her Ludolf Focke vnde syn mome bruken, wilt see leuen, darnegest denne syn suster vnde er sone. Wen disse vorbenomeden veer affgan van dodes wegen, so schal dysse vorbonomede tyns ledech vnde los wesen vnses closters to Ylsengborch. Disses tynses wil we one eyn recht were wesen, wur vnde wan en des nod ys.

Dysses to orkunde vnde to bewysing hebbe we vnser ebbedyge vnde capitels yngesegel gehonget benedden an dyssen breff, de gegheuen ys na goddes bord verteynhundert jar darna in dem vesttegeden jare in sunte Vites dagbe des hilgen mertilers.

Urschrift auf starkem Pergament, deren Siegel nicht mehr vorhanden sind, als Vorsatzblatt zu dem Ilsenburger Erbsinsregister von 1480 verbraucht und theilweise in der Quere, sowie auf dem Rücken beschrieben, im Gräfl. Haupt-Archiv. B. 84, 6.

1416, Januar 7. 283.

Das Kloster Ilsenburg bekennt, dass die Gebrüder Johann, Hermann und Albrecht von Langeln für 2 ½ löthige Mark dem Stift St. Georgii und Silvestri zu Wernigerode 1 löthigen Vierding jährlich von dem Holzfleck Petersholz verkauft haben, den das genannte Stift vom Kloster Ilsenburg zu Lehn trägt.

Van goddes gnaden we Hinrik abbet, Cord prior, Siuert custor vnde de ghemeyne couent des closters to Ilseneborch bekennen in dissem breue vor vns vnde vnse nakomelinge, dat Jan, Hermen vnde Albrecht, broder, gheheten van Laugele, hebben myt vnser witschop, willen vnde vulbort vorkoft dem deken vnde capittel der kerken sinte Jurgen vnde sinte Siluesters to Wernigherode eynen lodeghen verdingh gheldes Halberstedescher weringhe jarliker gulde vor dredehalue lodeghe mark der vorscreuen weringhe an eynem holtbleke, gheheten dat Petersholt, dat sulue holtblek se van vns vnde vnsem clostere to lene hebben vnde we bekennen dem deken vnde capitel vorschreuen der gulde vnde gheldes an dem vorschreuen holtbleke vnde we setten se in de were des vorbenomden holtblekes in crafft dusses breues vnde we willen des ore weren wesen, ifte ôn des nôt dede. Were ok, dat de vorbenomden brodere van Langelle edder or eruen vorvellen van dodes weghen, dat orer neyn mer en were, so moghe we dat holtblok wedder kopen vor de vorschreuen summen gheldes van den vorschreuen hern. Dusses to bekantnisse hebbe we Hinrik abbet vnde de ghemeyne couent to Ilseneborch vnser ingesegel witliken ghehenghet an dussen bref.

Na goddes bort verteyn hundert jar in dem sestegeden jare des dinsdaghs na Epiphania domini.

Urschrift auf Pergament, deren Siegel nicht mehr vorhanden ist, im Gräfl. H.-Arch. s. r. Stift S. Silv. u. Georgii. B. 3. 6.

1416, Januar 7. 284.

Schuldbekenntniss der Gebrüder Johann, Hermann und Albrecht von Langeln über 2 ½ löthige Mark, welche sie gegen einen Vierding Zins vom Stift St. Silvestri wiederkäuflich erhalten und wofür sie das vom Abt zu Ilsenburg lehnbare St. Petershols (an eynem holtbleke, geheten dat Petersholt, dat we to leene hebben van dem abbete to Ilszenborch) verpfändet haben.

Na goddes bort verteynhundert jar in dem sestegeden jare des dinsdages na Epiphania domini.

Urschrift auf Pergament mit Siegeln im S. Silvester-Archiv zu Wernigerode, Nr. 72. Das Siegel Jans v. L. s. Taf. VI, Nr. 40.

1416. **285.**

Nachricht von dem wiederkäuflichen Verkauf der Güter zu Hohen-Eggelsen an die Kanoniker zu St. Andreas in Hildesheim für 10 Mark.

Bona in Hogen Eggelsem anno domini m° cccc°xvi vendita sunt canonicis sancti Andree in Hyldesem contractu redemptionis pro decem marcis warandie Hyldesemensis; census nascitur Nicolai episcopi.

Copialbuch Bl. 17°.

1419, Juni 22. **286.**

Ausweisung einiger Hufen des Klosters Ilsenburg zu Stötterlingen.

Anno domini millesimo cccc°xix° in octaua corporis Christi. Alsus hebben de bur van Stotterlingen vnde ander frome lude by oren eyden vthgewyset etc. de heren (!) dem closter tho Ilsenburch vnd two houe de de horen den Ouerbeken, de hebben de Ouerbeken lange tho hope had vnd gebuwet, alse by namen Bartelt Suprange, Hans Welinck, Bartelt Nigendorff, Bernt Suprange, Parhoff, Bartram, Hans vnd Hennigk Harliborch vnd andere frome lude mer.

In deme felde tho Osterwich tygen dem Eyckholte bynnen der olden lanthwere liggen xv morgen.

III morgen an dem Greuenberge;
III stucke vnder dem Jerbarge (!), de hebben vi morgen, des synt III morgen tho dusser tidt woyste etc.;
   I morgen harde an der dryfft, de van Stotterlingenborch geyt by dem dorpe neder, dat ys althomale des abbedes;
   I₁ morgen in dem Jockwynkell an dem graswege ostenwesten;
   II morgen vorbroken auer die lantwere, dut ys Onerbekes, in dem suluen felde tho Osterwych word;
III morgen by dem weghe theyth osten vnd westen;
   I morgen an dem Reinberge by Brandon Nortroden;
   I morgen dat dridde by westen den crucen;
   I morgen hinder dem Reinberge.
Item twyschen crucen vnd Stoterlingen II stucke, jowelk hefft II morgen, der ys ein grasz.
IIII morgen darvan in dat westen, der ys II grass;
IIII morgen dar de Reinbarch went vnd hebben II stucke benoden dem wege II an grasze;
   I morgen harde an der dryfft vor Stotterlingen;
VI morgen thegen den closter vorwerckeshoff by eyn ander vnd theyth an den Reinbarch;
   I morgen vor der Slope.
Summa xLIII morgen.

Dath ander felt:
- ii morgen by vnser leuen Fruwen cruce, de thein osten vnd westen;
- vii morgen, de theyt van dem molenwege in dat osten; der synth iiii des abtes vnd iii Cordes;
- xviii morgen, dar nicht vern van, der synth ix des abtes vnd ix Kordes;
- iiii morgen benedden der hoghe, der synth twe grasze;
- iii morgen an grasze thegen Hoppen[stede]winckel[1];
- i morgen vp dem Papenstige be osten, drey morgen houen in der ebdesken hoffe;
- ii morgen be westen, they by den achteynen eyne aneweide;
- ii morgen benedden der hoge vnd ys grasz;
- i morgen tigen Bleydorns breden morgen;
- iii morgen tegen Hoppenstede winckel an grasze;
- ii morgen an grasze vor der ebdesken molen vnd ys eine aneweyde;
- i morgen thut van dem Sathwege vp den molenwech;
- i morgen vp den Papensteich by Herlingesbarch morgen;
- vii morgen twyschen den wellen in dem Bunden wech, der synt iiii des abtes vnd iii Cordes. — Summa xxxix morgen.

Dat dridde felt:
- xii morgen be westen[2] der Stotterlinger kercken in dren stucke(n), der synth achte des abtes vnd iiii Cordes;
- ii morgen harde by like tigen Barteldes Suprangehn hoffe;
- ii morgen twysken den dorpe dar de worde wendet vor dem holen wege;
- i morgen vnd ys eyne anewende tigen Suprangen hoffe;
- iiii morgen, de theyt van dem anewende in dat suden vorth;
- ii morgen dar harde by;
- vi morgen, de teyt osten vnd westen vpp Brant Northroden auewende, der sint iii des abtes;
- iii morgen, de teyt vp den Smedestich snth norden;
- iii morgen in der wellen, de teyt by dem Smedestige gen osten der richter, de drey sinth Corde;
- iiii morgen an twen stucken an dem Gosslersche berge;
- iii morgen, theyn vp Rokes anewende;
- ii morgen, de thein suden norden an ein stucke an den Gossler- schen berch;
- ii morgen twisken beiden wellen;
- ii morgen, de theyt suden norden van dem Smedestige vp ein anewende, duth horth in de parre tho Stotterlinge;
- iii morgen dar by ouer de hegge;
- i morgen twisken den dorpe, dar lyth eyn halff parre morgen by. Summa xli (= 40½) morgen.

Dusse vthwysinge ys geschein anno domini m°cccc°xix octaua corporis Christi.

Urschrift auf Papier im Königl. Staats-Archiv zu Magdeburg s. r. Ilsenburg Nr. 94[b].

1) *Das eingeklammerte stede ist in der Handschrift durchgestrichen.* —
2) be westen *ist durchgestrichen.*

1419, September 23. 287.

*Bernd, Fürst zu Anhalt, übereignet dem Kloster Ilsenburg und
dem Vorsteher des Klosterhofs zu Aderstedt den Strang an
der Saale zu Aderstedt.*

Wy Bernd vann godes gnaden fforste tho Anhald, graue van
Asschanien vnde here tho Bernborch, bekennen in duszin vnsem open
breue vor allen, de on sehen, horen eder lesen, dat we dorch gunst
vnde bede willen vnser leuen andechtighen deme erwardighen in gode
ern Hinrike abbede, ern Geuerde priore vnde der gantzen sameninge
des klosters Ilsingeborch vnde ern Hinrike vorstendere des hones tho
Aderstidde vnde oren nakomelingen recht vnde redeliken gegeuen vnde
vp gelaten hebben den strang tho Aderstidde, de vd der sale gheid,
so verne alse de wedder in de sale gheid, mid aller thobehoringen,
vnde geuen on den mid kraft dnszes breues, also dat se des gerowe-
liken bruken schullen vnde sek dar neymet in weren noch kane dar
vppe hebben eder se darane hinderen schal, sunder we vnde vnse eruen
hebben de mechte beholden, dat we darinne vischen vnde tehen laten
moghen, wenne vns des behouf is, vnde anders neymet, vnd willen des
ore gewere sin tighen allermalkem wnr vnde wanne on des nod deit
ane geuerde. To orkunde so hebbe we on dussen breif vorseghelt
gegeuen mit vnsem anghehangeden ingesegele.

Gescreuen na Christi gebord vnses heren dusend jar veirhundert
in deme neghenteynden jare ame sonauende neist na sunte Mau-
ricii daghe.

*Urschrift im Kgl. Staats-Archiv zu Magdeburg s. r. Ilsenburg Nr. 95. Das
Siegel ist nicht mehr vorhanden. Abschr. im Copialb. Bl. 11ᵇ und unter den
Aderstedter Urkk. aus dem 15. Jahrh. im Gräfl. Haupt-Archiv zu Wernigerode.*

1425, April 10. 288.

*Quittung des Simon-Judas-Stifts zu Goslar, über die vom
Aegidien-Kloster zu Braunschweig für das Kloster Ilsenburg
erhaltenen 50 Mark, womit die von letzterem wiederkäuflich
verkauft gewesenen Güter zu Abbenrode vor dem Elme zurück-
gekauft sind, und Zurückgabe derselben.*

Nos Tidericus decanus totumque capitulum ecclesie sanctorum
Simonis et Jude Goslariensis recognoscimus per presentes publice protestando, quod venerabilis Hinricus abbas et conuentus monasterii sancti
Egidii Brunswicensis, ordinis sancti Benedicti, nobis ex parte venerabilis patris abbatis et conuentus monasterii Ilseneborgensis, predicti
ordinis, nomine et occasione redemptionis certorum annuorum reddituum,
videlicet sex talentorum Brunswicensium nouorum denariorum de bonis
in campis Abbenrod dictis vor deme Elme ad predictos dominos pertinentibus et spectantibus singulis annis subleuandorum, quinquaginta

marcas argenti Brunswicensis et Goslariensis ponderis in opido Goslariensi integre et debiti soluerunt et pagauerunt. Quos redditus nos et vicarius altaris sancti Mathie in nostra ecclesia habuimus, tenuimus et subleuauimus emptionis titulo et pro summa suprascripta de supradictis quinquaginta marcis per prefatum dominum Hinricum abbatem et conuentum monasterii sancti Egidii in Brunswic nobis pro parte antedictorum dominorum, abbatis et conuentus monasterii Ilseneborg, vt prefertur, solutis et pagatis et per nos receptis sepedictum venerabilem patrem et dominum abbatem et conuentum monasterii in Ilseneborg, quitamus per presentes atque cedimus bonorum predictorum possessioni et resignamus omnem proprietatem et ius, quod in predictis bonis habuimus, in presentem diem et prout nos habuimus antedictos redditus titulo emptionis, sic dimittimus ipsos redditus occasione redempcionis a nobis pro antedicta summa argenti facte cum effectu. Atque presentem litteram seu quitanciam loco littero principalis nobis supra predictos redditus a predictis dominis abbate et conuentu monasterii Ilseneborg pro caucione date et eorum sigillis sigillato damus et reddimus, cum adpresens litteram principalem habere non possumus, de quo protestamur. Insuper uolumus, quod littora desuper confecta et nobis a prefatis dominis abbate et conuentu monasterii Ilseneborg data sit nullius roboris uel momenti. In quorum omnium et singulorum fidem et testimonium presentem litteram nostri secreti appensione fecimus communiri.

Sub anno domini millesimo quadringesimo (!) vicesimo quinto, decima die mensis Aprilis, que erat feria tercia in Pascha.

Urschrift auf Pergament etwas ausgeblasst, das Siegel beschädigt.

1425. 289.

Reineke Schonckermens zu Wernigerode verkauft eine halbe Mark an fünf Hufen Holzes im Vilingshols mit Zustimmung Heinrichs, Abts, und des Klosters Ilsenburg wiederkäuflich an Kunneke Alerdes, Klosterjungfrau zu Drübeck.

Vgl. Drübecker Urkdb. S. 236.

1431, Juli 7. 290.

Johann von Barby, Domherr zu Magdeburg, vermittelt den Streit zwischen dem Kloster Ilsenburg und Henning von Freckleben über die Marke zu Kutz dahin, dass der Abt in jedem Felde 6 Hufen Land haben soll, zu eigener Bewirthschaftung, dass die Vogtei über das Dorf und die Marke Ilsenburgisch Lehn sein soll.

Ek Johan van Barbÿ, domherre to Meideburg, bekenne opinbar in dissem briffe vor allen, dy en sehn eder horen lesen, dat ik fruntliken gededinget hebbe twisschen dem erwerdigen hern ern Heinrich,

abbed to Ilsingborg, vnde sinem godeshuse vp eyne süd vnde dem
strengen rittere ern Henninge van Frekelcue vp ander süd vmme dy
margke to Kûtz mit beider partye vulbord, alzo alz sik die abbet vnde
sin cappittel tothŷn dat eighendom des dorpes vnde der margke to
Kûtz vnde er Henning sik tothut dy vogedie des suluen dorpes vnde
mit den lehnen der suluen vogedie sik thut an densuluen abbed, dar
sy vor schelhafftich sin vmme gewest, also schal dy ergenante er Henning dem vorbenanten abbede vnde sinem cappitele laten in der breide,
dy hŷ reide vnder dem ploge hefft, ses hofen landes; vnde were, dat
in der breiden nicht ses hofen weren, so schal hy on den brog vor-
uullen vnde dar so vele toleggen in den andern twen felden, dat yo
in dem velde ses vulleukomen hofe sint in breiden vnde dŷ schal men
vorsteynen vnde vormalen, dar schal er Henning vnde sine eruen eder
nymant van siner wegen dem abbede eder sinem cappittele inspreken
eder hindern, dy wile dat dy abbed eder sin houemester to Aderstede
den acker vnder sinem eighen ploghe hebbin. Werit auer, dat sy densuluen acker anderseweme deiden to werkene, dy scholde er Henninge
sine rechticheit dun alz sik dat geborde van der vogedie, vnde wat dar
acker bouen dy ses vulle hofen is, mach sik er Henning bruken vnde
nutte maken nach sinem behufe. Ok hebbe wy fruntliken gededinget,
dat er Henning schal dem abbede vnd sinem goddeshuse sinen wol
vorsegelden briff geuen, dat hy dy suluen vogedie ouer dat dorp vnde
dy margke to Kutz van ome vnde sinem goddeshuse to lehne hefft
vnde van anders nymande. Ouer dissen dedingen is gewost dy erbar
herre er Richard Mosekow, perrer in der Nienstad to Bernburg, Hinrich Dyben, Kegel vnde Wontzlow.

Disses to tuchnisse hebbe ik Johan van Barby vorgenant myn
inxesegel heuget an dissen briff, dy gegouen is nach godis gebord
dusent vyrhundert jar in dem eyn vnde drittigesten jare des sunn-
auendes vor Kiliani.

Urschrift auf Pergament, das Siegel etwas beschädigt.

1432, März 9. **291.**

*Das Stift St. Georgii und Silvestri zu Wernigerode erkauft vom
Kloster Ilsenburg eine löthige Mark Geldes vom Zehnten zu
Danstedt, wovon sie ¹/₂ Mark dem Vicarius Barthold von Eim-
beck auf Lebenszeit geben.*

We Hinrek deken vnde dat gantze capittel der kerken sinte Jurgen
vnde sinte Siluesters to Wernigrode bekonnen in dussem breue vor
alszweme, dat we ghekoft hebben van dem closter to Ylsenborch eyne
lodige marck geldes Halberstedescher wering an dem tegeden to Tan-
stidde. Von der suluen marck geldes schulle we vnde willen geuen
eyne halue marck der suluen were her Bertolde van Eymbeke vnser
kerken vicarien alle jar de wile he leuet des sondages Inuocauit vnde

na sinem dode to sinem testamente, wur he dat hen wyset in vnser vorscreuen korken, so lang wont we de halue marck goldes wedder losen med vif marcken der suluen weringe edder myd vefteyn Rinschen gulden, de ho vns vor de halue marck jarliker gulde gheantwordet heft. Des to bekantnisse hebbe we Hinrik deken vndo capittel dussen breff myt des capittels anhengende ingesegil ghesegelt, dat we witliken gehenget hebben an dussen breff.

Na goddes gebort verteynhundert jar in dem twei vnde drittegesten jare des sondages alzeme singet Inuocauit.

Alle Abschrift im Copiar. Vicarr. S. Silv. in der Gräfl. Bibl. zu Wernig. Vd. 4, Bl. 36ᵃ.

Halberstadt, 1435, Juli 25. 292.

Die Benedictiner-Aebte zu Königslutter, Huysburg, Ilsenburg und St. Aegidien in Braunschweig präsentiren dem Baseler Concil statt des zur Zeit kranken Abts Heinrich zu St. Aegidien den Prior jenes Klosters Johann Witten als Vertreter der Benedictinerklöster der Halberstädter Diöcese beim allgemeinen Concil.

Sacrosancte synodo generalem ecclesiam dei representanti Basilee in spiritu sancto congregate venerabilibusque viris dominis et patribus presidentibus in capitulo nigrorum monachorum in Nova Basilea de presenti anno celebrato electis sancti Petri Erfordensis Maguntinensis et in Stena Constantiensis monasteriorum abbatibus ordinis sancti Benedicti ceterisque Christi fidelibus Hinricus abbas in Regali Luttern, Hinricus in Huseborch, Hermannus in Ilseneborch, Heinricus sancti Egidii in Brunswik monasteriorum abbates ceterique prelati predicti ordinis Halberstadensis dioecesis in domino deuotam oracionem et subiectionis obedientiam. Nuper ad nostram peruenit presenciam, decretum fuisse in vestro sacro consilio, quod de qualibet dyocesi prouincie Maguntine vnus prelatus ordinis sancti Benedicti debeat mitti ad standum et assistendum vestro sacrosancto consilio per aliquot dies et in eodem consilio ffrater Hinricus abbas monasterii sancti Egidii predicti fuerit nominatus et vocatus. Cum vero predictus frater Hinricus pro nunc morbis et infirmitatibus tentus et laborat (!) quod ad presens vestro sacro consilio assistere personaliter non possit, de quo vestris dominacionibus fidem faciemus per presentes, deuotum fratrem Johannem Witten, priorem monasterii sancti Egidii predicti in Brunswik licenciatum in decretis in septem artibus doctum, nomine abbatum et prelatorum ordinis sancti Benedicti Halberstadensis dioecesis loco predicti fratris Hinrici abbatis monasterii sancti Egidii in Brunswik dominacionibus vestris transmittimus ad manehdum et vobis adherendum, humiliter supplicantes, quatenus eundem Johannem habeatis vobis recommendatum.

Datum Halberstad anno domini millesimo quadringentesimo trigesimo quinto, ipso die beati Jacobi apostoli, predicti fratris Hinrici abbatis monasterii sancti Egidii in Brunswik sub sigillo, quo omnes utimur ad presens in fidem et testimonium premissorum.

Urschrift im Herzogl. Landes-Haupt-Archiv zu Wolfenbüttel. (Das Siegel ist abgefallen.) Nach einer von Herrn Archiv-Secr. v. Schmidt-Phiseldeck freundlichst mitgetheilten Abschrift. Der Name des Abts von Ilsenburg ist irrthümlicher Weise Hermann genannt. Es müsste Heinrich heissen.

1437, Januar 6. 293.

Heinrich, Abt zu Ilsenburg giebt seine Zustimmung zum Verkauf einer halben Hufe zu Erkstädt von Seiten Dietrichs von Hildesheim an die Vicarien zu U. L. Frauen in Halberstadt.

We Hinrik van der gnade goddis abbet to Ilsenborch, bekenne in dussem breue vor alsweme, dat Dyderik van Hyldensem, Cye syn elyke husfruwe vnde ore eruen hebben uorkoft myt craft dusses med vnsem guden wiln, witscop vnde vulbord eyne halue houe landes up dem uelde to Erkstidde gelegen, geheten in dem Balnsole vnde in dem Vulsake, dar we alle jar ses schillinge penninge Halberstedescher were ane to tinse hebben, eyne halue lodige mark geldes Halberstedescher weringe den erbarn hern vicarien to vnser leuen Vruwen to Halberstad uor seuen lodige mark geldes Halberstedescher weringe na vtwisinge des breues, den se dar one(r) gegeuen hebben. Des to bekantnissinge (!) hebbe we Hinrik abbet vorgenant vnse ingesegel gehenget an dussen bref.

Vnde is geschen na goddis gebord verteynhundert jar darna in dem seuendrittichstigen jare to twelften.

Urschrift mit undeutlichem und etwas verletztem Siegel im Königl. Staats-Archiv zu Magdeburg s. r. Ilsenburg Nr. 98. Das Abtssiegel s. Taf. II, 14.

1440, Mai 1. 294.

Heinrich, Abt zu Ilsenburg, genehmigt, dass die Geschwister Meiger (Meier) eine Hufe Landes und einen Hof zu Erkerode an Eler Möller und seine Erben verkaufen.

Wy Hinricus abbet bekennen openbare in desseme breffe vor vns vnde vnsen nakomelingen, dat Heneke vnde Lampe brodere, gheheten Meyger, Metteke vnde Alheit, der vorschreuen Heneken vnd Lampen sustere, hebben vorkofft vnde in de were gelaten Eler Möller vnde synen rechten eruen eyne höffe landis belegen vppe deme velde to Erkerode vnde eynen hoff in dem suluen dorpe myt aller tobehoringe in dorpe, in wissche, holte vnde in velde, alse dat Heneken vnde Lampen vader hadde vor beseten, vor achtehalue marck Brunszwikescher weringe, de den vorschreuen Heneken Lampen, Metteken vnde Alheyde alle betalet syn; vnde Eyler vnde syne eruen schullen vns alle jar geuen seuen

Brunszwikesche schillinge niger penninge to tynsse vp sunte Michaelis dage van deme vorscreuen gude, vnde de vorscreuen Heneke Lampe vnde Metteke vude Alheit willen des deme vorscreuen Eyler vnde synen eruen rechte waren (!) wesen des vorscreuen gudes vor aller ansprake wur vnde wanne ön des nod were.

To tuchnisse hebbe wy vnse ingesegel gehenget an dessen breff na der bort Christi verteynhundert jar darna in deme vertigesten jare in sunte Walburgis dage der hilgen juncfrowen.

Urschrift mit Siegel im Königl. Staats-Archiv zu Magdeburg s. r. Ilsenburg Nr. 99. Das Siegel Abt Heinrichs s. Taf. II, Nr. 14.

1443. 295.

Nachricht von dem Versatz des Ingeleber Zehnten an das Aegidienkloster in Braunschweig für 150 Mark auf die Lebenszeit einiger Klosterpersonen.

Decima in Ingheleue vendita est monasterio sancti Egidii in Brunszwig pro centum et quinquaginta marcis Brunswicensis argenti ad vitam fratrum et dominorum conuentualium ibidem Hermanni Bansleue, Hinrici Wygen, Johannis Steer, Johannis Bauckheister, post quorum obitum ad nostrum monasterium libere reuertetur. Vendita anno etc. m°ccc°xliii° *(andere, doch gleichzeitige Hand:)* anno vero millesimo quingentesimo quarto reuersa est omnibus defunctis.

Copialbuch III. 15ᵇ.

1447, November 13. 296.

Der Rath zu Wernigerode verkauft an Jan Kalf, Benedictinermönch zu Ilseuburg, und Jorden Florye, Altarist der St. Thomaskapelle vor dem Burchardithor zu Halberstadt, für 40 Mark Halberstädtisch vier Mark Jahreszins, halb zu St. Johanni halb zu Martini fällig, auf beider Lebenszeit. Darnach sollen 2 Mark, in gleicher Weise vertheilt, an Margarethe, Kurt Escherdes zu Halberstadt Tochter, nach ihrem Tode aber Zins und Hauptsumme der Stadt anheimfallen.

We borgermestere vnde radmanne der stad Wernigrode bekennen in disseme open breffe vor vns vnde alle vnse nakomelinge an dem rade vnde sunderliken vor alle den, de one seyn edder horen lesen, dat we eyndrechtliken vnde met gudem willen hebben vorkoft reddelkes vnde rechtes kopes iiii mark geldes jarliker gulde Halberstedischer weringe dem ersamen heren hern Jane Kalue, monnike des ordens sancti Benedicti in deme closter to Ilseuborch, hern Jorden Florye, altaristen der cappellen sancti Thomo vor deme Borcherdes dore in der stad to Halberstad, vor xl mark der suluen weringe, de vns vul vnde al wol to danke bereydet sin, vnde de in vnser stad nud vnde fromen gekard hebben, de we one gotliken vnde wol to danke geuen willen vnde schullen in disser bescheydene wyse: ii mark op sinte Johannis dach baptisten negest tho komende na gift disses breffes vnde ii mark oppe sinte Mertens dach dar negest volgende, vnde darna alle jar oppe de genanten dagetiide schotes fry de wile dat se leuen ane jennigerleye argelist vnde alle geuerde vnde ane bekummernisse geistlike, vnde wertlikes gerichtes. Vnde wan disser vorgenanten heren eyn affgeyt van dodes wegen, dar god lange vor sy, alliko wol willen we vnde schullen deme anderen, de denne noch an deme leuende is, de vorgescreuen jarliken gulde vul vnde al geuen, de wile dat de leuet. Vnde wan disse ergenanten heren denne beyde van dodes wegen sin vorvallen, so scal der ergenanten ver mark geldes jarlike gulde vnser stad ii mark leddich vnde losz gestoruen sin, vnde we hebben vns des vorwillet vnde sek de ergenanten heren des met vns bededinget, dat we denne willen vnde schullen de anderen ii mark geldes reken vnde geuen Margreten, Cordes van Escherdes dochtere, borgers to Halberstad, alle jarlikes, alse op eyne jowelke tiid vorberord i mark de tiid oner ores leuendes in aller in aller mate vnde wyse alse vor berord is, icht se an deme leuende is. Vnde wan de ergenante Margrete denne ok van dodes wegen vorvallen were, so schulle denne de obgenanten ii mark geldes jarliker gulde vnser stad ok quid, leddich vnde losz gestoruen sin, vnde disse breff en scolde denne neyne macht mer hebben. Dat we alle disse vorgescreuen stucke vnde artikele disses breffes vnde eyn jowelk besunderen in guden truwen stede vnde vast holden willen ane alle lyst, des to eyner bekentnisse hebben we borgermestere vnde radmanne vorgescreuen vor vns vnde alle vnse nakomelinge an deme rade dissen breff gegeuen besegelt met vnser stad ingesegele, dat we witliken to orkunde an dissen breff hebben gehenget laten.

Anno domini m°cccc°xlvii° in die sancti Brictii episcopi.

Originalconcept im Städt. Copialb. Gräfl. Bibl. Yd. 6, Bl. 65ᵇ—66ᵃ. Ueberschrift: Littera her Jan Kalffes ii mark, Joannis Baptiste vnde ii mark Martini. *Die Bl. 66ᵇ folgende Urk. v. 1440 dom. ante ass. Marie handelt von einer Verschreibung des Raths an einen ersamen heren ern Corde Monnike über 2½ Mark. Auch diese scheint sich auf einen Klosterbruder von Ilsenburg zu beziehen, doch ist kein Kloster bezeichnet. Denselben betrifft eine weitere Verschreibung das. von 1450 sabb. ante omnium sanctorum über 1 Mark (das. Bl. 67ᵃ u. ᵇ). Dagegen erscheint in einer Verschreibung von 1 Mark in demselben Copialbuch von fer. sexta p. Jubilate 1453 die Standesbezeichnung* monnik *schon zum Eigennamen geworden, da darin von* „Grete Monnikes, siner suster" *die Rede ist (a. a. O. Bl. 67ᵇ—68ᵃ).*

1448, März 3. 297.

Hans Wegener, Bürger zu Wernigerode, verkauft ½ Mark jährlich an seinem Hause auf der breiten Strasse für 5 Mark an Dietrich Wegener und das Kloster Ilsenburg wiederkäuflich.

Ek Hans Wegener borger to Werningerode, Kyne myn elike husfruwe vnde vse eruen bekennen openbar in dussem opene breue vnde sunderliken vor alsweme, de one seen, horen edder lesen, dat we vorkofft hebben recht vnde redelikes kopes eyne halue mark geldes jarliker gulde Halberstedescher weringe an vsem hus vnde houe belegen in der Bredenstrate twischen Cord Krusen hus vnde Hinrik Blomentreders hus den erbarn hern ern Dyderike Wegener to Ilsingborch de wyle he leuet vnde darna denne dem capittel darsulues vor viff mark der suluen weringe, de os deger vnde al wol to dancke beredet sin, so dat os wol ghenoget. Vnde dusse genanten haluen mark geldes jarliker gulde schulle we vul vnde al vtgheuen, alse uu neyst to pingesten ouer eyn jar vnde denne darna alle jar op de genante dagetid na gifft dusses ane jennigerleye hinder, vortoch edder gheuerde. Ok hefft sek de vorbenomede Hans vnde sine eruen de macht beholden in dussem suluen breue, dat he edder sine eruen de vorscreuen haluen mark tinses alle jar mogen wedder affkopen, welkes jars one des lusted, vor viff mark Halberstedescher weringe; vnde wanne he edder sine eruen dat don welden, dat scholde he edder sine eruen dem vorscreuen ern Dyderike edder deme capittele darsulues eyn verndel jars to vorn vorkundigen, alse des ersten sondages in der vasten vnde denne darna op de neyst volgende pingesten one ore gelt geuen mit deme tinse, de sek denne borde, vnde icht des wat vorseten were, ane jennigerleye hinder edder vortoch. Des to bekantnisse, dat ek alle dusse vorscreuen stucke vnde artikel dusses breues stede vnde vast holden wille, hebbe ek ergenanter Hans Wegener vnde myne eruen dem vorscreuen ern Dyderike, de wile he leuet vnd darna deme capittele dussen broff gheuen besegelt myt des stadvogedes inghesegel to Wernigerode. Vnde ek Hermen Prouest, nu to der tiid stadvoget to Wernigerode, bekenne in dussem suluen breue, dat ek vmme bede willen Hans Wegeners, Kynen siner eliken husfruwen vnde orer eruen myn inghesegel witliken neden[1] an dussen broff hebbe ghehenget laten.

Na der bord Christi veyrteynhundert jar darna in deme achte vnde vertigesten jare to mitvasten alse de hilge kerke singet Letare Jherusalem.

Urschr. auf Pergament im Gräfl. H.-Arch. zu Wernigerode mit anhangenden Siegel.

1) *Die Hdschr. hat zweimal* neden.

1441—1449. 298.

Heinrich, Abt, und das Kloster Ilsenburg verkaufen an Adelheid Wa(gei) (Klosterfrau zu Drübeck?) ..... auf dem Neuen Hof und 7 Hufen zu Berssel wiederkäuflich eine halbe Mark Halberstädtischer Währung und sichern ihr ein Seelgedächtniss im Kloster.

We her Hinrek van der gnade goddes abbet to Ilsenborch ...... ik sekmester, Heningus kemerer vnde dat gantze cappitel .... vor vns vnde vnse nakomelinge in dussem breue alle den .... vorkoft vnde vorkopen redelikes kopes eyne h(aluo) .... nygen hoñe vnde seuen houen to Bersel Alheyde Wa.... mark Halberstedescher weringe, de de vns wol betalt sin ... int. Dusse haluen mark gheldes schulle we or gheuen ..... dach. Wert ok, dat dat gud woyste worde, dat me or d... scholde we vnde wolden ôr de gulde gheuen van vnsern ..... wenne dusse vorgescreuen Alheyd van dodes weghen[1] .... syner gnade, so scholde eyn sodan halffmark vallen .... scholden (!) wesen vp to nemen vnde vnsen hern to delen v ... jarlikes myd vigilien vnd selemyssen. Ok hebbe we her ... dusse haluen mark gheldes alle jar moghen wedder ..... we dat don willeu, so schulle we or dat to voren vor ..... middensomer, vnde darna vp deme negesten sinte M ... mark Halberstedescher weringe vnd .... vnsem closter wedder leddich vnde los vnd so se ..... to Drubeke dat ghelt wedder gheuen sunder schult ... nycht wedder sy aff toghande, dat loue we .... Jakob spetteler, Dyderyk seykmester, Henningus keme ... closters to Ilsenborch vnde alle vnse nakomelinge ... stede gh(antz) to holden an alle lyst, vnde des to ..... an dussen breff gehenget; na goddes ghebord ...... vnde vertygesten jare an dem sondage dat (!) de h(yt?) ....

Kümmerlich erhaltene linke Hülfte der Urschrift beim Heften des Zinsregisters von 1467/68 angemodert im Gräfl. H.-Arch. zu Wernigerode. B. 84. G. Alheid Wa(gey) erscheint 1400/1401 urkundlich als Klosterjungfrau zu Drübeck, ebenso am 18. März 1440 noch 1/9 1462.

1) afginge, dat god wende na.

1451, Juni 24. 299.

Kurfürst Friedrich von Brandenburg sichert dem Kloster Ilsenburg seinen Schutz und bestätigt seine Rechte und Besitzungen, insbesondere das Petersholz, Metalle u. a. m.

We Frederick van der gnade goddes marckgraue tho Brandeborch, des hilligen Romeschen rykes ertzekemerer vnde borchgraue tho Norenberg, myt allen vnsen eruen, nakomeden vnde besitteren der marckgraueschoff tho Brandeborch bekennen in dussem open breue vor allen do ôn seen, horen eder lesen, dath we de erbaren heren apt vnde capittel des stichtes tho Ilsineborch vnde allen (!) ledematen des suluen stichtes

vnde eynen jowelken personen besunderen by oror werdicheyt, vriheyt
vnde gewonheyt vnde gerechticheyt laten vnde beholden wyllen bynuen
vnde buten der stad vnde herschop tho Werningerode vnde ok in der
Olden marcke, der guder we rechte erfflike leen here syn buten edder
binnen der herscop, wur se de gudere hebben, de seck de ergenante
apt vnde capittel tho thut an holten, alse an dath Petersholt, dath
den licht twischen Eluelingerode vnde der Holtempne, dath vnse ouer
elderen vor langen tiden hebben gegeuen dem stichte tho Ilsenborch
tho hulpe tho deme buwe, weyck vnde hartholt buten der erden nenerleye vthgenomen vnde den iserensteyn edder ander metal in der erden,
vnde so vordan in allen holtblecken, dath sy berch edder dål, schal
de herscop tho Wernigerode neynerleye hinder edder[1] inholt don edder
don luthen, noch an dem weycken edder an dem harden holte edder
metalle, dath me mochte vinden edder vunden werden in dem egendome des stichtes tho Ilsenborch. Ock so willen we se beholden by
orer rechticheyt, de se hebben an tegeden, an tynsen, an acker, an
wysehen, an weyden, an velden, an dorppen, an bergen, an dalen,
an wateren, an vischerien, an molen, so alse se gewest syn vnde noch
syn vnde beseten hebben van olden jaren vnde noch besitten. Ock so
schulle we vnde willen de vpgenanten heren abpt to Ilsenborch vnde
syn capittelle ghemeynliken vnde eynen jowelken personen besunderen
vnde ore guder bescutten, beschermen vnde vordegedingen myt alle
vnser macht vnde starke, wen ohne des noth worde syn. Ock so schulle
we vnde willen vnde vnse rechten eruen nakomede ore guder bynnen
der herscop tho Brandeborch vnde bynnen der herscop tho Wernigerode, edder wur we herschop edder geboth hebben, nicht besweren
myt neynerleye deynst edder bede, leger edder vnphlicht vorder, den
se synt gewest na inholde orer breue, ane argelist vnde geuerde.
Dath dusse dingk alle vorgemeldet stede vude vast schulle geholden
werden, hebben we Frederick marckgraue tho Brandeborch, des hilligen
Romeschen rykes ertzekemerere vnde borchgraue tho Norenbarch, vor
vns vnde vnse eruen dem stichte tho Ilsenborch dussen breff vorsigelt
geuen myt vnsem ungehangeden ingesegele, de geuen is na Cristi
geborth vnses heren dusent veirhundert jar darna in dem eyn vnde
vefftigesten jare in sunte Johannes [2] tho myddensommer des dopers
vnses heren Jhesu Cristi.

*Abschrift aus der ersten Hälfte des 16. Jahrh. von derselben Hand wie
Ildschr. b von Kurfurst Friedrichs zweitem Schutzbriefe vom 24. Juni 1452.
Darunter von der gleichzeitigen aber verschiedenen Hand des Notars: Auscultata
est presens huiusmodi prescripta copia per me Henricum Spangen, clericum Hildenssemensis diocesis, publicum sacra imperiali auctoritate notarium. Et concordat
cum suo vero originali sigillato, quod hac propria mea manu attestor. Papierzeichen: gothischen Minuskel-p, aus welchem oben an schmalem Stiele ein Kleeblatt hervorwachst. Die sachlich nicht unmerkwürdige Urkunde, welche weder in
der Urschrift vorliegt, noch im Ilsenburger und dem Kurmärkischen Lehnscopialbuche sich findet, bedarf einer kritischen Prüfung.*

1) *Hdschr.* edde; — 2) *dagho fehlt.*

1451, December 7. 300.

Heinrich und Bruno von Linden, Gebrüder, geloben das Kloster Ilsenburg mit allen ihnen zu Gebote stehenden Mitteln zu beschirmen und zu beschützen gegen Errichtung von Seelmessen im Kloster für sie und ihre Familie.

Wy Hinrick vnde Brun van Linde gebroidere bekennen openbar yn dussem breue vor alsweme vor vns vnde vnse eruen, dat wy vnde vnse eruen de ersamen vnde geystliken heren den abbet, pryor vnde gantze capittel to Ilseneborch in deme stichte to Haluerstad beleghen vnde ore nakomelingen, ore lyff vnde gud vordeghedingen, beschutten vnde beschermen willen, gelyck vns sulues, wur wy orer mechtich synt to rechte vnde dat van vns esschen vnde witlik don, wente se vns vnde alle van Linde alle jarlikes des negesten mytwekens na sunte Johannis dage to middensommere myt vigilien, vnde des negestfolgenden donnersdages darna myt seylemissen, to ewygen tyden beghan schullen vnde willen, vnde forder so vakene alse welk van Linde vorsterfft, van stund alse one dat witlik werd, bisundern myt vigilien vnde seilemissen beghan, alse ore breff, den se vns dar vorsegheld hebben ouer vthwyset. Des to bekantnisse hebben wy one dussen breff vor vns vnde vnse eruen myt vnsen angehangenden ingesegelen besegheld vnde hebben darto gebeden den ersamen hern Wilhelme proueste vppe sunte Jürgen berghe vor Gosler vnde den gestrengen Lantwyge van Gremmesleue, dat se ore ingesegele by vnse an dussen breff hebben laten henghen, wente se duth also twisschen vns besproken hebben.

Na der bord Cristi vnses heren dusent veirhundert jar darna in deme eyn vnde veftigesten jare, am dinxdage auende vnser leuen Fruwen concepcionis.

Urschrift, wovon Heinrich v. Lindens und Lantwigs v. Gremslebens Siegel noch gut erhalten sind, das Brunos v. Linden abgefallen und das des Propsts Wilhelm fragmentarisch vorhanden ist, im Königl. Staats-Archiv zu Magdeburg s. r. Ilsenburg Nr. 101. Die beiden ersteren Siegel s. Taf. VI, Nr. 41 und 42.

Rom, 1452, April 27. 301.

Papst Nicolaus V. erlaubt den Mönchen zu Ilsenburg an drei Tagen in der Woche Fleisch zu essen.

Nicolaus || episcopus, seruus seruorum dei, dilectis filiis abbati et conuentui monasterii Ilseneborch, ordinis sancti Benedicti, Halberstadensis diocesis, salutem et apostolicam benedictionem. Humilibus supplicum uotis libenter annuimus eaque, quantum cum deo possumus, fauoribus prosequimur oportunis. Oblata siquidem nobis nuper pro parte uestra peticio continebat, qualiter monasterium uestrum predictum, quod in loco petroso et siluestri et quasi in deserto, ubi aquarum denegatur copia latronesque et predones, incendiarii et raptores quasi cotidie eidem monasterio et personis uestris minantur insidias uariasque rapinas et incendia perpessi estis, situatum existit, tot et tantis debitorum non per uos sed predecessores uestros contractorum, quorum pretextu ad multiplicem huc et illuc reddituum persolucionem creditoribus ipsius annuatim faciondam astringimini, pregrauatur oneribus ac uictualium erga obseruandam reformacionem nuper uobis indictum, que hattenus (!) aput uos non uigebat, in qua esus carnium, ad quem estis assuefacti, omnino prohibetur necessariorum, ob aquarum carenciam talis et tanta se obtulit et indies se offort penuria, quod, nisi apostolico uobis et eidem monasterio subueniatur succursu, uos successu temporis pro penuria et egestate perire ac monasterium ipsum in totalem uerisimiliter timetur peruenire ruinam. Nos igitur, pii patris more uolentes in premissis uobis et dicto monasterio prouidere de remedio salutari, per quod talismodi subueniatur penurie, et non solum corporum, uerum eciam et animarum pericula, que exinde originem sumere possent, amputare, vt in singulis septimanis tribus diebus, videlicet dominicis ac terciis et quintis feriis, quamdiu pre oneribus debitorum huiusmodi do uictualibus in reformacione ipsa et ad eam necessariis, que neminem pro penuria perire patitur, comode prouidere non possitis, simul in refectorio aut alio loco dicti monasterii per uos ad hoc eligendo uel per abbatem uestrum deputando, nisi ieiunium ab ecclesia institutum in aliquem predictorum dierum euenerit, quo casu uos ad ieiuniandum uolumus esse astrictos, seu uotum in contrarium per uos uel alterum uestrum iam forsan emissum fuerit uel in futurum institui seu emitti contingat, carnibus uesci possitis et ualeatis, deuocioni uestre auctoritate apostolica tenore presencium indulgemus; quo indulto uos aut alterum uestrum, cum de licencia superioris uestri in eiusdem monasterii negociis abesse contigerit, et nouicios, quos ad idem uestrum monasterium et ordinis sancti Benedicti professionem recipere decreueritis, gaudere posse uolumus. Volumus eciam, quod huiusmodi nostra concessione non obstante ad omnia alia et singula, ad que ex regulari professione hattenus fueratis astricti, astricti manere debeatis; alioquin huiusmodi nostra concessio nullius sit roboris uel momenti. Nulli ergo omnino hominum liceat hanc paginam nostre concessionis et uoluntatis infringere, uel ei ausu temerario contraire. Si quis autem hoc attemptare presumpserit, indignacionem omnipotentis dei et beatorum Petri et Pauli, apostolorum eius, se nouerit incursurum.

Datum Rome aput sanctum Petrum anno incarnacionis dominice millesimo quadringentesimo quinquagesimo secundo, quinto kalendas Maii, pontificatus nostri anno sexto.

Links unter der Urkunde auf der durch das umgeschlagene Pergament verdeckten Fläche: y̧
xx
B de Vrbino.
A de Nepe; *gegenüber in der Ecke rechts:* A. de Florentia; *auf der zu Tage tretenden Seite des umgeschlagenen Pergaments von der Bulle rechts:* Ja. de Collis; *auf dem Rücken der Urkunde über der Bulle:* R. S. P. (?) de Varris; *links davon in umgekehrter Stellung:* -¦- Sixtus -¦-

Urschrift auf Pergament an mehreren Stellen vermodert. Die Bulle hängt an einer langen roth und weiss (gelb?) seidenen Schnur: auf dem Averse SPASPE mit der gewöhnlichen Darstellung der bärtigen Häupter der beiden Apostel in zwei durch einen Kreuzstab getrennten Perlenhalbkreisen auf der gegenüberstehenden Seite: in einem Perlenkreise: †·NICO|LAVS|·PP·V.

1452, Juni 24.   302.

Kurfürst Friedrichs zu Brandenburg Schutzbrief für das Kloster Ilsenburg.

We Frederick van der gnade godes marckgraue tho Brandenborch, des hillighen Romesschen rikes ertzekamerer vnde borchgraue tho Nurenberghe, myt allen vnsen eruen, nakomenden vnde besitteren der marckgraueschopp tho Brandenborch bekennen in dussem breue vor allen, de on seen edder horen lesen, dat we de erbaren heren abbet vnde capittel des stichtes tho Ilsyneborch vnde alle de ledemate des suluen klosters vnde ok eynen jowelken personen besunderen by orer werdicheyt, fryheyt vnde wonheyt vnde gerechticheyt laten vnde beholden willen bynnen vnde buten der stad vnde herschopp tho Werningherode vnde ok in der Olden marke, der gudere we rechte erfflike leenheren syn buten edder bynnen den herschoppen, wur se de gudere hebben, de sek de ergenante abbet van Ilsyneborch vnde syn capittel tho thût an tegeden, an tynsen, an holten, an ackere, an wysschen, an weyden, an velden, an berghen, an dalen, an wateren, an vischerien, an molen, alse se gewest syn vnde noch syn vnde beseten hebben van alden jaren vnde noch besitten by dem eddelen heren grauen Boden tho Stalberge vnde heren tho Werningherode ghewest vnde syn ghehad hebbet vnde noch hebben. Ok so schullen we vnde willen de vpghenanten heren abbed tho Ilsyneborch vnde syn capittel ghemeynliken vnde eynen jowelken besunderen vnde ore godere beschutten vnde beschermen vnde vordedingen, so we vordest[1] kunnen vnde moghen. Ok schullen we vnde willen vnde vnse rechten eruen vnde nakomelynge or godere bynnen der herschopp tho Brandenborch vnde bynnen der herschopp tho Werningherode, edder wur we herschopp edder ghebod hebben, nicht besweren myd neynerleyge denste eder bede, legher eder vmpflicht[2] vorder, wan se synt ghewest na inholde orer vorseghelden breue, ane alle arch vnde gheverde. Des tho vorder wissenheit vnde steder orkunde so hebbe we obgenante Frederick, marckgraue tho Brandenborch, vnse ingheseghel vor vns, vnse eruen vnde nakomeden an dussen open breff witliken laten henghen.

Ghegheuen na Cristi ghebord vnses heren dusent jar veerhundert jar in dem twey vnde vaftighesten jare ame daghe sinte Johannis des dopers vnses heren Jhesu Cristi.

Nach drei Abschriften: a) Ilsenburger Copialbuch Bl. 24ᵇ, b) einer Abschrift vom Ende des 15. Jahrh. auf zwei Blättern (mit denen der Urkk. v. 6./4. 1018 und dem Grenzvergleich vom 21. Oct. 1489), c) nach einer Abschrift vom Anfang des 16. Jahrh. mit der Vidimirungsformel: Auscultata et collationata est presens

copia per me Hinricum Kregell, clericum Myndensis diocesis, publicum sacra apostolica auctoritate notarium. Et concordat cum suo vero originali de verbo ad verbum, quod protestor manu mea hac propria.
Gedruckt nach dem Kurmärkischen Lehns-Copialbuche im Königl. Geh. Cabinets-Archive bei Riedel cod. dipl. Brand. B, 4, 474 f.
1) b: vorderst; — 2) Nach b und c vnplicht.

1452, Juni 25. 303.

Der Abt zu Ilsenburg und die übrigen geistlichen und weltlichen Stände der Grafschaft Wernigerode versichern, nachdem Erzbischof Friedrich von Magdeburg den Grafen Botho zu Stolberg-Wernigerode mit den Lehen der genannten Grafschaft an den Kurfürsten Friedrich und die Markgrafen zu Brandenburg gewiesen, letztere im Falle des lehnserblosen Absterbens des Gräflich Stolbergischen Geschlechts als ihre Erbherrschaft zu betrachten und behalten sich ihre hergebrachten Freiheiten und Gewohnheiten bevor.

We von der gnade goddes Heinricus Ouerbeke abbed, Ghouehardus Reynerdes prior vnde de gantze saminge des stichtes to Ilsenborch, Johannes Senstede deken, Gerlacus Heypen de oldere canonik vnde dat gantze cappittel der kerken sunte Siluesters vnde sunte Jurgen, Rothger Kreuet, Hinrik Oldenrod, Cord von Minsleuen, Ludolff von Minsleuen, Cord Cleynehintzen vnde Roloff Stacius, borgermeistere, ratmanne, werko vnde gantze ghemeyne der stad to Werningrode bekennen openbar in dusseme breue vor vns, vnse eruen vnde nakomen vnde alsus vor alsweme, de on seen, horen eder lesen, so also vnse gnediger here er Botho, graue to Stalberch vnde here to Werningerode, de graueschop Werningerode myt oren tobehoringen hette an dusse tiid von deme bischopdum to Magdeburch to leheno ghehat heft, vnde nú von dem erwerdigesten in god vader vnde heren hern Ffrederike ertzebischop to Magdeburch, vnseme gnedigen leuen heren, an den hochgeborou irluchteden ffursten vnde heren heren Ffrederike, marggrauen to Brandenburch, des hilghen Romeschen rikes ertzekamerer vnde burchgraue to Norenberch, ok vnsen leuen gnedigen heren, vnde siner gnade eruen vnde nakomen myt den lehenen ghewiset heft, also is vns witlik, dat de genante vnse gnedige here er Bothe, graue to Stalberch vnde here to Werningrode, de genante graueschop, slod vnde stad Werningrode myt allen vnde itliken orer tobehorunge van deme ittzunt genanten irluchteden hochgeboren ffursten vnde heren heren Ffrederike, marggrauen to Brandenborch, to rechtem manlehene entpfangen heft nach vtwisinge der breue von vnseme gnedigen heren von Stalberch dar ouer ghegeuen; vnde icht dat gheschege, dat god na sincme willen wende, dat de obgenante vnse gnedige here er Bothe, graue to Stalberch, vnde sine menlike liueslehenseruen vorghingen vnde vorstoruen, so reden vnde louen we, alle vnse eruen vnde nakomen in guden truwen, dat we vns alse denne an den genanten heren hern Ffrederike, marggrauen to Brandenburch, also an vnsen naturliken erfheren, vnde alsus an nemende anders holden schullen vnde enwillen, vnde vns ok by der genanten vnser gnedigen heren von Stalberch leuende an nemende anders vorwisen laten, ane alle gheuerde vnde arch. Vnde oft dat also queme, dar god auer vor sy, dat vnse gnedige here von Stalberch, graue Bothe, vnde sines liues lebenes eruen affgbingen, so vorberurt is, dat vns denne vnse gnedige here marggraue Ffrederik von Brandenburg, sine eruen, nakomen vnde besittere in der marggraueschop to Brandenburch by vnsen ffrihoyten, herkomen, wontheiten bliuen vnde laten willen vnde schullen, breue vnde ingesegel darup to gheuende so vele der nod is, so we in vortiden by den edelen vnsen heren von Werningerode seliger vnde ittzunt vnseme gnedigen heren von Stalberch vnde Werningerode ghewesen[1] vnde gheblouen sind, ane alle argbelist vnde gheuerde. Vnde dat alle dusse vorgbescbreuen (!) artikele[2], puncte vnde inhaldinge von vns, vnse nakomen, eruen vnde inwouren stede, vaste vnde vnvorbroken ghebolden schullen werden, so hebbe we obingheschreuen prelaten, manschap vnde radmanne to warem orkunde vnde bekantnisse vnse vnde der stad Werningerode inghesegel an dussen breff don vnde hengen laten, de gheuen vnde schreuen is na godes bort dusent verhundert jar in deme twe vnde veftigesten jare darna an deme sondage na sunte Johans dage des werdigen dopers Cristi vnses beren.

Urschrift, von deren neun an Pergamentstreifen angehängten Siegeln das erste (des Abts Heinr. Overbeck), dritte (wie es scheint Gerlach Heypens) verloren gegangen, die übrigen mehr oder minder erhalten sind, im Königl. Geh. Staats-Archive zu Berlin.

Auszug bei Delius, Landstände S. 20; vgl. Zeitschr. d. Harz-Ver. V, 408.

1) *Hdschr.* gheuesen. — 2) *Hdschr.* artile.

1452, October 8. 304.

Der Abt zu Ilsenburg und andere geistliche und weltliche Stände der Grafschaft Wernigerode geloben, nachdem Graf Botho zu Stolberg-Wernigerode vom Kurfürsten Markgraf Friedrich zu Brandenburg mit letztgenannter Grafschaft beliehen worden ist, im Fall des Aussterbens jenes Geschlechts, sich nur an den Kurfürsten und die Markgrafen zu Brandenburg, als Erbherrschaft, halten zu wollen.

Wir Heynrich Obbirbeck, abt zcu Ylsenborg, vnde vnße conuent, Jahn Syustede techend vnde cappittel zcu Werningerade, Curt von Mynsleue, Ludolf von Mynsleue, Hans Krebiß vnde Curd Doring manschaft, vnde wir dy rath zcu Worningerade bekennen offintlich mit dessem briue vor vns, vnßir erbin vnde nachkomen vnde sust vor allermelchin, dy on sebin adir horen lesen, daz vns wissintlich ist, daz de wolgeborn here Bathe, graue zcu Stalberg vnde here zcu Wer-

Nr. 304 a. 1452.

ningerade, vnszir gnediger liebir herre, dy graueschaft, sloß vnde stad Werningerade mit allen vnde ixlichen oren zcngehorungen von deme irluchten, hochgeborn fursten vnde hern, hern Frederiche, marggranen zcu Brandenburg des heylgen Romischen richs ertzkamerere vnde burggrane zcu Noremberg, vußerm gnedigen liebin hern, syner gnaden erbin vnde nachkomen vnde der marggraueschaft zcu Brandenburg zcu rechtem manlchn entpfangen had, so daz ore briue darubir gegebin ynhalden vnde vßwiesen, vnde also dy vormals ouch von der marggraueschaft zcu Brandenburg zcu lehn gegangen ist. Vnde ab daz geschege, daz god yhe nicht wolle, daz der genante vnßir gnediger here graue Bothe zcu Stalberg vnde syne menliche lybes lehnserbin sunder menlich lybes lehnserbin abegehin vnde vorstorbin worde, so reden vnde gelobin wir in gantzen truwen, daz wir vnde alle vnßir erbin vnde nachkomen vns alsdanne an den genanten hern Frederichen, marggrauen zcu Brandenburg, syner gnaden erbin vnde nachkomen vnde der marggraueschaft zcu Brandenburg, als an vnßern naturlichen erbehern vnde erbeherschaft vnde sust an nymande andirs halden vnde darbie blichin sullen vnde wollen, vnde auch sust alse frome getruwe luthe bynnen der zeit keyn on vnde ir herschaft halden vnde thun, alse frome, getruwe luthe keyn oren naturliche lehn vnde erbehern vnde erbeherschaft zcu thun vnde zcu halden bilche zcu stehit vnde geborlich ist, ane allis arg vnde geuerde. Des zcu bekentniß habin wir obgenanter abt vnßir obtye ingesigel vor vus vnde vnßirn conuent vnde wir techind vor vns vnde vnßir cappittel vnßirs cappittels ingesigel vnde wir genante manschaft vnßir ixlich sien ingesigel vnde wir der rath vnßir stad ingesigel an dessen brief lassen hengen vor vns, vnßir erbin vnde nachkomen; der gegebin ist nach Cristi vnßirs hern gebort tusint vierhundirt jare darnach in deme czwey vnde fumfczigesteme jare ame suntage nach Francisci.

Urschrift auf Pergament mit 7 an Pergamentstreifen hangenden Siegeln im Königl. Geh. Staats-Archir zu Berlin. 1) Siegel Abt Heinrichs parabolisch mit Majuskelumschrift zwischen zwei schlichten Kreisen. 2) Von dem Ilsenburger Conventsiegel ist nur noch [E]CCLESIE.. zwischen Perlenringen in der Umschrift zu lesen. 3) Das Siegel Kurts v. Minsleben mit den drei senkrechten Pfählen in einem halbzerstörten ͡ (länglichen Vierpass).
4) Das Siegel des „Luedelof" v. Minsleben in einem gerade stehenden Herzschilde (mit Lindenast) in einem Perlenkreise; 5) das beschädigte von Hans Krebs zeigt in einem ͡ länglichen Vierpass zwei Krebse in einem gelehnten Schilde; auf dem Helme drei aufwärts gerichtete Krebsscheeren; 6) das Siegel von Kurt Döring in einem stehenden Herzschilde innerhalb eines schlichten Kreises ist nicht mehr zu erkennen; 7) das sehr stark en rélief ausgearbeitete Stadtsiegel in grünem Wachs ist stark beschädigt. Auch alle übrigen Siegel scheinen in grünem Wachs ausgeführt zu sein, wie in der Urkunde vom Sonntag nach St. Joh. von demselben Jahre, doch ist die Färbung stark abgeblasst.

1454. **305.**

Heinrich Abt und das Kloster Ilsenburg befreien den Jordan Kirchhof, Kleriker Halberstädter Diöcese, um dessen Beförderung zu höheren kirchlichen Würden zu ermöglichen und zu befördern, auf sein Ansuchen von seinen Hörigkeitspflichten gegen das Kloster.

Nos Hinricus, dei et apostolice sedis gracia abbas monasterii in Ilsenborg, ordinis sancti Benedicti, Halberstadensis diocesis, Johannes prior singulique conuentuales eiusdem recognoscimus per presentes, quod cum honorabilis et discretus vir Jordanus Kerchoff, predicte diocesis clericus, ad[1] sacros ordines maiores accedere ac promoueri properauit nobisque supplicanit, de proprietate et pertinencia, qua nobis obligatur, ex sua parentela parcere et absoluere, sic salutari sue peticioni inclinati et cupientes, eum tantam dignitatem et sanctum diuinum officium adipiscere, cassamus, tollimus et annichilamus presenti pagina omnem proprietatem, qua nobis astrictus est, et damus et facimus eum liberum a nobis et successoribus nostris.

Datum anno domini m°cccc°l°iiii° sub nostri conuentus sigillo presentibus impresso.

Urschrift mit ovalem grünem Wachssiegel (vgl. Tafel II, Nr. 14) im Königl. Staats-Archiv zu Hannover s. r. Wöltingerode Nr. 172.

1) *In der Hdschr. steht zweimal ad.*

1456, Februar 22. **306.**

Barthold Storter nimmt vom Kloster Ilsenburg den früher von Bernd Wichman und Heinrich Müller innegehabten Münchehof zu .... gegen acht Halberstädtische Mark jährlichen zu Martini fälligen Zinses in Pacht mit der Bestimmung, dass die auf die ersten beiden Jahre fallenden 16 Mark am Hof verbaut werden sollen. Ausgenommen ist der Korn- und Pfennigzins und der Zehnte Lambrechts .... und ist ein altes Schock Groschen von des Klosters wegen schon an Jacob Ronnis bezahlt.

Ick Bartolt Storter bekenne openbar in dissem breffe vor mick, myne eruen vnd alswem, dat ick h..ingenomen van den erwerdighen heren eren Hinricke abbede vnde gansen samninge des closters Ilsenborgh oron monikehoff ..... mit alle siner rechten tobehoring, so on vor mick gehat hebben do erhafftighen heren er Bernt Wichman vnd er Hinrek (?) Muller, benemliken an acker, wischen, holte, wingarden, vischerye, sunderliken utbescheyden vnd benomet den korntyns, den pennigktyns, den tegeden Lambrechtes werder (?) .... erer de sellinge (?) vnd homet (?) vnde de molen stinder (?) des houemester keyn vnvormattet so benant in orer macht beholden mit sulkem bescheyde, dat ick vnde myne eruen sullen den benanten hoff bewonen sees jare fol-

gende na gifft disses broues, vnde eynes isliken jares darvan reken
schullen vnde willen deme clostere Ilsenborgh achte marck Haluerstedescher
were, also bescheyden, dat de tyns van den ersten twen jaren,
benemliken seesteyn Halberstedesche marck, schullen vorbuwet werden
an dem houe mit rade vnde fulbort eynes, deme se dat ghelöuen,
vnde eyn solk berekent vnde bewisset worde. Vorbuwede ich edder
myne eruen wes meer, dar sal neyn rekenschopp van vallen, vnde
darna in den andern veer jaren schal ick vnvortoghelick antworden
demo closter eyns isliken yars viff marck Halberstedescher were myn
eyn old scheck grossen, wenne vor (?) dat enerleyge gelt hebbe
ick van des closters weghen betalt Jacobe Ronniß verteil olde sch.....
vnde dusse tynß bedaget alle jar jerlikes vppe sunte Martens dagh;
vnde wes uppe de tiid nicht betalt werde.... so will ick vnde myne
eruen vnvortoghlick vnde vnbehindert gheystlikes vnde wertlikes gerichtes
in veer weken dem clostere, edder wür se dat hen wisen, darna
be[talen?] ane vortoch. Weret ock, dat van vortoghes weghen sodaner
betalinge dat closter sodann ghelt upp schaden borgede vnde toringe,
koste, arbeyt dat moghelick schado were, den rede ick vnde mine
eruen gütliken wedder to kerende. Darenbouen will ick allen slete
des houes holden, dar de hoff nede besch.... (?) iß vnde wente noch
her gewesen helft, so dat ick den p[reste?]r wil holden in kost, edder
vornoghen on mit theyn (olde?) schock grossen vnde gheuende spende
vnde bekostighinge[dem] seentprestere; vnde den heren des landes will
ick holden [ore ge]wonheyt mit fure vnde mit holthauwen. Ock off....
dat closter veyden wolde, vnde se sick to ..... böden teghen den
heren des landes vnd andere heron vnd fforsten, vnde des nicht geneyten
mochten wedder walt, fre[uel] vnd bössheit vnd ick dar schaden
van neme, schullen se my nicht to antworden. Alsus willen so
mit my in alle .... te vnd wiso medde lyden. Wann ock dusse sees
jaro denne als men scriuende wert verteynhundert jar in de[m t]wevndsestigesten[1]
jare vorlopen sin, so schall de genante hoff demo clostero
leddich vnde löß sin vp sunte Peters dach in der fasten. Vnde
wes anegebuwet is, dat de .. fast..... nagelfast is, dat will ich edder
myne eruen nicht wedder upp w ... en vnd neyne rekenschopp darvan
holden. Wes ock de gudere buten deme houe gebetert worden an
ackere, wingarden, holte, hoppenlandes, wû me dat nomen mochte,
dat schal uppe de ergenante (?) tyd mit dem houe deme clostere
[mit s]iner gerechticheyt (?) uppghelaten werden fry leddich vnde
loß . . . .

*Bruchstückweise erhaltene, vielfach abgeriebene des Siegels beraubte und als
Umschlag alter Zinsregister-Auszuge von 1437 — 1460 verwendete Urschrift auf
Pergament im Fach B 84, 6 im Grafl. Haupt-Archiv zu Wernigerode. Zur Bestimmung
des Datums, das schon durch den Text der Urkunde angedeutet wird,
dienen auch die in dem losgetrennten Schluss erkennbaren Worte:* vnses heren
Jhesu Christi veerteynhundert jare darn[a . . . .] Cathedra. *Die Gegend
betreffend, wo wir den in Rede stehenden Münchehof zu suchen haben, sind in
der vorletzten Zeile die Worte:* in der nygenstad Berneborch *zu bemerken.*

1) *Es liesse sich auch* drevndsestigesten *ergänzen.*

Ilsenburg, 1457, April 4. 307.

Das Kloster Ilsenburg verkauft wiederkäuflich dem Bruder Lippold Lippolds zu Huisburg, dessen Bruder und beider Mutter für 30 Mark Braunschweigisch, welche vom Kloster zum Loskauf von 6 Mark jährlicher Rente an Hermann Mynten verwendet wurden, auf Lebenszeit zwei Braunschweigische Mark jährlicher Rente aus seinem Zehnten zu Evessen.

Wy Hinrick van godes gnaden abbet, Johannes prior vnde ganze samenunge des closters to Ilseneburg bekennen openbar in dussem breue vor vns vnde vnse nakomelinge vnde ok vor alsweme, dat wy oyndrechtliken rechtes vnd redelikes kopes vorkofft hebben vnde vorkopen in krafft dusses breues twey Brunswigsche mark jarliker renthe vnde gulde to rekende drittich nyge sz. Brunsw. nygen penninge vor eyne mark vth vnsem tegeden in dorppe vnde velde to Euessem dem innigen beghenen broder to Huysborch Lippolde Lippeldes vnde Ebelings Lippoldes, synem naturliken brodere, vnde Metteken, Hans Lyppoldes saliger nalaten husfruwen, orer beyder moder, alleyne to orer dreyer lyue vor dryttich mark Brunswigscher werung, dede wy vnde vnse closter van one vul vnde al in guden nygen Brunswigschen pennyngen entfangen vnd vort in vnses closters nuth vnd fromen gekart hebben, vnde nemeliken to hulpe hadden, also wy wedder affkoften alsodan sess mark renthe, alse wy alle jar Hermen Mynten, syner husfruwen vnde dochtern to geuen plegen, welke vorschreuen twey Brunswigsche mark jarliker renthe wy vnde vnse closter vnde ok de jenne, dede den vorbenomden tegheden voyret effet bruket, willen vnde schullen alle jarlikes vppe sunte Michaelis dach ane vortoch effte hindernisse dervan uthgeuen vnde betalen. Vnde to dem ersten den vorschreuen Ebeling Lyppeldes vnd Metteken syner moder, de wyle se in leuende syn vnde darna, wan de beyde vorvallen van dode, denne mehr den werdigen vnde geystliken vedern abte vnde conuente to Huysborch, also lange alse de vorbenomde broder Lyppelt Lyppeldes, ore begheuen, in leuende is, goytliken geuen vnde betalen, ane jennigerleye geuerde effte lyst, vnde wy se hir vpp setten in de rouweliken hebbenden vnde brukenden were der vorschreuen twey mark renthe in krafft dusses breues. Wan auer de vorschreuen broder Lyppolt Lyppoldes, Ebelinges syn broder, Metteke ore moder, alle vorvallen syn van dode, so schullen vnde willen wy vnde vnse closter der vorschreuen renthe gans leddich, losz vnde qwit syn. Vorder hebben se vns vnde vnserm closter ok den willen vnde gnade dan, dat wy vnde vnse conuent, wan vns dat bequeme were, sodan vorschreuen twey mark renthe vor drittich Brunswigsche mark wedder mogen affkopen; vnde wann wy dat don willen, so willen vnde schullen wy one dat to voren toseggen vor sunte Johannis Baptisten dage vnde denne darna vppe den negest uolgenden sunte Michaelis dach one weddor vthgeuen myt bedageden vnde vorseten tynse, effte om denne wes were achterbleuen.

Alles dusses to eyner merer wissenheyt vnde tuchnisse hebben wy vorbenomden abbet vnde prior vnde conuent to Ilseneburch vor vns vnde vnse nakomelingen vnser ebbedye vnde vnses conuentes ingesegele witleken hengen laten nedden an dussen breff, dede gegeuen is to Ilseneburg na Christi gebort vnses heren verteynhundert jar darna in dem seuen vnde veftftigesten jare in sunte Ambrosius dage des hilligen confessoris.

Nach dem Copialb. XLIX, Bl. 4ᵇ im Königl. Staats-Archiv zu Magdeburg.

1458, Mai 7. 308.

Heinrich, Abt zu Ilsenburg, bekennt, dass Heinrich Engelke von Heinrich Tacke zu Wasserleben anderthalb Hufen auf dortiger Flur für sieben Halberstädtische Mark erkauft habe, welche an die Kapelle St. Jacobi über dem Pipenborn im Kreuzgang des Klosters acht Schillinge zinsen.

Wy Hinrik van der gnade goddes abbet tho Ilseneborch bekennen openbar vor alle den, do dussen breff seen edder horen lesen, dat we Hinrike Engelken, Alheyde syner husfruwen vnde alle oren rechten eruen wonhafftich tho Waterlere bekentlike heren sin anderhalue houe landes gelegen vppe deme velde tho Waterlere vnde Hinriko Tacken gowesen sin, de de vorbenante Hinrik Engelken dem ergenanten Hinrik Tacken recht vnde redeliken affgekofft vor seuen Halberstedesche¹ mark vnde wol betalet hefft, vnde de sulue Hinrik Tacken deme vorgenanten Engelken vnde synen eruen sodane anderhalue houe vpgelaten, nummer mer dar to saken he edder de syn; welke vorbenante anderhalue houe vnseme klostere to tinse gan, nemeliken to der cappellen sancti Jacobi, de dar lid houen deme Pipenborne in dem crucegange to Ilseneborch. Vnde de ergenante Hinrik Engelke, syn busfruwe vnde eruen, edder we de eyn besitter is des gudes, schal alle jar geuen van der ergenanten anderhaluen houe XVIII schillinghe Halberstedescher weringe, vnde bekennen ome des gudes vnde willen des syne heren wesen, wur vnde wan om des nod eddor behoff is. Dusses tho merer bekentnisse vnde wettenheyt hebbe we ome gegeuen dussen open breff vorsegelt myt vnser ebbedye ingesegel.

Na goddes gebord verteynhundert jar der myner tâl achte vnde vefftigesten jare an deme negesten sondage na sunte Jacopps dâghe des hilghen himmelfursten².

Urschrift auf Pergament als Umschlag der Ilsenburgischen Zinsregister von 1467 und 1468 benutzt, daher des Siegels beraubt, im Fach B 84, 6 im Gräfl. Haupt-Archiv zu Wernigerode.

1) Die Hdschr.: Halberstedeche. — 2) humelfursten.

1459, Nov. 2. 309.

Hans Krebs verzichtet auf den vom Kloster Ilsenburg rechtlich behaupteten kleinen Zehnten zu Veckenstedt, zwischen der Ilse und dem Sussberge, und bekennt, dass er acht Schillinge jährlichen Erbzinses von zwei Hufen Landes gegenüber der Klus zu Bonnekenrode zu zahlen schuldig sei.

Ek Hans Kreuct, Rotgherdes zeligher sone, bekenne vor mek, myne eruen vnde vor alsweme, so alse ek in twidracht was myd den werdighen heren abbede vnde conuente des closters Ilseneborgh, alse vmme den lutteken teygheden tho Vekenstede twisschen der Ilse vnde deme Saszberghe vnde vmme tynsz van twen houe landes teghen der Clusz tho Bonnekenrode, de tho dusser tyd an grase ligghen. So mek denne de genanten heren hebben vulstendighe nochhafftighe vnde wisse bewysinghe, kuntschopp vnde orkunde vorghebracht vnde myd rechte sodanen teygheden vnde tynsze beholden hebben, so vortighe ek vor mek vnde myne eruen vnde vor myne nakomelynge, wann myno eruen nicht meer en weren, ghenszliken vnde vorsake allere rechten ansprake vnde rechticheit, de ek meynede tho hebben an deme vorschrenen teygheden vnde tynsze; vnde ek vnde myne eruen edder neymant van vnsere weghen schullen edder enwillen na dusser tyd neynen inval eddere hinder don dem clostere tho Ilseneborgh an deme erbenomeden teygheden tho Vekenstede twisschen der Ilse vnde dem Saszberghe, sundere dat clostere tho Ilsenborch mach on rauwelken voren eddere vorkopen alle jare na oreme fromen. Ok so schullen vnde willen ek vnde myne eruen dem vorschreuen clostere tho Ilseneborch alle jare vppe sunte Martens dach vnvortoghet gheuen achte Haluerstedesche schillinge tynszes van twen houe landes, de nu an grase ligghen, tighen der Clusz tho Bonnekenrode. Dusse vorschreuen stucke vnde artikele loue ek Hans Kreuet vor mek vnde vor myne eruen vnde vor vnse nakomelinge dem clostere tho Ilseneborch vnvorbroken, stede vnde vast in guden truwen wol tho holden. Des tho eyner wissenheit hebbe ek myn ingheseghele vor mek vnde vor myne eruen witliken ghehenget laten nedden an dussen breff. Vnde ek Reynhart van Nebra, amptman tho Werningherode, bekenne openbare vor alsweme, dat ek by dusser kuntschopp, schedynge vnde vordracht van bevelynge weghen mynes gnedighen heren van Stalberghe hebbe an vnde ouere gheween vnde hebbe dyt, alse vorschreven is, ghededynget vnde besproken. Vnde tho eyner merere wissenheit, dat den erbenomeden abbede vnde conuente des closters tho Ilseneborch sodan vordracht van deme vorschreuen Hanse Krencte, synen eruen vnde oren nakomelyngen ane jennigherleye arghelyst, hulperede vnde gheverde werde gheholden, so hebbe ek vmme bede willen ok myn ingheseghele laten ghehenget an dussen breff.

Na Cristi ghebord veerteynhundert jare dar na in deme neghen vnde vefftighesten jare ame frydaghe na alle godes hilghen daghe.

Urschrift auf Pergament, der Siegel beraubt.

1460, Februar 1. 310.

Tile Sachtlebens Revers gegen das Kloster Ilsenburg über eine halbe Hufe Landes zu Wollingerode.

Ek Tile Sachteleuent[1] bekenne opeubare vor mek, vor myne erueu vnde vor alsweme, dat ek hebbe vorkofft rechtes vnde redelikes kopes eyne halue houe landes vppe demo velde to Wolingherode[2] myd aller thoheroryuge den werdigheu vnde gheistliken bereu abbede vnde conuente tho Ilseneborch, dar dat gnante closter alle jare veer Haluerstedesche schillinge tynses ane hadde, vnde ek vortige vnde vorsake aller rechticheyt, egheudomes vnde ansprake, de ek edder myne erueñ mochten tho der vorschreuen haluen houe hebben, vnde sette de vorschreueñ hereñ abbed vnde conuent vnde or nakomelynge des erbenomeden closters in der rechten rauwelkeñ brukende were vnde wil der obgnanten haluen houe landes ôr rechte bekennyghe here vnde were weseñ, wur vnde wanne on des nod is. Des tho eyner wyssenheit hebbe ek demo vorschreuen closter dussen breff beseghelt gheuen vor mek vnde vor myne erueñ myd des ersameñ hereu Johan Boderkers (!), perners tho Drubeke, iughesegheie. Vnde ek hereu Johañ Bodekere, perner tho Drubeke, bekenne opeubare vor alsweme, dat ek vmme bede wyllen des vorschreuen Tileñ Sachteleuendes hebbe myn inghesegheie witliken ghehenget laten nedden an dussen breff.

Na Cristi bord veerteynhundert jar dar na in deme sestigheheñ jare an vnser leuen Fruwen aueude lechtmyssen.

Urschrift mit wenig beschädigtem Siegel s. r. Ilsenburg 102 im Königl. Staats-Archiv zu Magdeburg. Auscultirte Abschr. von Heinr. Spange, Kleriker Hildesheimscher Diöcese, kaiserl. Notar unter den Wollingeröder Urkunden.

1) Abschr. Santeleuende. — 2) Abschr. Wollyngerode.

1460, Febr. 1. 311.

Henning Borchardes zu Wernigerode und Heinrich und Brand Ripekorn verkaufen eine halbe Hufe Ilsenburger Erbenzinsgut zu Wollingerode dem gedachten Kloster.

Ek Henningh Borchardes, borghere tho Werningherode, Hinrick vnde Brant Rypekoren, des genanten Henningh Borchardes halffbrodere, bekennen alle vor vns, vnse erueñ vnde vor alsweme, dat we samptlikeñ vorkofft hebben rechtes vnde redelikes kopes eÿne halue houe landes vp deme velde tho Wolingherode myd aller thobehoryngen den werdigheñ vnde gheystliken hereñ abbede vnde conuente tho Ilseneborch, dar dat gnante clostere alle jare veer schillinge tynses ane hudde, vnde vortigeñ vnde vorsakeñ aller rechticheit, eghendomes vnde ansprake, de we eddere vnse erueñ mochteñ tho deme vorschreuen gude hebben, vnde setten de genanten hereñ abbed vnde conuent des erbenomeden closters in de rechten rauwelkeñ brukende wero vnde willeñ der obgenanten haluen houe landes ôr rechten bekennygben hereñ vnde weren[1] weseñ, wur vnde wanne on des nod is. Des tho eynnere wyssenheit hebbe we deme vorschreuen clostere dussen breff beseghelt ghenen vor vns vnde vnse erueñ myd des vorsichtigheñ Hinrik Remensnyders iugheseghele, na deme we neyn eghen hebbeñ. Vnde ek Hinrick Remensnydere, stadvoghet tho Werningherode, bekenne openbar vor alsweme, dat ek vmme bede willen der vorschreuen Henningh Borchardes, Hinrick vnde Brant Rypekoren hebbe myñ ingheseghele witlikeñ ghehenget laten nedden an dussen breff.

Na godes bord veerteynhundert jare darna in deme sestigheaten jare in vnsore leuen Fruwen auende lechtmyssen.

Urschrift auf Pergament, deren Siegel nicht mehr vorhanden ist.
1) *Die Hdschr.* wesen.

1460, Februar 1.   312.

Lüdeke Herbordes verkauft eine Hufe zu Wollingerode Ilsenburger Erbzinsgut dem gedachten Kloster.

Ek Ludeke Herbordes bekenne openbar vor mek, myne erueñ vnde vor alsweme, dat ek vorkofft hebbe rechtes vnde redelikes kopes eynne halue houe landes vpp deme velde tho Wolingherode myd aller thobehorynge denn werdighen vnde gheistliken hereñ abbede vnde conuente tho Ilsenborch, dar dat genante closter alle jar veer schillinge tynses ane hadde, vnde ek vortige vnde vorsake aller rechticheit, eghendomes vnde ansprake, de ek edder myne eruen mochten hebben tho der vorschreuen haluen houe landes, vude sette se, de vorbenomeden herenn abbed vnde conuent des closters tho Ilseneborch, in de rechten rauwelkeñ brukende were vnde wil der obgenanten haluen houe landes or rochte bekennighe here vnde were wesen, wur vnde wanne on des nod is. Des tho eynner wyssenheit hebbe ek deme velebenomeden clostere dussen breff beseghelt ghenen myd des ersameñ heren Johann Bodekers, perners tho Drubeke, inghesoghele. Vnde ek here Johann Bodekere, pernere tho Drubeke, bekenne openbare, dat ek dussen kopp ghemaket hebbe vnde vmme bede willen des vorschreuen Ludeken Herbordes hebbe myn ingheseghel witlikeñ ghehenget laten nedden an dussen breff.

Na Cristi bord veerteynhundert jare darna in deme sestighesten jare an vnser leuen Fruweñ anende lechtmyssen.

Urschrift auf Pergament; das Siegel ist nicht mehr vorhanden.

1460, Februar 1.   313.

Henning Orman zu Wernigerode verkauft dem Kloster Ilsenburg anderthalb Hufen zu Wollingerode und drei Höfe daselbst mit einem Holzfleck an dem Bigenberge.

Ek Hennyngh Ormañ, borghere tho Wernigherode, bekenne openbare vor mek, myne erueñ vnde vor alsweme, dat ek hebbe vorkofft rechtes vnde redelikes kopes anderhalue houe laudes vppe deme velde tho Wolingberode vnde dre hõue in deme dorpe darsulues myd eyneme holtbleke an deme Bygenberghe myd al oren thobehoryngen den werdighen vnde gheystliken heren abbede vnde conuente tho Ilseneborch vnde vortige vnde vorsake aller rechticheit, eyghendomes vnde ansprake, de ek eddere myne eruen mochten tho deme vorschreuen gude hebben, vnde sette de genauten heren abbed vnde conuent des erbenomeden closters in de rechten rauwelken brukende were vnde willen des obgenanten gudes õr rechten bekennighen heren vnde weren wesen, wur vnde wanne õn des nod is. Des tho eyuner wyssenheit hebbe ek deme vorschreuen clostere dussen breff beseghelt gheuen vor mek vnde vor myne eruen myd des vorsichtighen Hinrick Remensnyders vnseres stadvoghet inghesegheľ, na deme we neyn eghen en hebben. Vnde ek Hinrick Remensnydere, stadvoghet tho Werningherode, bekenne openbare, dat ek vmme bede willen des vorschreuen Henningh Ormans hebbe myn inghesegele witliken ghehenget laten nedden an dussen breff.

Na godes bord veerteynhundert jare darna in deme sestighesten jare an vnser leuen Vruwen auende lechtmyssen.

Urschrift auf Pergament; das Siegel nicht mehr vorhanden.

1460, Februar 24. **314.**

Abt Heinrich zu Ilsenburg willigt in die von Jan Krage zu Osfordesleben geschehene Verpfändung mehrerer Ilsenburgischen Lehngüter zu Nienstedt, Wendemark und Lenz für achtzig Schock Kreuzgroschen.

We Hinrik van goddes gnaden abbet des innigen closters tho Ylsineborch bekennen vnde betugen in dissem vnsem open breffe vor alle, de on sen, horen edder lesen vnde vor alsweme, vnde besunderen vor vnse nakomelinge, dat de duchtige Jan Krage wonhaftich to Osuerdesleue mit vnsem weten, willen vnde vulbort den ersamen Hans Mauritze vnde Hinrik Schartowen, borgern to Magdeborgh, vnde eren eruen ver schok gemener crucegrossen jarliker renthe vt dyssen nageschreuen sine (!) guderen, nemeliken to vorne vt vnde an elfen huuon vp der marke to Nigenstede gelegen vnde den tegeden vp der Wendemarke vnde twey huuen to Lêntz, dat alles van vns to lene rort, vor veftich schok gemener crucegrossen ene wol vornoget nach lude sines houetbreffes dar ouer gegeuen recht vnde redeliken vp eynen wedderkop vorkoft heft. Vnde we opgenante abbet willen den vorbenomeden Hans Mauritze vnde Hinrik Schartowen vnde eren eruen sulkes wedderkopes vnde vorgerurden houetsummen vnde tins an des ergenanten Jan Kragen vorgeschreuen guderen bekennen vnde bekennich sin, wur vnde wanne ene des not vnde behuff sin wert. Des to eyner bokentnisse vnde wyssen sekericheit hebbe we vorgenante[1] abbet Hinrik vor vns vnde vnse nakomelinge[2] vnser ebbedyge ingesegel witliken hengen laten nedden an dissen breff, de gegeuen is nach Christi vnsers heren gebort dusent verhundert jar darna in dem sestigesten jare in sunte Matthies auende des hilgen apostels.

Urschrift auf Pergament, mit etwas beschädigtem Siegel. Vgl. Taf. II, Nr. 14.
1) *Hdschr.:* vor vorgenante. — 2) *Hdschr.:* nakomolinge.

1460, März 26. 315.

Das Kloster Kölbigk bekennt, dem Kloster Ilsenburg jährlich einen Erbenzins von einem Rheinischen Gulden für Güter zu Ilverstedt und Bullenstedt entrichten zu müssen.

Ek eren Johan Czycz, prouest des closters to Kolbeke, vnde dat gantse capittel dar¹ bekennen in dussem open breue vor vns vnde vor vnsen nakomelinghen, dat we mid guden vorbedachtem moyde willen jarlikes tinsses gheuen vp suntte Lucien dach eynen Rynsschen gulden den ynnighen heren vnde stichte to Ylseueborch vnvortolich (!) von dussen nascreuen goyderen, benomeliken eyne bredeken mid den wyden gheleghen vor dem stoghe to Iluerstede, eynem werderken gheleghen hinder Bullenstede an dem ende des tyes ghenant Schockeswerder. Dusse vorscreuen goyder hebbe we vorscreuen prouest vnde capittel von erghenanten stichte vnde heren to Ylseneborch. Dat de vorscreuen gulde alle jar ghegeuen werde van den vorscreuen goyderen, des to eyner waren bekentnisse hebbe ek eren Johan prouest vor mek vnde vor mine nakomelige vnser prouestie inghesegel vnde des vorscreuen capittels to Kolbeke inghesegel wytliken laten heughen an dussen open breeff, de ghegeuen is na der gebort (!) vnses leuen heren dusent veerhundert (!) jar darna in dem sestighesten jare des midwekens na dem hilghen sondage wen de hilghe kerke singhet Letare Jherusalem in der hilghen vasten.

Urschrift auf Pergament mit zwei parabolischen beschädigten und undeutlichen Siegeln.
1) dar *steht am Ende der Zeile; es sollte wohl* darsulues *geschrieben werden.*

1460, September 28. 316.

Der Abt zu St. Aegidien in Braunschweig bekundet, dass Mette von Schöppenstedt für drei Mark die Gödekenhufe zu Remmlingen an Heinrich Wittekop verpfändet habe.

Wy Bartoldus van der gnade godes vnde des stoles to Rome abbet des stichtes to sunte Egidien bynnen Brunswik bekennen openbare in dusseme breue vor vns vnde vnse nakomelinge, dat Mette van Scheppenstidde, Hanses van Scheppenstidde zeliger nalaten wedewe, mit vnser witscop vnde vulbort hefft vorkofft vnde in de were ghelaten Hinrike Wittekoppe, borger to Brunswik, vnde synen eruen eyne houe landes belegen vp dem velde to Remmelinge vnde ghehcten ys de Godeken houe myd aller nud vnde tobehoringe in velde vnde in dorpe vor dre lodige marck Brunswikesscher wichte vnde witte, vnde vnse stichte hefft alle jar to tynsze an der vorscreuen houe sesteyn nyge schillinge Brunswikesscher penninge vp sunte Michaels dach. Ok hefft syk de vorscreuen Metke Scheppenstidde vnde ore eruen den willen vnde macht beholden, dat se dusse vorscreuen houe landes alle jar moghen wedderkopen vor dre lodige marck Brunswikesscher witte vnde wichte van deme vorbenomeden Hinrik Wittekoppe vnde synen eruen; vnde wen se dat don wolden, dat schullen se Hinrik Witkoppe vnde synen eruen vorkundigen vnde toseggen in den hilgendagen to winachten vnde denne darna to deme negesten sunte Peters dage gheuen dre lodige marck Brunswikesscher witte vnde wichte. Dat wy Bartoldus abbet vorbenomet hirmede syn an vnde ouer ghewesen vnde sodan kop myt vnser witschopp vnde vulbort gheschen ys, dusses to tuchnisse vnde warer bekantnisse hebbe wy vnser ingesegel ghehenget laten an dussen breff, vnde ys gheschen na der bort Christi verteynhundert in dem sestigesten jare in sunte Michaels auende des hilgen arczengels.

Urschrift auf Pergament. Das Siegel ist nicht mehr vorhanden. Das Vorhandensein dieser Urkunde im Ilsenburger Archive lässt schon darauf schliessen, dass die fragliche Hufe ans Kloster kam, daher auch eine Hand vom Anfang des 17. Jahrh. ausserhalb bemerkt hat: N. B. mag vielleicht ans closter kommen sein. Dieses bestätigen die Klosterregister. Während sie bis 1468 nichts davon erwähnen, findet sich bereits 1480 unter dem Titel Remmilinge: vnus mansus, vna curia, census m modii siliginis, cultor Hans Brandes, post eum Tyle Edenstede, der auch 1481 mit drei Braunschw. Vierdingen eingeschrieben ist; 1482 dedit II florenos Tyle Adenstede, nachher: idem dedit dimidiam marcam vig. Phil. et Jacobi; 1498 Hinrik Günffelt; 1504: xx nov. grossos Hinr. Herwiges Benedicti.

1460, December 13. 317.

Heinrich, Abt, und das Kloster Ilsenburg überlassen dem Kloster Kölbigk eine Wiese mit Weiden vor dem Stieg zu Ilverstedt und den Schockswerder hinter Bullenstedt gegen einen Rheinischen Gulden Zins.

Wy her Hynrick, abbas des werdigen stiftes tho Ilsenborch, Johan prior vnd vnse ganze samlinghe vnnd alle vnse nakomelinge bekennen vnd betugen openbaer in kraft dusses breues vor allen de ohne sehen, horen edder lesen, dat wy deme werdigen hernn deme proueste tho Colbecke vnd synem goddeshuse thoseggen vnd thogesecht hebben mit gudem willen vnd wolbedachtem modo dusse nageschreuene guder, der wy vortien tho ewigen tiden, benomeliken eine kleine wischen mit den widen, die darvmme stan, gelegen vor dem steghe tho Iluerstede vnd einen kleinen werder gelegen hinder Bullenstede ann dem ende des stiges, genant Schockeswerder, dar se alle jaer van geuen vnd geuen sollen vnserm gotzshuse einen Rinschen gulden, vnnd willen des ohre gewere syn, wan vnd wur in des werd van noden syn. Des tho mehrer bekantnisse hebben wy ehrgenante Hinrick abt, Johan prior vnd das ganze capitthel des werdigen stiftes Ilsenborch vnser ebbedie vnd capitthels ingesegel hengen laten vnden an dussen bref, de geuen ist na Christi vnsers hern gebort vierteinhundert jaer darnach in dem sestigstenn jare an sancte Lucienn dag der hilligenn junckfrwenn.

Abschrift des 16. Jahrh. im Kölbigker Copialb. S. 37—39 im Herzogl. Anhalt. Gesammt-Arch. zu Zerbst s. l. I. M. Fach 2, Nr. 1. Mit Bezug auf den Werder bei Ilverstedt findet sich in dem Kölbigker Copialb. S. 96 folgende Einschreibung:

Matthias Voit zu Osmersleuen.

Van dem haben wir vbergekommen einen werder bei dem Iluerstethe steyge gelegenn herr Soehen (!) werder¹ genant, welcher lene gehoren dem apt zu Ilsenborch vnde vnse kloster Kolbecke, vnde hait vnsorm [closter] Kolbecke geloiffet van den lehenen entlosen vnd wuld vnns wider geuen sein sigil vnde breif mit aller gerechtickeit.

1) *Irrthümlich wohl statt: der Schockeswerder; das Ilsenburger Register von 1496 ff. hat Stokeswerder.*

Verbesserungen.

Urk. Nr. 9 in der Ueberschrift statt Mai 2 lies Mai 9.

S. 29, Z. 2 des Datums von Nr. 23 statt Martis lies Martii.

S. 52, Z. 10 u. 11 v. o. ist st. Bortfelde unter Bezugnahme auf Riedel e. d. B. II, 1, 6 und I, 13, 235 aus dem Ilsenb. Copialb. Bontfelde (von Bind- oder Bündfelde bei Arneburg), dagegen statt Clisenslago mit Berücksichtigung der übrigen Abschriften Glsenslago in den Text aufzunehmen.

Urk. Nr. 55 in der Ueberschrift l. Unlscingerodo, Thilderzingerode.

 - *Nr. 65 in der Ueberschrift st. Osmersleben l. Osfordesleben, ebenso bei Nr. 191 u. 237. Vgl. Zeitschr. des Harzvereins 8 (1875), S. 162.*

S. 68 Z. 4 v. u. steht Alexander de Turkln — wie gedruckt ist — ganz deutlich in der Vorlage. Der Schreiber des Copialb. hat aber den Namen jedenfalls entstellt, und es ist Tuchim oder Tuchin zu verbessern. Wohl dieselbe Person erscheint Riedel c. d. B. I, 10, 191 als A. de Tuchem im J. 1208.

S. 80 ist in der ersten Zeile von Nr. 81 hinter dei gracia der Name Otto zu ergänzen.

S. 103 in der Ueberschrift von Nr. 111 lies statt Januar 14 Jan. 13.

Nr. 123 ist in der vorletzten Zeile hinter octauo ein Komma zu setzen.

Urk. Nr. 227 ist d. Datum als October 2 aufzulösen, da Remigius episc. nur in der Diöcese Strassburg als auf den 13. Januar fallend verzeichnet ist. (Vgl. Grotefend, Handb. d. hist. Chronol. S. 115.)

 - *Nr. 229 in der Ueberschrift statt September 11 lies September 13.*
 - *Nr. 237 in d. Ueberschr. st. November 8 lies November 5.*
 - *Nr. 251 statt Juli 11 lies Juli 13.*

Urkunden-Anlage Nº 4.

Celsus Abbas ;· ·;

·;; quod aliud edificauerit destruere

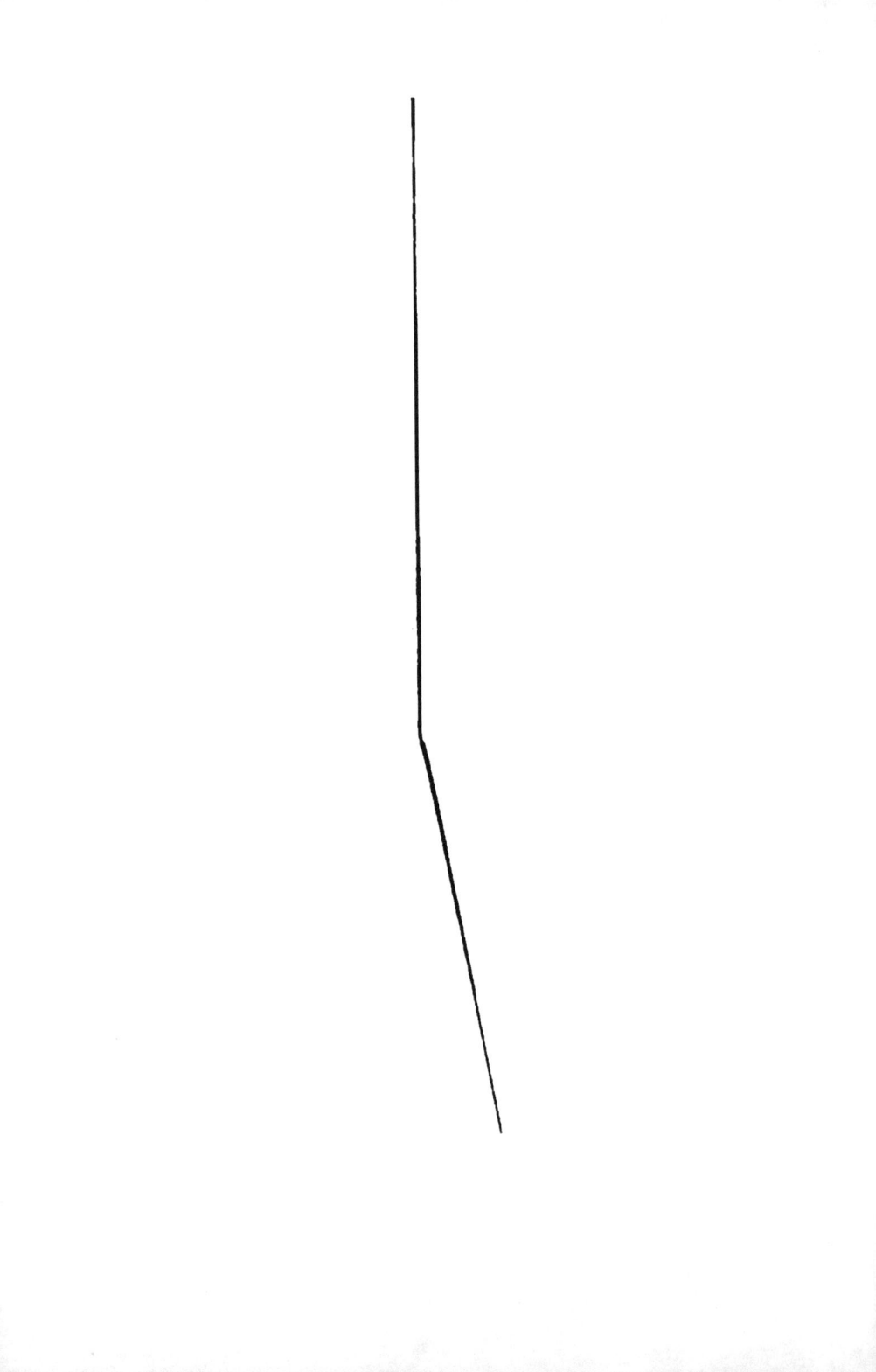

www.ingramcontent.com/pod-product-compliance
Lightning Source LLC
Chambersburg PA
CBHW032107230426
43672CB00009B/1665